U0939310

殡葬法律实务研究

BINZANGFALUSHIWUYANJIU

潘元松◎著

辽宁人民出版社

图书在版编目（CIP）数据

殡葬法律实务研究 / 潘元松著. —沈阳：辽宁人民出版社，2012.6
ISBN 978-7-205-07363-3

Ⅰ. ①殡… Ⅱ. ①潘… Ⅲ. ①葬礼—服务业—法律—研究—中国 Ⅳ. ①D922.182.14

中国版本图书馆 CIP 数据核字（2012）第104100号

出版发行：辽宁人民出版社
地址：沈阳市和平区十一纬路 25 号　邮编：110003
http://www.lnpph.com.cn
印　　刷：沈阳新华印刷厂
幅面尺寸：170mm × 240mm
印　　张：31.5
插　　页：2
字　　数：450千字
出版时间：2012 年 6 月第 1 版
印刷时间：2012 年 6 月第 1 次印刷
责任编辑：马　辉
封面设计：佟　飞
版式设计：王珏菲
责任校对：刘再升
书　　号：ISBN 978-7-205-07363-3
定　　价：60.00元

法律顾问：陈光　　咨询电话：13940289230

序

死亡是每个人都无法逃避的归宿，而对生命永恒的追求形成了对遗体处置的高度重视，从而形成殡葬社会关系，这是自人类社会形成以来就存在的重要社会关系，其与政治统治、公共利益、人的精神利益等密切相关。我国自进入文明社会以来，殡葬既是重大社会关系的客体，又是文化的重要组成部分，历朝历代的统治者对于殡葬的法制建设都高度重视，由此形成的殡葬制度和相应的殡葬文化，极大影响了中华民族的形成、演化和发展。

多年来，对殡葬法制进行系统性研究的理论成果较少，既影响殡葬立法的进程，又影响对调节殡葬社会关系的指导。潘元松同志在担任辽宁省民政厅分管殡葬事务的副厅长期间，运用其较强的法学功底和丰富的司法实践经验，从法律角度，对现实生活中出现的各种殡葬现象和问题进行深入研究，形成《殡葬法律实务研究》书稿。

《殡葬法律实务研究》坚持理论联系实际，从殡葬文化和生死观入手，综合运用民法学、行政法学、刑法学、诉讼法学、社会法学等多个部门法学理论，对殡葬法制进行深入研究，分析尸体、骨灰等殡葬事务的法律性质。以此为基础，全面系统阐述殡葬的民法调整、行政法调整和刑法调整的理论、立法和实践，对主要的殡葬法律关系进行分析，为解决殡葬实际问题提供思路和方法。同时，也为完善殡葬法制提供建设性意见，从而对构建中国殡葬法律理论体系提供参考。

潘元松同志所著《殡葬法律实务研究》，具有较强的理论价值和实践价值，是殡葬法制研究的一项重要成果，我为他的认真负责的工作态度和刻苦钻研的治学精神所感动，特写序言，倡导开展殡葬管理、研究殡葬法制、从事殡葬服务、处理殡葬纠纷的同志们学习参考。

李之国

2012年5月

前 言

尸体、骨灰、坟墓等殡葬事物是逝者近亲属之间、他们与骨灰的保管者之间、他们与殡葬事务的行政管理者之间等方面社会关系的承载体，殡葬所形成的社会关系，是绝大多数公民都不可避免的社会关系，是一个基本的社会关系。我国是传统文化力量非常强大的文明古国，公民对殡葬尤其重视，殡葬涉及公民的重大利益，同时也涉及重大的社会公共利益。因此，是一个重要的社会关系。殡葬社会关系仅靠道德规范、社会自治已不能对其进行有效调整，在法治社会中，作为基本的、重要的社会关系的殡葬社会关系应当受到法律的调整。这对于规范、引导公民的殡葬行为和对遗体、骨灰、坟墓等提供有效的法律保护具有重要的现实意义。

作为我国指导思想的马克思主义，主张唯物论和无神论的生死观，认为，人死后就会回归大自然，并无生死轮回，遗体、骨灰如何处理无论对死者还是对生者都无任何实质意义，应教育人民崇尚科学，反对唯心论特别是封建迷信。但是在精神文明建设领域，共产党人反对的是封建迷信、大操大办、超占土地等歪风邪气，从来不反对正当的殡葬祭祀。在革命战争年代，我们党就建起一些烈士纪念设施供凭吊；1943 年毛泽东同志还亲自为张浩同志抬棺，隆重举行葬礼；新中国建立之初，中央就在天安门建立了人民英雄纪念碑，毛泽东同志亲自撰写了纪念碑文，对 1840 年以来的人民烈士进行纪念，供人凭吊；此后全国各地建立了大量的烈士纪念碑、园、馆、陵，还对一些著名革命烈士遗骨进行安葬、建坟立碑；党和国家领导人、著名科学家、艺术家逝世后，都要举行庄严的追悼和告别仪式，还要葬于八宝山革命公墓；对于已葬于八宝山革命公墓的反革命分子，还要将其骨灰移出等这些，都说明作为唯物论者的共产党人同样是重视殡葬和祭祀的。2007年国务院还将清明节规定为国家法定节日，以尊重民族传统、满足群众祭祀需求，彰显了国家对群众祭祀权益的重视。

1956年4月27日，在一次中央工作会议上，毛泽东、朱德、刘少奇、周恩来、邓小平等151位党和国家领导人在实行火葬的倡议书上签名，倡议身后实行火葬，只留骨灰，不保留遗体，并且不建坟墓，从而拉开了我国殡葬改革的序幕，指明了殡葬改革的方向，伟大而艰难的殡葬改革自此逐步推进。殡葬改革的关键是火化尸体，其重要目的是少占土地，特别是少占、不占耕地。我国人口还将持续增长，到2030年左右才趋于平衡，届时我国人口将达近15亿，人口与耕地的矛盾十分突出，确保我国粮食安全和社会稳定，必须守住18亿亩耕地的红线。因此国家一直持续推动殡葬改革，可以说在新中国的60余年的历史中，还没有哪项改革跨越了几个不同时代、坚持了这么久，为的就是要保护我国宝贵的土地资源，为的是让中华民族可持续地生存和发展下去。

殡葬改革的方向和最终目标是不保留骨灰，实现这样的目标需要长期不懈的艰苦努力，是一个长期的历史过程，可以分为两个历史阶段：第一阶段是由保留遗体、棺木土葬改革为尸体火化、保存骨灰。这正是目前和今后一个时期正在推进的殡葬改革的重心，目前全国的火化率只有50%左右，推进火化改革的任务仍然十分严峻。殡葬改革的第二阶段是由保留骨灰改革发展为不留骨灰，可以肯定地说，这一历史阶段将是一个相当长的历史时期。在这个历史时期，当人民群众响应国家号召，按国家政策法规将逝去亲人遗体进行火化，亲人遗体不复存在，骨灰成为逝者亲人表达孝心、寄托哀思、感恩思报的载体。在这种情况下，国家有义务对人民群众的祭祀权益提供法制保障，这是国家法制合理性的必然要求。

由于种种原因，殡葬法制建设存在重视程度不够、理论研究成果少、立法层级低、体系不完整等问题，而现实社会生活并不因法制的不完善而停止其发展、变化的步伐，殡葬社会关系的客观存在、相关主体之间的矛盾冲突的大量呈现和各种新的殡葬纠纷的五彩缤纷，对公共机关调整殡葬社会关系、解决相关矛盾纠纷产生着越来越多、越来越高的需求。笔者作为省级民政机关分管殡葬事务的副厅长，深感对殡葬法制进行深入研究，是有效指导殡葬管理工作、有效回应现实需求的紧迫需要。

殡葬基本法律的缺位、现有研究成果的寥寥增加了殡葬法制研究的难度。虽然笔者法学功底不足，但履行职责的迫切需要，使得自己花费大量时间和精力投入到相关研究之中。殡葬法制的研究，需要民法学、行政法学、刑法学、诉讼法学、社会法学等多个部门法学的理论和实践作支撑，这一特点对于在多个行政机关、司法机关工作过并分管过多项行政、审判工作的笔者而言，可能是一个有利的基础，使得自己勉为其难地完成了书稿。

本书坚持理论联系实际，从殡葬文化和生死观入手，分析尸体、骨灰等殡葬事物的法律性质，以此为基础，全面阐述殡葬的民法调整、行政法调整和刑法调整的理论、立法和实践，主要致力于为分析解决实际问题提供思路和方法。

第一章“殡葬文化和生死观”。作为制度层面的法律不仅建立在一定的经济基础之上，而且由相关意识形态作指导，并以相关理念为法律制度的“灵魂”，与其他领域的法制相比，殡葬法制虽然也与经济基础相关，但纵观数千年人类文明史，其主要与意思形态密切相关。因此，研究殡葬法制必须从殡葬文化入手。这就是第一章要解决的问题。本章主要内容是简要介绍我国古代的殡葬文化、古代希腊的殡葬文化、主要宗教的生死观、中外坟墓的历史沿革、殡葬文化的同质性，为分析殡葬事物的法律性质奠定思想、观念、精神基础。

第二章“殡葬事务的法律性质”。殡葬的主要内容是对人死亡后的尸体的处置，因此，殡葬法律要对殡葬社会关系进行调整，首先就必须明确尸体、骨灰、坟墓等殡葬事物的法律性质，这是殡葬法制建设的法理基础。本章通过分析关于尸体、骨灰保护的不同理论主张，得出遗属精神利益是殡葬法律关系的基础客体、社会公共利益是殡葬法律关系的重要客体的结论，特别阐述了殡葬与政治的重大关系。这些内容和结论是本书关于殡葬法律调整的法理基础。

第三章“殡葬的民法调整（近亲属篇）”。殡葬社会关系从其主体角度，可以分为二大类：死者近亲属之间的殡葬关系和死者近亲属与他们之外的公民或组织之间的殡葬关系；从内容即权利义务的角度，殡葬关系可以分为殡葬民事法律关系、殡葬行政法律关系和殡葬刑事法律关系。上述两个角度的分类，是本书分析殡葬法律问题的两条主线。本章主要分析死者近亲属之间的殡葬民事法律关系，首先简述民事法律社会关系和亲属法律关系的特征，以此为基础，阐明尊重死者遗愿是殡葬民法调整的首要原则，进而阐明死者无遗嘱时尸体、骨灰处置的原则。

第四章“殡葬的民法调整(侵权篇)”。在死者近亲属与他们以外的人或组织之间的殡葬法律关系中，虽然多数情况下存在的是合同法律关系，但殡葬合同法律关系标的的精神性、非物质性决定了殡葬法律关系主要是侵权法律关系。本章主要阐述死者近亲属以外的人与死者近亲属的殡葬民事法律关系的调整，包括遗体保存法律关系的性质、保管骨灰不善应承担的民事责任、侵害坟墓的民事责任、精神损害的赔偿标准、侵权责任的聚合等内容。

本章与第三章“近亲属殡葬纠纷的民法调整”一起，力图构成殡葬民法调整的较完整体系。

第五章“殡葬的行政法调整（理论篇)”。殡葬的社会性、公共性的特征，殡葬事物所具有的死者近亲属精神利益和社会公共利益的双重属性，决定了必须对其进行行政规制，从而形成殡葬行政法律关系。这就涉及到行政法的一些基本理论问题和主要的调整制度。本章理论篇，主要简述在殡葬行政管理、执法中所必然涉及的重要行政法理论及相关实定法，包括行政行为的生效与效力、正当法律程序对行政行为的要求、行政行为违法及其处理、信赖保护原则对变更行政行为的制约等内容，是实施殡葬的行政法调整的行政法重要理论基础。

第六章“殡葬的行政法调整（尸体篇)”。殡葬的主要内容是对尸体的处置，死亡是一个重要的法律事实，将引起一系列法律关系的产生和终止。从行政法调整的角度看，从一个人死亡开始到其尸体的最终处置，很多方面需要行政法规范和调整。本章主要对以尸体为对象的行政法律制度进行阐述，包括我国关于尸体检验、解剖和死亡登记制度，西方关于尸体检验、解剖和死亡登记制度，关于尸体的运输，关于尸体的处理，关于尸体的火化等方面的内容，并对相关制度的完善提出建议。

第七章“殡葬的行政法调整（坟墓篇)”。我国目前和相当一个历史时期，对将尸体（非火化区）或骨灰（火化区）葬入土地并建造坟墓无禁止性的立法，但入土、建坟不仅涉及死者近亲属的精神利益，而且与国家保护农用地的国策和可持续发展战略这些事关中华民族根本利益和长远利益的重大公共利益密切相关。因此，对坟墓的规制和调整就是行政法的一个重大任务。本章对以坟墓为对象的殡葬行政法律制度进行阐述，分析了我国建造坟墓的规制，着重阐明了公益性墓地的监管、公墓经营许可的行政法规制等这些工作实践中的难点问题，还介绍了日本、加拿大的有关内容以供比较借鉴。

第八章“殡葬的行政法调整（管理篇）”。在对殡葬进行行政法调整时，行政管理是其重要途径，在依法行政的时代背景下，如何依法进行行政管理就是人民政府及其有关部门面临的经常化的实践问题。本章主要分析行政法在殡葬方面的职能，并对殡葬行政执法涉及的行政处罚及其规制、行政强制及其规制进行简要阐述，对违法行政行为的监督进行分析。

本书用4章的篇幅即理论篇、尸体篇、坟墓篇、管理篇较完整地阐述殡葬的行政法调整，力图构建殡葬行政法调整的较完整体系。

第九章“殡葬的刑法调整”。根据刑法的谦抑原则，对于能够通过民法或行政法有效调整的社会关系，一般不用刑法调整。但是，殡葬涉及的社会关系比较重大，而且现实生活中，民法和行政法对那些具有严重社会危害性的侵害殡葬社会关系的行为，往往无力进行有效调整。因此，刑法在殡葬的法律调整体系中不可或缺。本章梳理殡葬刑法调整的沿革，紧密结合立法和司法实践，深入阐述盗窃侮辱尸体罪、殡葬方面非法经营罪、殡葬方面其他情形的犯罪以及殡葬行政管理和执法中的渎职罪等的理论、法律适用和完善，基本涵盖殡葬刑法调整的主要方面。

本书着眼于殡葬的法律实务研究，因此从一些媒体的公开报道中收集了一些案例、事例；也从一些书籍、报刊等公开出版物中引用了一些学者的观点、资料，都尽量注明相关信息，一并致谢。

潘元松

2011年11月于沈阳

目 录

第一章

殡葬文化与生死观

“死”，人类无法抗拒。远古时代，自然灾难、野兽攻击、战争、疾病、难产、饥饿、意外等因素使得先民们所面临的死亡威胁大而不可测，“朝生暮死”是常态化的事件，古人寿命普遍较低。生死之间的差别如此之大而相隔却仅一步之遥，因此古人对死的关注甚至超过对生的关注，当然生与死从来就是互相联系的，求生即为惧死，重死亦为求生。如何避免死亡、获得平安、延长生命乃至永生成为先民们想要解决的一个重大问题。

随着人类的进化、大脑智商的提高和生活经验的积累，人类逐渐发现，洪水、雷电、猛兽、灾害等自然现象都可以决定人的命运，导致人的病、伤、老、死，使得人类开始思考人与自然的关系，探索生命和死亡的秘密，由此形成相应的生死观和殡葬文化。

生死观和殡葬文化属于上层建筑中的意识形态领域，既受经济基础的影响和制约，又受同属上层建筑的政治法律制度的影响和制约；同时，保持自己的独立性和继承性，并反过来对经济社会发展和殡葬法制产生影响，其中，占统治地位的殡葬文化对殡葬法制发挥指导作用，是殡葬法制的思想基础。

一、我国古代的殡葬文化

中华民族的远古先民们对生的热爱和追求与对死的恐惧和厌恶两个方面对立统一的生死观念的形成，是一个自然的历史过程，他们在痛感生命苦短、人生无常的同时，也想方设法追求生命的永恒。但死亡毕竟是不可避免的，特别是在远古时代人的生命往往短暂，先民们试图超越现实、时空的羁绊，通过幻想与死亡抗争，于是各种体现先民生命意识的神话出现了，神话作为人类早期的文化形式，是以死亡焦虑为中心而发展起来的。《女娲补天》、《盘古开天地》、《夸父逐日》等神话故事，反映了我国远古先民们对生命的不懈追求。

（一）灵魂不死

1. **关于灵魂观念**。学术界普遍认为，人的灵魂观念，约产生于蒙昧时代中期后，考古发掘的北京周口店山顶洞人墓葬，在尸旁便有钻孔的兽齿、石珠、骨坠等随葬物。[①]这种随葬物说明生者对死者的关注。布兰顿解释："埋葬死人……含有特别关心死亡和死者的意思，如有随葬物或其他器物的情况，我们就有理由设想，其中必然含有一种死后继续存在的观念。"[②]其中死后继续存在的观念，即灵魂观念。尤其是原始父系社会后期，将活人杀死殉葬，这种厚葬现象说明这时古人灵魂不死的观念进一步增强。

先人们面对死亡，需要解决自身主观意愿（长生不老）和客观事实（人生苦短）之间的冲突。在先民的自我体验中，意识活动有时可以超越客观条件的约束，如在睡梦中，人可以自由地升天入地，从事种种超时空、超体能的活动。

《科学美国人》月刊网站2011年9月12日报道《对濒死体验的科学解释》一文：

> 濒死体验往往被视为一种神秘现象，但是现在，研究为濒死体验的几乎所有共同特征提供了科学解释。濒死体验的细节现已广为人知——感觉自己死了，自己的"灵魂"离开躯体，朝着一道亮光

① 《新中国的考古发现和研究》，文物出版社1984年版，第63页。转引自李景生：《汉字与上古文化》，中国社会科学出版社2009年1月第1版，第155页。

② 布兰顿：《宗教学通论》，中国社会科学出版社1989年版，第367页。转引自李景生：《汉字与上古文化》，中国社会科学出版社2009年1月第1版，第155页。

前进，走向另一个充满爱和幸福的世界。

剑桥大学医学研究委员会认知与脑科学研究小组的神经科学家迪安·莫布斯说："与濒死体验有关的许多现象都能从生物学上得到解释。"莫布斯与爱丁堡大学的卡罗琳·瓦特8月17日在《趋势——认知科学》杂志网站上详细介绍了这项研究成果。

比如，感觉自己已死并不只在濒死体验中出现——科塔尔综合征（又名"行尸综合征"）的患者也有自己已死的错觉。这种认知失调会在身体严重损伤之后出现（例如伤寒症和多发性硬化症晚期），它与顶骨皮层和前额皮层等大脑区域有关。莫布斯解释说："顶骨皮层通常和注意力有关，而前额皮层跟精神分裂症等心理疾病患者可能出现的幻觉有关。"尽管人们仍不知道科塔尔综合征背后的原因，一种可能的解释是，患者试图理清自己的种种奇异经历。

人们现在也已知道，灵魂出窍的体验在刚要入睡或将醒未醒时很常见。比如，有多达40%的人自称出现过睡眠瘫痪——感觉自己动弹不得但同时仍对外部世界有意识。这种体验跟梦幻有关，可能导致灵魂漂浮在躯体上空的感觉。2005年的一项研究显示，可以通过刺激大脑的右颞顶联合区人为引发灵魂出窍，这表明感官信息混乱可能完全改变人对自身躯体的感知。

濒临死亡者看到已逝者的说法或许也能用多种理论解释。比如，有些帕金森病患者报告说自己看见了鬼甚至怪物。这和多巴胺（一种能引发幻觉的神经传递素）功能失常有关。至于那种重新体验主命中某一刻的经历，罪魁祸首之一可能是蓝斑核：中脑的这个区域释放去甲肾上腺素，当遭受严重创伤或刺激时人体会大量产生这种压力激素。蓝斑核与大脑中调节情感和记忆的区域（例如扁桃体和下丘脑）高度相关。

除此之外，研究显示若干药物也能引发濒死体验中常感受到的极度安乐感，比如麻醉药氯胺酮。它也能引发灵魂出窍的感受和其他幻觉。莫布斯解释说，氯胺酮会影响大脑的阿片系统，遇袭的动物即使未服用药物，其阿片系统也会自然变得活跃起来，这意味着严重损伤或刺激可引发濒死体验中的欣快感。

最后，濒死体验最为人知的内容之一就是穿过隧道朝着一道亮光走去。尽管个中的具体原因仍不清楚，但当眼部供血和供氧不足（濒临死亡时经常出现的极度恐惧和缺氧可能导致这种情况）时可能会产生视野变窄的“隧道视觉”。科学证据表明，濒死体验的所有内容都能从正常大脑功能出现问题中找到一定的解释。而且，对濒死体验的了解本身可能发挥关键作用——自我实现的预言。[①]

这项研究表明，一些人的濒死体验的确存在，而远古先民是不可能像现在一样对其进行科学研究并作出科学解释的。

因此，古代先民相信在人的身体中存在一种可以独立于肉体之外而存在和活动的精神要素，这就是灵魂。既然在睡眠情况下灵魂可以脱离身体而自行活动，那么，尽管人死之后尸体会腐烂而归于尘土，但“灵魂”却可以脱离肉体，存于天地之间，灵魂是不死的，只是归于他处而已。

灵魂不死的观念直接导致与促使了祖宗崇拜现象的产生。由于祖先的灵魂能永存，也自然变成神，是为家神，能赐福于子孙，带给家族好的命运。早在原始社会，先民便已产生了浓厚的崇祖观念。《礼记·郊特牲》：“万物本乎天，人本乎祖。”故古人敬神，亦敬祖。因此，生者便以各种手段如陪葬、祭祀等方式祈求先灵保佑后辈。至西周时，宗法制度的形成，使得祖先崇敬成为当时社会的主流意识，成为维系此时社会的重要伦理原则。古人这种极强的崇祖观念，无不在汉字构形中打下烙印。如“祖”，《说文》：“始庙也”。

关于灵魂观念，《三国演义》第七十七回《玉泉山关公显圣 洛阳城曹操感神》对关羽死后灵魂遇老僧普净有着生动的描述：

却说关公一魂不散，荡荡悠悠，直至一处，乃荆门州当阳县一座山，名为玉泉山。山上有一老僧，法名普净，原是汜水关镇国寺中长老；后因云游天下，来到此处，见山明水秀，就此结草为庵，

①参见《参考消息》2011年9月19日第7版。

每日坐禅参道，身边只有一小行者，化饭度日。是夜月白风清，三更以后，普净正在庵中默坐，忽闻空中有人大呼曰："还我头来！"普净仰面谛视，只见空中一人，骑赤兔马，提青龙刀，左有一白面将军、右有一黑脸虬髯之人相随，一齐按落云头，至玉泉山顶。普净认得是关公，遂以手中麈尾击其户曰："云长安在？"关公英魂顿悟，即下马乘风落于庵前，叉手问曰："吾师何人？愿求法号。"普净曰："老僧普净，昔日汜水关前镇国寺中，曾与君侯相会。今日岂遂忘之？"公曰："向蒙相救，铭感不忘。今某已遇祸而死，愿求清诲，指点迷途。"普净曰："昔非今是，一切休论；后果前因，彼此不爽；今将军为吕蒙所害，大呼还我头来，然则颜良、文丑，五关六将等众人之头，又将向谁索耶？"于是关公恍然大悟，稽首皈依而去。后往往于玉泉山显圣护民，乡人感其德，就于山顶上建庙，四时致祭。

关于鬼魂、阴间、阎王等生死观念和殡葬文化，《红楼梦》第十六回《贾元春才选凤藻宫　秦鲸卿夭逝黄泉路》描述了贾宝玉的好朋友秦钟生死之际的情节：

那秦钟早已魂魄离身，只剩得一口悠悠余气在胸，正见许多鬼判持牌提索来捉他。那秦钟魂魄那里肯去？又记挂着家中无人掌管家务，又记挂着父亲还有留积下的三四千两银芒，又记挂着智能尚无下落，因此百般求告鬼判。无奈这些鬼判都不肯徇私，反叱咤秦钟道："亏你还是读书的人，岂不知俗语说的：'阎王叫你三更死，谁敢留人到五更。'我们阴间上下都是铁面无私的，不比你们阳间瞻情顾面，有许多的关碍处。"

正闹着，那秦钟魂魄听见"宝玉来了"四字，便忙又央求道："烈位神差，略发慈悲，让我回去，和这一个好朋友说一句话就来。"众鬼道："又是什么好朋友？"秦钟道："不瞒列位，就是荣国公的孙子，小名宝玉儿。"那判官听了，先就唬的慌张起来，忙喝骂鬼使道："我说你们放了他回去走走，你们断不依我的话，如今只等他请出运旺时盛的人来才罢。”众鬼见都判如此，也都忙了手脚，一面又抱怨道：“你老人家先是那等雷霆电雹，原来见不得‘宝玉’二字。依我们愚见，他是阳，我们是阴，怕他们也无益，不如拿了秦钟一走完事。”判官闻听，连喝不可，于是将秦钟魂魄放回，苏醒过来。睁眼见宝玉在旁，无奈痰堵咽喉，不能出语，只翻眼将宝玉看了一看，头摇一摇，听喉内哼了一声，遂瞑然而逝。

2. 关于神的崇拜。在人类早期的部落阶段，人们共同劳动、共同生活、互相依靠，相成氏族集体；对氏族集体而言，每一个成员都是重要的一员。因此，如果一个成员死去，其他人员就会有一种强烈的丧失感和无助感，认为有一种神秘的力量支配着人的生死，由此而产生的对神秘力量的恐惧感，逐步演变为对鬼神的崇拜。

远古先民，由于不了解大自然诸多现象产生的原因，感觉周围有种种势力不能制驭，对自身的生老病死和周围其他事物的千变万化等异己的自然现象感到恐惧和神秘，认为必定存在一种巨大的外在力量支配着自然界，自然界中的诸多现象是这种力量支配的结果，故万物皆有灵。万物有灵形成了原始先民繁多的祭祀对象，即多神崇拜。我国古人认为，宇宙由天、地、人三个主要要素组成，祭祀礼仪是这些要素之间的沟通方式，这是中国古代文化极为重要的特征。《礼记·礼运》:“夫礼，必本于天，峭于地，列于鬼神。”《周礼·春官》记载周代最高神职为“大宗伯”，即“掌建邦之天神、人鬼、地亓之礼”。《周礼·春官·大宗伯》:“以礼祀昊天上帝，以实柴祀日月星辰，以标燎祀司中、司命、风师、雨师。”《史记·礼书》:“上事天，下事地，尊先祖而隆君师，是礼之三本也。”因此，依照这种标准可把众神灵分为天神、地祇和人鬼，人们通过祭祀礼仪设法与其修好，进而获得他们的佑护。

英国宗教学鼻祖麦克斯·廖勒认为:“原始人是从三类自然对象中形成神灵和上帝观念的。第一类是他们完全能够把握的物体，如石头、甲壳之类；第二类是能部分把握的物体，如树木、山河等；第三类是可见不可及，完全不能触知的物体，如苍天、太阳、星辰等。缪勒说，第一类事物不可能直接产生宗教观念，这些东西被赋予某种神秘性，成为拜物教的对象，乃是后来宗教发展的结果。关键在于第二类和第三类物体，因为第二类事物提供了可称之为半神之物的材料，而在第三类物体中，人们可“找到用神的名字称呼的那种东西的萌芽”。“宗教观念的历史起点，是在半触知事物中把握无限，后来又在不可触知的东西中寻找它，最后在不可见的物体中寻找它。人们尽管越来越不可能直接地把握它，却总是真切感到它的存在。”①

与麦克斯·廖勒观点相吻合的是，我国原始社会古代先民祭祀的“神”一开始并非抽象的神，而是日月星辰等以及它们的综合体。进入周朝，先民崇拜的天神对象，仍为日月星辰等的综合体，也以其为祭祀对象。

许慎《说文解字》：“天，颠也。至高无上，从一大。”又曰：“地，元气初分，轻清阳为天，重浊阴为地，万物所陈列也。从土，也声。”《礼记·郊特牲》：“社祭土而主阴气。”又曰：“社所以神地之道也。地载万物，天垂象，取财于地，取法于天，以尊天而亲地也，故教民美报焉。”

远古先民宗教崇拜的对象并非尽如天神、地祇一般虚构的神灵，其中诸多为有传说依据或实有的历史圣贤。他们成为崇拜对象已被赋予神性或半神性，甚至有些被崇拜者当作远祖信仰。对其敬奉并非出于血缘上寻根求源之由，而是敬重其功德，并在宗教思想的影响下，将其神化，使之成为半人半神的人物。随着祖先崇拜的兴起，自然神灵的人格化倾向较为普遍，凡于民有功的人均可神化为神灵。三皇五帝为历史上最早被尊称的圣王。《礼记·祭法》：“夫圣王之制祭祀也，法施于民则祀之，以死勤事则祭之，以劳定国则祀之，能御大灾则祀之，能捍大患则祀之。是故厉山氏之有天下也，其子曰农，能殖百谷，夏之衰也，周弃继之，故祀以为稷。共工氏之霸九州也，其子曰后土，能平九州，故祀以为社。帝喾能序星辰以著众，尧能赏均刑法以义终，舜勤众事而野死，鲧鄣鸿水而殛死，禹能修鲧之功，黄帝正名百物以明民共财，颛顼能修之，契为司徒而民成，冥勤其官而水死，汤以宽治民而除其虐，文王以文治，武王以武功去民之灾，此皆有功烈于民者也。”②

3. 关于生死轮回。伏羲被认为是中国原始人类神权统治时期以龙为图腾的氏族首领，相传6000年前生于成纪（今甘肃天水市），传说他为古代东夷族的著名首领，原在森林与草原交汇地带以采集与狩猎为生，后来率领氏族

①［英］麦克斯·缪勒：《宗教的起源与发展》，金泽译，陈观胜校，上海人民出版社2010年3月第1版，中译本序 第3页。

②李景生：《汉字与上古文化》，中国社会科学出版社2009年1月第1版，第163页。

逐渐从山地和草原向傍山的河川地带迁居，逐步由采集为主向以渔猎为主的生活方式过渡。后建都于宛丘（今河南淮阳县），其陵太昊陵位于河南淮阳县城北郊。[①]

在千变万化的大自然面前，童年的人类深深感到自身的渺小和软弱无力，经常遭受山洪、大火、雷电、飓风、泥石流等毁灭性的灾难，因此他们认为大自然的一切现象背后肯定有神加以主宰，人间的吉凶祸福都是某些神灵作祟所致，由此产生了对超人的自然力的崇拜和敬畏心理。作为氏族首领，伏羲归纳了对人民生计影响最大的八大自然因素，即天、地、山、泽、水、火、风、雷，创立了八卦符号分别代表之，并把它们作为崇奉和祭祀的对象，以求消灾避祸。《周易》记载，伏羲上观天象，下观地理，中观万物，始作八卦，一画开天分阴阳，推演万物定乾坤，在黄淮平原上掀开了华夏文明的历史序幕。八卦符号所表达的既是先民朴素的自然观，也是一种原始的生死观。

考古发现许多汉代墓室里刻有伏羲女娲像，吐鲁番阿斯塔那唐代古墓群也发现了大量的伏羲女娲像：伏羲女娲两位中华始祖神上身相拥，蛇尾相交，女娲右手执规，象征天圆，伏羲左手执矩和墨斗，象征地方；图上方中部画着圆圈，象征太阳，四周以线相连的圆圈，象征星辰；图下方中部圆圈象征月亮，生动描绘了我国最古老的神话传说中的始祖形象。吐鲁番阿斯塔那古墓群有 400 多座古墓，几乎每座古墓中都挂有伏羲女娲图，而且墓室里有几个人，就会陪葬几幅伏羲女娲图。在墓室里放伏羲女娲图，原本是中国古代中原地区的一种丧葬习俗，而阿斯塔那古墓群出土的伏羲女娲图，既有中原特有的穿传统汉式衣服的形象，也有面相深目高鼻大胡子、穿少数民族服装的形象，说明伏羲女娲不仅是汉族而且是少数民族也就是整个中华民族共同崇拜的神话始祖。

在阿斯塔那唐代墓葬群中，有的墓葬不仅挂有伏羲女娲图，还有墓碑铭文，其中公元 681 年一个大臣的墓碑铭文这样写道："他从这里离去了，进入了另一个世界。"反映了伏羲女娲图的寓意：死，意味着人进入另一个世界，是人间生活的继续，在那里不仅需要死者生前所用，而且需要生命重生的寄

①黄濂：《中国历代帝陵》，大连出版社 2010 年第 3 版，第 1—3 页。

托。因此，伏羲女娲图寓意着生、死的轮回。伏羲女娲作为中华民族的始祖神，历朝历代都受到民间和官方的崇拜祭奠，本质上是对神灵的崇拜和对来生的渴求的反映。

中国古代的神灵信仰，是蒙昧时代的中国人思索生死问题的产物。随着人类的逐渐成熟和社会生活的发展，中国古人对生与死作进一步思考，形成了“灵魂不死、天人合一”的宇宙观和生命观，对中华民族的生存、发展和中华文明的形成产生了巨大的影响，也是我们研究殡葬法制不能忽视的文化因素。

（二）事死如生

我国远古先民们相信“灵魂不死”，认为死亡不是生命的结束，而只是生命的一种转换方式。因此在殡葬文化中，古人推崇“事死如生”的理念。考古发现，旧石器时代山顶洞人的遗骸周围，撒有含赤铁矿的红色粉末，并有钻孔的兽齿、石珠、骨坠等装饰品随葬。根据民俗学研究，红色象征着鲜血，而血又是生命的来源和灵魂的寄托之所。在尸体上撒赤铁矿粉，表示给死者以新的血液，赋予新的生命。

“灵魂不死”是传统殡葬观念的核心，人们安葬尸体的最终目的是为了安放灵魂。在殡葬文化的发展过程中，由于各民族对灵魂不死的认识有所不同，因此也导致了殡葬方式的不同，出现了土葬、火葬、水葬、崖葬、树葬、天葬等多种形式。如古蜀人认为死人的灵魂升天可为仙，入地则成鬼，故以崖葬为高尚。于是，人们将棺材放在凿出的山崖平台上；或在峭壁上凿孔再打入木楔，木楔上放置棺材；或将棺材放入天然岩洞之中，岩壁上雕刻各种图案、铭文等。目前在四川地区已发现有战国、两汉、南北朝、唐、宋、元时期的悬棺。江南其他地方也有发现，2011 年 8 月，在江西龙虎山，发生一起夜闯悬棺古墓的事件，下面是该事件报道的摘录[①]：

①参见《华商晨报》2011 年 8 月 14 日 A7 版的报道《“蜘猪大侠”发微博潜入龙虎山与千年尸共眠》。

龙虎山位于江西省境内，属于世界地质公园、国家重点文物保护单位，2010年被列入《世界自然遗产名录》。龙虎山是道教正一派的祖庭，东汉中叶，正一道创始人张陵曾在此炼丹，传说“丹成而龙虎现，山因此得名”。据道教典籍记载张天师后裔世居龙虎山，至今承袭六十三代，历经1900多年。

记者在“蜘猪大侠”的微博上看到，该名来自重庆的男子自爆，他8日晚在龙虎山景区工作人员休息之后，潜入位于景区内部的悬棺古墓。“蜘猪大侠”自搭帐篷，在古墓内做饭吃夜宵，“与古尸共度一夜”，并身穿道士服，扮成“剑侠”在古墓洞穴内舞剑，于9日清晨离开。龙虎山管委会宣传部门相关负责人13日称，“蜘猪大侠”的行为违反了景区的管理制度，该负责人同时证实，“蜘猪大侠”闯入的悬棺属于古墓核心区。

汉族人多以土葬为主。土葬在旧石器时代就出现了，当时人们实行土葬主要是为了防止死者被野兽吃掉，同时也是为了使死者得到永恒的安息，也反映了农业社会人们对土地的依赖和留恋；此外人们还认为土地埋葬先人为死者提供了另外一个活动的空间，即所谓的“入土为安”。

墓地制度起源于旧石器时代中晚期。当时，人们一般居住在自然洞穴中，所居住的洞穴也成为死者的墓地。据考古发掘，我国最早的墓地是北京周口店山顶洞，山顶洞人将洞穴上层当作生者的居室，下层为死者的墓地。在早期殡葬中，死者和死者之间的葬式并无太大区别。但随着社会的发展、阶级的出现，死者的殡葬出现等级的划分。商代商王和贵族的墓葬，都用木材制成椁室，敛尸的木棺则置于椁室中，其随葬品丰富、精美，包括各种实用的青铜礼器、兵器、玉器、陶器、漆器等，还使用人畜殉葬。以礼治国的周朝，棺椁、墓葬制度实行严格的等级制，并一直延续到战国时期。

《礼记·王制》：“天子七日而殡，七月而葬；诸侯五日殡，五月而葬；大夫、士、庶人三日而殡、三月而葬。三年之丧，自天子达。庶人县封，葬不为雨止，不封不树。丧不贰事，自天子达于庶人。丧从死者，祭从生者。支子不祭。”

秦汉时期，我国古代墓制出现重大变化。如秦始皇陵，其地面的双重围墙相当于秦都咸阳的内城和外城墙，封土和地宫象征咸阳宫，外墙东侧的兵马俑坑相当于秦都的守卫部队，而其马厩坑则相当于宫廷的厩苑，珍禽异兽坑相当于秦始皇生前的宫廷苑囿。秦始皇陵就是一座宫城，将“事死如生”的丧葬礼俗发挥到了极致。

汉代经董仲舒对儒家经典的阐释，儒家忠孝为核心的价值观成为占统治地位的指导思想，办理丧事的规矩变得越来越多，程序也日益复杂，于是有人专门负责丧葬，有人专门制作棺椁，殡葬逐步商业化。汉晋时期，买地建坟是件大事，虽然花费不菲，也要加以购买，预设买地契文，然后刻石为券，放在坟圹中，这种带有地契性质的“买山莂”采用“如律令”格式，例如考古出土的晋太康五年（284）“杨绍”买地建坟的地莂：

> 大男杨绍，从土公买冢地一邱，东极阚泽，西极黄滕，南极山背，北极于湖，直钱四百万，即日交毕，日月为证，四时为任。太康五年九月廿九日，对共破莂，民有私约，如律令。[①]

唐代的殡葬礼仪崇尚周礼，在参照周礼的基础上更加系统化、程序化。死者从断气到殡葬、祭奠完毕，共有66道仪式。受朱程理学的影响，宋、明、清各代对殡葬礼仪也十分重视，并都用律令加以调整和保护。

在厚葬成风的历史潮流中，也有一些思想家、政治家提出薄葬节丧、丧事从简的主张，如先秦的思想家墨子就严厉抨击厚葬久丧是“缀民之事，庸民之则”，提出“薄葬节财”。战国末期法家代表人物韩非提倡死者“冬日冬服，夏日夏服，桐棺三寸，执丧二日”。三国时期的曹操，公元218年颁布《终令》曰：“古之葬者，必居瘠薄之地。其规西门豹祠西原上为寿陵，因高为基，不封不树。”公元220年正月去世前再次遗命薄葬：“无藏金玉珍宝。”[②]

在土葬为主的同时，也有实行火葬的习俗。如《水浒传》第二十五回《王婆计啜西门庆　淫妇药鸩武大郎》描述了宋元时期一个人死后丧葬的习俗：

---

①朱剑心：《金石学》，文物出版社1981年版，第181页；王国维：《二牖轩随录》。转引自张伯元：《出土法律文献研究》，商务印书馆2005年6月第1版，第283页。

②黄濂：《中国历代帝陵》，大连出版社2010年1月第3版，第97页。

那婆子便把衣袖卷起，舀了一桶汤，把抹布撇在里面，掇上楼来。卷过了被，先把武大嘴边唇上都抹了，却把七窍淤血痕迹拭净，便把衣裳盖在尸上。两个从楼上一步一掇，扛将下来，就楼下将扇旧门停了。与他梳了头，戴了巾帻，穿了衣裳，取双鞋袜与他穿了，将片白绢盖了脸，拣床干净被盖在死尸身上。(净身)

次早五更，天色未晓，西门庆奔来讨信，王婆说了备细。西门庆取银子把与王婆，教买棺材津送，就叫那妇人商议。这婆娘过来和西门庆说道："我的武大今日已死，我只靠着你做主。"西门庆道："这个何须得你说。"王婆道："只有一件事最要紧，地坊上团头何九叔，他是个精细的人。只怕他看出破绽，不肯殓。"西门庆道："这个不妨，我自分付他便了。他不肯违我的言语。"王婆道："大官人便用去分付他，不可迟误。"…… (入殓)

到天大明，王婆买了棺材，又买些香烛纸钱之类，归来与那妇人做羹饭，点起一盏随身灯。邻舍坊厢都来吊问。那妇人虚掩着粉脸假哭。……王婆取了棺材，去请团头何九叔。但是入殓用的，都买了，并家里一应物件，也都买了。就叫了两个和尚，晚些伴灵。多样时，何九叔先拨几个火家来整顿。…… (伴灵)

《水浒传》第二十六回《偷骨殖何九叔送丧　供人头武二郎设祭》进一步描述了葬的仪式。

何九叔……随即叫火家分付："我中了恶，去不得，你们便自去殓了。就问他几时出丧，快来回报。得的钱帛，你们分了，都要停当。若与我钱帛，不可要。"火家听了，自来武大家入殓，停丧安灵已罢，回报何九叔道："他家大娘子说道：'只三口便出殡，去城外烧化'。"……

且说王婆一力撺掇，那婆娘当夜伴灵，第二日请四僧念些经文，第三日早，众火家自来扛抬棺材，也有几家邻舍街坊相送。那妇人戴上孝，一路假哭养家人。来到城外化人场上，便叫举火烧化。(火化)

只见何九叔手里提着一陌纸钱，来到场里，王婆和那妇人接见道："九叔，且喜得贵体没事了。"何九叔道："小人前日买了大郎一扇笼子母炊饼，不曾还得钱，特地把这陌纸来烧与大郎。"王婆道："九叔如此志诚。"何九叔把纸钱烧了，就撺掇烧化棺材。王婆和那妇人谢道："难得何九叔撺掇，回家一发相谢。"何九叔道："小人到处只是出热。娘子和干娘自稳便，斋堂里去相待众邻舍街坊。小人自替你照顾。"使转了这妇人和那婆子，把火挟去拣两块骨头，拿去潵骨池内只一浸，看那骨头酥黑。何九叔收藏了，也来斋堂里和哄了一回。(烧纸钱)

棺木过了，杀火，收拾骨殖，潵在池子里。(潵骨)

再说那妇人归到家中，去桶子前面设个灵牌，上写"亡夫武大郎之位"。灵床子前点一盏琉璃灯，旦面贴些经幡、钱垛、金银锭、采缯之属。(设立灵位)

（三）祭祀的极端重要性

《礼记·王制》："天子祭天地，诸侯祭社稷，大夫祭五祀。天子祭天下名山大川，五岳视三公，四渎视诸侯。诸侯祭名山大川之在其地者，天子诸侯祭因国之在其地而无主后者。"

《礼记·王制》："天子七庙，三昭三穆，与大祖之庙而七。诸侯五庙，二昭二穆，与大祖之庙而五。大夫三庙，一昭一穆，与大祖之庙而三。士一庙。庶人祭于寝。"

《礼记·礼运》："夫礼之初，始诸饮食，其燔黍捭豚，汙尊而抔饮，蒉桴而土鼓，犹若可以致其敬于鬼神。""蒉桴而土鼓"，显然是最原始的乐，行祭祀之礼也必以乐侑神。甲骨文中礼字，像玉盛放在礼器中，古人行礼以玉，表示诚敬。甲骨文的礼字，指的是"事神致福"的祭祀仪节。周初文献《尚书·洛诰》中的"王肇称殷礼，祀于新邑"，也是指祭祀仪节。礼起源于原始人的祭祀，逐渐发展成为调整人们社会关系的行为准则。

《礼记·婚义》："夫礼始于冠，本于昏，重于丧、祭，尊于朝、聘，和于射乡。此礼之大体也。"

《礼记·经解》：孔子曰："安上治民，莫善于礼。"故婚姻之礼废，则夫妇之道苦，而淫辟之罪多矣；乡饮酒之礼废，则长幼之序失，而争斗之狱繁矣；丧祭之礼废，则臣子之恩薄，而倍死忘生者众矣；聘觐之礼废，则君臣之位失，诸侯之行恶，而倍畔侵陵之败起矣。

1.祭祀祖先。古代先民极为重视对于祖先的祭祀，他们代代相传，绵绵不断地虔诚以拜。《礼记·王制》："天子诸侯宗庙之祭，春曰礿，夏曰禘，秋曰尝，冬曰烝。"东汉大儒郑玄注："此盖夏殷之祭名，周则改之。春曰祠，夏曰礿。""祀"的构形可充分体现这一点。《说文解字》"祀，祭无已也。"徐锴《说文解字系传》："老子曰：'子孙祭祀不辍'，是也。"甲骨文中的"祀"，从示从巳会意，"巳"本为胎儿之象。《说文解字》："包，妊也。象人怀妊，巳在中，象子未成形。"可见祀中的"巳"表示子子孙孙。整个"祀"字会意为子子孙孙祭于"示"前，故许氏释为"祭无已也"。这种年复一年的祭拜，使得"祀"的字义逐渐发生了变化。《尔雅·释天》："夏曰岁，商曰祀，周曰年，唐虞曰载。"由此可知，"祀"自殷商时便已有"年岁"之义，而此义的产生正是由于祭祀的周而复始的周期性所致。据考证，殷人的祭祀有小祀周、中祀周、大祀周等往复循环，循环的周期长度，主要依据所祭祀先王数量的增加而定。到了帝乙、帝辛时代，一"祀"（即大祀周的周期），便在360—370天之间，恰相当于一年。所以"祀"便有了年岁之义。从祀之义演变看，古代的祭祀，经历了最初时间上的不定性逐渐演变为固定的周期性，以求得祭祀的保障。①

2.封禅"祭天"。封禅式"祭天"，体现了君权神授，是统治者利用"祭天"巩固统治重要的措施。秦始皇、汉武帝的泰山封禅大典最为著名。选择到泰山封禅，是因为我国古代五行说认为泰山为东岳，属木，为春，为万物始生、阴阳交替之地。封、禅连用，一指祭天，一指祭地，如果封与禅同时举行但重在祭天，则"禅"多指祭天。故《说文解字》曰："禅，祭天也。从示单声。"

3.祭祀方式。由于祭祀的极端重要性，古人往往将自己最珍贵的东西作为祭品奉献于神灵、供其享用，以表示对神灵、先祖的虔诚。祭品的种类、

①李景生：《汉字与上古文化》，中国社会科学出版社2009年1月第1版，第171—172页。

多寡不仅反映出祭祀的规模和水平，而且体现一个朝代的经济、政治、社会、文化等各方面的情况，是我们观察古代社会和追索民族殡葬文化源头的重要依据。按祭品的不同，祭祀分为人祭、肉祭、酒祭、火祭四种。

人祭。商代的奴隶主贵族为求上帝、祖先和鬼神福佑，表示对其虔诚，有时以杀戮奴隶为祭品祭祀神灵。这种以人为“牺牲”的祭祀制度，便是所谓“人祭”。人祭的手段十分残忍，分砍头、焚烧、肢解等。“伐”，甲骨文的写法也是从人从戈，像以戈割人的脖颈，会意为砍头。据古文献记载，商代有所谓“伐祭”之俗，即把奴隶砍头进行祭祀。①

肉祭。“祭”的甲骨文形体就像手持肉献于神前。肉形甚至滴着肉汁（或血水）。祭祀对象则由代表神主的“示”表示。“示”字本身也是一个象形或象意的字。食肉类，在古代自然为富有的象征，故古人称统治者为“肉食者”。以肉祭祀尤显出对神灵崇敬。肉祭所用之肉，或由杀俘杀奴而来，或由杀牲而来。甲骨文的“享”字，其形象以羊献祭于庙堂。《说文解字》：“牺，宗庙之牲。”是指古代作祭品用的毛色纯一的祭牲。《说文解字》：“牲，牛完全也。从牛，生声。”牺、牲二字都由“牛”而得义。《礼记·玉藻》：“君无故不杀牛，大夫无故不杀牛，士无故不杀犬豕。”郑玄注：“故谓祭礼之属。”如此看来，只有天子及诸侯才有资格在祭祀时将牛用作祭品使用。②

酒祭。奠，《说文》：“置祭也。从酋，酋，酒也。”奠之初形，甲骨文的写法像将酒坛子置于神案之上，是以酒食祭祀之状。醮，也为祭祀，是一种特定的祭祀。《说文》：“醮，冠取礼祭。”即指用于冠礼的一种祭祀仪式。其从酒得义，表现出酒与祭祀之特殊关系。中国古代以酒事神、以酒祭祀求福，是有缘由的。

在古代，酒被认为具有疗病之功效，如繁体的医，写作醫，上半部表疾病，酉则同酒。《说文》：“医，治病工也。”同时，在原始农业社会中，酒的酿制凝结着长久的劳动价值，这就使酒具有了尊贵的性质，故非尊贵者不得享用。段注：“凡酌者必资于尊，故引申以为尊卑字。”所以，古人观念中，酒又可赐人以尊贵和权力，具有神灵性。酒无形可象，造字时便取“酉”这一盛酒容器之形来反映，如甲骨文的“酉”即像一个盛酒的坛子，以此代

①李景生：《汉字与上古文化》，中国社会科学出版社 2009 年 1 月第 1 版，第 172 页。
②李景生：《汉字与上古文化》，中国社会科学出版社 2009 年 1 月第 1 版，第 174 页。

酒，是为酒的本字。金文中的酒在早期也是以“酉”代酒，后来方在酉旁加水成酒。汉字中从“酉”之字常常与祭祀有关。[①]

火祭。《尔雅 · 释天》：“祭天日燔柴。”《礼记 · 祭法》：“燔柴于泰坛，祭天也。” 孔颖达疏：“燔烧于坛者，谓识薪于坛上，而取玉及牲置柴上燔之，使气达于天也。”孔颖达疏又曰：“天神在上，非燔柴不足以达之。”尞，柴祭天也。

火祭自古就常用以祭天，祭天仪式称为“帝”。“帝”在众多的甲骨文或形体中，有的形体像束柴状，含有燔柴祭天之义。《说文解字》：“帝，谛也，王天下之号。”“帝”的本义实为“谛”，即祭天仪式，而主持祭天仪式的又多为当时的部落联盟首领，故后来号令天下、君临一切之义的“帝”，正是由“谛祭”而来。谛祭由祭天而敬祖，在上古时代具有至高无上的意义。“帝”义的演变便是证明。[②]

4. 清明祭墓习俗。墓祭是通过在墓前祭奠逝去亲友的方式，表达对他们的怀念和哀思。根据考古发掘，商代贵族很可能有墓祭活动。1976 年考古工作者在安阳殷墟发掘了一座商代贵族墓。因墓中随葬品多有“妇好”二字，故命名为“妇好”墓。“妇好”墓的墓口上有一房基，建筑面积约 20 平方米，与墓口大小相近。经过研究认为，这个建筑物是有意建在墓上的，是为祭祀墓主人而建造的享堂。

清明节与寒食节关系密切。寒食节在清明节前三日，也有的说在前一日或二日。寒食节最初的内容是禁火三日，只用冷食，是一个古老的习俗。后来因介子推的故事，内容发生变化。介子推是晋文公手下的大臣，晋文公流亡国外时，曾几天都没有饭吃，介子推割下自己的股肉，煮汤给晋文公喝。晋文公回国当上国君后，对患难与共的手下大加封赏，唯独忘了介子推。后来晋文公想起了介子推，非常歉疚，决定请介子推到朝廷来做大官，介子推躲进山中不见。晋文公带人寻找却找不到，便下令放火烧山，想以此逼迫介子推出来。介子推宁死不出山，最后被烧死。晋文公十分哀伤，下令在介子推忌日不准动火以示纪念。时间一长，寒食节与悼念介子推便合二为一。唐代盛行寒食节上坟扫墓。唐玄宗颁布诏令，寒食节上墓成为正式礼俗。经唐

①李景生：《汉字与上古文化》，中国社会科学出版社 2009 年 1 月第 1 版，第 176 页。
②李景生：《汉字与上古文化》，中国社会科学出版社 2009 年 1 月第 1 版，第 177 页。

玄宗的推动，民间祭坟扫墓特别看重寒食节。

由于寒食节与清明日子相近，古人在寒食节中的活动又往往延续到清明，久而久之，寒食与清明也就没有严格区别了。清明由原来的节气变为节日，祭祖扫墓成为清明节的最重要活动，寒食节逐渐淡出人们的生活，清明节扫墓祭祖却成为传统。

（四）朱程理学对宋以后殡葬的影响

唐朝后期，土地商品化导致土地流转规模大、速度快，这种经济基础的变化使得人们的宗法血缘观念变得越来越淡薄。于是，宋朝的一些士大夫力图在新的形势下，维护封建伦理纲常。以朱程理学为代表的理论占据主导地位，对传之久远的宗法宗族制的发展变化发挥了重大影响。讲求孝道、提倡和睦仍然是宋以后宗法宗族制的情理外衣，但其变化是明显的。

1. 建祠立庙的庶民化。如前述，自周朝建立礼制对殡葬祭祀作出严格的等级规定后，长期以来，庶民之家是不准建祠立庙的，建祠立庙是王侯贵族士大夫的特权。南宋朱熹说："庶民祭于寝，士大夫祭于庙"；"庶人无庙，可立影堂"。明成化十一年（1475）规定："令一品至九品各立一庙。"同时，对于祭祀世代，等级身份不同的人，要求不同。明朝初年规定有品之官之庙"权仿宋儒家礼祠堂之制，奉高、曾、祖、祢四世之主"，而庶民则只许祭祀三代，以曾祖居中，祖左祢右。明嘉靖十九年（1536），礼部尚书夏言乃上疏建议改制，"乞诏天下臣民冬至日得祭始祖"，从此打破了追祭世代的限制；"乞诏天下臣工建立家庙"，从此打破了庶民不准建置宗祠的限制。这在宗法制方面是一次重大变化。①

建祠立庙的平民化，使得明、清以来民间祭祀祖先之风大为盛行，既有墓祭，又有祠祭，直接影响了今天中国老百姓的殡葬观念和祭祀风气。

2. 族田制对殡葬祭祀的保障。建置族田对族人实行经济接济，是官室富商联系族众的重要方式。宋仁宗皇佑二年（1050）范仲淹任杭州知府时，将

①李文治、江太新：《中国家法宗族制和族田义庄》，社会科学文献出版社 2000 年 4 月第 1 版，第 21 页。

官俸所入买田收租协济族众，在中国历史上首创了族田制。[①]他对创建族田的动机有过一段自述："祖宗积德百余年始发于我，今族众皆祖宗子孙，岂可独享富贵。"为此拿出一部财产捐置义庄。他的目的在于"济养群众"，使"族之人日有食，岁有衣，嫁娶凶葬皆有赡"。[②]

族田包括义田、祭田和学田。义田的收入主要赡济族中穷人，兼用于奖励节义；祭田的收入主要用之于祭祀祖先、帮助族众穷人的丧葬之用，兼用于赡济族众；学田的收入则专供族人读书应试等开支；有的族姓还专设役田，帮助族众完成赋税差役等。如陆果"置族田八百亩，祭田五十亩，学田二百田，役田三百亩。族田为族之婚丧老疾及赡贫而设者；祭田为供祭祀；学田为作塾讲业，集族里子弟给以饩廪；役田为代蕃衍宗属之过更等而使用"。[③]

祭田是族田中的一种，通过建置祭田以守护坟墓、追宗祭祖、保障丧葬，从而强化孝悌伦理，是保持宗族凝聚力的重要手段。"各个族姓，一方面，通过追宗祭祖抒发孝思，同时族人通过追祭互相聚会，而祭田租入则是族人追祭和聚会的主要经济条件。 这里所说祭田又称墓田、祠田、烝尝田，属于一个族姓的公产。"[④]

族田自宋范仲淹开建以后，在明、清两朝迅速扩大。"宋元两代约 400 年间有 70 余例；明代 276 年间有 200 余例；清代 265 年间有 400 余例。当然，这远非族田义庄全貌。"[⑤]

《红楼梦》第十三回以即将死亡的贾蓉之妻秦可卿托梦给王熙凤的形式，将族田义庄的目的、作用和国家的保护制度等生动展现出来。

秦氏道："……常言'月满则亏，水满则溢'，又道是'登高必

①李文治、江太新：《中国家法宗族制和族田义庄》，社会科学文献出版社 2000 年 4 月第 1 版，第 44 页。

②李文治、江太新：《中国家法宗族制和族田义庄》，社会科学文献出版社 2000 年 4 月第 1 版，第 72 页。

③李文治、江太新：《中国家法宗族制和族田义庄》，社会科学文献出版社 2000 年 4 月第 1 版，第 71—72 页。

④李文治、江太新：《中国家法宗族制和族田义庄》，社会科学文献出版社 2000 年 4 月第 1 版，第 42 页。

⑤李文治、江太新：《中国家法宗族制和族田义庄》，社会科学文献出版社 2000 年 4 月第 1 版，第 22 页。

跌重'，如今我们家赫赫扬扬，已将百载，一日倘或乐极悲生，若应了那句'树倒猢狲散'俗语，岂不虚称了一世的诗书旧族了？"凤姐听了此话，心胸不快，十分敬畏：忙问道："这话虑的极是，但有何法可以永保无虞？"秦氏冷笑道："婶婶好痴也。否极泰来。荣辱自古周而复始，岂人力能可保常的？但如今能于荣时筹画下将来衰时的世业，亦可能常保永全了。即如今日诸事都妥，只有两件未妥，若把此事如此一行，则后日可保永全了。"

凤姐便问何事。秦氏道："目今祖茔虽四时祭祀，只是无一定钱粮；第二，家塾虽立，无一定供给。依我想来，如今盛时固不缺祭祀供给，但将来败落之时，此二项有何出处？莫若依我定见，趁今日富贵，将祖茔附近多置田庄房舍地亩，以备祭祀供给之费皆出自此，将家塾亦设于此。会同族中长幼，大家定了则例，日后按房掌管这一年的地亩、钱粮、祭祀、供给之事。如此周流，又无争竞，亦不有典卖等弊。便是有了罪，凡物皆可入官，这祭祀产业连官也不入的。便败落下来，子孙回家读书务农，也有个退步，祭祀又可永继。若旨今以为荣华不绝，不思后日，终非长策。……此时若不早为后虑，临期只恐后悔无益了。"

3. 家族宗规中关于祭祀丧葬的规定。在通过祭田保障族众丧葬之用的同时，明清两朝，在建祠立庙平民化的基础上，许多家族通过家族宗规规范家族众行为，其中，对祭祀、墓葬等进行明确规定。

例 1：明万历年间的范氏《林塘宗规》载：

墓祭。吾宗自始祖而下，世代辽阔，但据谱记所载，唐宋以来旧业相传者若干墓，除各图山势地名裁之家谱外，每年于清明前，家长照旧规率众分行展墓，共伸孝思。内迁祖千九公及于圣南公孙延瑞公为本村三大支，众祖尤当崇礼致敬。以上相传各墓地若有本姓子孙侵葬盗卖，或外姓谋买占业者，各支下即令众检举仗义鸣官。盖人各有祖，上下所同，害及祖宗，官亦心恻，必令改正退还乃已。其本家冢林内请王坦内有无祀坟茔，亦属清明祀首依旧摽挂，毋得遗略。[1]

送死大事尤甚于养生，必葬之以礼，然后送死之事始毕。徽俗拘溺风水，忍弃亲棺于厝地，富者贪穴徼福延以岁月，贫者役志营生忘其根本，至有终其身而不葬者，父母生子谓何，言之汗出，闻之酸心。今请王坦厝基已满，疾风折树可虞，府县以孝教民，明文催葬且急，各宜自省，称家有无，速行安葬，以毕人子大事，庶食可下咽，寝可安枕耳。或厝后无子孙者，众为瘗之。[2]

例2：明万历年间江苏海安《虎墩崔氏族谱》载：

守坟墓。祖上所以愿有子孙者，将以保遗骸，奉祭祀、传永久也。今子孙于父祖坟墓外，略不经意，或门房多而推调不理，或子孙贫而祭扫不行，或为无后，或为逃徒。世代日远，丘垅荒凉，乡人目为孤冢，势豪侵占，戕及遗骸，兴言及此，良可涕泣，安知百年之后，我之子孙视我不犹今之视昔耶。凡我族人于远祖之墓，须定约依附轮祭，至于孤冢亦附亲房者主之，以敦一本之义。[3]

例3：光绪三十二年浙江山阴县《项里钱氏宗族》宗规：

祠墓当展。祠乃祖宗神灵所依，墓乃祖宗体魄所藏，子孙思祖宗不可见，见所依所藏之处即如见祖宗，时而祠祭，时而墓祭，必加谨敬。凡栋宇有坏则葺之，罅漏则补之，垣砌碑石有损则重整之，蓬棘则剪之，树木什器则爱惜之，或被人侵害盗卖盗葬则同心合力复之，患无忽小，视无逾时，若使缓延所费愈大，此事死如生、事亡如存之道，族人所宜首讲者。[4]

---

①李文治、江太新：《中国家法宗族制和族田义庄》，社会科学文献出版社，2000年4月第1版，第280页。

②李文治、江太新：《中国家法宗族制和族田义庄》，社会科学文献出版社，2000年4月第1版，第280—281页。

③李文治、江太新：《中国家法宗族制和族田义庄》，社会科学文献出版社，2000年4月第1版，第289—290页。

④李文治、江太新：《中国家法宗族制和族田义庄》，社会科学文献出版社，2000年4月第1版，第296页。

> 丧则帷竭力于衣衾，棺椁遵礼哀位，棺内不得用金银玉物；吊者止款茶，途远待以素饭，不设酒筵；服未除不嫁娶，不听乐，不兴宴贺哀经，不入公门；葬必择地避五鬼，不得泥风水邀福，至有终身不葬累世不葬，尤不得火化，犯律重罪。[①]
>
> 祭则聚精神致孝享，内外一心，长幼整肃，具物惟称家有，无不得为非礼之礼，此皆孝子慈孙所当尽者。[②]

这些制度和宗规表明：一是死有所葬是为必然；二是事死如生是为孝道；三是保护坟墓是为义务。

二、古代希腊的殡葬文化

丧即死亡，意味着生命的终结；葬即埋葬，是对死者遗体的安排。和生命的诞生一样，人类对死亡的态度和观念也反映了对生命的态度和观念，由此而形成的丧葬礼仪则是有关生死观念的直接或间接的表达，反映了一个社会和民族的文化、宗教和世界观。尤其在古代，丧葬仪式是作为家庭、氏族、宗教、国家等团体以确认传统和延续世系的手段的。古代希腊人的丧葬礼仪也是如此。下面是一段关于希腊生死观和葬礼的神话故事：[③]

> 厄忒俄克勒斯临死时望着哥哥流下了眼泪。没有力气说话；波吕尼刻斯则喃喃地说出了下面这几句话："我的弟弟，你是我的敌人，但我爱你，永远爱你。把我葬在我的故乡吧——至少让我分享故城的泥土。"
>
> 决斗未能分出胜负，于是战斗又打响了。墨诺叩斯没有白死，忒拜人最终获得了胜利，攻城的七位勇士当中有六人战死，只有阿

①李文治、江太新：《中国家法宗族制和族田义庄》，社会科学文献出版社，2000 年 4 月第 1 版，第 301—302 页。

②李文治、江太新：《中国家法宗族制和族田义庄》，社会科学文献出版社，2000 年 4 月第 1 版，第 302 页。

③[美]依丝丽·汉密尔顿：《神话：希腊、罗马及北欧的神话故事和英雄传说》，刘一南译，华夏出版社 2010 年 4 月第 1 版，第 292—296 页。

德剌斯托斯一人逃生。他带着残兵败将逃到了雅典。忒拜由克瑞翁当政，他宣布攻城者一律不准下葬。厄忒俄克勒斯的葬礼极尽哀荣，波吕尼刻斯的遗体却被弃之不顾，留给鸟兽去撕咬和啃食，这样的报复行为违反了诸神的训令和正义的法则，它相当于对死者进行惩罚。未经安葬的死者的魂不能渡过冥国周围的那条河，只得孤孤单单地四处流浪，找不到容身之所，永远也无法安歇。安葬死者是最神圣的职责，人们不仅必须安葬自己的亲人，而且还要为偶然遇到的异乡人代行葬礼。但克瑞翁却宣布安葬波吕尼刻斯不是应尽的职责，而是违法的举动，安葬他的人要被处死。

安提戈涅和伊斯墨涅听了克瑞翁的决定惊骇不已。伊斯墨涅虽然感到震惊，并为哥哥那可怜的遗体和无家可归的孤独亡魂而肝肠寸断，但她觉得除了默许之外似乎没有别的办法。她和安提戈涅孤立无援，忒拜的全体居民都为引发战祸的罪魁祸首遭到如此可怕的惩罚而欢欣鼓舞。"我们毕竟是女人"。她对姐姐说："我们必须服从。我们没有力量对抗整个城邦。""你爱怎么做就怎么做吧"安提戈涅说，"但我要去安葬我亲爱的哥哥。""可是你的力气不够啊！"伊斯墨涅叫道。"唉，等到我的力气用光了，我自然会放弃的"，安提戈涅答道，然后就离开了妹妹。伊斯墨涅不敢跟她同去。

几个小时以后，一声叫喊惊动了宫中的克瑞翁："有人违反您的禁令，安葬了波吕尼刻斯！"克瑞翁冲出宫门，正好遇到守卫尸体的卫兵和安提戈涅。"这个女孩安葬了他。"卫兵们大声说道，"我们看见她了。一阵大风沙给了她一个好机会。等到风沙过后，尸体已经埋好，这个女孩正在为死者献祭。""你知道我的法令吧？"克瑞翁问她。"知道。"安提戈涅回答。"可你竟敢违抗法令？""那是您的法令，而不是天上的正义之神的法令，"安提戈涅说，"天庭中的不成文法令并非只适昨天或今天，而是恒久不变的。"

伊斯墨涅哭着从宫里跑了出来，跟姐姐站在一起。"是我帮她一起安葬的。"她说。但安提戈涅不愿承认。"她没有参与。"她告诉克瑞翁。她叫妹妹不要再说了。"你选择了生存，而我选择了死亡。"她说。被押往刑场的途中，她对旁观者说：……看看我，我受此极刑，只因奉行了上天的律令。

波吕尼刻斯的妹妹以生命为代价安葬了他，使他的亡魂得以渡过冥河。在阴间找到住所。但那五位跟他同赴忒拜的首领却都没有下葬。根据克瑞翁的命令，他们永远都不能下葬。

在发动战争的七位勇士当中，阿德剌斯托斯是唯一生还的人。他来找雅典国王忒修斯，恳求他劝说忒拜人准许死者下葬。死者的母亲和儿子们只求安葬死者，他对忒修斯说，“我们来向你们求援，是因为雅典是所有城邦当中最具有同情心的。”“我不想成为你们的同盟”，忒修斯回答，“是你率领民众攻打忒拜的，发动战争的是你，而不是忒拜。”

而那些心怀丧子之痛的母亲事先就曾向忒修斯的母亲埃特拉求援，所以此时埃特拉大胆地打断了两位国王的谈话。“儿啊，”她说，“我能不能为你的荣誉和雅典城说几句话？”“好的，您说吧。”他回答道。于是她道出了心里的想法，他专注地听着。“你应当保护一切受委屈的人，”她说，“这些暴民剥夺了死者下葬的权利，你应当迫使他们遵守这条法律，因为这是全希腊通行的神圣法。我们的城邦和其他各个城邦之所以能够联结在一起，不就是因为每个城邦都尊重那些伟大的正义之法吗？”“母亲”，忒修斯叫道，“您说的都对，可是我自己不能决定啊。我已经使这个国家成为自由之邦，人人都有平等的投票权。如果市民们都同意，我就到忒拜去。”

于是埃特拉陪着可怜的妇人们在那里等候，忒修斯则去召开了一次大会，讨论与她们死去的儿子的祸福有关的问题。她们祷告道：“雅典娜的城市啊，帮帮我们吧，以免正义之法受到污染，让各地的无助者和受压迫者都获得拯救”，忒修斯带着好消息回来了。大会投票表决的结果是：通知忒拜人，雅典人愿意当好邻居，但却不能在邻邦做出如此有悖道德之事的情况下袖手旁观。“请答应我们的要求，”他们会这样对忒拜人说，“我们只求公道。你们若是不肯，就等于选择了战争，因为我们定将出兵保护那些孤立无援的人。”

他的话还没说完，只见一位信使走了进来。信使问道：“谁是这里的主人、雅典的主宰？我给他带来了忒拜主人的口信。”

“你要找的人根本就不存在，”忒修斯答道，“这里没有主人。雅典是自由之邦，由民众共同统治。”“这对忒拜是有好处的，”信使大声说道，“我们的城邦可不是由摇摆不定的乌合之众统治的，而是由一个人做主。无知的群众怎能明智地引导国家的发展方向呢？”

“在雅典”，忒修斯说，“我们自己制定法律，依法行事。我们认为把法律抓在自己手中的人是国家最大的敌人。因此我们有一个很大的优势：我们的城邦喜欢因睿智的思想和正直的行为而拥有强大力量的子民。但暴君却最讨厌这种人，他会杀掉他们，因为害怕他们会影响他的权力。”“请你回到忒拜去告诉那里的市民：我们知道和平对人类而言要比战争好得多。只有傻瓜才会争相打仗，企图奴役弱国。我们是不会伤害你们城邦的；我们只是来找死者，把他们的尸体还给大地，因为人并不是身体的主人，而只是它暂时的客人。尘土必须复归尘土。”

克瑞翁不听忒修斯的恳求，雅典人便出兵进攻忒拜。他们战胜了。城里的居民惊恐不已，以为自己一定会被杀死或是被俘虏，他们的城邦也会被毁掉。然而，虽然获胜的雅典军队完全可以这样做，忒修斯却阻止了他们。“我们不是来毁灭这个城邦的，”他说，“只是来索要尸体的。”把这个消息带到雅典——那里的人们正在焦急地等候音信的信差说：“我们的国王忒修斯亲手为那五具可怜的尸体做安葬的准备，把他们清洗干净并盖好，摆放在棺架上。”

死者被置于火葬堆上，极尽哀荣，这让他们悲伤的母亲得到了一点安慰。阿德剌斯托斯为每位死者说了最后几句话：“葬在这里的是卡帕纽斯，他是一个富有的人，却总是和穷人一样谦虚，是大家真诚的朋友；他从来不会使诈，只会说出宽厚的言辞。接下来是厄忒俄克罗斯，他样样贫乏，却唯独不缺少荣誉，他在这方面确实十分富足。当别人给他黄金时，他不接受，因为他不愿变成财产的奴隶。葬在他身边的是希波墨冬，他是一位乐于忍受困苦的猎人和军人，从小就蔑视安逸的生活。下一位是阿塔兰塔的儿子帕耳忒诺派俄斯，他深受许多男人和女人的爱戴，从未亏待过任何人。他为国家之乐而乐，为国家之忧而忧。最后一位是堤丢斯，他生性沉默，更善于用宝剑和盾牌来说理。他的心灵十分崇高，这体现在他的行为而非他的言辞之中。”

火葬堆被点燃之后，上方的岩石高崖上出现了一个女人，那是卡帕纽斯的妻子厄瓦德涅。她喊道：我看到了你的火葬堆上的光焰，你的坟茔。我就在这里结束人生的悲哀和痛苦。噢，与我心爱的人同死，多么甜蜜！她纵身跳入熊熊燃烧的火葬堆，跟随丈夫同赴阴间。

母亲们知道儿子的亡魂终于得到了安息，心中也恢复了平静。但死者的幼子就不同了。他们望着燃烧着的火葬堆，发誓长大后要到忒拜报仇。他们说：“我们的父亲在坟墓里安眠，然而他们受到的委屈却不肯安息。”十年之后，他们向忒拜发起进攻。他们战胜了，失败的忒拜人纷纷逃命，该城被夷为平地。

（一）丧葬仪式

古希腊人将埋葬死者视作其亲属的神圣职责和不可推卸的义务。在著名的特洛伊战争中，希腊英雄阿喀琉斯在雅典娜的帮助下杀死了特洛伊英雄赫克托耳，特洛伊老国王普里安乞求阿喀琉斯归还儿子赫克托耳的遗体，阿喀琉斯怜之，“他吩咐仆人清洗赫克托耳的尸体，为他抹上香膏。穿上软袍”“大家哀悼了九天，然后把他的尸体放在高高的火葬堆上，点火焚烧，等到全部烧光，他们用酒浇灭了余焰，把骨灰收集到一起，用一块淡紫色的布包起来，放到一个金色的瓮里，埋入一个空墓穴，并在上面堆上了许多大石头。”[①]这是荷马史诗《伊利亚特》的最后部分。荷马史诗《伊利亚特》中还记载了被赫克托耳杀死的帕特洛克罗斯的葬礼：人们先举行了盛大的祭献，将其生前的爱犬、马、羊、牛杀死并杀死几个战俘殉葬，然后焚化他的遗体，将骨灰装进黄金罐中，为他修建了巨大的陵墓，并举行了盛大的竞技活动，分送各种贵重的物品。

火化和瓮葬是古希腊人崇尚的葬式。阿喀琉斯被特洛伊王子伯里斯用箭

①［美］依丝丽·汉密尔顿：《神话：希腊、罗马及北欧的神话故事和英雄传说》，刘一南译，华夏出版社 2010 年 4 月第 1 版，第 210—211 页。

射中脚跟而死，火化后其骨灰被放进了好友帕特洛克罗斯骨灰所在的瓮里。希腊两大英雄埃阿斯与奥德修斯被公认是可以继承阿喀琉斯从火神那里得到的神奇的武器，投票的结果是奥德修斯获胜。埃阿斯认为是当时的统帅阿伽门农和墨涅拉俄斯从中作梗，决定杀死他们，雅典娜使他发了疯，让他把希腊人饲养的羊群和猪群当成仇人杀掉，待他清醒过来，发现自己竟干了如此愚蠢的事，比没有赢得兵器更加耻辱，于是拔剑自杀。“希腊人不肯火化他的遗体，改用土葬，因为他们认为自杀的人不配享有火葬和瓮藏的仪式。”①

从荷马时代到古典时代，希腊人的丧葬仪式的基本程序一直延续下来，没有多大改变，即：清洗尸体、涂油裹尸、停尸举哀、焚烧火化、收集骨灰、装瓮土埋。仪式的每个环节都有其特定的含义，不可忽略。①净化。对死者的清洗、涂油、包裹是一种仪式化的洗涤，以达到净化的目的。②举哀。家人的悲痛有一整套仪式化的行为来表达：死者的亲属拔掉自己的头发，撕破衣服，捶胸顿足，号啕大哭，悲戚长号，呼唤着死者的名字——这些仪式不仅能减轻失去亲人的痛苦，而且是一种对于死者的义务，是必需的。③出殡。尸体一般停放三天后出殡，在送葬的队伍中，通常是男人走在最前面，妇女跟在棺木的后面。④葬礼。葬礼由死者最亲近的人主持，他负责向死者献祭，祈祷并行奠酒礼，祭献品主要有两大类：一类是生活用品，对男人多祭献武器、刀剑和男人的饰品；对女人多祭献珠宝、衣服和纺织用品。也有床、椅、陶罐、水瓶等生活用品，这些物品有些是真实的，有些是泥土捏制的代制品。另一类是食品和动物牺牲。在祭献时，人们总是小心地在坟墓旁将牛奶、葡萄酒以及动物的鲜血注入地下，以供死者享用。⑤火化。遗体火化后，由死者亲人从灰烬中将死者的遗骨收拾起来，放在骨灰瓮里葬入家族墓地。⑥奠酒宴会。在下葬十三天后，死者的亲属要请亲朋好友一起，追忆死者生前的种种业绩，借以寄托缅怀之情。席散，哀悼期也随之结束。之后，对死者的哀悼便并入该城邦的“死者之日”中，每逢这一天，每户人家都会到自己家的墓地为死者清扫整修坟墓，致祭祈祷，祝愿死者平安并保佑生者幸福。

家族中的亡灵祭拜主要的是通过祭礼使家族的传统在生者与死者之间传

---

① [美] 依丝丽 · 汉密尔顿：《神话：希腊、罗马及北欧的神话故事和英雄传说》，刘一南译，华夏出版社 2010 年 4 月第 1 版，第 212—213 页。

承起来，使家庭的宗教、祭祀不至于断绝，使已立嗣子的地位得以确认，丧葬仪式巩固家庭纽带的作用往往超越个人情感表达的需要。相对于普通人的丧葬，国葬无疑是更具精神内涵的特殊仪式。

（二）坟墓建造

坟墓的出现源于对祖先的崇拜和生死轮回观念或灵魂不死观念的形成。克里特文明时期（公元前30世纪—前15世纪末），米诺人在其文化发展的早期就开始修建被称为“陶勒斯”的合葬穹顶墓。到了青铜时代，原来流行的氏族集体墓葬被单人墓葬取而代之，随葬品主要为日用品和私人印章等。此时王族豪华陵墓尚未发现。到了新王宫时期，流行陶棺石室墓葬，有的陶棺相当讲究，外壁饰有表现祭祀场面的图画，随葬品已出现金银饰品等。

克里特岛的克诺索斯陵墓是这一时期陵墓的代表，它位于克诺索斯王宫南部，用方正的巨大石块砌成。墓室中有庭院、圆柱厅、神堂、内室等，内部有走廊与各室相通，圆柱厅中的墙壁上绘有象征权力的双面斧。陵墓依照王宫的布局修建，规模仅亚于王宫，死去的国王仍然主宰着阴间的一切。

迈锡尼文明时期（约公元前1600—前1100年），坟墓文化引人注目。公元前1600年左右。迈锡尼出现了一种竖井式坟墓，墓中随葬品丰富，有黄金面具、青铜剑、金银杯和珠宝，工艺水平很高。这时迈锡尼社会正处于由原始社会向奴隶制社会过渡的阶段，国家尚未出现，竖井式坟墓显然属于拥有一定财势的氏族部落首领。公元前1500年，迈锡尼进入奴隶制国家阶段。这时，墓葬流行圆顶墓，这是一种更为宏伟富丽的石墓，有的圆顶直径达14米。圆顶墓被认为是国王的坟墓；因此这时统治迈锡尼的王朝又称为“圆顶墓王朝”。[①]普通百姓被埋在山坡上或是岩石的地下室中，也随葬有武器和装饰品等。

新浪网《09十大考古发现之7. 铁器时代女祭司》报道，考古学家在希腊克里特岛的一个铁器时代的古墓中发现了一个强大的母系血统，这个血统已经延续了200多年。这一发现表明了在希腊所谓的“黑暗时期”时女性角

①张启安、李秀珍主编：《西方文明史》，西安交通大学出版社2009年2月第1版，第22页。

色的重要性。在此次考古挖掘中，考古学家共发现了四具女性遗骸，年龄从7岁到70岁不等。这座古墓可以追溯到公元前8世纪左右，也就是希腊历史上的“黑暗时代”。遗骸身上覆盖着细细的金丝，估计这些金丝可能曾经缀在衣服之上。在她们的周围，有许多青铜器皿、雕像以及由金、银、玻璃、象牙等材料制成的各种珠宝首饰。墓中其他的陪葬品还包括石制的祭坛和祭祀用的青铜刀锯，甚至还有一个专门用于祭祀的玻璃瓶，这在当时是非常罕见的。这些发现都表明，这些女性在当时宗教生活中拥有崇高的地位。克利特大学考古学家尼古拉斯－斯坦波利德斯认为，最老的那位女性应该是当时最高级别的女祭司。[①]

（三）生死观念

古希腊人之所以为死者举行繁杂而又隆重的葬礼，是与他们的亡灵观念直接相关的。

米诺人虔诚地信奉来世，认为“彼岸王国”是现实世界的一种延续，而且他们并不把死亡边界明确地划分为欢乐无比的天堂与阴森恐怖的地狱，而是把阴间看作是另一个生存的空间。因此，米诺人的坟墓中放置了死者生前所用的各种工具以便其在阴间继续使用。国王的陵墓则是一座豪华的地下宫殿。

迈锡尼文明时期（约公元前1600—前1100年），人们仍将阴间看作是快乐的现世生活的延续，因此，他们不过分专注于修筑华丽的庙堂来供奉神灵，而是集中精力去构筑雄伟的陵墓以供死者继续享受人间的荣华富贵来保持他们在来世间的威严。

“黑暗时代”[②]（公元前12世纪初—公元前8世纪，又称荷马时代）的希腊人对于冥界的概念较模糊，冥王哈得斯虽为地下死亡世界的统治者，

①新浪网《09十大考古发现之7. 铁器时代女祭司》，2009年12月28日。

②公元前12世纪初，迈锡尼诸王国遭到了毁灭性打击，线文也随之消失，其后约四个世纪的历史因缺乏文献记载而模糊不清，许多学者据此认为这期间文明出现了倒退，因而把它称为“黑暗时代”。《荷马史诗》是这一时期唯一的文字史料，反映了当时希腊社会的情况，因而学者又把这一时期称作“荷马时代”。参见张启安、李秀珍主编《西方文明史》，西安交通大学出版社2009年2月第1版，第22页。

但人们对他似乎并无巨大的恐惧与痛恨，他也从不干涉人间之事或其他的神灵。冥土既非天堂亦非地狱，人们既不会因生前行善而得到褒奖也不会因为作恶而受到惩处。例如《奥德赛》中描写奥德修斯为返回伊塔卡来到魔女岛，后来魔女喀耳刻建议他去冥土询问回家的路途。奥德修斯便在她的指引下来到冥土，在这里，他遇到了自己的母亲和许多希腊英雄的鬼魂，看到哈得斯在忙着审判死人："在冥土我看到宙斯贤明的儿子哈得斯，他右手执着金笏，坐在那里审判那些死人，而他们有的坐着，有的站立，在他的周围，在大门宽阔的冥王宫里听候判决。"

古罗马诗人维吉尔对阴间的描写较为清晰，"下往阴间之路一直通向阿刻戎河（悲痛之河）与科库托斯河（哀叹之河）的交汇处。一位名叫卡戎的老船夫把死者的亡魂摆渡到河对岸，岸上矗立着地狱塔耳塔罗斯的坚固大门。卡戎只允许那些嘴唇上放有船费、并被正式安葬的死者的亡魂上他的船。""长着三个脑袋和一条龙尾的地狱之犬刻耳柏洛斯坐在大门旁边守卫；它让所有的阴魂都进去，却不放一个出来。每个阴魂到了阴间，先被带到刺达曼托斯、弥洛斯和埃阿科斯这三位判官目前；他们会作出判决，令坏人永远遭到折磨，好人则前往一个名叫'厄律西安福地'的极乐世界。"①

城邦兴起后的希腊人对待丧葬更加重视。希腊人惧怕死亡主要是害怕因死者得不到安葬的可怕的后果：如果死者得不到妥善的埋葬，他们的阴魂便不能进入冥土，成为孤魂野鬼，从而给生者招致不吉，乃至祸及整个城邦；反之，死者若能得到适宜的丧葬，可保证其死后的生活快乐、平安。故暴尸不葬被认为是不可容忍之事。例如，特洛伊战争中的希腊英雄帕特罗克洛斯死后在阿喀琉斯的梦中出现，责怪他没有将自己及时安葬："阿喀琉斯啊，你睡着了，把我忘记，现在我死了，我活着时你对我不这样。快把我埋葬，把我忘记，好让我跨进哈得斯的门槛！那里的亡魂、幽灵把我远远地推开，怎么也不让我过河加入他们的行列。因为你们一把我焚化，我便不可能从哈得斯返回。"他们还相信亡灵会出现在葬礼仪式的现场。因此，为了使死者超脱，保持生者的平安与家庭的兴旺，举行隆重体面的葬礼和丰厚的祭祀就是为了抚慰死者的亡灵，不至于引起他们的愤怒而招来大祸。这就是希腊人基

① [美] 依丝丽·汉密尔顿：《神话：希腊、罗马及北欧的神话故事和英雄传说》，刘一南译，华夏出版社 2010 年 4 月第 1 版，第 33—34 页。

本的丧葬观念。

公元前425年，雅典人打败了科林斯人，然而在清扫战场时却遗忘了两具战士的尸体。为了运回他们，雅典统帅放弃了实际取得的胜利，接受了名义上的失败。而在公元前406年的阿尔吉纽斯西海战中，雅典胜利了，但因战船失事没有打捞被风浪吞没的水手尸体，十名有功的将领被处以死刑。

忒拜城王俄狄浦斯放弃王位离开后，他的两个儿子争夺王位，结果次子厄忒俄克勒斯取得胜利，长子波吕尼刻斯失败出走阿耳戈斯。后波吕尼刻斯与六位王子结盟攻打忒拜，忒拜取得胜利，七位王子有六位战死。忒拜由摄政克瑞翁当政，“他宣布攻城者一律不准下葬。厄忒俄克勒斯的葬礼极尽哀荣，波吕尼刻斯的遗体却被弃之不顾，留给鸟兽去撕咬和啃食。这样的报复行为违反了诸神的训令和正义的法则，它相当于对死者进行惩罚。未经安葬的死者的亡魂不能渡过冥国周围的那条河，只得孤孤单单地四处流浪，找不到容身之所，永远也无法安歇。安葬死者是最神圣的职责，人们不仅必须安葬自己的亲人，而且还应当为偶然遇到的异乡人代行葬礼。”①

公元80年左右，离家在外的希腊大作家普鲁塔克接到了幼女死亡的消息——他曾说过这个孩子的天性非常温柔。他在给妻子的信中写道：“亲爱的，你听人说，灵魂一旦离开肉体，就完全消失，丧失了知觉；我知道你并不相信这种说法，因为酒神巴克斯已经在圣礼中许下了神圣而可靠的诺言，那是我们这些善男信女都知道的。我们坚信一条不容置疑的真理，那就是：我们打算灵魂永不朽坏、永不消亡的。我们应当认为，死者已经进入一个更美好的地方，一个更快乐的环境。因此，让我们规规矩矩地生活下去吧，既要好好安排外部的生活，也要使我们的内心更加纯洁、明智、正直。”②

古代希腊人认为死亡是从人间向冥土的转移，这种转移既不使人愉快也不会带来痛苦，死亡只是与朋友和亲人的暂时分离，是生活方式的改变。对死者的敬重是为了生者的平安，反映了一种沟通现世与来世的生命永恒的思想观念。

①［美］依丝丽·汉密尔顿：《神话：希腊、罗马及北欧的神话故事和英雄传说》，刘一南译，华夏出版社2010年4月第1版，第292页。

②［美］依丝丽·汉密尔顿：《神话：希腊、罗马及北欧的神话故事和英雄传说》，刘一南译，华夏出版社2010年4月第1版，第59页。

2000多年前，古希腊哲人柏拉图著《理想国》，他通过叙述阿尔美纽斯之子、勇敢的厄尔所经历的善恶灵魂、生死轮回的故事，生动描述了古希腊人的生死观。一次战斗中，厄尔被杀了，十天后当人们来收尸的时候，唯有他的尸体没有腐烂，依然形状完好。他死后十二天被运回家，正当他躺在火葬柴堆上开始火化的时候，他复活了。然后他告诉人们他看见了另一个世界。

他说他的灵魂离开了他的身体，与许多别的灵魂结伴继续旅行。他们来到一个令人敬畏的地方，他们发现在地上有两个挨着的洞口，与之正对着的有另外两个在天上的洞口。判官就坐在洞口之间，他们作出判决，然后吩咐正义之人走右手边向上通向天空的路，让他们把标记戴在前面以标明他们那些受过判决的行为，而命令不正义之人走左手边向下的道路，这些人也戴着标记，但是戴在后背以标明所有他们做过的事情。不过当厄尔走近的时候，判官说他必须把那里发生的事情回去告诉人类，他们吩咐他倾听和观看所有发生在那个地方的事情。

从他所在的那个地方，他看到判决过的灵魂离开了，进入天上的洞口或进入地上的洞口，他也注意到了另外两个洞口的用处：一个洞口是给某些灵魂的，这些灵魂风尘仆仆地从地下上来，而另一个洞口是给另一些灵魂的，这些干净的灵魂从天上下来。他们姗姗到来，给人的印象就是他们经过长途跋涉来到那里，他们很高兴来到一片草地找到一个地方坐下。场面就像是一个节日。熟人互致问候，那些来自地下的灵魂询问那些来自天上的灵魂那里的情况，那些来自天上的灵魂反过来也问那些来自地下的灵魂同样的问题。当从地下来的人们回想起他们经历过的，以及在其地下行程中（一趟可就是一千年啊）目睹到的所有可怕而艰难的事情时，一群人不禁涕泪涟涟，哭成一片，而那些从天上来的灵魂叙述的则只有令人艳羡的经历以及美不胜收的景物。

他说他听说过某人问另一人说阿狄埃乌斯王在哪里。1000年前，阿狄埃乌斯曾是潘斐利亚某个城邦的暴君，传说他犯下了大量骇人的罪行，包括杀死他年老的父亲和他的长兄。那个被问问题的人回答说："他现在不在这里，他也绝不会来这里。其中一个可怕的景象是我们在出口处看到的。最终我们毕竟过来了，我们要从地下出来了，那时我们突然看到阿狄埃乌斯。还有别人和他在一起，其中大多数曾经是暴君，而其余人犯的可怕罪行则与城邦无关。他们在印象中似乎也要离开了，但出口是拒绝他们离开的。每当任何罪不容赦的人或任何还未受够惩罚的人试图向上走的时候，出口就会发出吼声。"有一些样子凶猛的人站在那里，他继续说："他们能听懂这些声音。他们抓住某些罪犯，将其带走，但他们给阿狄埃乌斯的腕、踝和脖子加上镣铐，在其他各处也加上枷锁；然后他们把罪犯推翻在地，痛打他们，最后沿着路边拖着他们，用荆条把他们抽得体无完肤。他们告诉所有过路人，他们会将罪犯们扔到塔塔洛斯并解释为什么会这样。"

他补充说："在他们经历的各种恐惧中，他们感到最可怕的就是当他们上来的时候遇到的吼声，没有什么比走上来而不听到吼声更庆幸的事情了。"

他们在草地上待了七天，第八天他们必须离开去别处了。那以后的第四天他们来到一个地方，从那里他们可以看见一束笔直的光柱从天空上贯穿至大地，……这光从必然之纺锤的末端降下来，它推动所有独立的螺旋进行圆周运动……三个女人也坐在围绕着纺锤的等距的宝座上。她们是必然的女儿，她们是命运三女神，她们身着白袍头戴花环。她们是拉刻西斯、克罗托、阿特洛波斯，伴随着塞壬的歌声，拉刻西斯唱过去，克罗托唱现在，阿特洛波斯唱未来……

当灵魂到达的时候，他们必须靠近拉刻西斯。一个使者把他们排成队，然后他从拉刻西斯膝上抓了阄和生活模式，登上一座高坛，说道："请听必然的女儿，拉刻西斯女神之意。诸一日之灵魂，你们的生死轮回又要开始了。不会把神指派给你，而是你选择自己的神。抓阄的次序决定你选择生活的次序，这生活必定是你的。善有其自身的规则：你们当中每个人依你们对美德的重视而成为善。

责任在于选择者，而不是神。”宣布了这些之后，他把阄撒向大家，每个人捡起落在自己身边的阄。拾起的人对签中的每个灵魂的地位就明白了，接下来使者放在他们面前地上的是各种生活模式，比人群中的灵魂多得多，这些模式包括了人和动物的每种生活……

当所有的灵魂选择好了他们的生活后……他们像流星一样被投向各个方向以获重生。[①]

柏拉图在《理想国》中最后说：“我的劝告是，我们要把灵魂看作是不朽的并且能够从许多痛苦中幸存下来的，就像它总能从所有好时运幸存下来一样。我们应该总是保持向上的道路，我们还应当在行使由我们做主的每一种手段时行为合乎正义，而且要以智慧的方式去做，这样，不管我们是待在尘世，还是在收集我们的正义为自己所赢得的奖赏时，我们或许才能得到自己以及诸神的赞许。于是，在此世以及在我们的故事所说的千年旅程中，我们都会诸事安顺。”

从上面不同的角度，可以看出，古希腊人所形成的是灵魂不死、生死轮回、善恶有报的生死观。希腊人之所以会形成这样的死亡观以及体现这样生死观的丧葬礼仪，有着自然、文化和宗教等方面的原因。

希腊的气候是地中海气候，明媚的阳光、温和的气候、三面环海的环境使古希腊人形成了一种开朗乐观、积极进取、开放外向的世界观。公元前5世纪，希腊就形成了苏格拉底等哲学家、思想家组成的哲人群体并不断传承下来，他们用理性分析物质世界和人类活动，形成朴素的唯物主义观念，他们重视现世生活，不为来世而烦恼，对亡灵的敬重主要是为了保持生者的安宁与幸福。

在荷马史诗反映的希腊神话中，神与人一样，同形同性，奥林匹斯众神和人一样有喜怒哀乐、七情六欲，也会嫉妒和报复。“具有人性的诸神自然而然地使天庭成为一个亲切怡人的地方，它使希腊人感到十分亲近。他们清楚地知道那些神圣的居民在那里做什么、吃什么、喝什么，在何处举行宴会，如何自娱自乐。当然，诸神是令人恐惧的，他们大权在握，发怒的时候

①［古希腊］柏拉图：《理想国》，庞爔春译，张云江译校，中国社会科学出版社2009年12月第1版，第316—321页。

会非常可怕。不过，人类只要小心谨慎，就可以与他们相安无事，甚至还可以随心所欲地嘲笑他们。天帝宙斯常常企图对妻子隐瞒自己的风流韵事，可是偏偏每次都露出马脚，这成为他的一大笑柄。”[①]古希腊没有严格、系统的教义，没有专门的教会组织，使人可以最大限度地直接与神亲近、沟通，甚至可以人神结合生儿育女。神的神圣生活与人的世俗生活交织在一起。

古希腊丧葬礼仪表明，古代希腊人对于死亡不是畏惧而是敬重，是新的生活的开始而不是生命的彻底终结，反映了对生命的珍惜和热爱，其殡葬文化是繁荣的希腊文明的重要组成部分。

三、主要宗教的生死观

20世纪20年代，英国人类学家马林诺夫斯基在他的两篇论文《巫术科学与宗教》《原始心理与神话》中对于人类的死亡观以及宗教在处理死亡问题时的作用进行了实证研究。这两篇论文在被李安宅翻译成中文时，以《巫术、科学、宗教与神话》一书出版。马氏认为“宗教的一切源泉之中，要以死亡这项生命的最末关节、无上的转机为最重要了。”[②]就是说宗教是以死亡为最初的源泉，如何看待死亡是宗教的永恒主题。

（一）佛教的生死观

佛教是公元6世纪由释迦牟尼创立的宗教，释迦牟尼是当时迦毗罗卫国王净饭王的长子，其姓为乔达摩，名为悉达多，因为属于释迦族，被称为释迦牟尼，意为释迦族的圣人。释迦牟尼从幼年开始即有沉思的习惯，对饥渴困乏、在烈日下耕田的农夫，绳索鞭打、口喘汗流拖着犁头耕地的牛、蛇虫鸟兽弱肉强食的情景、衰丑龙钟的老人、辗转呻吟的病人、亲朋好友哭泣送葬中的死人等现象，都使他思索着一个问题——如何解脱世界的苦痛。他读

① [美]依丝丽·汉密尔顿：《神话：希腊、罗马及北欧的神话故事和英雄传说》，刘一南译，华夏出版社2010年4月第1版，第4页。

② [英]马林诺夫斯基：《巫术、科学、宗教与神话》，李安宅译，中国社会出版社，第499页。

过的婆罗门经典《吠陀书》不能解决他的问题，他的知识、王位、权力都解决不了他的问题。于是他于29岁（一说19岁）出家去寻求解脱之道，在求教于哲人、苦行于树林、沐浴于尼连禅河无果后，终于在一棵毕钵罗树下战胜了烦恼魔障，获得了彻底觉悟而成了佛陀。佛陀的意思是“觉者”或“智者”，在佛教中包含三个层次的含义：正觉，即自己对一切法的性质相状无增无减、如实地觉了；等觉或遍觉，即不仅自己觉悟而且使别人觉悟；圆觉或无上觉，即自己觉悟觉他的智慧和功行都已达到最高的、最圆满的境界。

佛教的教义都是围绕如何解脱生老病死等痛苦之道来展开的，集中体现为四谛：苦谛，即世间的苦；因谛，即苦的原因；灭谛，即苦的消灭；道谛，即灭苦的方法，而四谛所依据的根本原理则是缘起论。缘起即“诸法由因缘而起”。简单地说就是一切事物或一切现象的生起，都是相待（相对）的互存关系和条件，离开关系和条件，都不能生起如何一个事物或现象。因缘，一般的解释，就是关系和条件。佛云“若此有则彼有，若此生则彼生；若此无则彼无；若此灭则彼灭”。

佛教否定创造宇宙万物的主宰的唯一性，因为既然“诸法皆因缘生”，那么任何一个因都是因生的，任何一个缘都是缘起的，因又有因，缘又有缘，无始无终、无边无际，因此没有一个绝对的第一个因；同时，任何现象的生起，又都是有因的，因果循环。对于人而言，善因结善果、恶因结恶果，善恶有报。

佛教认为众生不明白一切法缘生缘灭、无常无我的道理，而在无常的法上贪爱追求，在无我无常的法上执著为我或为我所有，这叫做惑。惑使人烦恼，烦恼种类极多，贪（贪欲）、嗔（嗔恨）、痴（不知无常无我之理）是三毒，加上慢（傲慢）、疑（怀疑）、恶见（不正确的见解）为六根本烦恼。由于烦恼而造种种业，业就是行为（身业）、言语（口业）、思想（意业）的活动。烦恼和业引生未来或为天人、或为人、或为地狱、鬼、畜生的身心；于是又起烦恼，又造业，又生身心，这样的生死轮回，没有休歇。而生死轮回是苦的，以人生而论，一般地说有八苦：生苦、老苦、病苦、死苦、离苦、怨憎会苦、所求不得苦、五取蕴苦（取就是烦恼，人的色、受、想、行、识以烦恼为因而生，又能生烦恼，所以叫取蕴）。苦不是孤立地由自己生起来的，也不是造物主给予的，也不是偶然的，而是有因缘的：因惑而造业，因业而有生死苦。

佛教要求人们遵行“五戒”，即戒杀、盗、淫、妄、酒；不犯“十恶”，即杀、盗、淫、妄语、两舌、恶口、绮语（邪淫言语）、贪、嗔、邪见（否认因果）。

佛教与婆罗门教以及其他教派的思想都有渊源，佛教根据因缘和业的理论吸收他们的某些主张。如“三世因果”论：前世造因，今世受果；今世造因，来世受果。“六道轮回”论：随着众生善恶行为，都将永远升沉于天、人、阿修罗、地狱、鬼、畜生六道无终结的轮回之中。

（二）基督教的生死观

基督教产生于公元1世纪初的古罗马帝国，它由古老的犹太教发展变化而来，并迅速在社会下层得到广泛传播，同时也遭到罗马帝国的残酷迫害。公元312年，罗马皇帝君士坦丁归信基督教后，基督教在西方国家得以稳固建立，并发展成为当今世界上最大的宗教。基督教哲学，就是基督教神学中所包含的一类哲学思想，它主要体现在基督教的经典《圣经》以及一些有代表性的神学家的著作之中。《圣经》由两部分组成：旧约，这是犹太经书，表现了基督徒的上帝与人类所立的第一个约；新约，这是耶稣基督立的约，是上帝向以色列民的应许在耶稣基督里得以成就。[①]

1.**“原罪”**。基督教认为，人是上帝所创造的万物中的一类，而且是上帝按照自己的形象创造的，因而人高于万物。对生命的价值，基督教坚持“原罪说”：人类的祖先亚当和夏娃在伊甸园违背了上帝的旨意，受蛇的诱惑，偷吃了智慧树的果子，因而“有罪”，被逐出了伊甸园。由于是人类始祖所犯之罪，故为“原罪”。从此，人类的子孙注定要遭受尘世的各种苦难，并要过一种道德的、清贫的、行善的生活，即所谓的“生存痛苦”，为人类所犯下的罪过“赎罪”。一切痛苦既是对人类的“惩罚”，又是对人类的“考验”，基督教的“禁欲主义”即由此而来。

2.**“末日审判”**。基督教在其教义中倡导诸如不偷盗、不杀人、不撒谎、

①[英]迈克尔·基恩：《基督教概况》，张之璐译，北京大学出版社2005年6月第1版，第29页。

不奸淫、勤劳、忍耐、信心、诚实等道德规范。基督教告诫人们，每一个人在上帝那里都有一个“约柜”，人的每一善行或恶行都会记载于其中，上帝无所不知。人死后，其灵魂都要回到上帝那里去，接受“末日审判”，届时，上帝将按照各人在约柜中的善恶记载，决定其灵魂的去向。善人的灵魂将留在天堂，与上帝同在，他的灵魂就可以超脱死亡，获得永生，被称为“上帝的选民”。恶人的灵魂将被赶入地狱，永遭诅咒和苦难，被称为“上帝的弃民”。当耶稣基督第二次降临人间时，则会对全人类进行“末日大审判”，建立由“上帝的选民”组成的“上帝的国”。

基督教认为，个人的生命是有限的，死亡是不可避免的，只有上帝是不死的。使人活着的是“灵”，肉体是没有用的；肉体因罪而死，灵凭借着神将复活，进入天国。为此，个人的生存就是为了“赎罪”，要以自己的善行皈依上帝，取得上帝的认可。这样，他的灵魂才可以通过上帝而超越肉体的有限性。因而，基督教将死亡看作是“苦难的最后解脱”。这样，基督教将人们对于永恒的渴望和社会道德结合起来，以此促进社会治理。

总的来说，《圣经》中的生命学说的主旨就是生命源于上帝；生存时要敬畏上帝、信守律法、行善积德，以此远离罪恶，死后求得恩赐，从复活中获得永生。

3. 葬礼与祭祀。由于可以从复活中获得永生，基督徒面对死亡时有更多的安详。在殡葬观上，基督教由于重视灵魂、轻肉体，视躯体为灵魂的暂时寄存场所，乃至视为“罪恶的根源”，因而从罗马帝国以来的基督徒就不是很重视殡葬。当然，基督教严格禁止遗弃尸体，《旧约·申命记》指出，暴露尸体将污染土地，并要受到诅咒，即使是犯死罪者也必须埋葬。《旧约》记载犹太古葬俗：为防止尸体腐烂，死后当速葬；往尸体里灌芬芳的膏油，以布带裹缠手足，以方巾掩面，然后送殡埋葬。“基督徒相信死后灵魂不灭，在世界末日身体将会复活，同享基督胜过死亡的荣耀。这两点贯穿在基督教各个教派的葬仪中。新教的葬礼包括唱赞美诗、祷告、读经和简短的悼词。仪式的第二部分在墓旁举行，死者的身体就此交在泥土和上帝完全的守护之中。如果是举行火葬，第二部分就在火葬场举行。天主教会在葬礼前夜把棺柩停在教堂中，这样可以为亡灵祈祷。天主教的葬礼称作‘追思弥撒’”[①]由于基督教重灵魂、轻肉体，所以基督徒的葬式比较简单，在西欧有很多非常古老的教堂，但迄今未发现君王、公侯的大型墓葬。

基督教的祭祀礼仪繁多，但祭祀的对象是上帝——唯一至高无上的神。基督教中，个人与上帝的中介是教会、牧师，基督教严禁祭祀偶像，即使是祖先的偶像也不行，视之为“异端”。因此，西欧社会中家族组织不发达，宗法势力远不如中国强大。同时，基督教的神灵系统单一，不似中国的神鬼系统杂乱。

巴尔扎克（1799—1850），法国杰出的现实主义作家，代表作品《人间喜剧》。1850年8月18日，巴尔扎克病逝，8月20日举行葬礼，雨果（1802—1885）（法国著名作家、诗人和社会活动家，法国浪漫主义文学的奠基人）发表了演讲。下面是演讲的一段：[②]

> 今天，他安息了。他走出了纷扰与仇恨。他在同一天步入了光荣，也步入坟墓。从今以后，他和祖国的星星在一起，熠耀于我们上空的云层之上。你们站在这里，有没有羡忌他的心思？
>
> 各位先生，面对着这样一种损失，不管我们怎样悲痛，就忍受一下这些重大打击吧。打击再伤心，再严重，也先接受下来再说吧。在我们这样一个时代，不时有伟大的死亡，刺激充满了疑问与怀疑论的心灵，因而对宗教发生动摇：这也许是适宜的，这也许是必要的。上天使人民面对着最高的神秘，对死亡加以思维，知道自己做的是什么。死亡是伟大的平等，也是伟大的自由。
>
> 上天知道自己做的是什么，因为这是最高的教训。一个崇高的心灵，气象万千，走进另一世界，他本来扇着天才的看得见的翅膀，久久停在群众的上空，忽而展开人看不见的另外的翅膀，骤然投入了不可知。这时候个个人心所能有的，只是庄严和严肃的思

---

①[英]迈克尔·基恩：《基督教概况》，张之璐译，北京大学出版社2005年6月第1版，第134页。

②胡瑜苓、鲁小俊主编：《世界百篇经典演讲辞》，长江文艺出版社2004年8月第1版，第119页。

想。不，不是不可知！不，我在另一个沉痛的场合已经说过了，我就不知疲倦地再说一遍吧：不，不是夜晚，而是光明！不是结束，而是开始！不是空虚，而是永生！

你们中间有谁嫌我这话不对吗？这样的棺柩，表明的就是不朽。面对着某些显赫的死者，人更清清楚楚地感到这种理智的神圣命运，走过大地为了受难、为了洗净自己。大家把这种理智叫做人，还彼此说：那些生时是天才的人，死后就不可能不是灵！

这段演讲词，把西方社会的生死观用精练的语言表达出来：

死亡是伟大的平等，也是伟大的自由；

一个崇高的心灵，气象万千，走进另一世界；

他和祖国的星星在一起，熠耀于我们上空的云层之上；

不是夜晚，而是光明！不是结束，而是开始！不是空虚，而是永生！

（三）伊斯兰教的生死观

伊斯兰教于公元7世纪产生于今沙特阿拉伯的麦加城——当时阿拉伯半岛上一座繁荣的商业中心。伊斯兰教的兴起在阿拉伯社会发展史上是个重大事件，从此阿拉伯结束蒙昧状态，步入文明社会。它的兴起契合了古阿拉伯社会由分散的部落联合为统一的民族国家的历史进程，而推动这一进程的历史人物则是伊斯兰教的创始人、先知穆罕默德（570—632）。其在创教、创建新政权过程中所展现的巨大的号召力，首先来自于自由天使传达的、独一真主安拉的“启示”，亦即后来被奉为“天书”的《古兰经》经文，不仅是伊斯兰教的根本经典，也是早年麦地那穆斯林民族共同体（乌玛）的最高章程，成为立法、行教、建国的根本依据。[①]

1．现世生活的意义。伊斯兰教认为，真主安拉至仁至善、全知全能，是真理的化身，具有无限的神通和非凡的魅力。世界上的一切生命，包括人的生命，都是真主创造的结果。

①吴云贵：《真主的法度——伊斯兰教法》，中国社会科学出版社1994年11月第1版，第1—2页。

《古兰经》这样描述真主创生的过程："我确已用泥土的精华创造人，然后，我使他变成精液，在坚固的容器中的精液，然后我把精液造成血块，然后，我又把血块造成肉团，然后，我把肉团造成骨骼，然后，我使肌肉附属在骨骼上，然后，我把他造成别的生物。愿真主降福，他是最善于创造的。""当时，你的主曾对众天神说：'我必定要用泥创造一个人，当我把他造出来，并把我的精神吹入他的体内的时候，你们当为他而倒身叩头。'"

所以说，人的生命依赖于非生命的物质基础；同时，人的生命存在的独特性则体现在"灵魂"上，没有灵魂，就无所谓生命；人的灵魂被赋予了认知和控制事物的能力，有了灵魂，人才具备了认识真主、归依真主的能力与自由意志。

伊斯兰教承认现世生活的合理性，并不否认人们对物质生活的享受与追求，不提倡禁欲主义和悲观厌世主义。《古兰经》说："阿丹的子孙啊！每逢礼拜，你们必须穿着服饰。你们应当吃，应当喝，但不要过分，真主确是不喜欢过分者的。你说，'真主为他的臣民而创造的服饰和佳美的食物，谁能禁止他们去享受呢？'你说，'那些物品为信道者在今世所共有，在复活日所独享的。'我为有知识的民众这样解释一切迹象。你说，'我的主只禁止一切明显的和隐微的丑事，和罪恶，和无理的侵害，以及用真主所未证实的事情配真主，假借真主的名义而妄言自己所不知道的事情。'"《古兰经》中的麦地那篇章（共28章，约占全经的三分之一）主要是关于社会、经济、军事和法制问题。对现世生活如婚姻家庭、遗产继承、财产分割、犯罪惩罚、审判制度、证据规则等进行了具体规定。因此，伊斯兰教认为万物为真主所创造，真主并不反对人们享有他的创造物，只要人们将自己的私欲和意志控制在真主许可的范围内。

伊斯兰教认为，生命是真主赋予的，人可以丰富、充实、提高自己的生命，但是无权结束自己的生命："不得真主的许可，任何人都不会死亡；真主已注定各人的寿限了。"伊斯兰教将现世生命的表现，作为来世生命归宿的依据，所以，对自身生命的伤害，实质是贬低自己生命的价值、逃避真主的考验，所以自杀必然遭到伊斯兰教的谴责。

2. 末日审判的标准。关于伊斯兰教的"末日说"，《古兰经》第六十九章有这样的描述："当号角一响，大地和山岳被移动且互相碰撞一起的时候；在那日，那件大事将发生，天地将破裂；在那日，天将成为脆弱的。众天神将在天的各方；在那日，在他们上面将有八个天神，担负你的主的宝座；在那日，你们的任何秘密将无法隐藏。用右手接受自己的功过簿来读读吧！我确已猜想到我必遇见我的账目。”在世界毁灭后，真主会将所有死者的灵魂集中起来进行末日的大审判。

真主安拉在进行审判时，以两条标准来确定人们进入天园还是火狱。第一个标准是信道与否，安拉喜欢虔诚的信众。“敬畏的人们，必定在天园和恩泽中，他们因主的赏赐而快乐；他们的主使他们得免于烈火的刑罚。”而不信道的惩罚将是火狱，“不信道而且否认我的迹象的人，是火狱的居民。”

第二个标准是善恶与否。对于穆斯林而言：“人生的最大目的只在于认识和崇拜真主，及为真主而生存，这真理是不可磨灭的。”因此，弘扬正义不仅是穆斯林的生命实践，是虔信真主的体现，也是自身价值的实现过程。在《古兰经》中，伊斯兰教的信仰者被冠之为“义人”。正义，在伊斯兰教中具有多重含义。第一，它相当于“至善”。真主劝导世人行善，也就是引领世人走向正道（正义之路）。正义，是一种无形的、神秘的最高的力量。第二，真主，是正义的人格化，是正义力量的代言人。信仰真主也意味着维护正义。第三，正义常常被泛化为一系列具体的宗教义务。《古兰经》就有这样的解释：“你们将自己的脸转向东方和西方，都不是正义。正义是信真主、信末日、信天神、信天经、信先知，并将自己所爱的财产施济亲戚、孤儿、贫民、旅客、乞丐和赎取奴隶，并谨守拜功，完纳天课，履行约言，忍受贫困、患难和战争。这等人，确是忠贞的；这等人，确是敬畏的。”在伊斯兰教看来，人们只有自觉履行宗教义务，按照正确的行为准则努力修行，今生今世争取做到乐善好施，赈济贫民，恪守五功，虔诚信仰，来世就能够踏向天园的通途：“行善者将受善报，且有余庆，脸上没有黑灰和忧色，这些人是乐园的居民，将永居其中。作恶者每做一恶，必受同样的恶报，而且脸上有忧色——没有任何人能帮助他们对抗真主——他们的脸上仿佛是黑夜的颜色。这些人是火狱的居民，将永居其中。”

3. 生命的永恒。伊斯兰教认为，现世生命是有限的，与后世生命相比，其价值要低。但是，短暂的今世的生活是后世生命归宿的依据，今世的修行决定着后世的价值，也决定着生命的永恒价值，所以特别重要。《古兰经》教导穆斯林:“人人都要尝死的滋味。在复活日，你们才得享受完全的报酬。谁得远离火狱，而入天国，谁已成功。”肉体生命的死亡，是相对生命迈向绝对生命的中介，是联结今世生活和后世生活的纽带，是生命历程的重要一环。在伊斯兰教看来，生命的价值奠基于对真主的信仰，以后世为至高、永恒的价值，而今世的价值则是考察和决定后世价值的根本条件。

真主安排人的生命经历两次由死到生的转化：第一次，就是如前所述的真主创造生命的过程，即：人的生命诞生，是从无生命物走向了有生命物过程；第二次，则是复活的过程。安拉肯定死亡是肉体生命不可避免的结局，但是，人可以复活。这种复活，并非重新进行“尘世生活”，而是进入另外两个不同的世界——“尘世”之上的“天国”和位于其下的“火狱”。“进入天国的人哪！现在已无死亡，你们永远不死了。进入火狱的人哪！现在已无死亡，你们永远不死了。”在这两个世界，生命从有限性过渡到无限性：进入天国的无限，是生命皈依真主最圆满与幸福的报偿，而进入“火狱”的无限，则是人的生命背离真主最不幸与残酷的惩罚。

生命的存在依赖于真主，而生命价值的实现、生命意义的拓展，还必须依靠人自身。所以，人的生命的不同归宿，人的生命存在的不同价值，依然需要人自身的努力，而真主只不过是人的责任和归宿的最后的考核者和裁决者。

四、中外坟墓的历史沿革

殡葬的主要内容是对死者的尸体进行处理。古代社会对尸体的处理受不同的生死观和宗教的影响存在不同的方法。

保存。即制成木乃伊。古埃及人认为，如果死后能把尸体保存下来，他们就可以永远“活着”，所以很多“重要人物”去世后都被制成了木乃伊。考古科学家们已经在古墓中发现了不少木乃伊，其中最古老的木乃伊距今已经有 4200 多年的历史了。拉美西斯大帝的木乃伊是著名的木乃伊。

印加王朝在公元 13 世纪崛起于秘鲁库斯科山谷中的一个无名村落，创造了新大陆在哥伦布抵达之前最大的帝国。那个时候，从印加王到家族长老，所有伟大人物死后都被制成木乃伊精心保存，穿上衣服，布置成双手在胸前交叉的坐姿。一些木乃伊会被保存在干燥的岩洞里，接受人们定期探视和膜拜，而那些更重要的木乃伊则会被保存在自家房屋里。人们对待木乃伊一如生前，每天定时奉上食水，甚至为其驱赶苍蝇。每年6月24日，是秘鲁人最盛大的节日“太阳节”。在这一天，所有印加皇族的木乃伊会被送到库斯科城中心广场，按辈分长幼坐成一排，接受人们的膜拜。①

进入现代社会后，制作木乃伊的处理方法只发生在极特殊的人物身上，如作为苏维埃社会主义之父弗拉基米尔·伊里奇·列宁的遗体被制成了木乃伊，安放在红场上的列宁墓里供公众瞻仰。同样，中华人民共和国的缔造者毛泽东去世后，也被制作成木乃伊，放在天安门广场毛主席纪念堂供人们瞻仰。

土葬。基督教主张对身体土葬，但其意义不是作为灵魂的承载体，而是回归于自然。我国绝大多数民族对尸体的处理以土葬居多，主要受阴阳两界、生死轮回的生死观的影响，认为人死后，进入阴间生活，因此需要保存好尸体。考古学家在湖南马王堆的一号汉墓里找到了一具保存了2000年而皮肤仍有弹性的女尸，包裹在6层密不透风的棺椁之中，考古学家发现她的时候，她的外形完整无缺，全身毛发皆在，连睫毛都清晰可见，其骨组织、软组织和内脏仍保存完好，腹内甚至还存有尚未消化的甜瓜子。

火化。如古希腊、罗马以尸体火化为正式庄重的葬礼，而以土葬为不应享有荣誉的人的葬法。佛教也主张对尸体进行火化处理。

海葬。一些沿海民族，长年依靠在海上捕捞为生，对去世的人的遗体往往采取海葬的方法处理，这可能与其生活方式有关。

天葬。我国西藏地区流行的天葬，即将人的遗体碎化让老鹰、秃鹫吃掉的处理方法。

但古今中外，以将死者遗体或骨灰葬入土地为安葬遗体的主要方式。这样，世界各地、各历史时期的殡葬文化与祭祀礼仪，与坟墓的建造密不可分。正是通过对古代留存下来的坟墓的考古研究，人们才了解了当时的殡葬习俗，并由此对殡葬的功能、殡葬的社会价值、殡葬所体现的经济政治家庭等方面的制度，有所了解。

---

①资料来源：中国广播网，2011年6月11日。

（一）中国坟墓的沿革

汉字除了记录语言外，还具有以其形体结构记录已远逝或演变的文化形态和信息的功能。“几乎每个汉字都可以描绘出一幅中国历史文化图，或者演绎出地域概念、人文心理特征的文化符号。”[①]正是汉字形体构造所具有的特殊功能也显现了汉字与其他文字不同的民族文化特征。[②]因此，从“葬”字的结构入手分析我国古代先民的葬式葬法，是一个比较可行、可信的途径。

“葬”字的小篆为上中下结构：上下部均为“茻”（茻即草的本字），意为草丛；中部为“死”，指尸体；其下之“一”，为抬死尸之板。因此，“葬”字表示将尸体抬到荒野处，任飞禽野兽食之，记录了上古原始丧葬极为简略。《周易·系辞下》：“古之葬者，厚衣之以薪，葬之中野，不封不树，丧期无数。”其关于古之葬式的记载与“葬”的形体结构蕴涵的意义相吻合。

人类思维的发展，促进了灵魂观念的产生，认为人死但灵魂永远不灭，如对尸体不加保护任野兽撕咬，灵魂便会发怒，从而降灾于生者尤其是亲属。于是演变出新的习俗：即死者的亲属带着弓箭至尸体旁驱赶禽兽以护尸，这便产生了“吊”字。小篆的“吊”字由一“人”和一“弓”构成，以示人持弓守护在亲人的尸体旁。

但“吊”并不能解决好尸体的保护问题，因风吹雨淋日晒等的侵害不能很好避免；同时，人的精力也是有限的，在古代社会生产力极为低下的条件下，人固然要保护先人的遗体，但更现实的压力是获取食物以求生存。在这几种因素的共同作用下，土葬的方式便产生了：春秋前，中原地区的土葬是挖出一个土坑，将尸体放入坑后用土填平，地面为平面，没有土堆，即为“墓”，《礼记·檀弓》载：“古也，墓而不坟。”长江流域的南部地区，因气候潮湿，地下积水，土葬的形式是在地上用石头铺砌成墓室，尸体放入棺椁，棺椁放置墓室，再用沙土将棺椁埋起来，从而形成高于地面的土堆，称为“坟”。后来，古人取两种葬俗之长，形成了既有墓穴又有土堆的墓葬，

---

①张德馨：《关于汉字文化研究与汉字教学的几点思考》，载《世界汉语教学》（1999 年）。转引自李景生：《汉字与上古文化》，中国社会科学出版社，2009 年 11 月第 1 版，第 12 页。

②李景生：《汉字与上古文化》，中国社会科学出版社，2009 年 11 月第 1 版，第 12 页。

故“坟”、“墓”同义，均从土，以示与“土”有关，“坟墓”一词便因同义而生成。

随着祭祀在国家统治体系中的重要性的不断增加，对丧事和殡葬的重视程度不断提升。到了商代已很重视殡葬制度。在河南安阳殷墟遗址中曾发现不少巨大的墓穴，有的距地表深10余米，并有大量奴隶殉葬和车、马等随葬。周代则把殡葬制度纳入国家礼制的重要内容，用较大篇幅进行规定。《周礼·春官》载“冢人”的职责为：“掌公墓之地，辨其兆域而为之图，先王之葬居中……以爵等为丘封之度，与其树数……正墓位，跸墓域，守墓禁。”战国时期陵墓开始形成大的坟丘，并设有固定陵区。

《礼记·檀弓下》：“厚葬久丧，重为棺椁。”儒家祖师爷孔子是提倡厚葬的。同时，孔子把葬、祭作为孝的重要内容，通过儒家经典广为传播，儒家思想的影响越来越大，对孔子以后的葬式葬法产生了巨大影响，按照礼制“事死如事生”的原则，丧葬礼节越来越繁缛。不仅重视葬，还要严守守孝之制。守孝之制一直延续至晚清，如曾国藩原本在京城为官，其母亲去世后，回乡守孝三年，期间，爆发了太平天国起义，曾国藩因组织湘军镇压太平军而闻名于世。

在考察坟墓的历史时，王侯将相等统治阶级人物的葬式葬法是一个主要的视角，因为它们代表了统治阶级所主导的殡葬文化以及殡葬制度。其中，陵墓作为中国帝王的坟墓，更有代表性，它与宫殿、宗庙一样，都属于政治性很强的大型纪念建筑，体现了奴隶制、封建制王朝的政治制度和伦理观念。

陕西省临潼县骊山秦始皇陵，规划和造型都很严格整齐。陵丘为3层方形夯土台，顶部建有寝殿；坟上遍植柏树，以象征山林；秦始皇陵周围有2层围墙，围墙正中建门阙，整齐对称；陵墙外有规模宏大的兵马俑坑。

汉承秦制。西汉陵墓大部分位于长安西北咸阳至兴平一带，陵丘都是正方形截锥体；陵上面建寝殿，四周建围墙，呈十字轴线对称；帝陵旁还有后妃、功臣贵戚的坟墓，形式与帝陵相似，但规模较小；帝陵周围还建有官署、贵戚第宅、苑囿，外绕城墙，称为陵邑，是一种很特别的贵族居住区。东汉帝陵大部分集中在洛阳北邙山上，形制继承西汉，但体量缩小，而且没有陵邑。南朝帝陵规模不大，坟丘上不建寝殿，但开始在陵前设置纵深的神道，神道两侧对称排列石刻的麒麟、墓表和碑。

唐代陵墓是汉陵以后的又一种典型形式。唐代18处陵墓中有15处是利用自然山丘作为陵体，周围建方形陵墙，四面正中建阙门，外置石狮，正南设置很长的神道，南端建大阙门。两侧布置石人、石马、朱雀、华表等。陵顶不建寝殿，而改在门内设献殿。五代十国帝陵规模都不大，从已发掘的南唐二主和前蜀王建墓来看，更多注重墓内装饰，雕刻、壁画的构图和技法水平都很高。

北宋陵墓综合了汉唐的特征，但更规格化。帝陵的主体称为上宫，为十字轴线对称，方形围墙，四面正中设门，转角处建角楼，南面设神道，建阙门。神道两侧对称排列大朝会的仪仗，有宫女、官员、使臣、马、象、羊、虎等石刻，最南端建阙门。另在上宫的北面建下宫，为一组供奉帝后遗像和祭祠使用的祠祀建筑。帝陵西北方为后陵，形制与帝陵相同而规模较小。

明代陵墓继承了宋代集中建陵、组成陵区的传统，同时加强了神道的建设。明陵的陵墓“前朝后寝”完全宫室化，其中前朝部分为宫室型的纵向院落，而将后寝部分改为明楼宝城。清代陵墓与明陵基本相同，规模略小，每陵都设神道，并有独立的后妃陵墓。墓室都是多室型拱券结构。

陵墓既是殡葬文化的载体，又是统治阶级政治伦理的固化，还是将建筑、雕刻、绘画、生态、环境融于一体的综合性艺术体系。我国古代的陵墓布局主要有三种形式：①以陵山为主体的布局方式。以秦始皇陵为代表。覆斗状封土堆，周围建城垣，背衬骊山，轮廓简洁，气象巍峨，创造出威严至上的气氛。②以神道贯串全局的轴线布局方式。这种布局重点强调正面神道的重要性。如唐代高宗乾陵，以山峰为陵山主体，前面布置阙门、石像、碑刻、华表等组成神道，神道前建阙楼，创造出法权正统的气氛。③建筑群组的布局方式。明清的陵墓都是选择群山环绕的封闭性环境作为陵区，将各帝陵协调地布置在一个相对集中的区域内。在神道上增设牌坊、大红门、碑亭等，建筑与环境密切结合在一起，创造出庄严肃穆的气氛。

中国古代人崇信人死之后，在阴间仍然过着类似阳间的生活，对待死者应该“事死如事生”，因而陵墓的地上、地下建筑和随葬品均仿照世间。秦汉时代陵区内设殿堂收藏已故帝王的衣冠、用具，并置宫人献食，如同伺奉活着的皇帝。司马迁所著《史记》记载，秦始皇陵地下寝宫内“上具天文，下具地理”，“以水银为百川江河大海”，并用金银珍宝雕刻鸟兽树木，把人间世界最大限度搬入地下。已发掘出的兵马俑坑，军容整齐、战车列阵、兵马密布，战无不胜的秦军仍然成为地下秦皇进行统治征服的强大力量。

（二）西方的坟墓

东方的生死文化认为，只有较少的人死后会升天成仙，绝大多数人死后将会成为鬼，死亡是恐怖的，不可接受。因此，埋葬死人的墓地便是幽魂野鬼出没之地，阴森、黑暗、幽冷、凄厉，这样的生死文化的传承，加之鬼魂文学的推波助澜，墓地是活着的人所不愿涉足的地方。

而在西方文化里，人死后将化为灵魂，进入天国，那里纯洁安宁、令人向往。在古希腊的生死观和殡葬文化中，人死后进入冥界，生活在另一个与现实世界相似的世界里。因此，西方的文化通过其宗教、神话将死亡的残酷与阴冷消弭于无形之中。西方文化对生命的理解与尊重，赋予了墓地以人的气息与生机。一些墓地成为这样的生死文化的代表。

- 维也纳中央陵园。维也纳中央陵园是欧洲最大的墓地，占地面积达230万平方米，世界著名的音乐家贝多芬、舒伯特、施特劳斯等成千上万名政治家、文学家、艺术家、科学家和演员埋葬在这里32A区名人墓地。每年无数的全世界游客来此墓地游览观赏。
- 洛杉矶玫瑰公园。洛杉矶玫瑰公园内道路两侧都是大片玫瑰花圃，高大的树木点缀其间，修整得整整齐齐的大草坪沿着山坡高低起伏望不到边，整个公园充分体现了人与自然的和谐。当地美国人会到处休闲游览，有的则在墓地举行婚礼，有的甚至还在墓地露宿过夜。
- 耶稣墓地位于耶路撒冷的圣墓大教堂，据称是耶稣的墓地所在，圣墓大教堂入口处是一块红白相间的“圣石”，传说中耶稣被众人从十字架上解下来之后就被放在这块石头上涂抹油膏并缠上裹尸布，耶稣在三天后复活。这里成为无数基督信徒向往的地方。

以色列人对坟墓非常重视。2011年7月17日美国《洛杉矶时报》文章《保存上海已消失的遗物》报道了以色列人迪文 · 巴尔加在上海寻找遗失的犹太人遗物的事。1949年前，有约3万名犹太人在上海避难，其逝者葬在4个国际公墓里，1958年，上海市政府将所有外国人的墓地重新安置在国际公墓里，“文化大革命”期间遭到破坏，很多墓碑被抢去当建筑材料。10年来迪文·巴尔加找到105块墓碑，他希望这些墓碑成为上海虹口区犹太人纪念馆的一部分，但遭到区政府的拒绝，理由是这会带来坏运气。对那些在上海生活过并过世的犹太人的后代来说，这种情况实在难以忍受。现年91岁的弗兰克·维克纳三次返回上海寻找母亲的坟墓都无果而终，“看到那些墓地没有一个幸存下来，我非常难过，也非常震惊。”山东大学犹太教与跨宗教研究中心的阿弗朗·欧利希说，“中国人如何对待这些墓碑是检验他们人道的一块试金石”。[①]

（三）古埃及金字塔

埃及迄今已发现大大小小的金字塔110多座，大多建于4500年前埃及古王朝时期，相传是古埃及法老（古埃及国王）的陵墓，但是考古学家并没有在金字塔中找到过法老的木乃伊。陵墓是用巨大石块修砌成，基座为正方形，四面则是四个相等的三角形，从而形成为方锥体，因形似汉字“金”字，故译作“金字塔”。

古代埃及人对神的虔诚信仰，使其很早就形成了一个根深蒂固的“来世观念”，他们认为“人生只不过是一个短暂的居留，而死后才是永久的享受”。因而，埃及人把冥世看作是尘世生活的延续。受这种“来世观念”的影响，古埃及人活着的时候，就诚心备至、充满信心地为死后做准备。每一个有钱的埃及人都要忙着为自己准备坟墓，并用各种物品去装饰这些坟墓，以求死后获得永生。法老或贵族会花费几年，甚至几十年的时间去建造坟墓，还命令匠人以坟墓壁画和木制模型来描绘他死后要继续从事的驾船、狩猎、欢宴活动，以及仆人们应做的活计等等，使他能在死后同生前一样生活得舒适如意。古埃及第三王朝之前，无论王公大臣还是老百姓死后，都被葬入一种用泥砖建成的长方形的坟墓——“马斯塔巴”。

①转引自《环球时报》2011年7月18日第6版文章《上海忽视犹太人墓碑遭抱怨》，作者丹·列文，陈一译。

大约在第二至第三王朝的时候，古埃及人产生了国王死后要成为神、他的灵魂要升天的观念。在这样的背景下，有个叫伊姆荷太普的年轻人奉命为埃及法老左塞王设计坟墓，他设计了一种新的建筑方法：用方形的石块来代替泥砖，建成一个六级的梯形金字塔，这是埃及历史上的第一座金字塔。此后，埃及法老纷纷效仿，在生前就大肆为自己修建金字塔作为陵墓。

在后来发现的金字塔铭文中有这样的话："为他（法老）建造起上天的天梯，以便他可由此上到天上。"金字塔就是这样的天梯。同时，角锥体金字塔又表示对太阳神的崇拜，因为古代埃及太阳神"拉"的标志是太阳光芒。金字塔象征的就是刺向青天的太阳光芒。金字塔铭文中还有这样的话："天空把自己的光芒伸向你，以便你可以去到天上，犹如拉的眼睛一样。"后来古代埃及人对方尖碑的崇拜也有这样意义，因为方尖碑也表示太阳的光芒。

古埃及所有金字塔中最大的一座，是第四王朝法老胡夫的金字塔。原高146.59米，经过几千年来的风雨侵蚀，顶端已经降低了将近10米。在1888年巴黎建筑起埃菲尔铁塔以前，它一直是世界上最高的建筑物。这座金字塔的底面呈正方形，每边长230多米。胡夫金字塔，规模巨大、建筑精巧，成为古埃及文明的象征。

胡夫死后不久，在他的大金字塔不远的地方，又建起了一座金字塔。这是胡夫的儿子哈夫拉的金字塔。它比胡夫的金字塔低3米，但由于它的地面稍高，因此看起来似乎比胡夫的金字塔还要高一些。塔的附近建有一个雕着哈夫拉的头部而配着狮子身体的大雕像，即所谓狮身人面像。除狮是用石块砌成之外，整个狮身人面像是在一块巨大的天然岩石上凿成的。它至今已有4500多年的历史。在古埃及神话里，狮子乃是各种神秘地方的守护者，也是地下世界大门的守护者。因为法老死后要成为太阳神，所以就造了这样一个狮身人面像为法老守护门户。

第四王朝以后，其他法老虽然建造了许多金字塔，但规模和质量都不能和上述金字塔相比。第六王朝以后，古王国分裂，法老权力下降，埃及人民也不断反抗法老的统治，一些人还盗掘金字塔，常把法老的"木乃伊"从金字塔里拉出来，所以埃及的法老们也就不再建造金字塔，转而在深山里开凿秘密陵墓，著名的国王谷就发现了为数众多的法老陵墓，包括20世纪20年代发现的著名的图坦蒙卡陵墓。

五、殡葬文化的同质性

对待死亡、举行葬礼、处置尸体等都与人类早期的生死观相联系，并一直延续至今，可以说虽然当今科学如此发达，但在对待死亡这个问题上，数千年的观念变化是极小的，其核心的观念一直在主宰人们的行为模式。同时，不管是东方还是西方，也不管是信仰什么宗教，在对待死亡、认识死亡方面，人类表现出非常高的相似性，“人类不得不在死的阴影下去生活，凡是同死打了照面的人乃设法寻求生命的期许、死与永生，那就是不死的欲求，像现在一样，永远都是人类预言的最动听闻的题目。人因生命而有的极复杂的情感，自然也要在死亡这一面找到相当的态度……即在极其原始的民族之间，对于死亡的态度，也比一般人想象的更不知复杂了多少倍，更与我们自己的态度接近了多少倍。”[①]这在文明冲突论和文化多样性的主张具有强大的影响力的氛围中，可以说是一种极大的、真实的例外。

英国人类学家马林诺夫斯基认为，未亡人的主要感情并非一些人类学家所主张的“是对死尸的反感与对鬼魂的恐惧”而是极其复杂的，甚至是互相矛盾的。他说“显然，可见的质素，一面是对于死者的爱，一面是对尸体的反感；一面是对于依然凭式在尸体的人格所有的慕恋，一面是对于物化了的臭皮囊的恐惧：这两个方面似乎合二为一，互相乘除的。这种情形，在当前行动的自然流露上可以看得见，在丧礼的程序上也可以看得见。最近的亲属，如母之丧子，妻之丧夫，子女之丧双亲，不管在尸体的装殓或处置上，也不管在葬后的礼仪或祭祀上，都是具有某种程度的反感与恐惧同真诚的爱恋混在一起，从不曾单有消极的质素表现出来或者占了上风”。[②]

马氏通过其对原始部落的实证研究，发现：“丧礼在全世界是特别相似的。死亡快要到的时候，最近的亲属永远要聚在一起，有时全地方要聚在一起，聚在将死的人的跟前，而死这专私的行为、任何人唯一最专私的行为，

---

① [英]马林诺夫斯基：《巫术、科学、宗教与神话》，李安宅译，中国社会出版社，第499页。

② [英]马林诺夫斯基：《巫术、科学、宗教与神话》，李安宅译，中国社会出版社，第499—500页。

乃变成一项公共的事故、一项部落的事故……人实在断气以后，于是洗尸、施膏，加以装饰，有时更将口与窍填满，臂与腿束起来。这才可以大家同看，而且最重要的一幕也在此时开始，那就是举哀。”①当场举哀是在尸体的左右，世界各处都是大同小异。

当然举哀过后，对尸体的最后处置的办法确有不同：“最常见的是放到或埋或不埋的坟里；委弃在穴内、架上、空树里或者遗在荒野；焚化或者飘荡在独木舟里。我们现在或者到了最重要的一点了，那便是彼此相反的二重趋势：一面要保存尸体使其全部完全无缺，或者最少也保留其几部；一面又要将其抛弃，避开视线，或者将其完全毁灭。焚化与用木乃伊的办法藏尸，便是这二重趋势的极端表现。”②

对尸体的处置方法的不同，并非是某种独特信仰、某种独特文化的结果，而是未亡人对于死者的留恋与对死的畏惧两方面矛盾心理作用的结果。同时，灵魂存在的观念，很早就在早期人类中形成，并由宗教加以利用和说教化，这样在丧礼上，一方面，人们不必过于悲伤，因为死去的亲人的灵魂还在、其生命将以新的方式继续存在，另一方面，人们对于死者的感恩转化为对死者灵魂进入一个更加美好世界的祝福，从而冲淡对死者的歉疚。我们今天对死去的亲人或朋友往往使用“一路走好”的祝福词，乃是数千年来人类丧葬观念的延续的表现。

现代人的生死观和殡葬文化是数千年各民族殡葬文化的传承，而且跨越原始社会、奴隶社会、封建社会、资本主义社会和社会主义社会，其核心的观念没有发生实质性变化。下面的四个事例，可以从不同角度反映出中外殡葬观念的变化的确不大。

事例1：灭门杀手对死后葬法的选择反映的殡葬伦理③

2009年11月23日晚在北京市大兴区黄村镇，李磊持刀将自己

① [英]马林诺夫斯基：《巫术、科学、宗教与神话》，李安宅译，中国社会出版社，第500页。

② [英]马林诺夫斯基：《巫术、科学、宗教与神话》，李安宅译，中国社会出版社，第500—501页。

③《李磊：刑后不愿与父母同葬》，《北京晚报》2011年6月17日第9版，记者杨昌平报道。

父母、妹妹、妻子和两个儿子全部杀死。2010年10月15日被北京市第一中级人民法院判处死刑；2011年3月3日，北京市高级人民法院二审维持原判。据了解，李磊在狱中最思念的是他的奶奶，他认为奶奶对他最好。此外，他多次提到，被执行死刑后，不愿和父母同葬在一起，其想法是“无颜面对”。

即使是一个穷凶极恶、弑亲杀子的死刑犯，其头脑中仍然在考虑死后的殡葬问题，“无颜面对父母”反映其灵魂观念的存在和对不孝的歉疚。

事例2：英国著名歌手怀恩豪斯葬礼透露的殡葬精神内涵①

据网易娱乐报道，英国当地时间2011年7月26日，歌手艾米·怀恩豪斯葬礼在伦敦北部的戈德斯格林地区的一处公墓举行。怀恩豪斯的家人把其骨灰和2006年死于肺癌的外婆合葬，让怀恩豪斯永远陪伴生前最爱的外婆。据报道，怀恩豪斯前夫恩布雷克·菲尔德·西维尔还在狱中，不过他已被告知，不允许参加葬礼。媒体也报道，在怀恩豪斯的遗嘱中，并没有提到西维尔。

谁能参加葬礼、谁不能参加葬礼，自古以来，都是以其与死者的关系的敌友、亲疏作为重要依据的，这一“规则”至今未变。

事例3：奥匈帝国末代皇储奥托葬法传承家族传统②

奥匈帝国末代皇储奥托2011年7月4日死于德国南部家中，享年98岁。奥托1912年11月2日出生于哈布斯堡家族。这是欧洲最古老的王室家族，成员自12世纪以来曾是罗马帝国、奥地利、匈牙利、西班牙、葡萄牙等国的皇帝或国王。1914年6月，奥匈帝国皇储斐迪南大公在萨拉热窝遇刺身亡，触发第1次世界大战。斐迪南大公与妻子苏菲属于贵贱通婚，所生子女没有皇位继承权，皇储之位传给了他的侄子，即奥托父亲卡尔一世。卡尔一世1916年至

---

① 《200亲友送别怀恩豪斯》，参见《京华时报》2011年7月28日A48版文章。

② 《奥匈帝国末代皇储下葬》，参见《京华时报》2011年7月18日A24版文章。

1918 年在位，是奥匈帝国的末代皇帝。因此，奥托是奥匈帝国最后的皇储。他的葬礼 7 月 16 日下午在维也纳举行，与去年辞世的妻子雷吉娜一同下葬。依照家族传统，奥托的心脏会被运往匈牙利，定于 7 月 17 日葬在布达佩斯一家修道院。奥地利总统菲舍尔夫妇和瑞典国王卡尔十六世古斯塔夫夫妇以及英国、西班牙、卢森堡、罗马尼亚等国的王室成员和政府官员参加了葬礼。

跨越多少世代的变迁，数百年的传统，仍然得到遵守和传承。皇室也好，老百姓也好，殡葬的文化、观念传承的继承性、稳固性可见一斑。

事例 4：死刑犯被处死前的点餐特权[①]

美国得克萨斯州一名死刑犯临刑前点了一大堆食物，却一口未动，激怒一名州议员。司法当局随后下令，取消死刑犯临刑前点餐“特权”，监狱厨房做什么就吃什么。劳伦斯·拉塞尔·布鲁尔 9 月 21 日被处死。按照惯例，处决前最后一顿饭，他可以点餐。按照布鲁尔的要求，狱方厨房提供两块炸牛排、一个三层火腿奶酪汉堡包、炸秋葵、大约半公斤烤肉、3 份墨西哥式“法西塔”薄饼卷烤肉、一份比萨、1 品脱（473 毫升）装冰淇和一大块花生酱制作的糕点。然而，狱方官员说，布鲁尔一口未动。

狱方处死布鲁尔后数日，得州议会参议院刑事司法委员会主席约翰·惠特迈尔致信得州刑事司法部主管布拉德·利文斯顿，说：“给予死刑犯这类特权极为不妥。”利文斯顿数小时后宣布，惠特迈尔的看法有理，允许死刑犯最后一餐点餐的做法“成为历史”。“决定立即生效，狱方不再提供这类便利，”利文斯顿说，“死刑犯将和其他犯人吃同样的饭。”

得州 1982 年恢复死刑。按惯例，只要监狱厨房有能力满足死刑犯提出的“食谱”，狱方就允许点餐，而且不设价格限制。另一些州也允许死刑犯选择最后一餐吃什么，但设定价格，在佛罗里达

①参见《华商晨报》2011 年 9 月 27 日 B14 版的报道。

州，最后一餐不得超过 40 美元。

我国古代就有死刑犯临刑前吃一顿“好饭”的惯例，作为现代西方社会的美国也有这一做法，可见，尊重一个将要被执行死刑的人的愿望，在中西方是共性的死亡文化。

本章结语：对死者遗体处置是殡葬的主要内容，殡葬文化的核心是如何看待死亡。古今中外，不同民族、不同信仰、不同地域、不同历史阶段的各种社会形态，无一例外对殡葬高度重视，虽然其方式可能差异极大。笔者认为，之所以如此，其背后所隐含的深意是：对死者的重视实质是对与死者具有相同社会地位的活着的人的重视，殡葬方式所折射的是当时社会政治制度和占统治地位的社会伦理道德；对死者的尊重实质是对活着的人的尊重，因为活着的人也必然走向死亡，那么他活着时就必然要考虑自己死后社会、家人如何对待自己；对死者安葬的重视，还反映了人对生命永恒的追求、对死亡的不甘心，虽然灵魂不死、生死循环已被科学证明为不可能，但在多数人的心中，追求生命永恒的美好愿望以及由此所表现出的殡葬心理、方式和文化，就不能仅仅将其作为“妄想症”对待了，它是人类精神世界的重要组成部分。这些殡葬方式背后的东西，成为殡葬的“灵魂”，成为古今各国对殡葬进行法律规范的思想基础。

第二章

殡葬事务的法律性质

尸体是人死亡后留存的客观物质，骨灰是人的尸体焚烧后形成的灰状物。现实生活中由尸体、骨灰引发的纠纷时有发生。那么，尸体、骨灰的法律性质是什么、应否给予法律保护、怎样进行法律保护就是一个必须明确回答的理论问题，也是一个必须明确回答的实践问题；同时，这一问题还是殡葬法制建设的重要基础，因为殡葬就是对人死后的尸体或骨灰进行处置。

案例：私取骨灰侵权案[①]

原告刘某之父于1952年入赘改姓名到刘家生活，后因病去世。刘某打算将其父与其先前去世的母亲合葬，刘父的侄子王某却要求将刘父在原籍安葬，双方因此发生纠纷，王某愤而拒绝参加刘父的葬礼。刘某将其与其母合葬的当天晚上，王某竟到该坟地扒坟，撕毁盖棺布，将刘父的骨灰挖出并带回家供放，把棺材和陪葬的衣物置于墓地周围，刘某闻讯后痛不欲生，多方打听方得知系王某所为，且该骨灰现在王某家供放，王某拒绝归还骨灰。刘某诉至法院，请求判令王某将骨灰按原状放回墓地，赔偿其精神损失2000元。

关于被告的行为应如何定性，有多种不同意见：

①案例来源：圣才学习网　发布日期：2010-05-24。

第一种意见认为，王某的行为侵犯了死者的名誉权，应承担侵权民事责任。理由是公民死后仍享有人格权，按中国传统风俗，刘父的骨灰受到侵犯，则死者不能入土为安，其社会评价也因此被降低。

第二种意见认为，王某的行为侵害了刘某对其父骨灰的埋葬、管理权，造成刘某精神痛苦，具备侵权民事责任的构成要件，应判决王某承担侵权民事赔偿责任。

第三种意见认为，王某的行为破坏社会公共秩序，可予以治安处罚，应驳回原告的民事起诉。理由是骨灰不属于财产，不存在侵犯所有权的问题；本案系双方对安葬地点的风俗习惯理解不一致引起的纠纷，不属平等主体之间因财产关系和人身关系引起的民事纠纷。

第四种意见认为，王某的行为构成盗窃、侮辱尸体罪，应驳回原告的民事起诉。理由是王某主观上具有犯罪故意，客观上秘密窃取死者的骨灰，损害尸体的尊严，伤害死者亲属的感情，在当地造成恶劣的社会影响，应以盗窃、侮辱尸体罪追究其刑事责任。

第五种意见认为，王某的行为构成盗窃罪，应驳回原告的民事起诉。理由是公民生前的身体为有体物，死后其尸体亦为有体物，属于继承人应享有的遗产，而王某以秘密窃取的方式取走骨灰并占为己有，虽然难以确定该骨灰的价格，但侵犯的标的特殊，应认定为情节严重，符合盗窃罪的构成要件。

上述案例出现五种不同的意见，既有认为属于民事纠纷的意见（第一、第二种意见），又有主张属于治安管理行政处罚的案件的意见（第三种意见），还有认为属于刑事犯罪案件的意见（第四、第五种意见）。可见，无论在理论上，还是在实践中，对尸体、骨灰的性质的理解和主张存在严重分歧。

一、关于尸体、骨灰保护的理论主张

死者的尸体、骨灰与死者的名誉是紧密相连的，而通说认为，公民去世后，其名誉应继续受到法律的保护，自然而然的结论是：死者的尸体、骨灰应受到法律保护。但为什么要给予保护、保护的客体是什么，有不同的观点。

死者名誉权说。有的学者认为：尽管立法规定公民的权利能力始于出生终于死亡，但从历史上看，民事权利能力并不总和人的出生死亡相始终，从外国和我国有关法律规定看，民事权利能力始于出生终于死亡的观念已被突破，并有加剧之势，因此，死者可成为名誉权的主体，应当受到法律保护。[①]

有的学者进一步认为："谁享有权利，谁具有权利能力，不过是立法者根据统治阶级的利益和意志来确定的。在奴隶社会，奴隶不是权利主体，而只能作为权利客体；在封建社会，妇女不具有完全的权利能力。这些，一方面说明法律对权利和权利能力的确定是由统治阶级的意志所决定的；另一方面也说明，法律对权利和权利能力的确定，是随着社会的进步和文明的提高而不断变化和改进的。所以说，法律赋予死者名誉权并不违反民法学理论。从我国目前立法角度来看，民法通则虽然作出了公民的权利能力始于出生，终于死亡的规定，但法律的功能不仅仅在一般性调整上，还具有特殊的保护功能，这就是法律的原则性与灵活性相结合的特点。我国著作权法关于作者死后其著作权利的保护期限的规定，继承法关于胎儿权益的保护性规定，如果单纯从民法学理论上讲，与民法通则关于权利能力的一般性规定是相矛盾的。而立法者又偏偏作出了这相互矛盾的规定。这只能说明权利和权利能力是可以由立法者根据社会利益的需要而进行调整的。所以，如果立法者在民法通则修正案或未来的民法典中直接规定死者享有名誉权，是可行的。这样，保护死者的名誉，也就有了法律上的依据，学者间的诸多争议也就随之迎刃而解了。"[②]

最高人民法院 1989 年 4 月 12 日《关于死亡人的名誉权应受法律保护的函》："吉文贞（艺名荷花女）死亡后，其名誉权应依法保护，其母陈秀琴亦有权向人民法院提起诉讼。"最高人民法院 1990 年 10 月 27 日《关于范应莲诉敬永祥等侵害海灯法师名誉权一案有关诉讼程序问题的复函》："海灯死亡后，其名誉权应依法保护，作为海灯的养子，范应莲有权向人民法院提起诉讼。"这两个司法解释都确认了死者的名誉权，采纳的是死者名誉权说。

死者利益说。有学者认为："对死者名誉可以作为一种法益来保护。所谓

①郭林等：《试论我国民法对死者名誉权的保护》，《上海法学研究》1991 年第 6 期。
②王利明等：《人格权法新论》，吉林人民出版社 1994 年版，第 441—442 页。

法益，是指应受法律保护之利益……法律不仅仅保护权利，而且还保护超出权利范围的合法利益。如前所述，保护死者的名誉不仅仅是死者自身利益的需要，而且是社会利益的需要，因此，死者名誉应该作为一种合法利益而存在，并受到法律的切实保护。”①

死者延伸人格利益说。与死者利益说相似，有学者进一步提出死者延伸人格利益说，认为“骨灰是什么？就是人死亡之后，身体变为尸体，对尸体进行火化的遗留物，其实还是属于尸体的范畴。死者的人格利益需要进行延续的法律保护，对此最高人民法院在司法解释中已经作了明确的规定。谁来保护？必须设立保护人。司法解释规定死者的近亲属，就是死者人格利益的保护人，他享有保护死者人格利益的权利。在死者的人格利益受到侵害，保护人进行保护。除此之外，保护人作为近亲属，还享有对尸体的管理权或者祭祀权。如果管理权受到侵害，认定是侵权，就是正确的”。②

家庭名誉权说。有的学者认为：死者的名誉遭到侵害时，其遗属的名誉也往往会遭到侵害，这两者之间的就是家庭名誉。家庭名誉是冠于一个家庭之上的，对于一个家庭的信誉、声誉的社会评价。个人名誉是家庭名誉的组成部分，家庭名誉是对家庭成员名誉的抽象。家庭名誉并不因为家庭个别成员的死亡而消灭。因而在对死者的名誉加以侵害时，家庭名誉也就必然遭到侵害。③

遗属名誉权说。有的学者认为：对死者名誉的侵害，实际上侵害的是其遗属的名誉权。④

遗属精神说。该说认为，死者的人身遗存包括物质性遗存即死者的尸体、遗骸、骨灰和精神性人身遗存即死者的姓名、肖像、名誉、隐私等。对死者的人身遗存的侵害，实际上是对生者的精神的侵害，尤其是对死者的近亲属的精神的侵害。保护死者的人身遗存，实际上是保护生者的精神，尤其

①王利明等：《人格权法新论》，吉林人民出版社 1994 年版，第 445 页。

②参见杨立新在中国民商法律网中国侵权责任法立法论坛 2009 年 9 月 26 日上传的何乃寻《“骨灰管理权”引发亲情裂变》报道中的有关观点。

③陈爽：《浅论死者名誉与家庭名誉》，《法学研究生》1991 年第 1 期。转引自王利明等：《人格权法新论》，吉林人民出版社 1994 年版，第 444 页。

④史浩明：《关于名誉权法律保护的几个理论与实践问题》，《学术论坛》1990 年第 3 期。

是死者的近亲属的精神。精神不是利益，精神存在于人身之中。[①]

遗属利益说。有的学者认为："保护死者名誉的实质与作用，是保护死者的配偶、子女和父母的利益。在我国现阶段，根据公民通常的观念，死者的名誉好坏，往往影响到对其近亲属的评价；其近亲属也会因而产生荣誉感或压抑感等感受。与其说死者的名誉（这里说的是名誉，不是名誉权）需要民法保护，不如说是对死者的近亲属的利益或人身权的民法保护。"[②]

社会利益维护说。该说认为，"基于对社会利益维护的需要，对人格权的保护价值超越了一个人的权利能力，对人格权的法律保护不因死亡而终结。"[③]

笔者认为，名誉与名誉权是两个不同的概念。正如有的学者的观点"通常所说的名誉具有两层含义：一是指他人对特定人的属性所给予的社会评价，即外部名誉或客观名誉；二是指人对其内在价值的感受，即内部名誉或主观名誉，亦谓名誉感。作为民法学意义上的名誉应仅指第一层含义，具有社会性、客观性、特定性、观念性和时代性的特点。至于名誉感，由于属主观认识的范畴，不能用客观标准予以确定，同时，自然人的名誉感与其社会地位和社会评价有时也不尽一致，因而名誉感属于人的自尊心，属于人格尊严权的客体"。[④]"所谓名誉，是指对自然人的人格价值的一种客观的社会评价，它体现了自然人的精神利益和人格利益。"[⑤]

名誉是一个客观存在的事实，一个人死后，社会并不会将这个人从记忆中抹去，在或长或短的时期内，活着的人仍然会对其进行评价，有的人死后甚至会"扬名万世"，有的则"遗臭万年"。因此，对死者的社会评价形成死者名誉，是人类社会形成以来就存在的客观社会现象，不以人的意志为转移。也正因为如此，对许多活着的人而言，对死后名誉的看重和珍惜成为其自律的强大内在动力。

而"名誉权是指自然人对自己在社会生活中所获得的社会评价即自己的

①参见《论保护死者人身遗存的法理根据》http：//news.chinaue.com　2008-9-24　15：25：58。

②魏振海：《侵害名誉权的认定》，《中外法学》1990 年第 1 期。

③马俊驹、余延满：《民法原论》，法律出版社 2007 年 8 月第 3 版，第 87 页。

④马俊驹、余延满：《民法原论》，法律出版社 2007 年 8 月第 3 版，第 107 页。

⑤余能斌主编：《民法学》，中国公安大学出版社、人民法院出版社 2003 年 7 月第 1 版，第 187—188 页。

名誉依法所享有的不可侵犯的权利”。[①]“名誉权是指自然人就自己获得的社会评价受有利益并排除他人侵害的权利。”[②]因此，名誉不等于名誉权，名誉只是名誉权的客体，而且本人名誉只能成为本人的名誉权的客体，任何公民只能对自己的名誉享有名誉权，不能对他人的名誉享有所谓名誉权。因此，“名誉权的内容是就名誉受有利益和排除他人的侵害。受有利益主要表现为自然人可就自己的客观公正的社会评价获得精神上的满足，以及利用自己良好的名誉取得财产上的利益。排除他人的侵害主要表现在：①维护名誉，使自己社会评价免于不正当的降低和贬损。②在名誉受到侵害时，有权获得法律的救济，可以排除侵害，要求消除影响、恢复名誉、赔礼道歉、赔偿损失等。侵害名誉权主要是指用侮辱、诽谤等方式损害自然人的名誉。”[③]梁慧星、张新宝在其侵权责任法建议稿第 1581 条规定，侵害遗体、遗骨、骨灰、墓葬或者严重侵害死者名誉或隐私造成近亲属精神损害的，应当停止侵害、赔礼道歉并适当赔偿损失。[④]他们显然主张保护死者的名誉而不是名誉权。

关于死者名誉权说。如果因为法律保护死者名誉而就此认为死者享有名誉权是不能成立的。“死者名誉权说”以著作权为例来说明死者人身权的存在应该说是一个误读。著作权包括人身权和财产权。人身权包括署名权、保护作品完整权等。财产权包括使用权和获得报酬权等。法律无期限地保护署名权和保护作品完整权，实际上是保护作品的创作者是谁和作品内容如何等既存的事实不被歪曲，而这一点对于保护整个社会的创造活力、推动社会发展进步具有重要意义，因此，对著作权中的人身权的保护实质上是对社会公共利益的保护。著作权中的财产权包括使用权和获得报酬权等，作者死时就成为其遗产的一部分。对死者著作权中的财产权的保护，是保护作者的继承人的利益而不是死者的利益，已死的作者是没法继续行使这些权利并承受行为的法律后果的。著作权法关于对作者死后的有关权益的保护不能证明作者死

①马俊驹、余延满：《民法原论》，法律出版社 2007 年 8 月第 3 版，第 107 页。

②余能斌主编：《民法学》，中国公安大学出版社、人民法院出版社 2003 年 7 月第 1 版，第 187 页。

③余能斌主编：《民法学》，中国公安大学出版社、人民法院出版社 2003 年 7 月第 1 版，第 187–188 页。

④高圣平主编：《中华人民共和国侵权责任法立法争点、立法例及经典案例》，北京大学出版社 2010 年 2 月第 1 版，第 287 页。

后仍享有著作权。

关于死者利益说和死者延伸人格利益说。死者利益说、死者延伸人格利益说都认为死者有利益，与死者名誉权说有其本质上的同一性。民法是保护权利还是既保护权利又保护利益，存在不同的观点。我国《侵权责任法》第二条规定“侵害民事权益，应当依照本法承担侵权责任”。因此我国立法实践采纳了权利和利益并存说即权益说。中外都有主张死者具有利益的观点和立法例，如《俄罗斯民法典》第150条规定“在法律规定的情况下和依照法律规定的程序，属于死者的人身非财产权利和其他非物质利益，可以由他人行使和保护，其中包括由权利人的继承人实现和保护”；[①]德国联邦法院的“梅非斯特判决”认为对人格权的保护并不随着权利享有者的死亡而消失，死者也享有人格利益，主要包括人格形象不受歪曲、名誉不受侵害、肖像和姓名不受侵害。[②]我国王利明教授认为，侵权责任法保护的利益主要包括一般人格利益、死者人格利益、占用以及某些特殊的经济利益，且在其侵权责任法建议稿第1828条中规定，侵害死者名誉、姓名、肖像、荣誉、隐私等人格利益，或侵害遗体、遗骨、墓葬的，应当对死者近亲属承担停止侵害、赔礼道歉，并赔偿因此造成的财产损失。造成精神损害的，应当依法承担精神损害赔偿。[③]我国《侵权责任法》对此没有明确规定，但其第三条规定“被侵权人有权请求侵权人承担侵权责任”如果该法承认死者有利益，那么死者利益受到侵害时死者就是被侵权人，死者怎么请求侵权人承担责任？因此，笔者认为我国《侵权责任法》是不承认死者享有利益的。

任何利益必须有相应的民事主体来承担，也就是说只有具有民事权利能力的活着的自然人才能是利益的承担者，死者不能承担任何利益，不能成为民法保护的利益主体。死者不能成为民事权益的主体是基于民事权益主体必须具备意思表示能力（完全行为能力人）或法定由他人代为意思表示（部分行为能力人、无行为能力人）的民法原理。为了保护无行为能力人和限制行

①高圣平主编：《中华人民共和国侵权责任法立法争点、立法例及经典案例》，北京大学出版社2010 年2月第1版，第268页。

②全国人大常委会法制工作委员会民法室编：《侵权责任法立法背景与观点全集》，法律出版社2010年1月第1版，第413页。

③高圣平主编：《中华人民共和国侵权责任法立法争点、立法例及经典案例》，北京大学出版社2010 年2月第1版，第18页、第20页。

为能力的人身和利益，现代法律确认无行为能力人和限制行为能力人享有主体资格。无行为能力人无法通过自己的行为实现自己的主体资格和利益；限制行为能力人只能为部分行为，实现自己在部分领域中的主体资格和利益。因此，法律通过为无行为能力人和限制行为能力人规定监护人，实现他们的主体资格和利益。设置监护制度的目的在于实现被监护人的主体资格和利益，监护人只能在有利于被监护人权益的范围内实施监护，这就意味着法律规定无行为能力人和限制行为能力人以监护人的意志为自己的意志和部分意志。没有法定的意思表示制度，无行为能力人无法成为主体，限制行为能力人只能在和其行为能力相适应的领域即可有自己的意志的领域内成为主体。

死者也没有意思表达能力，但与无行为能力人、限制行为能力人不同，死者不是生命，死者不可能以他人意志为自己意志，任何人也无法成为死者的监护人或代理人。死者不可能承担任何法律义务或法律责任等法律后果。任何财产都不可能归属于死者，死者不存在利益问题。法律不需要也不可能保护死者的利益，认为死者可享有人格权或人格利益的观点，都违反了民法基本原理。

最高人民法院 1993 年 8 月 7 日颁发的《关于审理名誉权案件若干问题的解答》第 5 条规定："死者名誉受到损害的，其近亲属有权向人民法院起诉。"这一司法解释使用"死者名誉"而不是"死者名誉权"，对最高人民法院以前的有关函复进行了修正，是正确的。

关于死者家庭名誉权说。家庭是因婚姻、血亲关系形成的生活共同体，家庭是社会的细胞，一个家庭乃至一个家族具有社会评价形成的家庭名誉或家族名誉，是客观存在的，在古代社会也曾经是法律保护的客体，进入现代公民社会，随着家长制、族长制退出历史舞台，家庭名誉、家族名誉也从法律保护的客体中退出，而成为道德调整的对象，法律保护的是作为平等民事主体的每一个公民的人身权。在我国，除在家庭联产承包责任制及农村居民宅基地使用权等极少特别的法律关系中家庭是法律关系主体外，因家庭不具备作为民事法律关系主体应是单一意志体的基本特征，因而不能成为法律关系主体。家庭名誉不等于家庭各成员的名誉。如果侵害死者名誉的同时侵害了其家庭名誉，由于家庭不是法律关系主体，家庭不享有法律意义上的名誉权，不能请求法律保护其名誉。因家庭名誉受侵害而自己名誉受侵害的遗属，如行使名誉权，只能请求法律保护自己的名誉，不能请求法律保护家庭的名誉。

关于遗属名誉权说。死者的名誉和其遗属的名誉是不同的概念。如果侵害死者名誉的同时也侵害了其遗属的名誉，遗属只能行使本人的名誉权，请求保护自己的名誉，不能请求保护死者的名誉权。

关于遗属精神说。精神既不是民事权利也不是民事利益，精神从来就不是民事法律关系的客体。把对死者名誉的保护说成是对遗属精神的保护，没有任何法理依据和法律依据，因此是不能成立的。

关于遗属利益说。应该说，该说从一个侧面抓住了问题的实质。该说将权利或利益的主体归结到活着的遗属身上，符合民法关于民事法律关系主体的基本原理。当然，遗属的利益主要是什么利益，该说认为主要是遗属的名誉，还有待进一步研究。同时，公共利益或社会利益不容忽视。

关于社会利益维护说。应该说，该说从一个侧面抓住了问题的实质。但是，如果说对死者生前享有的人身性权利或死者名誉的保护，仅仅是维护社会利益的话，就不能解释对社会利益的维护要由死者的近亲属也就是公民个人来主张，而且是公民个人以侵权为由主张精神损害赔偿。维护社会利益只是对死者名誉给予法律保护的部分理由。

虽然上述主张对死者名誉的保护提出了不同的理论依据，笔者也分析了其与法学基本原理的冲突之处，但有一点它们是相同的，即应对死者名誉包括其承载体的尸体、骨灰、坟墓给予法律保护。

关于殡葬的价值，英国历史法学家梅因在《古代法》一书中写道：在每一古代法律中，在每一政治思想的雏形中，到处可以遇到这种信念的征象。那时候所有的根本制度如“国家”、“种族”和“家族”都是假定为贡献给一个超自然的主宰，并由这个主宰把它们结合在一起的。在这些制度所包含的各种不同关系中集合起来的人们，必然地要定期举行公共的祭礼，供奉公共的祭品，他们时时为了祈求赦免因无意或疏忽的侮慢而招惹的刑罚举行着斋戒和赎罪，在这中间这种同样的义务甚至被更有意义地承认着。凡是熟悉普通古典文学的人，都会记得“家祭”这个名词，这对于古代罗马的收养法和遗嘱法都有着极重要的影响。到现在为止，还保存着原始社会某些最古怪特点的印度习惯法，对于人们所有的一切权利和继承的一切规定，几乎都要在死人安葬时，也就是说在家族延续发生中断时，按照举行规定仪式时的严肃程度而决定。[①]梅因的这一段话，表明殡葬祭祀的价值体现在两个方面：为公共利益的公祭和为家族利益的家祭。

二、遗属精神利益是殡葬法律关系的基础客体

民事法律关系的客体，是指民事法律关系的主体享有的民事权利和承担的民事义务所共同指向的对象。我国民事法律关系客体主要有以下四类：物、行为、知识产品（也称智力成果）和人身利益，具体而言，物权法律关系的客体为物，债权法律关系的客体为给付行为，知识产权法律关系的客体为知识产品，人身权法律关系的客体为人身利益。笔者认为，对尸体、骨灰给予法律保护的客体既不是死者的名誉权或利益，也不是死者近亲属的名誉权或精神，更不是死者家庭的名誉权，而是死者近亲属的精神利益和社会公共利益。

（一）骨灰与尸体都不是财产权利的客体

从民法理论上讲，自然人的民事权利包括人身权和财产权两大类，其中自然人的财产权包括物权、债权和知识产权三大类，人的尸体、骨灰不能成为除保管等之外的债权的客体，因为尸体、骨灰的人格性对债权具有否定性；尸体也不是知识产权的客体，虽然尸体的保存方法可能成为知识产权的内容；骨灰也不是知识产权的客体，虽然对骨灰的特殊加工如制作成钻石，也只是其方法可能成为知识权利的内容，骨灰本身是不可能成为知识产权的客体的；同时，自然人死亡后，法律对其知识产权的延期保护，在发明人、著作权人、专利权人的署名的保护，不是基于死亡的人具有权利，而是基于对客观事实的真相的保护，以防止欺诈、维护公平、鼓励创新，保护的是社会公共利益。因此尸体、骨灰是否是财产性权利的客体主要要看尸体、骨灰是否属于民法意义上的“物”、是否是物权的客体。

---

①［英］梅因：《古代法》，沈景一译，商务印书馆 1959 年 3 月第 1 版 ，第 4—5 页。

民法上的物，“是指存在于人身之外，能满足权利主体的利益需要，并能为权利主体所支配控制的物质实体。”[①]一般认为，民法上的物是有体性、可控性、有用性、非人身性的物质资料，能够成为民事流转的标的，民事主体对所支配的特定物，能够占有、使用和处分。

人是权利主体而不能成为权利客体，这在奴隶制废除后成为世界各国政治和法律理论所确认的基本原则，并被各国宪法、民法、刑法等基本法律制度化，如法国民法典第二章专章规定“尊重人之身体”，其第16-1条规定，“任何人均享有身体受到尊重的权利。人之身体不得侵犯。”第16-2条规定，“法官的规定适于阻止或制止对人体非法侵害的任何措施，或者规定任何相应措施，以阻止或制止涉及人体之组成部分或其所生之物的非法行为。”[②]因此人身不能成为物，不能成为所有权的客体。

当然，随着社会条件的变化和人类伦理观念的发展，某些人体组织如脱离人体的毛发、血液也可以成为物，但是其被加以严格限制，如法国民法典第16-5条规定，“任何赋予人体、人体各部分以及人体所生之物以财产性价值的协议，均无效。”第16-6条规定，“对同意在其身体上进行实验，同意摘取其身体之一部分或者采集其身体所生之物的人，不得给予任何报酬。”[③]因此严厉打击贩卖妇女儿童和贩卖人体器官是世界各国法律的共同选择。

案例1：卖亲生子女的父母被刑事拘留[④]

四川籍的童某某夫妇，为了获取金钱，将自己的亲生孩子卖给他人。根据警方调查，二人在2007年便已经出售了自己所生男婴、女婴各一名，男婴卖了8000元，女婴卖了3000元。2011年5月13日，他们又将出生不到两个月的女儿以7000元价格出售给河北燕郊的陈某某，陈某某于6月19日将女婴以10000元卖给了急于想要女儿的好友郝某，从中获利3000元。三次共得到18000元现金。民警

①余能斌主编：《民法学》，中国公安大学出版社、人民法院出版社2003年7月第1版，第283页；马俊驹、余延满：《民法原论》，法律出版社2007年8月第3版，第66页。

②③罗结珍译：《法国民法典》，中国法制出版社1999年10月第1版，第5页。

④参见《京华时报》2011年7月1日A17版，记者穆奕、通讯员李海波的报道《贪财父母四年连卖三骨肉》。

发现线索，驱车千里找回了今年被出售的女婴，另两名被出售的孩子，由于时间比较久远，所以需要时间进行破案。目前，童某某、陈某某因拐卖儿童罪被刑拘，小英因正在哺乳期被取保候审。

案例2：公安机关开展打拐专项行动[①]

据新华社电，在公安部统一指挥下，广东、河北等14省区公安机关联手作战、同步收网，于2011年7月15日、20日连续破获一起跨国和一起跨省特大拐卖儿童犯罪团伙案，摧毁两个特大拐卖儿童犯罪团伙网络，目前共抓获犯罪嫌疑人369名，成功解救被拐儿童89名。为全面加强对拐卖犯罪的打击力度，公安部已先后建立侦办拐卖儿童案件“一长三包制”、儿童失踪快速查找机制、来历不明儿童摸排等机制，以及湄公河次区域反拐进程等合作机制。自2009年4月开展打拐行动以来，全国共破获拐卖妇女儿童案件3.9万多起，共打掉4885个犯罪团伙，解救被拐卖儿童1.46万人、妇女2.48万人。

关于人死亡后其遗骸是否为物，主要有以下几种观点：(1) 遗骸是物，其所有权转归继承人，属于遗产的一部分。(2) 遗骸虽然是物，但不是所有权的标的，而是亲属埋葬权的标的，不属于遗产。因此，违反公序良俗而订立的遗体契约无效。(3) 遗骸不是物，也不是财产所有权的标的，而是由最近亲属埋葬权的标的或者是其亲属人格权的标的。其最近亲属只能作出埋葬、管理和祭祀等处分。(4) 遗骸是物，属于死者遗留的个人财产，是遗产的组成部分，可以继承。但对遗骸的所有权，仅限于埋葬、祭祀、供奉的目的。并且，继承人不得放弃对遗骸的所有权。(5) 遗骸不是财产所有权的标的，而是火化、埋葬、祭祀的标的，不属于遗产。[①]

尸体是作为权利主体的人死后留在自然界的客观存在，其仍然是死者人格（不是人格权）的载体，具有很强的人格性；骨灰是作为权利主体的人的尸体火化后的唯一表现形式，也具有很强的人格性，是死者的人格（不是人

---

①参见刘春茂主编：《中国民法学·财产继承》，中国公安大学出版社1990年版，第107—109页。转引自马俊驹、余延满：《民法原论》，法律出版社2007年8月第3版，第67页。

格权）的载体。同时，骨灰的主要成分是碳酸钙，这是自然界广泛存在的一种物质，完全不存在需要把骨灰作为碳酸钙来源的客观基础，骨灰不具有民法上物所具有的使用价值效能，人们不能对其基于物质利益进行使用、收益和处分。因此，尸体、骨灰是逝者人格的载体，也是逝者亲人寄托特殊情感的载体，也就是说骨灰是具有特殊的精神价值的客观物质而不是民法物权意义上的“物”。

人的权利能力始于出生，终于死亡。人一旦死亡，随着其权利能力的终止，其遗留的尸体、骨灰等，即回归为无生命的自然物，是一种存在着的、脱离生命不再具有主体资格的客观物质。尸体、骨灰作为一种特殊的“物”，死者的近亲属具有精神利益，从而享有管理权，负责埋葬、祭祀并保持死者人格尊严不受侵犯。

从现行法律角度看，我国《物权法》第5条明确规定了物权法定原则：物权的种类和内容由法律规定。在《物权法》中规定了所有权、用益物权和担保物权，没有关于骨灰作为物权客体的规定。《物权法》第2条第2款规定“法律规定权利作为物权客体的，依照其规定”。我国《民法通则》没有关于骨灰作为物权客体的规定；我国《继承法》没有将遗体、骨灰作为遗产的规定。因此，可以明确，从现行法律看，骨灰不属于物权的客体。

（二）骨灰与尸体都是死者近亲属精神利益的载体

尸体一般保持人体的外观形态，在视觉和感官上与其生前活着的形象联系较为紧密。也正因为如此，加之，我国阴阳两界轮回转换的生死观根深蒂固，尸体保护的好坏涉及逝去的亲人能否投胎转世，因此，我国自古以来，无论统治者还是老百姓，对尸体的处理和保护都非常重视。虽然按照唯物主义的世界观，人死后尸体只是没有生命特征的物质元素，其组成元素都将回归自然界，但是，即使不受阴阳轮回观念的影响，尸体对于逝者的亲人而言，仍然是寄托其基于血缘、婚姻、家庭、战友、同事、朋友等因素而形成的特殊情感的载体。在尸体没有火化的情况下，经过一段时间就会变为尸骨，但是尸骨一般也将保持人体的骨骼形态，与活着的人联系仍然较为紧密。

新中国推行殡葬改革后，在火化区，公民去世后一般都由其亲人将尸体送殡仪馆火化，尸体、尸骨转化为骨灰。骨灰是尸体火化后的客观存在形态，应该说与尸体相比，其外观形态的确发生很大变化。骨灰的外观形态表现为粉末，在外观上不再保持人体的形态，这是骨灰与尸体、尸骨的外在区别。在唯物主义的指导下，我国阴阳轮回的生死观发生了很大变化，加之强力推动改革，群众逐步接受了火化。但是，以骨灰作为寄托思念、表达孝心、报答恩情、纪念先人、索源求根等特殊情感的载体，源自于人类数十万年的进化史，发端于人类数千年的文明史，可以说祭祀文化伴随着人类的整个发展史，并随宗教的形成和推动，成为人类社会不同民族的共性文化，当然其表现形式是多种多样的。因此，在以唯物主义为指导思想的我国，不承认尸体是生命轮回的载体的情况下，仍然在刑法中规定了盗窃、侮辱尸体罪，就是承认尸体的情感载体的功能。那么骨灰由于不具有人体的外在形态，从而本就不具备生命阴阳轮回的载体的功能，这是其与尸体、尸骨的不同之处，但这不同之处本就不是我国法律所要考虑保护的功能，我国法律保护的是祭祀文化中的情感表达功能。那么，从这个角度看，既然骨灰与尸体、尸骨承载着相同的情感表达功能，就当然应该是法律保护的客体。

在对尸体、骨灰的法律性质的认识上，正如本书第一章《殡葬文化与生死观》所述，世界各国虽然国情不同、历史不同、文化不同、宗教不同，但在尊重死者、保护尸体、慰藉亲属、维护伦理等方面，具有很高的同质性。

案例1：监狱擅自处理犯人尸体被判侵权①

案情：赵姐父母双亡，有一个弟弟赵弟。1996年12月，赵弟因盗窃罪被锦州市太和区法院判处有期徒刑5年，并于1997年4月开始在某监狱服刑。2003年3月8日赵姐到该监狱探监。监狱的工作人员对赵姐的到来非常惊讶："赵弟3年前就死了！""什么，死了？我怎么不知道？"听到这个晴天霹雳，诧异、悲痛、愤懑，各种情感一股脑地涌上了赵姐的心头。后来，监狱工作人员告诉赵

①案例来源：根据河南法院网2003-11-26 08：57：41郑燕、宁清亮的有关报道整理。

姐，赵弟是2000年10月1日23时25分突发心肌梗死经抢救无效死亡的。死亡后，因通知不到家属，监狱就将尸体火化了，骨灰现寄存在某殡仪馆。

从监狱回到家，赵姐的心里一直很难受。“赵弟虽然是服刑的犯人，但他死了监狱也应该通知亲属一声吧！”——思来想去，赵姐决定到法庭上与监狱论个究竟。开庭那天，赵姐情绪非常激动，几度痛哭失声，她在起诉状中写道“赵弟死亡后，监狱没有通知亲属，未经死者亲属同意就私自将尸体火化，导致原告没有向遗体告别，剥夺了原告悼念权，侵犯了原告的民事权利，因此要求监狱赔偿精神损失费20000元”。

监狱认为，侵权的说法并不成立。赵弟死亡后，监狱不是故意不通知亲属，而是想通知，根本找不到人，赵弟死后的第二天，他们就按照赵弟档案登记中赵姐家的地址通知了所在地派出所，但赵姐家的实际居住地与赵弟档案登记中的不符，所以就没有通知到赵姐。监狱方面还认为，我国民法中并没有悼念权的概念，赵姐索要精神损失费的要求没有法律依据，监狱不同意赔偿。

判决：法院认为：公民死亡之后，其尸体受到法律保护，死者的亲属对死者的尸体享有管理权和处分权。监狱作为管理机关，在服刑犯人死亡的情况下，应及时通知其亲属处理善后事宜，而本案的被告因工作不细致，在未能通知死者亲属的情况下，将死者尸体火化，侵犯了原告对尸体的处分权，构成了民事侵权，并给原告造成了一定的心理上、精神上的痛苦。依据上述理由，锦州市太和区人民法院确认被告某监狱侵犯了犯人亲属的悼念权，判决被告赔偿原告赵素秋精神抚慰金5000元。

正如法院判决书所述，公民死亡之后，其尸体受到法律保护，死者的亲属对死者的尸体享有精神利益，死者尸体的管理权和处分权由死者近亲属行使，他人未经死者生前的遗属同意或死者近亲属的同意，对死者尸体的处理行为，显然构成对死者近亲属的精神性利益的侵害，应承担精神损害的赔偿责任。

案例2：英国工人尸体被非法用于核辐射病理研究[①]

据英国媒体2010年11月17日报道，近日英国一项调查披露，在过去30年中，塞拉菲尔德核工厂多具死亡人的遗体器官和骨头被非法采集，引起公众关注。

报道指出，该项调查是2007年在英国前财政大臣阿拉斯泰尔·达林的授意下进行的。当时，英国媒体首次披露，在1961—1992年期间，有尸体丢失器官现象。当时检查了76具工人的尸体，其中包括塞拉菲尔德核工厂的64具和来自英国其他核电站的12具。其后，调查范围不断扩大。该调查称，在64名死者被埋葬几十年后，他们的亲属才发现自己亲人的尸体被"肢解"的事实。调查同时透露，1992年以前，在塞拉菲尔德的病理学家、验尸官、科学家之间存在一个"老男孩俱乐部"，该组织以优先考虑核工业为由，置死者家属的悲伤于不顾，对尸体进行肢解，取其肝脏、舌头，甚至腿部进行核辐射研究。根据调查，为了应付逝去工人的葬礼，"老男孩俱乐部"成员用扫帚代替尸体丢失的器官。该调查负责人迈克尔·雷德芬说："家属们被蒙蔽多年。调查显示，那些本属应最值得信任的人，恰恰是最让大家失望的。"

报道还援引了斯坦·希金斯博士的父亲斯坦的例证。斯坦去世时只有49岁，他曾经效力于英国伞兵团，还是英式橄榄球手。1973年，他被任命为高级主管去处理一起核事故，不幸接触了放射性物质。后来，希金斯博士获悉在父亲去世3年后，其遗体的部分组织还被取走。可是，直到2007年，他才知道事实的全部真相：父亲遗体的脊椎、纵隔膜、肾、心脏、脾、胸骨、双肺及淋巴结全部被摘除。"我认为，经历如此不幸的家庭应该得到应有的补偿"希金斯博士表示。

媒体及公众指控验尸官向家属隐瞒实情，为了协助权威部门的

---

①参见《辽宁日报》2010年11月19日B04版，特约记者秀玉的报道《英国工人尸体被非法用于核辐射实验》。

研究，他们并未征求死者家属的意见，甚至不去追问器官摘除是否是致死的原因。

媒体报道称，英国能源部长克里斯·修恩已经向有关家属表示歉意，并指出此种行为已经被制止。

英国的这一事件表明，如果没有得到死者本人或其近亲属的同意，任何人不能对死者的尸体包括器官和躯干等组成部分进行摘取、肢解，更不能用作商业目的。正如该调查报告称，塞拉菲尔德核工厂的工人代表认为“感觉死者的尸体似乎是被‘肢解’了，然后被当做商品，用于癌症与辐射关系的科学研究”。这是不能被接受的。因此，英国媒体及公众指控验尸官向家属隐瞒实情，为了协助权威部门的研究，他们并未征求死者家属的意见，甚至不去追问器官摘除是否是致死的原因。这种行为不仅严重背离传统伦理，而且是一种违法行为，理应受到法律的追究。但是塞拉菲尔德核工厂摘取尸体器官事件的“元凶”英国核燃料公司首席卫生官员、健康专家杰夫里·斯科菲尔德博士已于1985年去世，因此，没有见到关于追究法律责任的报道。

（三）对公民骨灰给予法律保护体现法制正当性

1956年4月27日，在中央工作会议上，毛泽东、朱德、刘少奇、周恩来、邓小平等151位党和国家领导人在实行火葬的倡议书上签名，倡议身后实行火葬，只留骨灰，不保留遗体，并且不建坟墓，从而拉开了我国殡葬改革的序幕，指明了殡葬改革的方向，伟大而艰难的殡葬改革自此逐步推进。殡葬改革的关键是火化尸体，其重要目的是少占土地，特别是少占、不占耕地。我国人口还将持续增长，到2030年左右才趋于平衡，届时我国人口将达近15亿，人口与耕地的矛盾十分突出，确保我国粮食安全和社会稳定，必须守住18亿亩耕地的红线。因此国家一直持续推动殡葬改革，可以说在新中国的60余年的历史中，还没有哪项改革跨越了几个不同时代、坚持了这么久，为的就是要保护我国宝贵的土地资源，为的是让中华民族可持续地生存和发展下去。

殡葬改革的方向和最终目标是不保留骨灰，实现这样的目标需要长期不懈的艰苦努力，是一个长期的历史过程，可以分为两个历史阶段：第一阶段是由保留遗体、棺木土葬改革为尸体火化、保存骨灰。这正是目前和今后一个时期正在推进的殡葬改革的重心，目前全国的火化率只有50%左右，推进火化改革的任务仍然十分严峻；殡葬改革的第二阶段是由保留骨灰改革发展为不留骨灰，这一历史阶段将是一个相当长的历史时期。在这个历史时期没有结束前，骨灰依然是人民群众寄托对逝去亲人思念的载体。同时，在这一历史时期，保管、处理逝去亲人的骨灰是公民的一项重要权利，人民群众将逝者骨灰通过公墓、寄存、自存等方式进行安放符合国家的殡葬政策和法规。2007年国务院还将清明节规定为国家法定节日，以尊重民族传统、保障群众祭祀权益，更彰显了国家对群众祭祀权益的保障。

当人民群众响应国家号召，按国家政策法规将逝去亲人遗体进行火化，亲人遗体不复存在，骨灰成为逝者亲人表达孝心、寄托哀思、感恩思报的载体，在这种情况下，国家有义务对人民群众的祭祀权益提供有力保障，这是法制合理性的必然要求。简言之，公民按国家的要求做了，国家就有义务对公民的相应权益提供法律保护。

三、社会公共利益是殡葬法律关系的重要客体

死者特别是生前有重大影响的人物的遗体、骨灰及其葬式葬法，有着复杂的精神和社会因素，其中公共利益的考量是其显著特点。

我国周朝对死刑犯人的刑杀，采取“与众共弃”的原则，行刑的场所，通常是在朝市，大夫于朝，庶人于市；并且要戴“明梏”，《周礼·秋官》记载：“凡有爵者与王之同族，奉而适甸师氏以待刑杀。”

弃市。秦始皇三十四年，下令“有敢偶然诗书者，弃市”。《汉书·景帝纪》为注引颜师古曰：“弃市，杀之于市也。谓之弃市者，取刑人于市，与众弃之也。”秦简法律答问有两处提到弃市，一处是士伍甲擅杀同居的养子，“当弃市”，另一处是“同母异父相与奸……弃市”。

戮尸。即所谓尸刑。《史记·秦始皇本纪》载：始皇八年，“将军壁死，卒屯留、蒲鹝反，戮其尸。”这是一种泄愤和恐吓生者的刑罚。将军谋反死，活着的军吏皆斩死，死了的士卒要戮尸，足见其刑罚的残酷性。

这些对某些犯罪的刑罚的规定，是要表明统治者对这几类犯罪行为的强烈的否定评价，以至于仅仅剥夺行为人的生命还不足以达到处罚与威慑的目的，必须采取“与众共弃”的方式，对行为人进行精神上的打击和对名誉进行惩罚性侮辱。但是对于一般人的死亡后的遗体，自古以来的律法都是予以保护的。如《唐律》“残害死尸”条规定：“诸残害死尸及弃尸水中者，各减斗杀罪一等”。

毛泽东同志在《纪念白求恩》[①]（1939年12月21日）一文中，对于纪念已经死亡的人的作用和价值进行了阐述：

> “一个外国人，毫无利己的动机，把中国人民的解放事业当做他自己的事业，这是什么精神？这是国际主义的精神，这是共产主义的精神，每一个中国共产党员都要学习这种精神。”“白求恩同志毫不利己专门利人的精神，表现在他对工作的极端的负责任，对同志对人民的极端的热忱。每个共产党党员都要学习他。”“对于他的死。我是很悲痛的。现在大家纪念他，可见他的精神感人之深。我们大家要学习他毫无利己之心的精神。从这点出发，就可以变为大有利于人民的人。一个人能力有大小，但只要有这点精神，就是一个高尚的人，一个纯粹的人，一个有道德的人，一个脱离了低级趣味的人，一个有益于人民的人。”

阿尔伯特·爱因斯坦（1879—1955），现代物理学的开创者和奠基人，1921年获诺贝尔物理学奖，1935年11月为悼念伟大的科学家居里夫人发表了演讲，全文如下：[②]

> 在像居里夫人这样一位崇高人物结束她的一生的时候，我们不要仅仅满足于回忆她的工作成果对人类已经作出的贡献。第一流人物对予时代和历史进程的意义，在其道德品质方面，也许比单纯的

①参见《毛泽东选集》第二卷，人民出版社1991年6月第2版，第659—661页。

②胡瑜苓、鲁小俊主编：《世界百篇经典演讲辞》，长江文艺出版社2004年8月第1版，第182—183页。

才智成就还要大，即使是后者，它们取决于品格的程度，也远超过通常所认为的那样。

我幸运地同居里夫人有二十年崇高而真挚的友谊。我对她人格的伟大愈来愈感到钦佩。她的坚强，她的意志的纯洁，她的律己之严，她的客观，她的公正不阿的判断——所有这一切都难得地集中一个人的身上。她在任何时候都意识到自己是社会的公仆，她是极端的谦虚，永远不给自满留下任何余地，由于社会的严酷和不平等，她的心情总是抑郁的。这就是使得她具有那样严肃的外貌、很容易使那些不接近她的人发生误解——这是一种无法用任何艺术气质来解说少见的严肃性。一旦她认识到某一条道路是正确的，她就毫不妥协地并且极端顽强地坚持下去。

她一生中最伟大的科学功绩——证明放射性元素的存在并把它们分离出来——所以能取得，不仅是靠着大胆的直觉，而且也靠着在难以想象的极端困难情况下工作的热忱和顽强，这样的困难，在实验科学的历史中是罕见的。

居里夫人的品德力量和热忱，哪怕只要有一小部分存在于欧洲的知识分子中间，欧洲就会面临一个比较光明的未来。

作为一位伟大的科学家，爱因斯坦对居里夫人的悼念演讲，从一个侧面反映了对尸体、骨灰、坟墓进行保护背后的重大社会价值，这些价值甚至超越国界，对全人类产生巨大影响。

事例："中国的居里夫人"何泽慧葬礼的精神价值①

2011年6月26日，我国著名物理学家、钱三强夫人何泽慧院士遗体告别仪式在八宝山殡仪馆东礼堂举行，社会各界人士近千人到场致哀送别。上午9点，八宝山殡仪馆东礼堂外，前来吊唁的近千人已经排了近300米长的队伍。队伍中既有白发苍苍的老人，也有十几二十几岁的年轻面孔，大家静悄悄地在哀乐声中缓缓走向礼

①参见《京华时报》2011年6月27日A14版，实习记者雷军报道《送别何泽慧院士》。

堂。礼堂内满是挽联和花圈，党和国家领导人及众多著名科学家都表达了自己的哀悼。中科院软件所原副所长孙思敏说，何泽慧院士艰苦朴素的精神尤其令人敬佩，“她非常亲切，从来不把自己当成一个特殊的人，回家也是自己做饭。她只为国家付出，从来不索取什么。”

为什么一个死了的人，我们还要纪念他，我们还要安葬他？就是因为：虽然他人已经死了，但他的精神、他的品德、他的思想、他的贡献，对活着的人、对整个社会、对整个民族、对国家乃至对世界，仍然具有重大的指导、引导、激励作用，从而对提升公民的精神素质，提高社会道德水平，提振民族的信心，维护社会伦理，促进社会和谐，推动国家的文明进步，推进全人类的健康发展等具有重大作用。毛泽东同志的《纪念白求恩》、《为人民服务》两篇纪念为革命、为人民而死的白求恩、张思德的文章，与《愚公移山》一起所形成的“老三篇”，教育、激励、影响了几代人，在提高党员素质、推动革命和建设、改善党风和社会风气、凝聚社会力量等方面发挥了极大的作用。因此，对一个死亡的人的遗体的恰当处理（安葬）、进行适当的纪念活动（追悼、祭奠）、保护其遗体骨灰坟墓等殡葬活动，不仅是对基于血缘、家庭关系而存在的死者近亲属的精神利益的尊重，而且是对社会主流精神文明的维系、对民族精神的传承、对社会伦理秩序的维护，具有重大的公共利益。这在古今中外都是一致的结论。

无论是现在还是古代，也无论是东方还是西方，对于为国家、民族、社会有着重大贡献的革命家、政治家、科学家、战士、公民等，进行庄严、隆重的葬礼并在日后进行纪念，是共同的习惯，也是共同的制度。

如古希腊人认为，为城邦而死是光荣和崇高的。因此，战士死后都要举行隆重的国葬仪式。公元前431年，战胜波斯的雅典提洛同盟与斯巴达领导的伯罗奔尼撒同盟之间爆发了伯罗奔尼撒战争。对在战场上战死的战士举行国葬，是希腊人的重要活动。古希腊著名历史学家修昔底德在《伯罗奔尼撒战争史》中描绘了公元前431年国葬典礼的过程：在葬礼前两天，将死者的遗骨安置在一个事先筑好的墓篷中，人们可以拿各种物品祭献以表达崇敬之情。葬礼先从游行开始，人们用车子载着柏木棺，每个部落有一个棺材，同族的人的尸骨放在一口棺材里，还有一个空的柩架随行，以纪念在战争中失踪的战士。不论是公民或外邦人，都可以参加游行，和死者有关系的妇女在坟前致哀，遗骨埋葬在郊外风景最美的公墓。“当遗骨埋葬了之后，雅典城市选择一个他们认为最有智慧和最享盛名的人发表演说以歌颂死者。”在国葬中，伯里克利发表著名演说，对广大公民进行爱国主义教育，激发国民斗志，鼓舞士气，增强军队乃至整个城邦的凝聚力和向心力。

（一）人类学的分析

德国《勃兰登堡州殡葬法》第 1 条关于殡葬的“原则”明确规定：(1) 体面地殡葬死亡人员是一项公共责任；(2) 在处理尸体、部分尸体、死人骨灰残余物及人工流产和早产胎儿时，不得危害公共安全或公共规章准则，尤其不得损害健康和法律利益，不得损害死者的尊严和公众的风俗习惯。[①]

尸体的处理为什么与社会公共利益直接关联，这是一个非常复杂的问题。从人类文明史角度对葬礼进行分析，是一个重要的路径。人类学的著名学者、伦敦大学教授马林诺夫斯基（B.Malinowski）的《巫术、科学、宗教与神话》从对当时还保留了原始社会生活形态的一些部落进行考察入手，揭示了人类早期文明发展的一些规律，该书 1926 年出版，1935 年由李安宅翻译成中文。该书的重大贡献在于对葬礼的公共性有着独到的分析和见解。[②]

> 公共性质的会集与仪式。乃是一般宗教的显然之点。最神圣的动作都是在集团里执行，实际说，有信徒在庄严的密室里。一致地祈祷、行祭、乞吁、谢恩，乃是宗教仪式的原型。宗教需要整个的地方社会以使分子共同崇拜圣物与神祇，同时社会也需要宗教以维持精神上的律法与治安。
>
> 在原始社会以内，崇拜典礼所有的公共性质，宗教信仰与社会组织之间所有的交互影响，至少是与高等文化同样显著的。试看我

①靳尔刚主编：《国外殡葬法规汇编》，中国社会出版社 2003 年 8 月第 1 版，第 64 页。

②［英］马林诺夫斯基：《巫术、科学、宗教与神话》，李安宅译，中国社会出版社，第 505 页，第 511—513 页。

们提到的各种宗教现象，便足以知道子女降生的礼，成童入世的礼，人死以后的丧礼、葬礼、悼伤、追慕、祭礼，以及图腾等礼，无一不是公共的，集合的；行礼的时候常是影响了整个的部落，集中了所有的精神气力。数目众多的人聚在一起这样的公共性质，在季节的宴会上来庆祝丰收或者渔猎底顶点，是特别显著的。人在这等宴会席上可以尽情欢乐，享受丰盛的收获与渔猎所得，而且亲朋相会，以使全地方总动员，而到协和一致皆大欢喜的程度。有时在这种场合，已故的亲属也要回来参加；那就是祖灵与其他亲属的灵回来享祭、享奠，而与活人在一起执行礼仪，分享欢宴。即使死者不来的话，也有活人纪念他们；纪念他们的形式，则常是祖先崇拜。这等的会集，是时常有的，也更形成收仓的礼与其他关于生长繁庶的礼。然不管这等会集还有什么旁的问题，都是没有疑义地必有宗教来要求季节宴会的举行，以使多数的人可以参加，可以穿着好的，吃着美而丰的，脱离了日常禁忌与规程的约束来尽情欢乐。这是大家见面的机会，特别要解除了社交上男女关系上各种例有的界范，不但要任着食量来吃，简直是用各种方法来引诱你不得不大吃特吃。在这种与人同乐的情况下，一切好的都要展露出来，都要大量恢宏地彼此共享。所以品物的设备是要丰富的，同时人也要多，要犊成一团，要将全部落合而为一。

在丧礼上需要宗教的缘故，是因为人终有一死这个生命关头。个人需要宗教与礼仪的慰安，没有比临终圣餐更为急切的了；在人生最末一幕的最末一刹那，使他得到与超自然的势力证为一体的慰安，乃是一切原始宗教都要举办的事。举办这个的意义，乃在战胜为量极大的恐怖与为害极烈的疑惧，因为对于死的恐怖与疑惧，是野蛮人与文明人同样未能免俗的。有了临终的圣礼，乃能加强了难关上人类的希望，使他相信有个来生，不但不较今生为坏，而且胜过今生的来生。一切的仪式，都是要表现这种信念，这种临死的人所需要的情绪态度；这是他在绝顶的难关中所能得到的极大慰安。来生的肯定，因为人数众多，礼仪隆重，更觉得真是那么一回事而分量加重。我们已经说过，一切野蛮社会之间，死这一件事都强迫全地方的人集拢在待死的人的左右，来守着他，处置他，而且执行对于他的义务。这等义务，自然不是要同情于他；因为这样一来，全体便全惶恐逃亡了。义务所包括的一切礼仪，乃是与此相反的，乃是要战胜临死的人容易投降的几种强烈情绪——战胜疑惧恐怖之情。实际说，群体的全套行动都是表现解救的希望与永生的希望，那就是表现个人心理几种相矛盾的情绪之一种而已。

人绝了气以后，主人公固然是“死了死了”，可是这幕悲剧还没有演完。剩下的还有未亡人，还有死者的亲属；这些人，不管是蛮野的或文明的，都同样不好过，都走到很危险的一塌糊涂的精神状态。我们对于这种心理，已经分析过了，知道人在两重心理的矛盾歧途上，挣扎在恐惧与敬爱两者之间，是可以精神失调的。为使避免失调而得精神的完整起见，宗教救人自救人自拔的方法可以说是在精神方面与神圣化的丧礼合作。我们知道在丧礼里面表现了一种信令，相信人在死后尚有生命；而且表现了一种道德态度，使活人感到对于死人的责任。尸体与死者（尸体背后的人格）是既可怕又可爱的有潜势的现象。宗教使死尸变成神圣义务的对象，于是加重了这种二重态度的后一半，那就是加重了爱。这样一来，活人与死人之间的联系便保存下来，以使文化的延续与传统的安全得到重要的助力。凡此一切，我们都见得到，全地方社会是执行了宗教传统的命令，然而如此执行的用意，又只是为了几个人的利益，为了死者亲属的利益，以使他们自拔于内心的矛盾；全地方社会所以如此执行宗教传统的命令的缘故，便因为如此乃是这种矛盾的解决。我们也要知道，活人在这时所有的经历，也准备了他自己将来应付死亡；因为亲长的死亡而自己经历到的永生信念，必使他更清楚地觉得到自己的来生。

在这里的一切，我们都要弄清一种分别；仪式所有的信仰与道德是一件事，进行这种信仰与道德的方法，或者说所以能使个人接受自己的宗教慰安的技术，乃是另一件事。解救个人信仰，使他相信死后尚有精神永续，乃是个人心理所固有的，非因社会创作而来。所有内在趋向的总和，一般叫做“自保本能”的，便是这种信仰的本根。我们已经见到，相信永生，乃是因为我们难于承认自己的毁灭，或者近人与亲爱的人的毁灭。这种趋向，认为一个人会终于消灭无余是不堪设想的，是破坏社会的。然而不堪设想的想法乃永远潜伏在个人的经验里面，使个人的经验潜伏着惶恐；宗教免除不堪设想的惶恐的办法，只是用仪式来证明人死不是毁灭，尚有来生可恃而已。

至于宗教的这种办法，是因为有个“天意”在直接指导人类的历史呢？还是因为天演的过程会使具有永生信仰与教仪的文化得以适而生存，生存而传播呢？这都是神学上的问题或者玄学上的问题。在人类学家的本分上，倘能指明某种现象是在社会的完整与文化的延续上有价值的，那就够了。无论怎样，我们也见到，宗教在这里所做的事，乃是根据了人类本能所提示的两种态度而选择其一罢了。

不过这样选择了以后，便非由社会来执行不可。未亡人因自己充满了忧惶恐怖之情，是不能专靠自己的力量来应用永生的信仰，来振拔自己的。于是群体便来相帮了，不是亲自居丧在旁的社会分子，因为旁观者清，未将心灵为矛盾情绪所困惑，很容易遵循宗教信仰命令来应付这样的生命关头。于是难中人可以得到这些人的慰藉，可以渡过宗教仪式所给的慰人经验。慷他人之慨是容易的；就地方全体来说，大多数既未感到少数人的震撼，所以能够帮着当事人来“节哀顺变”。当事人既这样经历了宗教的仪式，而得到永生的启示，他世的启示，以及与死者息息相通的启示，于是觉得别有天地，不再戚戚不自安了。宗教所命令的是节仪的行动，而执行这种命令的乃是社会，乃是团体。

同时，我们又明白，节仪的慰安不是临时假造的，乃是根据人类内在的情绪因为遇到死亡而起的两种矛盾趋向而来；宗教的态度不过是择其一端，择了来生的希望，而用仪式来取信于人罢了。在这里，群众的参加更加重了这种希望，因为那是大多数的人强有力的证据。稠人广众中动人观听的礼，有影响处便在信仰有传染作用，共信共守的行为有庄严感人的作用。全体如一地举办真挚肃重的礼，足使没有关系的人大受感动，更不用说当事人在里面参加的了。

人类学家认为，宗教起源于人类的恐惧感、神秘感以及神灵观念。人类面对自然的永恒和人生的短暂，感到万般无奈，便会产生种种观念。突出的是对自然的崇拜和恐惧造成的神灵观念。宗教的发展与一个社会所处的历史阶段关系密切。远古时期，处于人类发展的童年阶段，生产力水平低下，众多自然现象无法解释，很多自然灾害也无法克服，故只能求助于想象中神或祖先的力量。而能否得到神或祖先的庇佑和保护，需要氏族的全体族众对亡灵的尊重和祭祀以及对神的敬重和崇拜。

（二）我国古代的启示

我国周朝就对孝在治理国家、维护社会秩序、维护宗法制度等方面的重要作用，有较高的认识，孝成为礼制的重要内容，对后世影响很大。

孔子认为应把孝作为治国的重大方针。同时《孝经》也把以孝治国作为圣贤之王治国的当然选择。圣治章第九载曰：

曾子曰："敢问圣人之德，无以加于孝呼？"子曰："天地之性，人为贵。人之行，莫大于孝。孝莫大于严父，严父莫大于配天，则周公其人也。昔者，周公郊祀后稷以配天，宗祀文王于明堂，以配上帝。是以四海之内，各以其职来祭。夫圣人之德，又何以加于孝乎？故亲生之膝下，以养父母日严。圣人因严以教敬，因亲以教爱。圣人之教，不肃而成，其政不严而治，其所因者本也。父子之道，天性也，君臣之义也。父母生之，续莫大焉。君亲临之，厚莫重焉。故不爱其亲而爱他人者，谓之悖德；不敬其亲而敬他人者，谓之悖礼。以顺则逆，民无则焉。不在于善，而皆在于凶德，虽得之，君子不贵也。君子则不然，言思可道，行思可乐，德义可尊，作事可法，容止可观，进退可度，以临其民。是以其民畏而爱之，则而象之。故能成其德教，而行其政令。《诗》云：'淑人君子，其仪不忒。'"[①]

忠、孝是中国传统文化的核心价值观，也是中华民族五千年生生不息的重要原因。即使是到了21世纪，且我们是以唯物主义作为国家的指导思想，但对死者葬之以礼、祭之以时，对于国家、社会、家庭都有重要意义。

孔子作为儒家学说的创始人，对丧葬之礼在社会伦理纲常、维护封建社会秩序中的重要作用，曾进行了深刻论述：

> 孝子之丧亲也，哭不偯，礼无容，言不文，服美不安，闻乐不甘，此哀戚之情也。三日而食，教民无以死伤生。毁不灭性，此圣人之政也。丧不过三年，示民有终也。为之棺、椁、衣、衾而举之；陈其簠簋而哀戚之；擗踊哭泣，哀以送之；卜其宅兆，而安措之；为之宗庙，以鬼享之；春秋祭祀，以时思之。生事爱敬，死事哀戚，生民之本尽矣，死生之义备矣，孝子之事终矣。[②]

不能尽孝，对于中国人来说，就等于精神支柱的崩塌。孟子的理想社会中，"使民养生送死无憾"，送死与养生具有同样的地位；孟子进一步认为送死比养生更重要："养生者不足以当大事，惟送死可以当大事。"[③]就是主张法家治国的秦国也是重视孝道的，并对不孝入罪严惩。如1975年湖北云梦睡虎地出土秦简中的《法律答问》曰："免老告人以为不孝，谒杀，当三环之不？不当环，亟执勿失。"（第102简）[④]三环，指三次原宥；不当环，就是指对不孝之罪不应原宥，应立即拘捕。

在西汉初年，儒家学说尚未占统治地位，但对不孝仍然入罪处罚。如1983年在湖北荆州张家山247号汉墓出土了《二年律令》等汉简文献。《二年律令》共有竹简526枚，含有27种律和1种令。是吕后二年即公元前186

① 《孝经》圣治章第九。参见胡平生、陈美兰译注《礼记·孝经》，中华书局2007年12月第1版，第248页。

② 《孝经》丧亲章第十八。参见胡平生、陈美兰译注《礼记·孝经》，中华书局2007年12月第1版，第277页。

③ 《离娄下·第十三章》。

④张伯元：《出土法律文献研究》，商务印书馆2005年6月第1版，第315页。

年之前施行的法律，简文是汉律的主要部分。《二年律令 · 贼律》曰："年七十以上告子不孝，必三环之。三环之各不同日而尚告，乃听之。教人不孝，黥为城旦舂。"（第 36、37 简）[①]汉律对盗墓与群盗、绑架、抢劫杀人等严重犯罪并列，处以极刑，如《二年律令》"群盗……恐猲人以求钱财，盗杀伤人，盗发冢，略卖人若已略未卖，矫相以为吏，自以为吏以盗，皆磔。"（第 65、66 简）[②]

在秦汉律中都将不孝之罪列入"贼律"，且给以不轻的刑罚，且对盗墓行为予以严惩，这与儒家所提倡的孝悌宗法等级观念是一致的。

因此，在华夏文明丧葬传统中，生者不但不与死者割断联系，相反却以各种方式极力保持与死者的联系，这在民间葬礼的很多习俗中有很多表现。在河南孟县民间的丧礼中即有这样的习俗：尸体入棺后，要给死者盖上大红被子，然后从被子的尾端横剪一条交给儿媳，据说这可以传后代、续香火。

实际上，长期占据修身、齐家、治国、平天下指导思想的儒家思想，还非常注重丧葬礼仪作为治国之道的政治功能。

> 子曰：昔者明王之以孝治天下也，不敢遗小国之臣，而况公、侯、伯、子、男乎？故得万国之欢心，以事其先王。治国者，不敢侮于鳏寡，而况于士民乎？故得百姓之欢心，以事其先君。治家者，不敢失于臣妾，而况于妻子乎？故得人之欢心，以事其亲。夫然，故生则亲安之，祭则鬼享之，是以天下和平，灾害不生，祸乱不作，故明王之以孝治天下也如此。诗云："有觉德行，四国顺之。"[③]

汉以后，中国历代王朝主要以儒家理论为治国之正统指导思想，强调仁孝治天下。因此，开国帝王往往上溯几代为先人建造王陵或帝陵，以张扬孝道。如中国历史上的最后一个封建王朝——清就是如此。16 世纪初，努尔哈

①张伯元：《出土法律文献研究》，商务印书馆 2005 年 6 月第 1 版，第 315 页。

②张伯元：《出土法律文献研究》，商务印书馆 2005 年 6 月第 1 版，第 319 页。

③《孝经》圣治章第八。参见胡平生、陈美兰译注《礼记 · 孝经》，中华书局 2007 年 12 月第 1 版，第 244 页。

赤统一建州女真，起兵反明，经过多年努力，建立后金政权，选择赫图阿拉城旁的山冈（现为抚顺新宾满族自治县境内）为其祖茔地。努尔哈赤占领辽阳后，筑新城为都称东京城，同时在附近的阳鲁山建祖茔，迁葬父祖之墓，即为东京陵。1636年，皇太极在沈阳改元称帝，建立中国历史上的最后一个封建王朝——清。按中国古代帝王称帝后追尊四祖之制，追尊远祖孟特穆为泽王、高祖福满为庆王、曾祖觉昌安为昌王、祖父塔克世为福王，四王配享太庙。顺治元年（1644），清王朝入主北京，将追尊的四王追尊谥称为皇帝，即肇祖原皇帝、景祖翼皇帝、兴祖直皇帝、显祖宣皇帝，并决定将葬在东京陵内的景祖、显祖迁回祖茔安葬。顺治十六年（1659），尊祖陵为永陵。

清朝统治阶级虽然出身于关外游牧民族，但很快接受汉文化特别是儒家文化为治国的指导思想，在对中原的统治稳定下来以后，改变了早期杀戮过重的统治方式，也主张以仁孝治天下。因此，祖陵的守护与祭祀被视为头等大事，为此专设盛京三陵事务大臣；在永陵则设关防衙门、总管衙门，行管理、守护、祭祀之责。按照典制，永陵每年举行四次大祭、二十次小祭，大祭在清明、中元（农历七月十五）、冬至、岁暮举行，小祭于每月朔日（农历初一）和望日（农历十五）举行。每次大祭的主祭官由皇帝钦定，代皇上行祭，一般由宗室王公大臣或盛京将军担任。康熙、乾隆、嘉庆、道光四帝也曾亲自东巡祭典永陵。

大祭当天在五更之前天刚亮时，启运殿神案上摆放祭品一式四份以供奉四祖、四后：牛羊各一槽，祭酒各一碗，食品各一席。祭品有牛羊、米谷、水果等，十分丰富；祭祀器皿有金、银、玉器以及镶嵌各种宝石的器皿，十分精致，以示对祖宗的崇敬。

祭祀开始时，参祭官员身着朝服于启运殿前按八旗左右排班站立，犹如上朝一般。礼部官员至放祝版的房内供案前行一跪三叩头礼，取出写有颂祝之文的祝版。陵寝管理官入启运殿，行一跪三叩头礼，打开暖阁，按序恭请四祖、四后神牌，供奉于宝座上，再行礼退出。

主祭官跪拜、行礼，向神位献帛、献酒；读祝官员至案前三叩头，恭捧祝版跪读祝文，主祭官员率所有参祭官员跪听祝文。初献礼后，再行亚献礼、终献礼，礼制与初献礼相同，但不读祝文。最后，将祝版、祝帛及金银纸锞等祭物送焚帛亭焚化。主祭官、参祭官员再向神位行礼，退出方城，然后由专门人员将神牌归送暖阁，大祭结束。祭品则分给参祭人员和守卫陵寝的官兵，他们面向启运殿跪食。清明大祭时，还要为宝顶敷土。每月的朔、望小祭仪式规模较小，不请神牌，不读祝文，祭品也少于大祭。

举行葬礼和祭祀的目的，一方面是把亡者鬼魂送入阴间，并与死者亡灵保持密切联系；另一方面是活人利用这一非常机会，尽孝道、表孝心，完善自己的人格和品德，以求得心理和精神的平衡、满足。那些往日对死者曾有过不敬行为的人，往往希望利用参加死者的葬礼的机会，通过诚恳的葬祭行为来弥补自己的过失，以消除内心的不安。

（三）比较社会学的结论

不管是东方，还是西方；不管是基督教，还是伊斯兰教；不管是社会主义国家，还是资本主义国家；不管是古代，还是当代，在祭奠、纪念烈士方面，世界各国具有高度的趋同性。具体讲：一是举行特定纪念活动，设立特定纪念日。如法国巴黎等地许多群众，每年5月的最后一周，会来到位于巴黎拉雪兹神甫墓地北角的“巴黎公社社员墙”，悼念在1871年5月巴黎公社起义中壮烈牺牲的公社社员；美国联邦政府规定每年5月的最后一个星期一，为美国阵亡将士纪念日，联邦政府向弗吉尼亚州阿灵顿国立公墓中的无名英雄墓敬献花圈，作为全国悼念活动的代表，各州也都举行隆重的悼念活动。二是兴建烈士纪念设施永志纪念。如前苏联在莫斯科附近泽林诺格拉特建造“莫斯科保卫者纪念碑”，碑前是安葬第二次世界大战中为保卫莫斯科而牺牲的无名烈士公墓；朝鲜平壤牡丹峰畔建有“朝中友谊塔”，里面安放着两卷红皮精装的中国人民志愿军烈士名册；英国伦敦有“第一次世界大战阵亡将士纪念塔”；美国华盛顿波托马克河对岸有“海军陆战队伊沃吉马岛（即硫磺岛）战役纪念碑”。许多亚、非、拉国家也都建有纪念为争取其国家独立、民族自由而牺牲的烈士纪念碑、独立纪念碑或烈士陵园等。

我国历史上褒扬忠烈的方式主要有：一是妥善安葬阵亡将士；二是修建忠烈祠等祭祀阵亡将士；三是给死难将士遗属以抚恤优待。华夏大地，古往今来英雄烈士辈出，他们的精神深深地沉淀在中华民族精神之中。祭祀先祖、先人，特别是褒扬忠烈是中华民族的优良传统，也是激励中华儿女不懈前进的精神动力之一。大批忠烈之士“富贵不能淫，贫贱不能移，威武不能屈”的精神气节，对祖国深沉赤诚的爱恋之情成为中国传统观念中大丈夫精神的渊源。这种精神孕育和造就了中国历史上无数仁人志士、英雄豪杰，如精忠报国的岳飞、舍生取义的文天祥、壮烈殉国的史可法等，他们构成了中华民族的脊梁。

到了近现代，无论民国政府还是国民党政府，仍然重视烈士纪念。如辛亥革命后，为纪念在1911年4月27日同盟会举行的广州起义中死难的烈士，由华侨捐资，在广州东北郊白云山下的黄花岗上修建了七十二烈士陵园；再如在抗日战争前后，国民政府颁发过《国葬法》、《褒扬抗战忠烈条例》等法规，褒扬的主要办法有政府明令褒扬、颁发牌匾、举行国葬、入葬公墓、入祀忠烈祠、建碑立塔等。

中国共产党历来重视烈士的纪念。20世纪30年代，中华苏维埃共和国临时中央政府在江西瑞金建起一座“红军烈士纪念塔”，在附近还建有纪念著名烈士黄公略的“公略亭”。随后，在革命战争各个时期，我们党都制定了有关褒扬革命烈士、抚恤烈士家属的规定，修建了一些纪念著名烈士和重大战役的建筑物。1949年3月7日，中国共产党领导的华北人民政府发出通令，把清明节定为烈士节，举行隆重的纪念革命烈士活动。

也就是说作为唯物主义的革命者也是非常注重祭祀的，这似乎与唯物主义的主张相矛盾。这就需要分析，对尸体、骨灰的处理和保护背后所蕴涵的价值和社会关系。

家庭的和睦、社会的健康、文化的传承、价值观的形成，这些不仅是对社会成员个体具有重要的影响，而且对社会、对国家都是不可或缺的意识形态的重要组成部分。对遗体、骨灰、葬礼、坟墓等的保护，所保护的不仅是公民个人的精神利益，更重要的是保护了社会公共利益，而这一点容易被忽视。

（四）殡葬立法体现公共利益

一国的法制应是具有内在统一性的有机整体，刑法与民法既不是毫不相干、互相孤立的部门法，它们之间的联系是紧密的，也不是建立在不同的经济基础和社会存在之上的法律制度，刑法和民法都在宪法的统领之下，以不同的方式保护着公民个人利益和社会公共利益。因此，以刑法的规定来理解、解释和界定民法中的某些概念、原理是符合一国法制内在统一性基本原理的。

《刑法》第302条盗窃、侮辱尸体罪是作为妨害社会管理秩序罪而不是作为侵犯公民人身权利、财产权利罪进行规定的。妨害社会管理秩序罪，通说认为，这一类犯罪侵害的客体是国家对社会的日常管理活动和秩序，很明显属于社会公共利益的范畴。特别是第302条规定在刑法第六章妨害社会管理秩序罪第一节扰乱公共秩序罪中，更体现了盗窃、侮辱尸体罪侵害的客体是社会公共利益，而不是公民个人权利。当然，国外对此类犯罪有不同的立法例，有的将其与妨害宗教信仰、宗教活动的犯罪作为同一类型犯罪，有的归入妨害人身罪，有的归入公共危险罪，有的与我国一样将其归入扰乱公共秩序罪，如俄罗斯、越南。[①]

从法律应有的逻辑严密性角度看。如果仅仅保护遗属的精神利益，那么，就不能解释，第一，在死者没有近亲属的情况下，对死者遗体、骨灰进行法律保护，保护的是谁的利益？第二，当近亲属对死者遗体、骨灰实施损害行为时，对这类行为追究法律责任，保护的是谁的利益？当然有人可能认为，既然对死者名誉的保护是对社会公共利益的保护，那么，在上述两种情况下，由谁来主张权利？在这两种情况下，遗属的精神利益已不是法律保护的客体，此时客体只有社会公共利益。

总之，尸体、骨灰及墓葬等具有遗属精神利益和社会公共利益双重价值的载体。对于一个家庭而言，当一个亲人去世，在这个转折点上，是整个家庭、家族成员的一次震撼心灵深处的情感体验，一次人生观、价值观、世界观的深刻反思。自己身边的亲人的真正离去所产生的冲击力而带来的这种情感体验和价值观的反思，是其他任何事件都不可能产生的。当亲人去世，作为配偶，几十年相濡以沫的夫妻生活终结了，即使是很平凡的夫妻生活，此时，夫妻感情一下子凸显出来，对于过去夫妻生活的想念、留念以及所产生的精神上的空虚、挫折，既会使其更加珍惜自己的家庭、关心自己的子女，又会以各种方式将夫妻感情的重要性体现、传播给子女和身边的朋友或其

①高铭暄、马克昌主编：《中国刑法解释》（下），中国社会科学出版社2005年8月第1版，第2085页。

他健在的人们。这对于增进夫妻感情、促进家庭和谐将会发挥重要作用。作为晚辈，当长辈去世，会集中体验到长辈对自己成长的爱护、对自己家庭的呵护，可以促进自己更好地对待仍然健在的长辈亲人、更好地爱护自己的下一代，也可以促进其在社会上尊重老人、爱护儿童，从而促进整个社会的文明素质。作为亲人，最了解逝者，其闪光的道德品质更多被亲人所知晓，这些优良品质往往掩盖在逝去亲人的平凡的言行之中而容易被忽视，当亲人去世，往往能使其家庭、家族、单位同事、朋友所回想、总结，并由此受到一次深刻的思想教育，促进更多的人扬善抑恶，提升道德素养。

对于社会而言，对逝者葬之以礼、祭之以时，可以形成尊重生命的浓厚氛围，使得众多的人珍惜现在的生活、家庭、时代，保持一种积极健康向上的精神状态，减少忽视生命的价值所可能造成的得过且过、毒赌成瘾、自杀自残或者随意伤害他人等影响社会健康发展的人和事。可以因推人及己的机制，对社会众多成员产生强大的约束力，这主要存在两个方面的作用：一方面，当一个较好履行了父亲或母亲或丈夫或妻子等角色的人，逝世后受到了后世亲人、朋友的真心的追思和祭奠，必然会对许多活着的人们产生冲击和正面的引导作用，使得社会成员更多地加入到“好人”的队伍中来，促进整个社会的优化；另一方面，对那些道德败坏、犯罪杀人、卖国作奸、无情无义之人死后的凄惨之状，也会对社会成员产生强烈的冲击，不愿在死后被社会如此评价和对待的愿望，将会产生对自己的强大的内在的约束力，从而在维系一个正确的价值观方面产生重要作用。

四、殡葬与政治的重大关系

（一）殡葬是古代政治的重要载体

我国著名的红山文化遗迹广泛分布在辽宁西部、内蒙古赤峰地区，有代表性的是辽宁省凌源、建平之间的牛河梁遗址，在连绵相接的三道山梁上，有规律地分布着女神庙、祭坛和墓葬。1979 年，考古队发现了一个泥塑的人偶头像，就是著名的红山女神，在女神头像发现的地方，建有一座女神庙。

庙中女神威严而肃穆，眼睛由两只玉片做成，散发着慑人的寒光。女神庙的不远处，山冈顶部的中央，是用积石做成的大墓，墓主人随葬有玉器，墓周围用陶器环绕，昭示着墓主人的地位和身份。在积石冢周围，则分布着众多祭坛。

应该说，5000多年前的红山文化神庙、祭坛、墓葬有规律的分布，充分说明：中华民族开始步入国家的发展阶段，中华五千年文明的曙光展露出来。也充分说明：中华民族的殡葬文化自始就与政治、国家、秩序、统治等密不可分，神庙、祭坛、墓葬是政治社会形成的重要标志，也是权威、神圣的载体。

《辽沈晚报》2011年9月19日C07版，主任记者张松文章《手握双龟的神秘老人是谁?》报道了中国早期墓葬与政治社会形成的关系：

> 在牛河梁东西约10000米、南北约5000米，连绵起伏的山冈上有规律地分布着女神庙、祭坛和庞大的积石冢群，组成一个独立于居住区以外、规模宏大的史前祭祀遗址群。它们依山傍水，视野开阔，顺山势、依方向，不仅相互联系，而且主次分明。在牛河梁遗址第二地点，有一处造型十分独特的三重圆形祭坛，独处于冢群中央，配之以4万平方米的方台，层层叠叠的金字塔，让人可以想象到当年这里的祭祀规模有多大，仪式有多么隆重。
>
> 考古专家通过对牛河梁遗址的深入研究，得出以下结论：牛河梁遗址位于红山文化分布区四通八达的中心部位，具有政治中心的规格；从女神庙的写实女神像可以看出红山先民已从自然崇拜、图腾崇拜进入到较高级的祖先崇拜；积石冢的大小和位置排序，反映了当时社会的等级观念；积石冢中心大墓和随葬品，反映出当时社会“一人独尊”的王权观念；公共祭坛的发现，反映了当时以巫为代表的原始宗教已经形成；遗址墓葬中出土了玉龙、玉凤、玉人、玉佩等珍贵玉器，这种唯玉为葬的习俗，展现了当时社会文化观念和中国传统礼制的雏形。牛河梁遗址如此庞大复杂的祭祀中心场所显示，这绝非是一个部落的力量所能建筑和拥有的，只能是更大的一个政治共同体崇拜共同祖先的宗教圣地！而在远古工具缺乏、技

术落后的情况下，能动用如此大的人力，营造如此繁杂的陵墓，墓主人生前显然具有号令天下的显著身份。

这座大墓有大型土圹，墓口长3.8米，宽3.1米，深2.25米，墓穴大部分已凿入风化基岩，墓壁起台阶，南北两侧起三层台阶，东西两侧起两层台阶，有大型石棺，以长条形石板平砌，每边6—7层，其后挡板并以整块石板立砌，棺内壁长1.98米，宽0.56米，无底板，有顶盖，为大块石板叠搭而成，盖板以上有封石。

墓中单人仰身直肢葬，为老年男性，头向东。随葬玉器7件，包括勾云形玉佩、箍形玉、玉镯各1件，玉璧和玉龟各一对。勾云形玉佩置于墓主人右胸部，为竖直，背面朝上，下压一箍形玉，右腕上套一玉镯，头部两侧各置一大型玉璧，两手各握一玉龟。

箍形玉非一般饰品，专家考证，此物当是墓主人与神灵沟通的中介神器，是墓主人神权地位的象征，勾云形玉佩则是证明墓主人生前“一人独尊”王权显赫的代表性玉器。黄帝时代的墓葬讲究“龙藏”，所谓“龙藏”，是指为死者所修的半地穴式坟墓，是对部落首领死后的一种尊贵待遇，牛河梁积冢中心大墓完全符合标准的“龙藏”规格。

政治是社会公共利益的集中体现，是占统治地位的阶级或政党的理论、路线、方针、政策、立场、观点、方法、制度等组成的上层建筑。可以说，自人类社会形成以来，殡葬就跟氏族的管理、国家的治理密切相关，古埃及的大祭师、中国周朝的“大宗伯”等负责祭祀的官员具有很高的地位，在国家政治生活中扮演着重要的角色，就是明证。

从国家角度看，对逝者葬之以礼、祭之以时，具有特别的意义。一是，国家应尊重公民的主流殡葬观，当然在尊重的基础上，并非不加引导和规范，但大多数公民的合理殡葬需求，应得到满足，这是政府的性质决定的；二是，对那些对国家、社会作出了杰出贡献的人们，举行庄严而隆重的葬礼，建立相关纪念设施，宣传其事迹和精神，对于社会核心价值观的形成具有重要意义。

反之，对待所谓乱臣贼子，不仅人人得而诛之，而且还要将其尸体示众。《三国演义》第九回描述了王允计杀董卓后对其尸体的处置以及对蔡邕哭尸的惩罚：

> 吕布大呼曰："助卓为虐者，皆李儒也，谁可擒之？"李肃应声愿往，忽听朝门外发喊，人报李儒家奴已将李儒绑缚来献。王允命缚赴市曹斩之；又将董卓尸首，号令通衢。卓尸肥胖，看尸军士以火置其脐中为灯，膏流满地。百姓过者，莫不手掷其头，足践其尸……卓弟董旻、侄董璜皆斩首号令。
>
> ……允乃大犒军士，设宴于都堂，召集众官，酌酒称庆。正饮宴间，忽人报曰："董卓暴尸于市，忽有一人伏其尸而大哭。"允怒曰："董卓伏诛，士民莫不称贺；此何人，独敢哭耶！"遂唤武士："与吾擒来！"须臾擒至。众官见之，无不惊骇：原来那人不是别人，乃侍中蔡邕也。允叱曰："董卓逆贼，今日伏诛，国之大幸。汝为汉臣，乃不为国庆，反为贼哭，何也？"邕伏罪曰："邕虽不才，亦知大义，岂肯背国而向卓？只因一时知遇之感，不觉为之一哭，自知罪大。愿公见原：倘得黥首刖足，使续成汉史，以赎其辜，邕之幸也。"众官惜邕之才，皆力救之……王允不听马日磾之言，命将蔡邕下狱中缢死。

在这节故事中，董卓虽死，但其尸体却成为表明政治立场、表达对乱臣贼子痛恨的重要载体，蔡邕本为大才，却因私恩而忘大义，其死就是必然的了。

（二）领导人遗体处理的政治考量

1976年9月9日零时10分，毛泽东逝世，2个小时后，中央政治局在中南海毛泽东住地召开会议，参会的领导人紧急磋商3个问题：(1) 主席的后事；(2) 主席的遗体如何处理；(3) 是否邀请外国代表团来京吊唁。凌晨5点。华国锋拿起茶几上的两份文稿，环视一下会场说："现在继续开会，讨论中央预先准备的讣告和悼词文稿，今天主要讨论讣告文稿，会上要定下来，下午要对国内外广播，时间很紧。”[①]

中央政治局彻夜未眠讨论逝世领导人的后事，可见此事之重要。执政党对逝世政治人物作出评价，不是普通的人物评定，而是执政党的一项重要政治考虑。

关于毛泽东遗体的处理，因为毛泽东生前倡导火葬，所以最初决定只短期进行遗体保护，只是为了15天内各界群众的追悼活动。因此，医务人员只作了一般性处理，往遗体注射了一些甘油、酒精、福尔马林等。但是当时“四人帮”在毛泽东遗体安置问题上大做文章，如果决定不保留毛泽东遗体，“四人帮”就会将它作为攻击中央和华国锋的借口。因此，第二天，以华国锋为首的中共中央决定永久保留毛泽东遗体，并建立毛主席纪念堂以供永久瞻仰。华国锋对中国医科院负责毛主席遗体保护的徐静讲：“政治局刚开过会，为了缅怀毛主席的丰功伟绩，要长期保护好毛主席的遗体，世世代代让人民群众瞻仰。这是一项光荣而艰巨的任务，一定要做到万无一失。这是党和人民对你们的重托。你们完成好这项任务，党和人民是不会忘记你们的。”1976年9月13日，党中央成立“毛主席遗体保护领导小组”，华国锋任组长，领导小组下设办公室，由国务院副总理谷牧任主任，对外称为“国务院第九办公室”，简称“九办”，实际上，国务院并没有第九办，可能跟毛主席9月9日逝世有关。[②]

关于毛主席纪念堂的建设，国务院要求在设计思想上要和历代剥削阶级的陵墓建筑划清界限：和人民群众对立的剥削阶级的陵墓是阴森压抑的，而为毛主席设计的遗体安置场所，应该既庄严肃穆又开朗亲切。中央发动全国建筑设计师进行设计，据不完全统计，纪念堂设计方案多达600多个。1977年8月，毛主席纪念堂落成，1977年8月20日，保护毛主席遗体的水晶棺移入纪念堂安放。

康生于1975年12月去世，党中央进行了庄严隆重的追悼大会，对其评价甚高；1980年，中共中央将原悼词撤销，并将其开除党籍，骨灰迁出八宝山革命公墓。“文化大革命”中权倾一时的王洪文、张春桥、姚文元去世后均

①参见《看天下》2011年第11期，第66—67页文《毛泽东遗体安置内幕》。

②参见《看天下》2011年第11期，第66—67页文《毛泽东遗体安置内幕》。

未获得任何正面的评价。如张春桥去世后官方文电称：林彪、江青反革命集团案主犯张春桥因患癌症，于 2005 年 4 月 21 日病亡。但林彪因功绩于 1989 年位列中央军委确定的 33 名中国人民解放军军事家之中。

瞿秋白逝世后的“命运”可以较充分说明殡葬的政治意义。1945 年《关于若干历史问题的决议》认定瞿秋白在 1927 年 11 月—1928 年 4 月犯了“左”倾盲动主义路线的错误。1950 年，毛泽东为《瞿秋白文稿》题词赞扬他“英雄的立场”、“不愿屈服的精神”，5 年后，瞿秋白迁葬八宝山革命公墓。“文化大革命”中，瞿秋白又被定为“叛徒”，墓地被红卫兵破坏。1980 年，中共中央为其恢复名誉。1985 年 6 月 18 日，中共中央举行瞿秋白就义 50 周年纪念会，杨尚昆称其为中国共产党早期的主要领导人之一，伟大的马克思主义者，卓越的无产阶级革命家、理论家和宣传家，中国革命文学的重要奠基人。

领导人去世后可以进入八宝山革命公墓，也可以回地方安葬，这主要依照他们个人的遗愿，但都要经过中共中央的批准。“我死后，不想到八宝山去，我希望共青城的青山绿水能成为长眠的地方。”胡耀邦留下遗言。胡耀邦墓碑是由三块白色花岗岩拼成的三角形巨碑，碑石上依次镌刻着中国少年先锋队队徽、中国共产主义青年团团徽、中国共产党党徽，表明胡耀邦曾经是党、团、少先队的领导人，并刻有胡耀邦夫人李昭的题词“光明磊落无私无愧”。1969 年被迫害致死的贺龙元帅，1975 年恢复名誉，骨灰移入八宝山革命公墓，2009 年又迁葬于老家湖南省张家界。

从唯物主义角度看，人死后其尸体将逐渐转化为无生命的各种有机物和无机物而回归大自然。但是我们从以唯物主义作为国家主导思想的原苏联和中国，可以看到，苏联党和国家、中国党和国家对列宁、毛泽东开国领袖的遗体都是想方设法予以保存并供人们瞻仰；同时，无论在战争年代，还是和平时期，苏联和中国对烈士和领袖的葬礼都极为重视，各种纪念设施遍布各地，各种纪念活动经常开展。

（三）新中国纪念烈士的实践

中国的革命经历了长期艰苦卓绝的斗争，大批革命先烈为建立新中国献出了宝贵的生命；和平建设时期，广大中华儿女为实现中华民族的伟大复兴，为了人民的幸福和安宁，挺身而出、舍生取义。据统计，我国有名有姓、编入各地《革命烈士英名录》的烈士有187万人。为了纪念革命先烈，烈士陵园、烈士墓、烈士纪念馆（堂）、烈士纪念塔（碑、亭）、烈士祠等一大批烈士纪念设施先后在全国各地建成。截至2007年底，全国共有烈士纪念设施14588处，县级以上烈士纪念设施保护单位3177个，年末职工总人数为1.2万人，其中，全国重点烈士纪念设施保护单位110个，全年接待参观群众8000万余人次，充分发挥了褒扬烈士、教育群众的主体功能。[①]

我国历来重视加强烈士纪念设施管理保护。1987年民政部下发了《关于对全国重点烈士纪念建筑物保护单位设立保护标志的通知》（民［1987］优6号），并制定了标志式样。随后，各地先后对3000余个县级以上烈士纪念设施保护单位设立了保护标志。1995年，民政部为贯彻《爱国主义实施纲要》确定100处烈士纪念设施保护单位为全国第一批爱国主义教育基地，并要求各地做好管理保护工作。1998年，党中央要求对与革命旧址、革命纪念建筑和革命博物馆、纪念馆、陈列馆、展览馆、革命烈士陵园环境气氛不相协调的经营活动和娱乐设施，要坚决进行清理整顿。同年，民政部下发了《关于认真落实中办［1998］2号文件精神切实做好革命烈士纪念建筑物工作的通知》（民优函［1998］78号），进一步强调了规范烈士纪念设施管理的重要性。2007年，国务院决定开展第三次文物普查，将烈士纪念设施列入其中，并确定了相关分类标准，民政部、国家文物局联合下发了《关于做好烈士纪念建筑物保护单位文物普查和附属可移动文物鉴定工作的通知》（民发［2007］113号）。该通知一方面明确了烈士纪念设施保护单位的文物范畴，另一方面也对近期烈士纪念设施保护单位文物普查及文物保护上提出了具体要求。随后，国务院有关部门组织了督导组，对各地文物普查工作进行了督查，取得较好效果。

烈士纪念设施一直作为爱国主义教育的重要阵地，发挥着“褒扬烈士、教育群众”的功能。以烈士纪念设施为载体所开展的烈士纪念活动，主要要求有以下几个方面：一是在清明节期间广泛开展悼念烈士的活动。每年清明节开展悼念先烈的群众性活动，是我国的传统习惯。民政部于1983年3月下

①参见董华中主编：《优抚安置》，中国社会出版社2009年12月第1版，第75页。

发了《关于在清明节前后开展纪念革命烈士活动的通知》（民［1983］优16号）对清明期间开展纪念活动进行规范，要求各地在清明前后大力宣传烈士事迹，利用现有的烈士纪念设施开展悼念活动和教育活动，同时因地制宜开展多种形式的纪念活动。二是开展经常性的纪念活动。许多地方和烈士纪念设施保护单位充分利用重大节日和重要纪念日开展纪念活动，如在学习雷锋日，雷锋纪念馆每年均举行一系列活动，学习雷锋精神；在刘胡兰牺牲纪念日，刘胡兰纪念馆也举行纪念活动缅怀先烈，等等。一些单位充分利用自身优势，接待一些单位和组织开展党日、团日活动，不断扩展烈士纪念活动的内容和形式，取得了较好效果。三是不断发展祭奠烈士的形式。2007年清明节，国内千家网站发起网上祭英烈活动，共有1.35亿人次参与网上公祭活动。

事例1：八宝山革命公墓注重红色文化内涵

八宝山革命公墓的前身是黑山刚公护国禅林寺，历经明、清两代，1950年北京市政府接管此地，改建为北京市革命公墓，1970年改称八宝山革命公墓，1984年被列为北京市重点文物保护单位。八宝山革命公墓以安葬和安放我国已故党和国家领导人、爱国民主人士、著名科学家、文学家、艺术家、国际友人、革命烈士等的遗体和骨灰而享誉世界。

八宝山革命公墓以其特有的人文资源特别是红色资源闻名于世，革命公墓骨灰堂安放着众多老一辈无产阶级革命家的骨灰；墓区安葬的有建国以后故去的国家领导人和建国前牺牲的著名烈士；在骨灰播撒区播撒有陈云、李先念、彭真、聂荣臻、杨得志、秦基伟等一批党和国家及军队的高级领导人的骨灰。公墓内还安息着著名科学家、文学家、艺术家、高级工程技术人员和国际友人数十人。

进一步开发八宝山革命公墓的红色资源以突出教育功能已列入《北京市殡葬设施发展建设规划》中，规划建设革命先烈事迹展厅、音像展示厅、名人资料收藏馆、殡葬文化展览馆、悼念馆等设施，把八宝山革命公墓建设成集悼念、瞻仰、教育于一体的综合纪念设施，为各界群众特别是青少年一代提供革命传统教育的基地，使之成为首都精神文明建设的重要阵地和窗口。

事例2：首都公安英烈祭奠园落成[①]

2011年4月5日上午，位于昌平区南口虎峪景区的首都公安英烈祭奠园落成，北京市公安局在此举行祭奠公安英烈的集体祭扫活动。武警、特警、交警、社区警和消防等警种代表集结在虎峪山脚下，为首都公安英烈脱帽默哀。在他们面前矗立着一座左手抚警棍、右手持防暴警帽的首都警察形象雕塑。

首都公安英烈祭奠园坐落在虎峪山脚下，由公安英烈墙、忠诚碑、首都警察形象雕塑、英烈祭奠火炬和英雄广场五部分组成。祭奠园最北端的公安英烈墙上刻着64位烈士和241位因公牺牲民警的英名。

上午九点半，英烈祭奠火炬燃起熊熊火焰。伴随着哀婉的《鲜花曲》，武警礼兵方队沿中心红地毯缓步走向北侧忠诚碑，并为公安英烈敬献花篮；随后，民警和英烈家属手持鲜花，依次登上公安英烈墙基座，瞻仰并敬献花束。

事例3：广东组织清明祭祀黄花岗七十二烈士[②]

2010年3月29日，广东省和广州市的政协、统战部、民革等单位的代表以及烈士亲属一道在肃穆的黄花岗七十二烈士墓前向烈士墓鞠躬并敬献了花圈，随后，大家围绕烈士墓缓缓移步，瞻仰先烈。在蓝天和苍翠的掩映下，刻在烈士墓上的“浩气长存”四个大字显得隽永深长。来自增城等地的民间团体也纷纷前来缅怀烈士。长眠于此的七十二烈士，是1911年4月27日在广州起义时牺牲的七十二名革命党人。

烈士亲属罗锦初说：我的爷爷，我的先辈就参加这次起义，现在就葬在这个墓里面，我们是他们的后人，当然要祭奠我们的祖先啊，他们在那个年代轰轰烈烈地打仗，就是为了我们今天的生活，也是为了拯救我们中国的命运，所以我们应该来纪念他们。

①来源：《法制晚报》2011-4-5，作者：王聪。

②参见新华网 2010-3-30的报道。

为了加强对烈士纪念设施的保护，我国在不同历史时期都制定了相关法律、法规和规章。1980 年 6 月 4 日国务院发布了《革命烈士褒扬条例》；2011 年 7 月 20 日国务院第 164 次常务会议通过了《烈士褒扬条例》，自 2011 年 8 月 1 日起施行。该条例设专章即第四章规定“烈士纪念设施的保护和管理”，其中，第 23 条规定：按照国家有关规定修建的烈士陵园、纪念堂馆、纪念碑亭、纪念塔祠、纪念塑像、烈士骨灰堂、烈士墓等烈士纪念设施，受法律保护。第 27 条规定：县级以上人民政府有关部门应当做好烈士纪念设施的保护和管理工作。未经批准，不得新建、改建、扩建或者迁移烈士纪念设施。第 28 条规定：任何单位或者个人不得侵占烈士纪念设施保护范围内的土地和设施。禁止在烈士纪念设施保护范围内进行其他工程建设。任何单位或者个人不得在烈士纪念设施保护范围内为烈士以外的其他人修建纪念设施或者安放骨灰、埋葬遗体。第 29 条规定：在烈士纪念设施保护范围内不得从事与纪念烈士无关的活动。禁止以任何方式破坏、污损烈士纪念设施。第 34 条则对侵害烈士纪念设施的行为规定了法律责任：未经批准迁移烈士纪念设施，非法侵占烈士纪念设施保护范围内的土地、设施，破坏、污损烈士纪念设施或者在烈士纪念设施保护范围内为烈士以外的其他人修建纪念设施、安放骨灰、埋葬遗体的，由烈士纪念设施保护单位的上级主管部门责令改正，恢复原状、原貌；造成损失的，依法承担赔偿责任，构成犯罪的，依法追究刑事责任。

为什么古今中外的不同国家、民族都如此相同地重视烈士纪念活动？《革命烈士纪念建筑物管理保护办法》（民政部第 2 号令 1995 年 7 月 20 日）第一条开宗明义规定“为缅怀革命先烈的光辉业绩，加强对革命烈士纪念建筑物的管理，向公民进行爱国主义、国际主义和革命传统教育，促进社会主义精神文明建设，制定本办法”。这一规定明确了对烈士进行纪念的社会意义。

一个社会、一个国家、一个民族必须要有其主流的价值观作为占统治地位的意识形态，才能发展、进步，才能和谐、稳定，才能在国家与国家、文化与文化的历史竞争中占据主动地位，从而屹立于世界民族之林。在我国进行的发展中国特色社会主义伟大事业、实现中华民族伟大复兴的征途中，如果没有强大的精神力量作支撑，是完全不可设想的。因此，缅怀烈士事迹，弘扬烈士精神，在全社会形成尊崇英烈良好氛围，对进一步发扬爱国主义传统，增强民族凝聚力，树立社会主义荣辱观，构建社会主义和谐社会具有重大意义。烈士为国家、社会和人民英勇献身的行为和精神是社会各界学习的楷模，是社会主义核心价值观的集中体现。同时，弘扬烈士精神，有利于激发官兵的练兵习武热情，推动国防和军队现代化建设；有利于进一步巩固和加强军政军民团结，凝聚中华民族的强大力量，全面推进小康社会建设；有利于感染和激励全国各族人民特别是广大青少年，树立正确的理想和信念，为祖国的富强和人民的幸福积极奉献和顽强奋斗。

近年来，每到国庆日，党和国家领导人都要同首都各界代表一起向人民英雄纪念碑敬献花篮。下面是新华社对 2011 年国庆节党和国家领导人敬献花篮的报道的摘录：

> 饮水思源，鲜花朵朵献英烈；励志图强，红旗猎猎催征程。今天是中华人民共和国成立 62 周年纪念日。上午，党和国家领导人胡锦涛、吴邦国、温家宝、贾庆林、李长春、习近平、李克强、贺国强、周永康等来到天安门广场，与首都各界代表一起，向人民英雄纪念碑敬献花篮，深切缅怀为创立、捍卫、建设新中国而英勇牺牲的革命先烈和近代以来为中华民族独立、解放而顽强奋斗的所有先驱，充分表达全党全国各族人民继承先辈遗志坚定不移沿着中国特色社会主义道路奋勇前进的豪迈情怀。
>
> 临近 10 时，胡锦涛、吴邦国、温家宝、贾庆林、李长春、习近平、李克强、贺国强、周永康等党和国家领导人步行来到各界代表方阵前，出席向人民英雄纪念碑敬献花篮仪式。在军乐队伴奏下，胡锦涛等党和国家领导人同首都各界代表一起高唱中华人民共和国国歌，雄壮的国歌声在广场上空回响。国歌唱毕，全场肃立，向为中国人民解放事业和共和国建设事业英勇献身的烈士们默哀。伴随着《献花曲》的深情旋律，18 名礼兵抬起 9 个花篮，正步走向人民英雄纪念碑，将花篮整齐摆放到纪念碑基座上。
>
> 随后，胡锦涛等党和国家领导人瞻仰了人民英雄纪念碑。碑座四周反映近代以来中国人民英勇奋斗历程的大型浮雕，充分展现了

中华民族气壮山河、感天动地的伟大精神。胡锦涛等绕行碑座一周，认真观看一幅幅浮雕，向人民英雄表示崇高敬意。[①]

忘记历史就意味着背叛，纪念烈士是对为国家、民族和人民利益而牺牲的先烈的褒扬，是对为国家独立富强、人民幸福安宁而无私奉献的精神的弘扬，是对广大群众为经济发展、社会和谐、国家强盛而不懈奋斗的激励，烈士为国家和人民牺牲，对烈士进行纪念是党和政府的重要职责，是我们党和政府的一项重要政治任务。对此，《烈士褒扬条例》第一条开宗明义规定“为了弘扬烈士精神，抚恤优待烈士遗属，制定本条例”。“弘扬烈士精神”成为制定条例的两个主要目的之首。第五条则规定了政府、社会纪念烈士的责任和目的：“县级以上人民政府应当加强对烈士纪念设施的保护和管理，为纪念烈士提供良好的场所。各级人民政府应当把宣传烈士事迹作为社会主义精神文明建设的重要内容，培养公民的爱国主义、集体主义精神和社会主义道德风尚。机关、团体、企业事业单位应当采取多种形式纪念烈士，学习、宣传烈士事迹。”

（四）西方的实践

自古代以来，在西方，对重要人物的尸体的处理及葬式葬法，与有关当局的政治考量密切相关。

在古希腊，“任何在每个考验中都无懈可击的人——作为儿童，作为年轻人和作为成年人——都应该成为统治者和我们城邦的卫士，生前死后都应该得到荣誉，以最荣耀的葬礼和陵墓作为奖励。然而任何腐败之人都应该被排除掉。”[②]“人们给予奥林匹克赛会胜利者的幸福是我们的卫士所拥有的一小部分。卫士的胜利更加光荣，他们得到普通民众的供养更加全面。他们胜利的成果使整个城邦得以保存，他们的奖励使他们孩子的食物和所有生活必

①新华社北京2011年10月1日电，记者徐京跃、霍小光、张宗堂的报道，参见《人民日报》2011年10月2日第1版。

②［古希腊］柏拉图：《理想国》，庞燨春译，张云江译校，中国社会科学出版社2009年12月第1版，第99页。

需品都得到确保。在他们的一生中都得到他们城邦的尊敬，当他们死的时候也享有哀荣备至的葬礼。”[①]

柏拉图在《理想国》中主张哲人治国，对依法治国是排斥的，但是在殡葬和祭祀问题上却主张制定法律。下面是对话：

“所以我认为无论在治理不善的城邦还是在治理有序的城邦，真正的立法者都不需要忙于法律以及管理。在其中的一个城邦里，它们帮不了什么忙，也没什么作用；而在另一个城邦里，某些法律是自明的，另一些则从公民已经具有的习惯中自动引申出来。”

“那么，我们要立法吗？”他问道。

“我们没什么要做的，”我回答说，“但德尔斐的阿波罗还要制定最重要、最有价值和最根本的法律。”

“哪些法律？”他问道。

“如何为神庙选址，如何献祭以及一般如何祭拜诸神、神灵和英雄，然后是如何安葬死者，以及如何举行为了安抚一个到另一个世界去的人而进行的所有仪式。”[②]

西班牙《世界报》2011年5月5日文章《拉丹、希特勒、列宁和格瓦拉：其葬身处的威力》对美军为什么将基地组织一号头目本·拉丹被击毙后实施海葬有着较为深刻的阐述，摘录如下：

本·拉丹葬身于大海，对于这样一位世界头号通缉对象来说，或许他的最后安身之处是太过平庸了。本·拉丹的尸体被从美国的一艘航空母舰上抛向了大海，美国官员们一再强调，海葬“严格按照伊斯兰教传统进行”。但其实海葬的目的非常明确——确保没有任何的墓地，避免其追随者朝拜，并成为招募极端伊斯兰教徒的工具。

①［古希腊］柏拉图：《理想国》，庞檬春译，张云江译校，中国社会科学出版社2009年12月第1版，第154页。

②［古希腊］柏拉图：《理想国》，庞檬春译，张云江译校，中国社会科学出版社2009年12月第1版，第111页。

历史上不乏这样做的先例。胜利的政权在面对有魅力的领袖人物领导的意识形态运动时，通常都会迫切地想要拒绝给予敌人一个安身之处，避免让这样一个场所成为崇拜者日后聚集的地方。

部分被火葬的阿道夫·希特勒的尸体被攻入柏林的苏联军队从最初的埋葬之地挖了出来，之后多次被转移。位于巴伐利亚境内阿尔卑斯山脉的希特勒著名的“鹰巢”在20世纪50年代被西德政府拆除，因为当局担心这里会变成新纳粹的聚集地。在纽伦堡审判之后被盟军执行死刑的其他纳粹领导人的尸体都被火葬，其骨灰也撒入了康文茨巴赫河，从而打消了纳粹追随者们借此纪念他们的任何念头。

在政治的相反方向上，阿根廷革命者埃内斯托·切·格瓦拉的遗体在经杀害他的敌人草草地拍照存档后，就被埋入了一个无名墓地。格瓦拉的对手们似乎是已经预见到了追随者们对这位伟大革命者的热情。本·拉丹的归宿让人们想起了大英帝国是如何对待另一位穆斯林起义领导者的，他就是著名的苏丹“马赫迪起义”的领导者艾哈迈德·穆罕默德。他在苏丹的墓地也被拆除，同样是为了避免成为拥护他的穆斯林朝拜的圣地。被称为“马赫迪”的艾哈迈德·穆罕默德成功领导了对抗英国人的起义，后死于黄热病。他的追随者遭到了英国人的镇压，其墓地也被拆毁，遗骸则被抛入了河中。

一些政权竭力避免给敌人制造祭奠之地的做法，与另一些政权努力为自己的英雄创建纪念场所的做法，形成了鲜明对照。列宁去世后他的遗体被安放在莫斯科红场的列宁墓内，并对公众开放。这种做法或许正是为了让他成为苏联政权永恒的代表。斯大林的归宿则说明其声望远比不上他的前任列宁。最初斯大林的遗体与列宁安放在一起，但是后来在赫鲁晓夫开始的解冻时期却被迁出列宁墓。

英国伦敦经济政治学院国际关系系教授迈克尔·考克斯认为，许多革命思想的神话之所以长久流传，往往都取决于人们对为此而牺牲的英雄们的崇拜，他们的反对者永远会想尽办法遏制这些英雄身上蕴涵的情感魅力。考克斯指出在“任何一种斗争中，烈士的作用都在是广泛的，他不仅仅是一个受人崇拜的偶像，而且他的牺牲也能被用来当做继续斗争的一种激励方式，烈士有助于创造新的信徒”。

意大利领导者墨索里尼的遗体最初被埋在一个无名墓地中，后来被忠于他的法西斯分子偷走，盗墓者很快便被当局抓捕，最后在他去世很多年之后，其遗体才重新被埋在教堂墓地中。同样，在马德里附近的一处山谷里安葬着西班牙独裁者佛朗哥的遗体。这座墓地的部分建筑是由支持他的被关押囚犯修建的。直到今天，有关佛朗哥的墓地问题仍在西班牙人当中引起争议。

美国政府的想法是，把本·拉丹海葬，以免其葬身之地日后成为膜拜之地。历史学家劳伦斯·里斯认为，历史上任何一位政治领袖的祭奠场所都被赋予了某种“不朽”的含义。就连独裁者也会非常重视墓地，他们想要借此永久地留存在人们的回忆中，里斯说：“希特勒不相信人死后还会有生命，但他相信通过生前的作为就能实现永垂不朽。他曾为自己设想安葬在一座巨大的大理石棺中，即便是死后他的遗体也能保留在里面，然而战败打破了他的想法。”①

当然，西方对为国家利益而牺牲的人们的葬式葬法是非常讲究的，不仅要举行庄严隆重的葬礼，而且专门建设国家公墓如美国著名的阿灵顿国家公墓，用以安葬那些对国家有功的人员。“因公殉职军人通常安葬在国家公墓或州属公墓，军方负责后事的处理工作，包括：安排火葬；为家属购置骨灰盒；提供覆盖棺材的国旗；将遗体运送至指定地点；在葬礼上提供礼兵等。如果殉职人员家属自行安排在公墓安葬事宜，军方最多发给750美元安葬费。如果在地方墓地安葬，军方发给家属最多2140美元安葬费、1390美元遗体保管费和75美元运输费等，用于灵车、鲜花、教堂葬礼、讣告等项开支。1960年1月1日以后因公殉职的军人，如果遗体无法回收，发给家属最多1390美

①参见《参考消息》2011年5月10日第12版文章《本·拉丹被海葬的历史意味》。

元安葬费和特制墓碑。”[①]

事例1：奥巴马在多佛向坠机事件阵亡士兵致敬[②]

【美国《陆军时报》网站8月9日报道】题：奥巴马在多佛向坠机事件阵亡士兵致敬

2011年8月5日，美军驻阿富汗的指挥官派一架CH-47“奇努克”直升机搭载部队，前往瓦尔达克增援与塔利班武装分子交火的美军，后这架直升机在阿富汗瓦尔达克省坠毁，导致了自2001年美军入侵阿富汗以来单次死亡人数最多的事件：30名美军遇难，其中22人是美军“海豹”突击队员。

8月9日，在阿富汗阵亡的这批士兵回到了祖国，他们的灵柩覆盖着的美国国旗经过精心检查而一尘不染，受到了每个人的尊敬，包括他们的最高指挥官。奥巴马总统今天抵达多佛，这是他任内第二次到多佛向阵亡士兵致敬。

到处都弥漫着悲伤的气氛。对奥巴马而言，今天是他应对美军在10年阿富汗战争中阵亡人数最多情况的日子。对30名阵亡的美军士兵的家人而言，今天是他们记住所爱的亲人生前梦想的日子。奥巴马先后登上载有阵亡士兵遗体的两架C-17运输机，并向阵亡士兵遗体志哀。随后，他向悲伤的阵亡士兵家属表示了慰问。

白宫称，在飞机库内，奥巴马注视着灵柩被从运输机上搬运下来，并在仪仗队将灵柩一一抬上等候在红地毯另一端的殡仪车时庄严致敬。为表达对阵亡士兵的最高敬意，抬灵柩的士兵来自每一名阵亡军人生前所在的部队。

一些伟大人物不仅在逝世时受到隆重的追悼，而且，在其死后若干年都会被人们所纪念，目的在于追思前人、激励后人、维护国家，这是古今中外的常见的做法。

---

①朱建新、郭飞、纪海涛：《军官制度比较与改革》，军事科学出版社2006年12月第1版，第244页。

②参见《参考消息》2011年8月11日第6版文章《奥巴马亲迎阵亡士兵遗体回国》。

事例2：法国元帅福煦在拿破仑墓前的演说[1]

福煦（1851—1929），法国元帅。1921年5月5日在拿破仑逝世100周年纪念会上，福煦发表了演说，下面是演说的最后一节：陛下，请安息吧。你英灵未泯，你的精神仍然在为法兰西服务。每次国家危难的时刻，我们的鹰旗依然迎风招展。如果我们的军队能在你建造的凯旋门下胜利归来，那是因为奥斯特列茨的宝剑为他们指引了方向，教导他们如何团结起来带领军队取得胜利。你高深的教诲，你坚毅的努力，永远是我们不可磨灭的榜样。我们研究思索你的言行，战争的技艺便日益发展。只有恭谦地、认真地学习你不朽的光辉思想，我们的后代子孙才能成功地掌握作战的知识和统军的策略，以完成保卫我们祖国的神圣事业。

在这篇演说中，核心的思想是：学习拿破仑的光辉思想→掌握作战的知识和统军的策略→完成保卫祖国的神圣事业，最后的落脚点是“保卫祖国”。因此，遗体、骨灰、坟墓这些毫无生机的冷冰冰的事物却承载着一个国家、民族的活生生的爱国主义的巨大价值。

反之，对那些公认的反人类正义的人物，即使其当时被顶礼膜拜，但仍然逃脱不了被清算的命运。如佛朗哥是20世纪30年代西班牙大独裁者，生前大肆镇压人民对独裁的反抗，其死后仍然被独裁政府予以厚葬，建起巨大的陵墓，近期，西班牙政府准备将其“处理”掉。

事例3：西班牙考虑迁葬佛朗哥[2]

德新社马德里2011年10月10日电《卡塔卢尼亚日报》今天报道说，西班牙可能要挖出独裁者弗朗西斯科·佛朗哥的遗骸，从他的巨大陵墓转移到一个公墓中。这个提议正由一个专家委员会考虑，这个委员会的目的是就如何解决位于圣洛伦索—德尔埃斯科卫亚尔的佛朗哥的埋葬地“英灵谷”提出建议。

---

①朱建新、郭飞、纪海涛：《军官制度比较与改革》，军事科学出版社2006年12月第1版，第244页。

②参见《参考消息》2011年8月11日第6版文章《奥巴马亲迎阵亡士兵遗体回国》。

这座陵墓被认为违背了2007年通过的一部有关佛朗哥时代历史记忆的法律。该法律规定，要承认佛朗哥统治下的受害者所遭受的不正当对待，包括清除佛朗哥纪念碑等。最后一个需要解决的问题就是“英灵谷”。由历史学和法律专家组成的该委员会正在考虑如何将这座陵墓变成“一座和解纪念碑”。据报道，该委员会现在正在考虑将佛朗哥的遗骸从“英灵谷”转移到马德里的埃尔帕多公墓。

本章结语：骨灰与尸体都不是逝者人格权的延伸，而是逝者亲人对逝者特殊情感的载体，遗体、骨灰对逝者亲人具有特殊精神价值，逝者亲人对尸体、骨灰具有相应的合法权益；同时，尸体、骨灰的合理、适当地处置和管理，是维护社会公序良俗和社会公共秩序的需要，对死者遗体、骨灰的保护的客体还应包括社会公共利益，尤其是对民族、国家作出杰出贡献的人的遗体、骨灰、坟墓的保护体现着巨大的政治利益。因此，对死者遗体、骨灰进行法律保护的客体，是死者遗属的精神利益和社会公共利益的统一体。基于此，就应该对这两个方面的利益以及相关社会关系进行法律调整，而一个完整的法律调整体系包括民法的调整、行政法的调整和刑法的调整，这正是本书的主旨。

第三章

殡葬的民法调整（近亲属篇）

对各类社会关系进行调整是法律体系作为一个整体的任务，按调整的法律关系的不同，法律被分为多个部门法，但就对各类社会关系的主体的实体权利义务的调整而言，主要有民法、行政法、刑法三大部门法。

民法调整的是地位平等的主体间的关系，其调整范围限于一定的财产关系和人身关系，遵循地位平等、意思自治、等价有偿等原则；而行政法调整的是地位不对等的主体间的关系，这种关系以行政机关履行其职能的行为为前提，行政法的调整范围不限于财产和人身关系。行政法与刑法，在大陆法系国家都被列为公法，它们之间的区别不在于所调整的社会关系的不同，而在于其调整手段的不同。刑法的特点在于它以刑罚的手段处罚严重破坏法律秩序的犯罪行为。当某一行为违反民法或行政法，并达到严重程度，应施以刑罚惩罚时，就成为刑法的调整对象。

一、民法调整社会关系简述

我国《民法通则》第 2 条规定：“中华人民共和国民法调整平等主体的公民之间、法人之间、公民和法人之间的财产关系和人身关系。”根据这一法定概念，我国民法及其对社会关系的调整的特点主要体现为以下几个方面。

（一）民法调整的社会关系的主体具有平等性

马克思主义认为，任何社会关系都是人与人之间的关系，人则是各种社会关系的主体，也是各种社会关系的总和。从社会关系主体之间的地位上看，存在两类社会关系：一类是主体之间的地位不平等，即相互之间存在领导与被领导、命令与服从等的社会关系，通常称之为纵向关系或隶属关系，这类关系民法不宜调整，一般由行政法、刑法、诉讼法等调整；另一类是主体之间地位平等，这类社会关系主体相互之间不存在领导与服从等隶属关系，通常称为横向关系或平等主体间的关系，这类关系一般由民法调整，是民事法律关系。在民事法律关系中，民事主体制度是民法进行调整的首要内容，包括自然人和法人的民事权利能力、民事行为能力等制度。

自然人的民事权利能力，是指法律赋予自然人享有民事权利、承担民事义务的资格。它是自然人参加民事法律关系，取得民事权利与承担民事义务的法律前提，也是自然人具有民事主体资格的标志。《最高人民法院关于贯彻执行〈中华人民共和国民法通则〉若干问题的意见》第1条规定："公民的民事权利能力自出生时开始。出生的时间以户籍证明为准，没有户籍证明的，以医院出具的出生证明为准；没有医院证明的，参照其他有关证明认定。"

法人的民事权利能力是指法律赋予法人享有民事权利、承担民事义务的资格。该资格是法人能以自己的名义参与社会经济活动，取得权利、承担义务的法律前提。法人的民事权利能力始于其成立之时，终于其法人资格消亡之时。

民法调整的社会关系的主体平等性的具体表现在：

1. **民事主体的民事权利能力平等**。第一，公民的民事权利能力一律平等。我国《民法通则》第10条规定："公民的民事权利能力一律平等。"任何公民，不管民族、性别、年龄、精神状态、宗教信仰和文化程度等有何差别，其民事权利能力都是平等的；任何机关或个人不得任意剥夺或者限制公民的民事权利能力，公民自己也无法放弃或自我限制其民事权利能力。对于未成年人和精神病患者，则通过设置监护制度和法定代理制度，实现其民事权利，使他们的合法权益得到平等的法律保护。

第二，外国人在中国从事民事活动，其民事权利能力与我国公民平等。《民法通则》第 8 条第 2 款规定："本法关于公民的规定，适用于在中华人民共和国领域内的外国人、无国籍人，法律另有规定的除外。"因此外国人和无国籍人在中国进行民事活动，和中国公民一样享有平等的民事权利能力。

第三，法人之间的民事权利能力平等。任何社会组织，只要符合法人的成立要件并取得法人资格，就具有平等的民事权利能力。

第四，自然人与法人的民事权利能力平等。自然人和法人都是民事主体，他们之间的民事权利能力也是平等的，都平等地享有民事权利、平等地承担民事义务。

2. 民事主体的法律地位平等。在民事关系中，任何一方当事人不得凌驾于另一方之上，即任何一方不能将自己的意志强加于他方当事人，只有在各方当事人的意志达成一致时，他们之间的关系才为民法所保护，即使他们原先存在着某种隶属关系，当他们一旦确立了民事法律关系，其相互之间就不是领导与被领导、管理与被管理等隶属关系，而是各自独立、互不隶属的平等关系。

民事关系主体在进行民事活动时要彼此尊重对方的经济利益和精神利益；在处理财产关系时，应遵循自愿、公平、等价有偿、诚实信用等原则；在处理人身关系时，则应遵循平等、自愿、一夫一妻、养老育幼、公序良俗等原则。

3. 民事主体的民法调整平等。在民法调整的社会关系中各个主体平等地受到法律的约束，平等地享受权利、平等地承担义务，有违法行为也平等地受到法律制裁，法律不承认任何民事主体的特权。任何民事主体合法的民事权益受到非法侵害时，都可以请求人民法院等国家机关依法保护和救济；如果他们非法侵害其他民事主体的合法权益，也同样要受到民事制裁或承担相应的民事责任。

（二）民法调整民事财产关系和民事人身关系

1. 民法调整民事财产关系。财产关系，是指人们在产品生产、分配、交换和消费中形成的具有经济内容的社会关系。民事财产关系则是发生在平等主体间的一种以商品货币表现的财产关系。我国民法调整的民事财产关系，主要包括两类，即财产所有关系和财产流转关系，前者是基于对特定财产的归属和占有发生的社会关系，后者则是基于对财产的利用、让渡、交换发生的社会关系，主要表现为经济领域中商品生产和商品交换过程中所形成的商品经济关系。

商品经济关系，即以商品为客体的经济关系。商品具体表现为交换性、价值性、有偿性等属性。所谓交换性，即商品都必须是用于交换之目的，不是用于交换的财物不能称其为商品；所谓价值性是指商品具备价值和使用价值的两重属性，这是任何商品都必须具备的本质属性，只有能满足人们的某种需要并通过交换进入消费领域的物质才为商品；所谓有偿性是指商品在交换中由其价值决定必须按等价原则实行有偿转让和交换。

2. 民法调整民事人身关系。我国《民法通则》规定，我国民法不仅调整公民之间、法人之间、公民和法人之间的财产关系，而且也调整平等主体之间的人身关系。受民法调整的平等主体间的人身关系即为民事人身关系。民事人身关系，是指基于人的自身而发生、与人身不可分离且不具有直接财产内容的社会关系。人身关系包括人格关系和身份关系两类。人格关系是基于民事主体本身所应具有的权利主体资格即人格而产生的社会关系，如基于人的生命、健康、姓名、名称、肖像、名誉而产生的各种人格关系。人格关系经民法调整即表现为人格权关系。身份关系是指基于一定的身份而产生的社会关系，如基于亲属、婚姻、智力劳动成果等而产生的身份关系，包括父母子女间、夫妻间、作者、发明者等身份关系。身份关系经由民法调整即表现为身份权关系。

与财产关系比较，人身关系具有两大特点：一是人身关系的非物质性，即人身关系不具有财产内容，不是因人们为了追求一定的经济利益和物质需要而形成的社会关系，它不直接体现为一定的财产利益，也无法用金钱来估量其价值；二是与主体人身不可分性，人身关系以人身为前提，无人身即无人身关系。

民法调整的人身关系是平等主体间的人身关系，具有人身关系的共同属性，即无直接财产内容的非财产性和与人身的不可分性，但作为民法调整的人身关系，往往与财产关系有关，或虽与财产关系无关但与一定人身上的利益有关。前者如因智力成果获得身份权而发生的关系与因授予企业名称或使用生产标记和商标而产生的关系，即与财产关系有关；后者如保护公民或法人的名誉、人格尊严、隐私等就属于与人身上利益（包括道德和精神上的利益）有关的关系。从法理上讲，民法调整的人身关系的非财产性和不可分性决定人身权无价可估，同时一般也不可以转让和继承，因此不宜适用民法调整商品关系的一般原则。但是民法调整出人身关系的利益性决定，它又直接或间接与财产关系有联系，它往往成为发生财产关系的原因或前提。民事主体只有享有人身权，才能从事正常的商品经济活动和与他人发生广泛的经济关系；行使某些人身权，可以使民事主体直接获得财产利益，而当人身权遭到侵害时，又往往会影响当事人的经济利益。

（三）民法的调整方法

法律调整社会关系的方法就是它借以作用于社会关系的方式、手段、办法的总称。法律作为一定社会关系的调节器，它的调整功能就是通过制定规范，规定人们的行为准则，赋予人们权利义务，确定违反义务的法律责任等方式来实现的。民法对其对象的调整方法主要有以下几个方面：

1. **确立民事活动的基本原则。**《民法通则》确立我国民事活动的基本原则有：当事人在民事活动中的地位平等原则；民事活动应当遵循自愿、公平、等价有偿、诚实信用原则；公民、法人的合法的民事权益受法律保护原则，任何组织和个人不得侵犯；民事活动应遵守法律原则，法律没有规定的，应当遵守国家政策；民事活动应当尊重社会公德，不得损害社会公共利益原则等。

在《合同法》、《婚姻法》、《继承法》、《物权法》等民事法律中，还规定了相应领域民事活动的基本原则。

2. **确立民事活动基本制度。**如民事主体资格制度、物权制度、债权制度、知识产权制度、侵权制度、责任制度、时效制度、婚姻制度、继承制度等。

3. **规范民事行为模式。**规定民事主体应该怎样行为、能做什么行为和不能做什么，对民事主体的民事权利、义务进行确认和保护。

4. 明确民事责任。对违反民事法律、不正确履行民事义务的行为，规定其不利后果，明确当事人应承担的民事责任，进行民事制裁。

关于违反民事义务应承担民事责任的种类，一是违约责任，主要是在合同法律关系中，当事人违反合法成立的合同约定的义务，应承担的责任；二是侵权责任，主要是违反民法规定，侵害所有权和人身权因而应承担的责任。

承担民事责任的方式，《民法通则》第一百三十四条规定：承担民事责任的方式主要有：(一）停止侵害；(二）排除妨碍；(三）消除危险；(四）返还财产；(五）恢复原状；(六）修理、重作、更换；(七）赔偿损失；(八）支付违约金；(九）消除影响、恢复名誉；(十）赔礼道歉。以上承担民事责任的方式，可以单独适用，也可以合并适用。人民法院审理民事案件，除适用上述规定外，还可以予以训诫、责令具结悔过、收缴进行非法活动的财物和非法所得，并可以依照法律规定处以罚款、拘留。

《侵权责任法》第十五条规定：承担侵权责任的方式主要有：(一）停止侵害；(二）排除妨碍；(三）消除危险；(四）返还财产；(五）恢复原状；(六）赔偿损失；(七）赔礼道歉；(八）消除影响、恢复名誉。以上承担侵权责任的方式，可以单独适用，也可以合并适用。

（四）民法对殡葬进行调整的主要内容

在殡葬活动所形成的民事法律关系中，从主体的范围看，存在两类民事法律关系：

1. 死者近亲属之间的民事法律关系。在这类法律关系中，民法主要规范死者近亲属对死者殡葬的权利义务以及民事责任。

对于遗体、骨灰的处置，涉及谁有权处置，引而言之，涉及对死者进行殡葬的权利和义务的分配问题。在我国，有权对死者尸体、骨灰进行处置，一般仅包括死者的近亲属，当然政府机关在某些特定的情况下，也有权对死者遗体、骨灰进行处置。

2. 死者近亲属以外的人或组织与死者近亲属之间的民事关系。在这类民事关系中，主要包括遗体运输、整理、保管、火化和骨灰的保管、处理以及殡仪服务等方面的合同关系；他人对死者遗体、骨灰不得侵害的权利义务关系两大方面。

本书立足于这两个方面的民事关系的民法调整，分别在本章分析第一类问题即近亲属之间的民事关系的调整，在第四章分析第二类问题即死者近亲属以外的主体与死者近亲属之间的民事关系的调整。

此外，民法调整殡葬关系主要是对死者近亲属的精神利益进行调整，属于平等主体之间的人身关系，对财产关系的调整主要发生在殡葬合同关系方面。

二、亲属法律关系的特征

我国现实生活中发生的遗体、骨灰之争，实质上是死者的近亲属之间对死者的遗体、骨灰进行处置的权利之争，个别情况下是安置死者遗体、骨灰的义务之争。这就首先涉及近亲属关系的性质问题。

（一）亲属的概念

亲属，是指基于婚姻、血缘或法律拟制而产生的人与人之间的社会关系。婚姻为亲属之源，血亲为亲属之流，姻亲则是以婚姻为中介而发生。亲属关系一经法律调整，便在具有亲属身份的主体之间产生了法定的权利与义务关系。

亲属按其形成的特点不同，可以分为生物学上的亲属与法律上的亲属。生物学上的亲属是指因遗传学规律而形成的亲属，即以血缘为纽带的亲属，它可以世世代代延至无穷。法律上的亲属是指法律规定和承认的亲属，它不仅包括自然形成的亲属，而且包括法律所确认的无血缘关系的亲属。因此，生物学上的亲属并非都是法律上的亲属，而法律上的亲属亦并非都是生物学上的亲属。

关于亲属与亲戚。亲戚是我国的一种习惯用语，通常指共同生活以外的生物学意义上的亲属而言，如母亲的亲属、妻子的亲属等称为亲戚，即所谓“内亲外戚”之说。

关于亲属与家属。家属是家长的对称。在中国古代社会，实行家长制，每个家庭设有家长，共同生活在一个家庭中的其他成员则为家属。我国清代法律所称的家属，不仅包括妻、子女、儿媳等近亲属，而且在家庭共同生活的奴婢、妾、童养媳等，因为与家长有人身依附关系，也认为其是家属。1931年施行的国民党政府民法亲属编规定“家置家长”，同家之人，除家长外均为家属。虽非亲属，但以永久共同生活为目的而同居一家者，视为家属。修改后的我国台湾地区现行立法仍设家长制，但法律注重强调家长的义务，并明文规定家长不分性别，男女均可充当。因此，亲属的范围要比家属的范围广泛得多，家属不一定是亲属，而亲属也不一定是家属。我国现行立法已废除了家长制，无家长与家属的划分，改称家庭成员。尽管在现实生活中人们在习惯上仍沿用传统的家长与家属的称谓，但已无法律意义。同居一家的家庭成员均互为家属，法律地位一律平等。

关于亲属与家庭成员。家庭成员，是指在一个家庭内共同生活、彼此负有权利义务的亲属。有亲属关系的人不一定都是同一个家庭的成员，他们可能分别属于不同的家庭。因此，亲属未必都是家庭成员，而家庭成员一般都是亲属。

（二）亲属的分类

亲属的分类因不同时代、不同国家而异。在我国封建社会，亲属制度是封建宗法制度的基础，因而依宗法制度的原则把亲属分为宗亲、外亲和妻亲三种。所谓宗亲，主要是指源于同一祖先的男系血亲，也包括在室女和因娶入而归于本宗的妇女；所谓外亲，是指同母系亲和出嫁女相关的亲属；所谓妻亲，是指同妻子相关的亲属。在上述三类亲属中，宗亲是基础和核心，而外亲和妻亲则属于次要的亲属。

在现代社会，由于亲属制度已从宗族本位演变为个人本位，各国基于男女平等原则，对亲属的分类主要有两种立法例。一种是把亲属分为血亲和姻亲两种，不承认配偶为亲属。认为配偶是血亲关系和姻亲关系产生的源泉和基础，但并不是亲属的本体，配偶既不能够列入亲系，又无法确定其亲等，故配偶仅为配偶而已。德国、瑞士等国民法采取此种立法例；另一种是把亲属分为血亲、姻亲和配偶三种，确认配偶是亲属的组成部分。认为配偶之间的权利义务关系完全是亲属之间的权利义务关系。

我国现行立法规定，配偶不仅是亲属，而且是在亲属关系中处于核心地位的近亲属，即将亲属分为血亲、姻亲和配偶三种。我国理论界对配偶为亲属持肯定态度。配偶既是亲属的源泉，又是亲属本体的重要组成部分。历代的礼制和法律均认为配偶为近亲属。现行立法则明确规定配偶为近亲属。

1. **配偶**。配偶即夫妻，是男女双方因结婚而形成的亲属关系。在婚姻关系存续期间，夫妻双方互为配偶。配偶是血亲和姻亲赖以发生的基础，在亲属关系中起着承上启下的作用，因而是最重要的亲属关系。

2. **血亲**。是指相互之间具有血缘关系的亲属。在某些情况下，血亲关系亦可因法律拟制而发生。所以，血亲可分为自然血亲与拟制血亲两种。自然血亲，指出于同一祖先具有血缘联系的亲属，是以出生的事实作为发生原因的，是被血缘纽带联结在一起的，如父母与子女，祖父母、外祖父母与孙子女、外孙子女等。自然血亲又可分为全血缘的自然血亲与半血缘的自然血亲。全血缘的自然血亲是指出自共同父母的兄弟姊妹，即同胞兄弟姊妹；半血缘的自然血亲是指同父异母或同母异父的兄弟姊妹，他们之间的血缘关系仅有一半是共同的。拟制血亲，是指彼此间本无该种血亲应当具有的血缘关系，但法律因其符合一定条件，确认其与该种血亲具有同等权利义务的亲属。由于该种亲属关系是法律拟制而不是自然形成的，故又称为难血亲，如养父母子女、有抚养关系的继父母子女，均为拟制血亲。

3. **姻亲**。是指以婚姻关系为中介而产生的亲属，但不包括配偶本身。姻亲可分为血亲的配偶、配偶的血亲和配偶的血亲的配偶（如妯娌、连襟）三类。

（三）亲属的法律特征

亲属是一种特殊的社会关系，受到社会物质生活条件的影响与制约，其内容为当时的社会生产方式和文化结构等状况所决定；另一方面，它又不同于一般的社会的社会关系，谁与谁之间发生亲属关系，大多是自然形成的，要受生物学规律的支配。亲属主要具有以下法律特征：

1. **亲属有固定的身份和称谓**。称谓是身份的标志，身份表明人在社会关系中特定的资格与地位。社会上的身份和称谓，有的是由法律所设定的，有的是自然形成的。亲属间的身份和称谓大多属于自然形成的，也有因法律设定的。前者属于永久性的身份和称谓，如父母子女、兄弟姐妹，它表明了双方的血缘关系。血缘关系无法变更，所以，当事人要求解除父母子女、兄弟姐妹间的身份关系是无法实现的。法定的亲属身份和称谓，如配偶、养父母与养子女，则可以依法变更或解除。

2. **亲属是一种权利义务关系**。亲属这种社会关系一经法律调整，即在有亲属身份的主体之间产生权利义务关系。正如恩格斯指出的那样："父亲、子女、兄弟、姊妹等称谓，并不是简单的荣誉称号，而是一种负有完全确定的、异常郑重的相互义务的称呼。"①法律保障亲属间权利义务的实现，但这并不妨碍法律规定以外的亲属自觉履行某种社会义务。

3. **亲属基于婚姻、血缘产生**。婚姻是亲属关系的主要源泉，婚姻成立后往往导致血亲与姻亲的产生。

（四）亲属亲疏远近的衡量

亲等，是指计算亲属关系亲疏远近的标准单位。亲等数越小、亲属关系越近；亲等数越大，亲属关系越远。由于计算亲等的客观依据是血缘关系，故亲等的计算是以血亲为基准，并准用于姻亲，即姻亲以血亲的亲等为其亲等。配偶则自为配偶，亲等对其无法适用。由于世数是血缘关系远近的外在标志，因而罗马法与寺院法的亲等计算法均采用世数为确定亲等的尺度。理论上称为世数亲等制；当然在重视身份关系的古代，亲属关系的亲疏远近并不是单纯地以血缘关系为依据，身份因素也起着很重要的作用，如中国古代的丧服制，这种亲等制在理论上称为阶级亲等制。

从目前世界各国、地区的有关立法的规定来看，亲等的计算方法主要有罗马法的亲等计算法和寺院法的亲等计算法。我国古代实行丧服制，清民律草案采用寺院法的亲等计算法，国民党制定的民法典改采罗马法的亲等计算

---

①《马克思恩格斯全集》(21)，人民出版社 1965 年版，第 40 页。

法。

1. 罗马法的亲等计算法。直系血亲的亲等计算法是：从己身分别向上或向下数，以一世代为一亲等，世代数即为直系血亲的亲等数。旁系血亲的亲等计算法是：首先从己身向上数至双方共同的直系长辈血亲，然后再从双方共同的直系长辈血亲向下数至己身计算亲等的对方，世代相加数即为亲等数。

2. 寺院法的亲等计算法。寺院法的直系血亲的亲等计算法与罗马法的亲等计算法相同。旁系血亲的亲等计算法则有所区别，首先是从己身向上数至双方共同的直系长辈血亲，然后再从对方向上数至双方共同的直系长辈血亲，如果双方与共同的直系长辈血亲世代数相同，就以此数确定亲等数；如果世代数不同，则按世代数大的一方确定其亲等数。

关于姻亲的亲等计算方法，采取姻亲从血亲的原则，即可将配偶的地位互换，以其配偶的亲等为亲等，如自己与儿子和女儿为一亲等的直系血亲，那么自己与儿媳和女婿就为一亲等的直系姻亲。

3. 我国古代亲等计算法。我国古代由于实行男系宗亲为中心的亲属制度，因此计算亲属关系的亲疏远近，也是以男系为中心，实行一种等级亲等制。它是以世代的远近，参酌地位尊卑、男女之别，以定其亲等等级的制度。等级亲等制的主要表现是我国古代的丧服制。丧服制源于周礼，一直延至明、清。晚近的服制图来自明、清律，凡在服制图以内的都是亲属，丧服制以丧服的差别来区分亲属关系的亲疏、远近。亲者服重，丧期长；疏者服轻，丧期短。丧服分为斩衰、齐衰、大功、小功、缌麻五等。

4. 我国现行立法所规定的亲等计算法。我国1950年、1980年（2001年修订）《婚姻法》对亲等的计算均未作规定，但1950年《婚姻法》有“其他五代内的旁系血亲间禁止结婚的问题，从习惯”的规定，1980年施行2001年修订的现行《婚姻法》也有禁止三代以内的旁系血亲结婚的规定。可见，我国采取的是世代计算法，即以血亲之间的世代来计算亲属关系的远近。这种计算方法以一辈为一代。在计算直系血亲时，以己身为一代，然后从己身向上或向下数，向上至父母为两代，数至祖父母、外祖父母为三代，依此类推。在计算旁系血亲时，须根据旁系血亲之间的同源关系来定，同源于父母的，为两代以内旁系血亲；同源于祖父母、外祖父母的，为三代以内旁系血亲，依此类推。

（五）亲属关系的发生和终止

血亲关系的发生和终止自然血亲是由于出生而产生的亲属关系。只要出生事实一经发生，无须当事人双方对方认可，也无须履行法定手续，即发生自然血亲关系。无论是婚生子女还是非婚生子女，都是以出生这一自然事实为血亲关系发生的根据。因此，出生是发生自然血亲关系的唯一原因。自然血亲由于是以生物遗传规律为依据，因而其只能因一方死亡而终止，不能通过法律程序或其他方式人为解除，即使是被他人收养，也只是终止其与生父母的权利义务，但自然血亲关系依然存在，法律中有关自然血亲的规定仍然适用，如有关禁婚亲的规定等。当然，死亡只能导致死者与其直接结合的血亲关系终止，以死者为中介的血亲关系并不因此而终止，如父虽死亡，孙与祖父母仍为血亲；死亡只能导致死者与其直接相关的血亲关系之间权利义务关系的终止，但其身份关系并不因一方死亡而不存在，如父母死亡，子女无须再对父母尽赡养义务，但父母子女间的身份关系并不改变。

由于拟制血亲关系发生的原因不同，因而其终止的原因也不完全一样。对因收养而发生的养父母与养子女之间的拟制血亲关系而言，除因一方死亡而终止外，还可基于法定理由依法定程序解除而终止；对因有扶养教育的事实而形成的继父母与继子女拟制血亲关系的解除亦如此。

（六）我国法律关于近亲属的范围

我国法律没有直接规定近亲属的范围，但在监护、继承等法律规范中有相关规定。《民法通则》第16条规定:未成年人的父母是未成年人的监护人。未成年人的父母已经死亡或者没有监护能力的，由下列人员中有监护能力的人担任监护人:（一）祖父母、外祖父母；（二）兄、姐；（三）关系密切的其他亲属、朋友愿意承担监护责任，经未成年人的父、母的所在单位或者未成年人住所地的居民委员会同意的。

对担任监护人有争议的，由未成年人的父、母的所在单位或者未成年人住所地的居民委员会、村民委员会在近亲属中指定，对指定不服提起诉讼的，由人民法院裁决。

没有第一款、第二款规定的监护人的，由未成年人的父、母的所在单位或者未成年人住所地的居民委员会、村民委员会或者民政部门担任监护人。

《民法通则》第17条规定：无民事行为能力或者限制民事行为能力的精神病人，由下列人员担任监护人：（一）配偶；（二）父母；（三）成年子女；（四）其他近亲属；（五）关系密切的其他亲属或朋友愿意承担监护责任，经精神病人的所在单位或者住所地的居民委员会、村民委员会同意的。

对担任监护人有争议的，由精神病人的父、母的所在单位或者未成年人住所地的居民委员会、村民委员会在近亲属中指定，对指定不服提起诉讼的，由人民法院裁决。

没有第一款、第二款规定的监护人的，由精神病人的父、母的所在单位或者未成年人住所地的居民委员会、村民委员会或者民政部门担任监护人。

最高人民法院关于贯彻执行《中华人民共和国民法通则若干问题的意见（试行）》（1988年4月2日）第12条规定：民法通则中规定的近亲属包括配偶、父母、子女、兄弟姐妹、祖父母、外祖父母、孙子女、外孙子女。

《中华人民共和国继承法》第10条规定：遗产按照下列顺序继承：

第一顺序：配偶、子女、父母。

第二顺序：兄弟姐妹、祖父母、外祖父母。

继承开始后，由第一顺序继承人继承，第二顺序继承人不继承。没有第一顺序继承人继承的，由第二顺序继承人继承。

本法所说的子女，包括婚生子女、非婚生子女、养子女和有扶养关系的继子女。

本法所说的父母，包括生父母、养父母和有扶养关系的继父母。

本法所说的兄弟姐妹，包括同父母的兄弟姐妹、同父异母或者同母异父的兄弟姐妹、养兄弟姐妹、有扶养关系的继兄弟姐妹。

最高人民法院关于贯彻执行《中华人民共和国民法通则若干问题的意见（试行）》第25条规定：申请宣告死亡的利害关系人的顺序是：（1）配偶；（2）父母、子女；（3）兄弟姐妹、祖父母、外祖父母、孙子女、外孙子女；（4）其他有民事权利义务关系的人。申请撤销死亡宣告不受上列顺序限制。

从上述法律和司法解释的规定看，关于近亲属的范围和亲疏关系，有以下几点可以明确：

1. 近亲属的范围为：配偶、父母、子女、兄弟姐妹、祖父母、外祖父母、孙子女、外孙子女。其他亲属则不属于近亲属。

2. 近亲属的亲疏关系顺序是：（一）配偶；（二）父母；（三）子女；（四）其他近亲属，即兄弟姐妹、祖父母、外祖父母、孙子女、外孙子女；（五）其他亲属。

3. 继承人的顺序、范围与近亲属的顺序、范围不完全相同。法定继承人的范围限于配偶、父母、子女、兄弟姐妹、祖父母、外祖父母，不包括孙子女、外孙子女；法定继承人的继承顺序只有两类，在配偶、父母、子女的第一顺序中没有区分先后，在兄弟姐妹、祖父母、外祖父母第二顺序中也没有区分先后，而在监护制度中明确规定了近亲属的先后顺序，即（一）配偶；（二）父母；（三）子女；（四）其他近亲属，即兄弟姐妹、祖父母、外祖父母、孙子女、外孙子女；（五）其他亲属。

一般而言，正常家庭中，一个家庭成员去世后，其近亲属之间是不会发生遗体、骨灰的处置之争的。死者近亲属骨灰之争主要发生在由于婚姻发生变化而产生的同母异父或同父异母的子女之间，死者子女与死者之夫（妻）之间，尤其是在“一妇多夫”的情况下，易形成骨灰之争。特别是寡妇改嫁死后，前夫、后夫生前都只有一个配偶的情况下，最易产生骨灰之争，如2011年3月18日，在江苏省东海县殡仪馆发生了一起60多人参与的火并事件，起因就是一对同母异父的兄弟争抢母亲骨灰。[①]而仅仅由于离婚或一夫多妻的情况下一般不会发生骨灰之争。一方面，离婚一般不会引起骨灰之争，因为多数情况下离婚双方会各自重新结婚而不存在骨灰之争；就是发生纠纷，处理起来也比较明确：既然离婚是因为感情确已破裂，那么意味着亡者对自己死后骨灰的安置已在生前作出了选择，即随后夫或后妇合葬。另一方面，受传统习俗影响，在“一夫多妻”的情况下，往往采取多人合葬方式，一般不会发生纠纷。当然在现实生活中还有因其他原因产生的骨灰之争。

当前我国民事法律没有关于此类纠纷的明确规定，只有最高人民法院

①参见贾永刚：《为争骨灰殡仪馆内上演惊险火并》，《公益时报·中国殡葬》2011年4月7日05版。

2001年3月8日发布的《关于确定民事侵权精神损害赔偿责任若干问题的解释》中对遗骨保护问题作过一些规定。但这一司法解释对遗骨归属、遗体及骨灰的处置权利和义务并无规范性规定，而这正是处理死者近亲属骨灰处置争议的前提。

附录：法国《有关死亡证明文件的法规》第426条规定：

关于“有资格操办丧事人员”，文本中并未给出任何具体的详细定义。可以设想有如下的可能性：

a. 1887年11月15日有关葬礼自由的法律规定，从原则上来说，必须尊重死者的生前意愿；因此，死者可生前正式指定某一个人为其死后举行葬礼，或在他的临终遗嘱里指定操办丧事的人，只有这个人才能负责死者的各项殡葬事宜。

b. 如果死者生前未留下任何的书面说明，那么从道理上说，死者的家庭成员应该负责死者的各项殡葬事宜。

c. 最后，当死者生前既未留下任何的书面说明，死者也无家庭成员，或者说死者的家庭成员未出现，或根本就无法找到，那么负责出资的公共机构的人员代表（乡镇）或某一私人机构将被视为是有资格为死者操办丧事的人。

在上面所说的事项中，只有民事法官有权根据具体的情况决定，家庭成员中究竟是哪一位成员或究竟是哪一位继承人最有资格操办这一丧事，以便最大程度地体现和实施死者生前的愿望。根据通常的裁判惯例，在所有的家庭成员中，配偶具有优先权，以确定死者埋葬的各项条件。但是这一权利既不是排他的，也不是绝对的。有些特殊的情形就可以剥夺依然活着的配偶的这种权利。最高法院将根据具体的情况，如果法律上缺少优先顺序的话，那么就必须采取措施寻找其他的途径，确保能最大限度地体现和满足死者的生前愿望（1970年10月14日的判决第1条，寡妇比尔／康绍尔·比尔案；1980年5月20日巴黎，尼津斯基太太及其他／塞尔热·里法尔案）。①

①靳尔刚主编：《国外殡葬法律法规汇编》，中国社会出版社2003年8月第1版，第135—136页。

法国法律的规定表明，对遗体的处置、死后殡葬的方式、葬礼及事务由谁负责等，以尊重死者生前的遗愿为第一原则；其次以与死者亲密程度作为优先顺序为次要原则。

遗体、遗骨、骨灰首先是客观存在的物质，这里的“物质”属于与意识相对应的哲学范畴。但遗体、遗骨、骨灰不是物权的客体，不是物权意义上的“物”。但是遗体、遗骨、骨灰的确又是某些法律关系权利、义务指向的对象即法律关系的标的物，如在遗体、遗骨、骨灰保管合同关系中，遗体、遗骨、骨灰就是标的物；在遗体、遗骨、骨灰处置法律关系中，遗体、遗骨、骨灰也是标的物。法律关系的标的物是一个非常宽泛的概念，比物权特别是所有权范畴意义上的“物”的概念的外延要大一些。

虽然通常人们也对遗体、遗骨、骨灰使用“所有”一词，如最高人民法院 2001 年 3 月 8 日发布的《关于确定民事侵权精神损害赔偿责任若干问题的解释》第 4 条规定，“具有人格象征意义的特定纪念物品，因侵权行为而永久性灭失或者毁损，物品所有人以侵权为由，向人民法院起诉请求赔偿精神损害的，人民法院应当依法予以受理。”但这仅仅是借用“所有”来表示这类非物权客体的标的物的归属而已，并不能因此望文生义地断定遗体、遗骨、骨灰是民法物权意义上的“物”。这类对当事人具有特殊精神价值而无物质价值的特定物，不是由物权法来调整和保护，而是由侵权责任法来调整和保护，这是分析问题的前提和基础。

遗体、遗骨、骨灰不是民法意义上的作为物权载体的“物”，不是死者的遗产，但从社会普遍的伦理和风俗习惯来看，如果死者对其死后遗体、遗骨、骨灰的处置作出了安排的，应尊重死者的遗愿，这是民法公序良俗原则在对骨灰为对象的法律关系的调整时的具体体现。遗骨、骨灰的法律性质与尸体相同，均可成为民法上的权利客体，骨灰是具有人格象征意义的特定纪念物，是逝者亲人寄托哀思的重要对象物，死者的近亲属享有处置权。骨灰的处置权在继承发生时即由继承人享有，因骨灰系具有人格因素的人体转化而来，所以行使骨灰的处置权要受到非常严格的限制：一是要尊重死者遗愿，虽然死者生前对自己的身体不具有处分权（人身不能成为权利客体），但死者在生前对骨灰安置的意见即遗嘱，继承人在可能的条件下应予以尊重和实施；二是要尊重公序良俗，对骨灰的处置不得违反公序良俗原则，公序良俗是法律对人们行为准则的基本要求，在任何民事活动中均不应违反；三是要遵守法律法规，不得违反行政法律关于骨灰处置的强制性规定。

在法律没有对尸体、骨灰的法律性质和归属作出明确规定的情况下，对遗体、骨灰之争应按照尊重死者遗嘱、死者遗属协商、参照法定继承、尊重风俗习惯、综合分析判断、骨灰分割安置的顺序处理。

三、尊重死者遗愿是殡葬民法调整的首要原则

遗体、骨灰作为先人死后自己身体的遗物，具有很强的人身性，既然死者生前对自己所有的财产的处分都得到法律的尊重，那么死者对具有很强人身性的遗体、骨灰所作出的安排更应予以尊重，参照《继承法》关于死者对遗产可以立遗嘱处分且遗嘱继承优先于法定继承的规定，除非出现法定除外情形（如传染病亡者）或法律禁止的安置方式（如禁止土葬、禁止的地点、不得超出规定面积等），死者自己生前对遗体、骨灰安置作出的安排应得到尊重，这是符合法学原理的。同时，尊重死者的遗愿，符合自然法则，因此“死者为大”成为社会各阶层普遍接受的理念。

在西方国家，对于死者生前关于殡葬的遗愿也是予以尊重的，如德国《勃兰登堡州殡葬法》第21条第（2）款规定，“只要不违背法律规定或者损害公共利益的话，殡葬的方式和地点按死者生前意愿为准。在不清楚死者生前意愿的情况下和在死者不满14周岁的法定年龄的情况下，则由殡葬义务人决定殡葬方式和殡葬地点。”①

我国《继承法》第16条规定：公民可以依照本法规定立遗嘱处分个人财产，并可以指定遗嘱执行人。从该条表述来看，遗嘱并不限于只处分财产，公民也可以以遗嘱方式处分遗产以外的其他事务。根据《继承法》的规定，合法有效的遗嘱应当符合下列条件：遗嘱人立遗嘱时必须具有完全民事行为能力（第22条）；遗嘱人处分的是自己的财产及事务（第16条）；遗嘱必须表示遗嘱人的真实意思（第20条、第22条）；遗嘱的内容及形式符合法律要求（第17条）。《继承法》规定了公证、自书、代书、录音、口头五种遗嘱

①靳尔刚主编：《国外殡葬法律法规汇编》，中国社会出版社2003年8月第1版，第73页。

形式，其中公证遗嘱，是指经过国家公证机构依法认可其真实性和合法性的书面遗嘱，在五种类型遗嘱中，公证遗嘱的法律效力最强。根据《民事诉讼法》第67条的规定，在没有相反证据足以推翻公证遗嘱所证明的事实时，人民法院可以将公证遗嘱直接作为认定事实的根据。

案例1：前夫与后夫家人争夺骨灰案。[①]

案情：高金兰老人生前有过两次婚姻关系。前夫为丁友亮，婚后生育一子，取名丁大明，即本案被告。1937年左右改嫁，与王金生结为夫妇，婚后生育王海兵，即本案原告。丁友亮与王金生均已去世。1989年11月6日，丁大明与王海兵就高金兰的养老事宜在如东县某乡法律服务所的主持下达成协议。2001年3月28日，在原告宅，高金兰老人邀请其所有侄子以及所在村村干部在场对其去世后的后事安排立下遗嘱："我在世不上西，永远不上西，死后也不上西。"2006年3月28日，高金兰老人去世，原、被告为老人的殡葬事宜，以及老人的骨灰由谁保存产生矛盾。2006年3月29日，被告丁大明之子丁林代表其父亲与原告王海兵在村干部的见证下达成协议，协议内容如下："关于高金兰老人的后事，经丁、王双方协商于4月1日共同办理。骨灰暂由某殡仪馆保存，由村派人共同联系办理此事，在4月15日前由村共同参与协商解决存放。如果解决不了，由双方按法律程序解决。"4月1日，高金兰老人的遗体在殡仪馆火化。由于被告的阻挠，原告未能将骨灰从殡仪馆领回，骨灰暂存殡仪馆。2006年4月13日，在村委会、镇司法所、法律服务所、信访办等的主持下双方进行了调解，但调解未有结果。于是原告向法院提起诉讼，要求法院排除妨碍，责令被告立即停止妨碍原告对高金兰老人去世的殡葬，停止妨碍原告提取高金兰的骨灰盒。

另查明，高金兰老人与王金生生前居住在如东县某镇某某村村东头，丁友亮、丁大明居住在该村村西头。

判决：如东县人民法院经审理认为，骨灰作为人死亡后经火化

①案例来源：王小荣：《从一起骨灰争夺案谈骨灰的性质》，www.jsfy.gov.cn，更新时间：2006-07-28 00:00:00。

转化而成的物质形态，它凝聚着死者生前的尊严，寄托着死者亲属的情感。因此，对于死者骨灰的处理原则上应当首先按照死者生前的意思表示办理，其次，由死者最近亲属据以亲情来行使处分权。本案中，高金兰老人于2001年3月28日作出的“我在世不上西，永远不上西，死后也不上西”的意思表示由在场十位证人的签名确认并由到庭证人得到证实，故高金兰老人的上述意思表示本院予以认可。这种意思表示系公民生前依法对自己后事的安排。虽然这段口述未明确讲明去世后的骨灰的管理人以及保存地点，但是结合口述前面两句以及在场见证人的理解，并结合老人一生的经历，可以看出老人不希望生前住在村西头的被告住所，死后也不愿安葬在被告处。故老人后事的安排应当由住在村东头的原告方行使。本院认为，高金兰老人的遗愿不违反法律法规，不违背本地区的公共秩序和善良风俗，因而可以作为老人对其去世后的骨灰的管理人以及保存地点所作的安排，即由原告负责保存并管理。作为高金兰老人的子女，即本案的原、被告均有义务按照老人的遗愿来妥善处理老人骨灰的保存和管理事宜。据此，依照《中华人民共和国民法通则》第五条、第七条、第一百零六条、第一百三十四条第二款之规定，判决原告王海兵从某殡仪馆领取高金兰老人骨灰对其进行殡葬，被告丁大明不得妨碍。

人的权利能力始于出生、终于死亡。人一旦死亡，随着其权利能力的终止，其遗留的尸体、骨灰等，即回归为无生命的自然物，是一种存在着的、没有生命、不再具有主体资格的物。骨灰作为一种特殊的“物”，死者的近亲属具有精神利益，从而享有处置权，负责埋葬、祭祀并保护死者人格尊严不受侵犯。

安置死者骨灰，首先应当尊重死者生前的遗愿；只有在死者未有明确意思表示的情况下，才由其近亲属依善良风俗原则协商处置。在本案中，高金兰老人于2001年3月28日所述的“我在世不上西，永远不上西，死后也不上西”，系老人真实意思表示。结合老人一生的经历以及王家居住在村东头、丁家居住在村西头的客观事实，可知高金兰老人生前不愿意居住在村西头的丁家，死后也不愿意安葬在那里，而且态度非常坚决。由此可以认定高金兰老人生前已经对其后事作了安排，其后事由本案原告负责办理，当然其骨灰也由本案原告负责保存并处理。2006 年 3 月 29 日，双方当事人达成的协议虽然约定由双方共同办理老人的后事，但就老人的骨灰由谁保存、安放却未能达成协议。因此，本案的原、被告均有义务按照老人的遗愿来妥善处理老人骨灰的保存和管理事宜。本案原告对高金兰老人的骨灰享有处置权，其要求从殡仪馆领取高金兰老人的骨灰进行殡葬的请求应予支持，被告丁大明不得妨碍。

案例 2：录音遗嘱处分骨灰保管案①

案情：年过古稀的董老太太生前曾经历了两次婚姻，并先后为李家和王家各生育子女三人，围绕着老人过世后的骨灰与谁合葬的问题，同母异父的两兄弟产生矛盾形成诉讼。在民俗与遗嘱矛盾的情况下，法院按照董老太太生前的录音遗嘱进行了判决。

董老太太家住辽宁兴城市某村，18 岁时和李某结婚，婚后生育 3 个子女；27 岁时因先夫李某病故改嫁王某，又生育了 3 个子女。在老太太活着期间，同母异父的李家和王家两兄弟之间情同手足。五年前，70 岁的董老太太去世。去年，王某去世，当王某儿子王甲一家人正在张罗着将父母骨灰合葬时，不料同母异父的哥哥李乙却不同意。双方协商未果，王甲一纸诉状将李乙告上法庭。诉称：母亲已在生前对自己的骨灰作了安排，留有录音遗嘱，请求法院尊重老人遗愿，将母亲的骨灰与父亲的骨灰合葬。而李乙辩称，请求法院按照民间风俗，将母亲董某的骨灰归李家所有。

在法院公开庭审阶段，王甲播放了其母董某的生前遗嘱录音，并宣读了整理后的录音遗言。在播放完录音之后，李乙则以“此录音杂音太大，不是我母亲的声音”为由，否认这份录音证据。双方就尊重民俗，还是适用法律这一问题进行了辩论：王甲认为：“民俗和法律的问题，有法律的应适用法律，没有法律规定的，应参考一

①案例来源：冯玉兴、艾玮玮、王伟宁：《亡母骨灰两家抢二次婚姻引发民俗与法律的碰撞》，三泷网　12-18　17:22:54。

些政策，而不应是以民俗为准。”李乙则坚持认为：“按民间遗俗，先房为大，长子为大，骨灰应归李家所有，我母亲的骨灰应和我父亲合葬，何况录音不像我母亲的声音。”

判决：法院审理后认为：遗体不属财产范畴，现行法律关于遗体的继承没有具体规定。按照民法原理，遗体是一种特殊的物，其特殊性在于：不能分割、不能转让、不能抛弃。之所以有此三个特点，是出于对人类尊严的维护。

本案原、被告双方母亲董某之遗体已经火化成骨灰。骨灰当然属可分物，在无遗嘱安排情况下，法院完全可以参照继承法，将骨灰一分为二，判归双方各半用于与各自父亲合葬。但董某生前就其死亡后的骨灰安葬问题已留有录音遗嘱，且符合法律规定的形式要求，该遗嘱表明其死后愿将骨灰与后夫王某之骨灰合葬，法院应当尊重死者生前的遗愿。至于李乙提出的答辩观点中涉及的骨灰归属问题，首先未能提供证据予以支持；其次假设其所述事实存在，但董某已经通过录音遗嘱的方式对自己骨灰的归属作了安排。参照相关法律之规定可知，立有数份遗嘱，内容相抵触的，以最后遗嘱为准。因此，李乙以此作为阻止王甲安葬其母骨灰的抗辩理由，于法无据。法院依照国家有关法律之规定，判决董某之骨灰归王甲所有，并由王甲按其母亲遗愿将该骨灰与其父的骨灰合葬。

本案例涉及这样几个问题，一是遗嘱的优先性，虽然死者的近亲属，特别是属于继承法上规定的同一顺序继承人，也就是罗马法上同一亲等的近亲属对死者的遗体、骨灰的处置具有相同的权利义务，但是，如果死者在生前对自己的后事作出了有效的遗嘱，那么，其遗嘱应得到尊重，这类似于继承法上的遗嘱继承优先的原则。二是遗嘱的选择性问题，当一人立有数份遗嘱时，有效的只能是其中的某一份，判断的原则是公证遗嘱优先、书面遗嘱优先、最后遗嘱优先，本案中死者生前的录音遗嘱经过鉴定为真实的话，录音遗嘱有效。因此，人民法院的判决是正确的。

案例3：同母异父争夺母亲骨灰案[①]

苏民、苏军与苏林（当事人的姓名均为化名）是同母异父的兄弟，他们的父亲是亲兄弟。而昨天，为了争夺母亲孙某的骨灰与自己的父亲合葬，同母异父的兄弟却撕下脸皮对簿公堂。而此时，他们的母亲已经去世两个多月了，骨灰还一直存放在灵堂里。

2010年3月18日上午，沭阳县人民法院庙头镇法庭在部分县、乡人大代表的监督下，公开审理了这起在当地被四处传扬的兄弟之间的官司。

苏民、苏军和苏林是同母异父的兄弟，他们都是沭阳县茆圩乡村民，他们的母亲是孙某。大概在1944年，年仅17岁的孙某与苏松结婚，后来，他们生下了儿子苏林，但就在苏林3个月大的时候，苏松被日本人抓壮丁抓走了，后被害死在外地。过了好长时间，全家人才听说了苏松的死讯，虽然也曾经寻找过苏松的尸骨，但一直没有找到。

在孤苦的情况下，孙某带着年幼的苏林嫁给了苏松的三弟苏峰，后一直生活在一起，先后生下了苏平、苏民、苏军等兄妹6人。2008年苏峰去世，2010年1月，孙某去世。

孙某的去世，引发了苏民兄妹与苏林之间的纷争，双方都想让孙某与自己的父亲合葬。虽然父亲苏松的尸骨没有找到，但苏林认为，按照当地的风俗，可以用孙某的骨灰搞一个“招魂葬”。对此，苏民兄妹坚决反对。

由于双方争执不下，派出所只得调解，先把老人的遗体火化，骨灰暂时存放在灵堂里，等事情解决了再进行安葬。

苏民兄妹在起诉状上称，“被告（苏林）父亲去世时尚不足3个月，原告母亲与生父将被告抚养长大直至成家立业，但被告从未对母亲和原告生父尽赡养义务，还经常无故谩骂、侮辱母亲，且在母亲健在时即扬言要在母亲去世时将其骨灰与其生父合葬。母亲出于家庭和睦，怕去世后产生矛盾，于2007年3月6日立下遗嘱（申明

①案例来源：杨亦文、周晓萍：《儿女为争夺骨灰对簿公堂》，宿迁新闻网，发布时间：2010-03-19。

书）：我的后事全部由苏峰和我所生的六个子女料理，其他人不得干涉。并经沭阳县公证处公证。”

原告认为：“母亲生前已经立下遗嘱，对其后事料理作出安排，被告在母亲生前未尽赡养义务，母亲去世时无理取闹，致使母亲的骨灰不能归家，并早日入土为安。”因此，原告请求法院“确认孙某的遗嘱声明有效，孙某的后事由原告处理；判令被告停止侵害、消除影响、赔礼道歉，并赔偿原告精神抚慰金15000元；判令被告承担本案诉讼费用。”

苏民兄妹在法庭上出示了由沭阳县公证处公证的孙某的声明书，同时，苏民兄妹还出示了一份2008年2月18日孙某口述，由当时的村支部书记记录的《说明》，在《说明》中，孙某说：“我身体不行了，苏林还时常找我，要我死后到他家办事，和苏松埋葬在一起，我想这事不能。第一，苏松并没有尸骨存在，又和我一起生活时间不长；第二，我和苏峰一起生活时间长达62年之久，夫妻之间从没有不和气的说法，所以我死后一定要和苏峰埋葬在一起。”

针对苏民兄妹的诉讼请求，苏林和儿子苏会武也拿出了一份《调解经过证明书》，以证明“苏民兄妹曾经同意由苏林来操办母亲的后事”。

在这份证明书中，记者看到这次发生在2008年2月份的调解，时间从2月4日一直延续到15日，可见这次调解的曲折与复杂。

按照调解的时间顺序来看，首先是苏民的妻子找到调解人黄某要求调解，经过黄某在其间的多次奔波、调停，他们最终达成协议，孙某由苏林接回家抚养，并负责生活费、生活用品以及平时的日常开支。

在协议上签字的有苏民等人，苏民兄妹没有全部在上面签名，但苏民说这是他们兄妹一起商量的结果，他可以代表兄妹的意见。但值得注意的是，这份协议书上没有孙某本人的签名。

但就在事情继续调解中时，孙某又被其两个女儿带走。

对于自己的主张，苏林说：“虽然我父亲的尸骨没有找到，但按照我们这里的习俗，可以用母亲的骨灰搞一个‘招魂葬’，这样，我父亲的魂就可以找回来了，要不我父亲就永远回不了家！”

由于案件比较复杂，经过一天的审理，这件案子依然没有审理结束。主审法官认为，涉案双方具有亲情关系，如果仅从法律的角度来判决，无论谁胜谁负都会进一步伤害到双方之间的感情，所以法庭将尽力调解，寻找一个双方都能接受的方案，让双方化干戈为玉帛，重修兄弟之好，重连血缘之亲。

对本案例，没有看到结案的报道。笔者认为，如果孙某的公证遗嘱真实有效，即使存在被告所称协议，也应尊重孙某的遗嘱，按死者遗嘱处理后事是第一原则。

对于尸体处置的权利和义务，《荷兰尸体殡葬法》第 18 条规定：尸体的殡葬方式必须按照死者生前提出的、或可能提出的愿望进行，除非认为那种愿望是无法实现的。[①]该法第 19 条第 1 款规定：一个成年人或者年龄达到了 16 岁的自然人，即使他不具有制定遗嘱的能力，可以通过公证书、或亲笔起草、注明日期，以及签名的声明，就其死亡后尸体的殡葬作出决定。第 2 款规定：用一般言词提出的对遗嘱的收回，不能被认为包含着对以前表达的、在上述第 1 款所指的愿望的收回。[②]

这些规定表明荷兰殡葬法律的两个特点：①年满 16 周岁的公民可以立遗嘱安排自己死后尸体的处理方式，即是说遗嘱不仅可用于处理遗产，也可用于处理其他身后事务；②公民关于自己死后遗体的处理方式的遗嘱必须得到其近亲属和社会其他机构、公民的尊重。

1995 年 12 月 8 日经俄罗斯国家杜马通过的《俄罗斯联邦殡葬法》[③]第 1 条“本联邦法的任务”就开宗明义规定“本联邦法确定：(1) 保障按照死者生前的意愿，及其亲属的愿望殡葬死者。”《俄罗斯联邦殡葬法》把保障死者遗愿及其亲属愿望进行殡葬作为立法的第一目的。

第 5 条“关于其身体在死后受到尊重的意愿”进一步明确规定：

---

①靳尔刚主编：《国外殡葬法规汇编》，中国社会出版社 2003 年 8 月第 1 版，第 5 页。

②靳尔刚主编：《国外殡葬法规汇编》，中国社会出版社 2003 年 8 月第 1 版，第 6 页。

③该法内容参见靳尔刚主编：《国外殡葬法规汇编》，中国社会出版社 2003 年 8 月第 1 版，第 234—236 页。

1. 死者关于其身体在死后受到尊重的意愿（以下简称死者意愿）是指有证人在场的情况下用口头方式，或者用书面方式表达的如下意愿：是否同意被解剖；是否同意被取走身体器官和（或）身体组织；按照指定习俗进行丧葬，与指定的人合葬或指定的地点安葬；是否同意火葬；委托指定的人执行自己的丧葬意愿。

2. 尊重死者身体的活动应该完全符合死者的意愿，除非出现了不可能完成死者意愿的情况或是其他违反俄罗斯联邦法律时的情况。

3. 在缺乏本条第一点所述的死者意愿时，则配偶、亲属（子女、父母、养子女、养父母、亲兄弟、亲姐妹、孙子孙女、爷爷、姥爷、奶奶、姥姥）、其他亲人、抑或其他死者法定代表人，在没有所有这些人的情况下，则由其他人担负起殡葬死者的责任。

第6条关于“死者意愿的执行人”规定：死者意愿的执行人是指死者在其意愿中指定的人，死者同意此人担负执行死者意愿的责任。如果在死者意愿中未指定死者意愿的执行人，则由死者的配偶、亲属、其他亲人或其他死者法定代表人执行。如果指定人中的某人有理由地拒绝执行死者意愿，则由承担殡葬死者义务的人执行，或由丧葬事务专职机构实施。

第7条关于“执行死者的殡葬意愿”规定：

1. 在俄罗斯联邦境内，依照本联邦法，每一个人在他死后，根据他的意愿，向他无偿提供一块土地，用来殡葬其身体（遗体）或安置骨灰。

2. 如若在指定殡葬地点旁边、或此前死去的亲属墓地旁边、或此前死去的配偶墓地旁边有空地，则死者要求在此前死亡的人旁边殡葬其身体（遗体）或安置骨灰的殡葬意愿得到保障。其他的情况下，则由丧葬事务专职机构，根据死者死亡的地点、指定殡葬地点旁边是否有空地，以及死者对社会和国家的贡献，来决定如何执行死者在指定殡葬地点殡葬其身体（遗体）或安置骨灰的殡葬意愿。

3. 如若死亡是在其他的居民区或国外发生的，在承担殡葬死者义务、支付殡葬费用的单位或个人的协助下，死者在指定殡葬地点殡葬其身体（遗体）或安置骨灰的殡葬意愿的执行可以得到保障，并且保证按照俄罗斯联邦法律规定的程序和期限内，收到死亡证书、运送死者身体（遗体）的许可文件，以及沿路所需文件，包括穿越国家边境的证明，上述的协助必须由以下单位提供：联邦权力执行机构，俄罗斯联邦主体权力执行机构或地方自治机构，以及其他的根据营业内容提供类似服务的法人单位。

因此俄罗斯殡葬法的规定表明，死者关于自己死后的殡葬方式、地点、执行人等应受到尊重并得到法律的保障；在死者没有提到关于葬式葬法的情况下，则死者的近亲属的关于对死者的葬式葬法的愿望应受到尊重并由法律保障；应尽可能把死者葬在先其死亡的最亲关系的人的墓穴旁；在对死者丧事的办理方面，近亲属的顺序类似于法定继承的顺序；尊重死者及其近亲属的愿望以不违反法律为限，同时还要客观上可以做得到。

中国人民的老朋友史沫特莱自1946年起，以“共产党间谍”的罪名受到联邦调查局严密监视，被封杀了出版和演讲，1949年夏秋当她得知中国革命胜利想前往中国时，受到美国当局的刁难未能成行。但1950年5月史沫特莱去世后，其骨灰遵其遗嘱被送到北京葬于八宝山革命公墓。[①]可见，尊重死者遗嘱对其遗体、骨灰进行处理，是世界各国通例。

四、死者无遗嘱时遗体、骨灰处置的原则

死者近亲属在遗体、骨灰处置发生矛盾时，如果死者有遗嘱按遗嘱的意思处理，这在民法理论和社会伦理方面都不存在争议。但如果死者没有遗嘱或遗嘱不明、遗嘱无效时，发生遗体、骨灰处置之争，应如何处理纠纷呢？

（一）近亲属协商为首要原则

协商处理符合民法当事人意思自治原则。自治原则是民事主体意志独立、利益独立的必然要求，也是平等原则的表现和延伸，其实质为“意思自治”。因为民事主体享有独立主体资格和独立的利益，只有以自己的真实意志自愿地设定权利义务，才能充分发挥其进行民事活动的主动性和积极性，取得法律效果与社会效果的统一，从而有利于和谐社会的构建，有利于从根本上实现“案结事了”。

---

①参见《北京晚报》2011年7月22日特14、15版徐焰文章《始终挂念中国革命　骨灰葬在革命公墓》的报道。

案例 1：儿子诉妈骨灰掉包案[①]

案情：王某系退伍军人，祖籍江苏，因转业至江西省铅山县工作，并在铅山成家立业，育有四女一子。2008 年 3 月，王某因病逝世。因生前王某说过，要将骨灰埋在老家，落叶归根。为遵从王某的遗愿，但又怕儿女们反对，所以刘某便在灵堂偷偷将骨灰盒掉包，送往江苏老家安葬。2008 年 5 月，在一次家庭聚会中，刘某无意中漏了口风，最后在儿女的追问下，说出了掉包骨灰的实情。因为江苏与江西远隔千里，不利于祭奠，儿女们都要求母亲将父亲遗骨迁回铅山，遭到母亲拒绝。无奈之下，王某便以母亲侵犯了祭奠权为由将母亲告上了江西省铅山县人民法院。

处理：法院审理认为，立法上对祭奠权没有明文规定，但并不能否定祭奠权作为一项权利内容。按照民事法律适用的原则及我国善良风俗习惯，有法律依法律，没有法律依民事习惯。祭奠权在没有法律规定的情况下，就应当按照民间的习惯进行保护。夫妻之间、父母子女之间，都有对死亡一方的祭奠权，但是，从夫妻之间和父母子女之间的祭奠而言，显然更应当尊重夫妻之间的祭奠要求。这既是亲等关系使然，也是民事习惯的约定俗成。在法院主持调解下，原、被告达成了共同迎回骨灰盒、原告撤诉的协议。

本案例中，即使是死者的妻子，也不能在死者儿女不知情的情况下，擅自将死者骨灰进行处理，死者子女与死者配偶都有对死者进行安葬的权利义务，任何单方面行为且其他权利人不同意的，都是侵权行为。当然，在法院主持下，当事人达成调解协议，结局还是好的。

案例 2：同母异父子女擅迁骨灰案[②]

案情：2005 年 80 岁的徐某是莒南县团林镇农民，其妻胡某上世

①案例来源：黄新泰：《灵堂掉包骨灰盒　儿子告妈侵犯祭奠权》，中国法院网讯，发布时间：2009–09–29　14:26:27。

②案例来源：邹旭等《为尽孝心扒骨灰　有悖常理赔四千元》，《齐鲁晚报》2005–09–29。

纪50年代初与徐A、徐B的父亲结婚，生育徐A和徐B后便离异。1958年，胡某与徐某结婚并生育了两个女儿徐C和徐D，胡某与徐某共同生活至2004年1月19日去世。

胡某去世后，徐某按当地风俗将其火化安葬，但并未通知徐A和徐B。徐A和徐B得知后于2004年2月18日晚在徐某及其女儿不知情的情况下，将母亲胡某的骨灰连同棺材掘出与其亲生父亲合葬。

徐某及其女儿为维护胡某的死后尊严和自己的合法权益，将徐A和徐B告上法庭。

判决：法院审理认为，胡某虽系二被告的母亲，但胡某与二被告之父离异后于1958年就与原告徐某共同生活并生育了徐C、徐D，直至2004年1月19日去世。三原告在胡某去世后将其安葬在本村并无不当。二被告念及母子之情将胡某骨灰与其父合葬，但其行为及其采取的方式有悖常理，给原告精神上造成一定伤害，被告应赔偿原告精神损失。判处徐A和徐B共同赔偿原告精神损害抚慰金4000元。鉴于二被告已经将胡某的骨灰与其父合葬，因此，原告要求二被告返还骨灰的请求法院不予支持。

本案例中，胡某去世后，其子女均有对其安葬的权利和义务，应共同协商处理胡某的后事，不应在其他子女不知情或一方反对处理意见时，强行自行处理死去亲人的后事，否则必须承担侵权的民事责任。

（二）无遗嘱又协商不成应参照法定继承处理

在死者无遗嘱或遗嘱无效、遗嘱不明而有关当事人又协商不成时，对死者骨灰的处置应参照法定继承的规定处理。法定继承规定了继承人的范围和继承顺序，体现了继承人与死者之间的亲疏关系，在死者近亲属对死者骨灰享有的精神利益方面，也存在程度的不同，在没有其他特别情形时，继承法规定的法定继承的范围和顺序也能体现死者近亲属在死者骨灰上的精神利益的轻重。因此参照法定继承处理骨灰安置纠纷有其内在的合理性。

案例1：亡妻之兄争夺骨灰归属案①

案情：程大来与逝者程细妹系兄妹关系（文中当事人均为化名），郑庚与程细妹自1988年起就以夫妻名义共同生活，直至2005年8月程细妹病逝，其间一直未登记结婚。程细妹病逝后，其兄程大来未经郑庚同意，将其骨灰存于己处。为了骨灰的归属问题，郑庚把程大来告上法院。

程大来与逝者程细妹系兄妹关系，郑庚与程细妹自1988年起就以夫妻名义共同生活，直至2005年8月程细妹病逝，其间一直未登记结婚。程细妹去世后，其骨灰被寄存于某安息园内。2006年8月，程大来将骨灰取出，一直存放于自己处。而在该案之前，程大来曾以继承人身份，就程细妹的遗产分割问题向法院提起过法定继承之诉，并经浦东新区法院民事判决，确认了郑庚与程细妹的事实婚姻关系。

法庭上，郑庚认为自己与程细妹是夫妻关系，两人的事实婚姻关系已被生效的民事判决确认。作为配偶，他与程细妹的关系比被告更加紧密，理应由他来处理程细妹的骨灰。程细妹生前未留任何遗嘱，所以他欲将其骨灰落葬于自己的家乡江苏海门。

程大来辩称，郑庚与程细妹之间自始不存在婚姻关系，郑庚在法律上不是程细妹的丈夫，在事实上未尽到做丈夫的义务，无权处理程细妹的骨灰。程细妹生前留下与其母共葬于墓园的遗愿，而郑庚不可能遵循她的遗愿，所以由他处理其骨灰更为合情合理。

判决：法院审理后认为，骨灰属于法律上的特殊物，包含着强烈的社会伦理意义。近亲属因其与死者间特殊的身份关系，而对骨灰享有保管、安葬的排他性权利。当存在数个近亲属时，应根据善良风俗和道德习惯，依照亲疏远近确定权利归属的孰先孰后，即由与死者生前血缘关系或生活关系最近的亲属享有处分权。郑庚与程细妹系夫妻关系，程大来与程细妹系兄妹关系，而夫妻关系是最基本的家庭关系，是家庭关系存在的纽带，较之于兄弟姐妹更为密切，

①案例来源：姚克勤等：《亡妻之兄争夺骨灰归属》，新民网2010-04-02 07:22。

由郑庚对骨灰进行保管处分更为合情合理。黄浦法院一审判决程大来将骨灰归还郑庚。

这一案例虽然不是参照继承法关于法定继承来作为裁判理由，但实质上是以法定继承中近亲属与死者的亲疏关系的原理为分析问题的依据的，其精髓仍然是法定继承顺序所体现的亲疏关系。

案例2：同居“妻子”与死者母亲骨灰争议案[①]

案情：2007年6月23日，老陈因病不幸去世，遗体于2007年6月25日在龙华殡仪馆火化。2007年8月2日，殷女士将老陈的骨灰取走，临时存放在上海福寿园陵园。郑女士认为，她作为死者的母亲，是死者至亲的人，是处分遗骨的唯一权利人，殷女士的行为已经构成了侵权，理应承担归还及赔偿责任。所以，郑女士要求殷女士立即归还私自取走的老陈的骨灰；赔偿郑女士精神损害抚慰金5000元；赔偿郑女士支出的律师费用2500元。

郑女士和小陈称，2007年8月10日，她到上海市龙华火葬场领取老陈的骨灰盒，火葬场的工作人员告诉她，老陈的骨灰盒和火化证明都已经被殷女士取走，当时殷女士自称是死者的妻子。郑女士当即联系了殷女士要求归还老陈的骨灰盒，但是殷女士一口拒绝，不愿将骨灰盒交出来。殷女士与老陈没有任何法律上的关系，根本无权处分死者的遗骨。

殷女士称，1992年的时候，她就和老陈相识了。1993年，两人开始共同居住，故双方存在事实上的婚姻关系。1997年10月31日，两人生育一女，取名琳琳，其出生医学证明中明确记载：母亲是殷女士，父亲是老陈。她作为死者的妻子，琳琳作为死者的女儿，均有权保管死者的骨灰。

近亲属对骨灰有相应权利。虽然我国法院并未明确规定祭奠权，但是依据我国良好的风尚习惯，骨灰系自然人遗体、遗骨的转

①案例来源：陈文：《母亲女友抢起骨灰盒　祭奠权引争议》，www.jfdaily.com，2008-3-31 16:34。

化物，由于近亲属与死者之间具有特殊亲属关系和情感，因此只有近亲属才对死者的骨灰享有相应的权利。本案郑女士和小陈分别是死者老陈的母亲和儿子，均对老陈的骨灰享有权利，这种权利是基于父母与子女之间的身份而产生的。而本案殷女士虽称其与老陈于1993年开始共同居住，但双方并未办理过合法的婚姻登记手续，殷女士未能提供证据证明与老陈建立了法律上的婚姻关系，故殷女士所称其作为老陈的妻子，有权保管死者骨灰的诉讼主张，法院难以采信。

判决：卢湾法院判决殷女士于判决生效之日起十日内将老陈的骨灰交付郑女士和小陈；郑女士和小陈要求殷女士赔偿精神损害抚慰金5000元的诉讼请求不予支持；郑女士和小陈要求殷女士赔偿律师费2500元的诉讼请求不予支持。

在这一案例中，殷女士与死者老陈共同生活多年，但没有形成合法夫妻关系，从继承法法定继承的角度，因其不是死者近亲属而没有继承权，虽然多年共同生活使其在老陈骨灰上也有精神利益，但这一精神利益并不为法律所保护。死者老陈的母亲和婚生儿子小陈是当然的第一顺序继承人，有保管安置老陈骨灰的权利。当然，老陈与殷女士所生之子也是第一顺序继承人，但其还未成年，还不具备保管、处置骨灰的能力，因此，法院的判决是正确的。

案例3：侄子与姑姑争讨骨灰案①

小赵的父亲也已经过世，与姑姑赵女士一直有矛盾。2010年4月初，小赵发现因为墓地拆迁，自己的姑姑赵女士没和自己商量就将爷爷骨灰移走，不知安置在何处。故起诉至北京市顺义区人民法院要求自己的姑姑赵女士返还爷爷的骨灰，并赔偿因此引起的精神损失。

赵女士辩称，安置自己父母的骨灰是儿女的责任，也是儿女的

①案例来源：宋万忠：《老汉安葬墓地拆迁　侄子与姑姑争讨骨灰》，中国法院网，发布时间：2010-07-15　09:03:14。

权利，小赵没有相关的权利要求返还骨灰。

小赵提供消息称，爷爷的骨灰已被姑姑安置在八宝山公墓，但坚持要求将爷爷骨灰移至村墓地安葬。

这一案例尽管没有法院结案的报道，但在当事人协商不成的情况下，参照继承法法定继承的范围和顺序处理此案，应是正确的选择。小赵属于第二顺序继承人，而其姑姑则属于第一顺序继承人，显然，姑姑在死者骨灰上的精神利益更重一些，她对死者骨灰的优先处置权应得到法律保护。同时，死者安葬于八宝山公墓，已入土为安，不宜再迁动。因此，小赵的诉求不应支持。

案例4：弟弟诉表姐交付父亲骨灰案[①]

2009年3月，一直与母亲共同生活的黄先生得知久未联系的父亲已经去世三年，为让父亲入土为安，黄先生要求表姐将父亲的骨灰还给自己，遭到表姐的拒绝。黄先生将表姐告上法庭，要求法院判决表姐向自己交付父亲骨灰的保存单据。北京市东城区人民法院受理了此案。

原告黄先生诉称：1983年8月20日，经崇文区人民法院判决，原告父母离婚，原告跟随母亲共同生活，之后，一直未能与父亲黄先生联系。2009年3月，原告向父亲单位了解父亲去向，方才知道父亲已经于2006年8月过世，骨灰火化后保存在怀柔殡仪馆。原告同父亲所在单位接洽后，希望能够让父亲入土为安，却被单位告知，父亲骨灰保存单据已经由自己表姐取走，通过和表姐联系，希望能取得单据将骨灰安葬，但表姐一直拒绝给付。为了使死者能够安息，向法院起诉要求表姐交付父亲骨灰的保存单据。

如果死者没有立遗嘱将骨灰交由表姐保管，表姐并不是死者近亲属，黄先生作为死者儿子是死者直系亲属、第一顺序继承人，参照继承法的规定，

①案例来源：郭玮：《为取回父亲骨灰 弟弟将表姐告上法庭 》，中国法院网，发布时间：2009-05-07 16:42:02。

只要其未丧失继承权，显然，其有权保管安置父亲的骨灰，其诉讼请求应予支持。

案例5：女儿独自葬母、继父获得精神赔偿[①]

案情：韩女士母亲田老太太两年前丧偶后住进了敬老院，认识了71岁的许某，两人于2009年8月4日登记结婚。2010年4月16日，田老太太生病，因许某无力照料，韩女士将母亲接回家中照料，2010年7月，田老太太病逝，韩女士独自安葬了母亲。许某得知后将韩女士起诉至阜新市清河门区法院，要求确认自己对田老太太尸体的处置权并要求韩女士赔偿精神损失费2万元。

判决：法院认为，死者近亲属都有安葬亲人的权利和义务，韩女士没有证据证明其通知许某办理田老太太丧事，使得原告未能参加自己妻子的丧事，对原告造成一定精神损害，因此判决韩女士一次性赔偿许某精神损害抚慰金2000元。

西方对于死者殡葬的义务人通过法律作出明确规定，如德国《勃兰登堡州殡葬法》第20条关于"殡葬义务人"第（1）款规定，"法定成年亲属按下列顺序承担殡葬义务：①配偶；②子女；③父母；④兄弟姐妹；⑤孙子女、外孙子女；⑥祖父母、外祖父母；⑦长期在一起共同生活的伙伴。"对于同一顺序的殡葬义务人，则规定"假如由一对夫妇或者多名义务人承担殡葬义务的话，则由他们中间的年长者牵头负责殡葬事宜。"[②]很明显，这一顺序与法定继承人的顺序是一致的，也与死者生前的亲密程度相关联。同时，这既是殡葬义务人的顺序，也是行使殡葬权利的顺序，因为权利义务是对立统一的关系。

美国《华盛顿哥伦比亚特区殡葬法》[③]第3-413条在其第（2）（3）（4）（5）款则规定，任何有法定资格的成年人都可以在生前签署关于本人死亡后

①案例来源：王洁：《女儿独自葬母亲却被继父告了》，《华商晨报》2010年12月11日A7版。
②靳尔刚主编：《国外殡葬法律法规汇编》，中国社会出版社2003年8月第1版，第72—73页。
③该法内容参见靳尔刚主编：《国外殡葬法律法规汇编》，中国社会出版社2003年8月第1版，第771—772页。

遗体处理的方式和代理人的殡葬执行文件，死者死后，所选定的代理人立即生效。

美国《华盛顿哥伦比亚特区殡葬法》第3–413条第（1）款规定，除非死者生前另有指示，否则对死者遗体的处置方法，遗体埋葬的地点及条件，殡葬商品和殡葬服务的安排，都将按照下列的优先权顺序来选择处理死者遗体的人：

①有法定资格的健在的配偶或家庭伴侣；

②死者唯一健在的有法定资格的已成年的子女，或者在有法定资格的子女不止一个的情况下，应该由其大多数人决定；同时，少数健在的有法定资格的成年子女也可以被赋予这种权利义务，如果他们尽力将他们的决定通知了所有其他健在的有法定资格的成年子女，并且后者并不反对他们的决定；

③死者的健在的有法定资格的父母，如健在的有法定资格的父母有一方不在场，那么，如果在场的一方已经尽一切努力通知另一方，但另一方不到场的情况下，在场的有法定资格的父亲或母亲就被赋予了这种权利义务；

④隔辈的健在的有法定资格的成人，如不止一名，那么本章中规定的权利义务可以赋予这些人中的大多数；少数隔辈的健在的有法定资格的成人也可以赋予被本章中规定的权利和义务，但这些少数人应该尽力将他们的决定通知所有其他隔辈健在的有法定资格的成年人，并且后者并不反对他们的决定；

⑤成年朋友或自愿者。

美国《华盛顿哥伦比亚特区殡葬法》第3–413a条规定，关于死者尸骸的控制或处理权的争端，应该由具有法定权限的司法机关来裁决。在争端解决过程中，法庭应考虑如下的因素：

（1）对遗体最终安排和处理的合理性、可实现性及付款来源的可获得性；

（2）与死者具有同等亲属关系的人，与死者的私交程度；

（3）死者生前的意愿和指示，以及对实现自己的意愿和指示的强烈程度；

（4）最终安排和处置可能影响到的，对死者遗体付费的参与人的数量和程度。

我国《继承法》第 7 条规定：继承人有下列行为之一的，丧失继承权：（一）故意杀害被继承人的；（二）为争夺遗产而杀害其他继承人的；（三）遗弃被继承人的，或者虐待被继承人情节严重的；（四）伪造、篡改或者销毁遗嘱，情节严重的。那么，在死者近亲属之间发生遗体、骨灰的处置之争时，应参照《继承法》的规定，对存在第 7 条规定的情形的近亲属的处置权予以否定而对其他近亲属的处置权予以保护。

（三）尊重公序良俗

在死者无遗嘱、当事人协商不成且当事人属同一顺序继承人无法参照继承法法定继承处理的情况下，则应尊重当地风俗习惯。任何一个国家法律即使再严密也不能覆盖社会生活中一切需要调整的领域，法律滞后的特点也使其必然存在着缺陷。而我国处于经济快速发展、社会急剧转型的历史时期，且法制建设缺少历史积淀和延续性，地域之间、城乡之间经济、文化存在较大的不平衡性，在这样的国情条件下，制定法律往往具有粗放性、原则性、抽象性，法律调整社会关系的精细化程度必然是不会太高。当地群众普遍接受的骨灰安置习俗可以成为处理骨灰安置纠纷的参照。但是，与法律价值和社会公德相违背的习俗，必须坚决否定，保持国家法制的内在统一。

西方的殡葬立法有的对此也进行明确规定。如德国《勃兰登堡州殡葬法》第 1 条关于殡葬的原则明确规定，“（1）体面地殡葬死亡人员是一项公共责任。（2）在处理尸体、部分尸体、死人骨灰及人工流产和早产胎儿时，不得危害公共安全或公共规章准则，尤其不得损害健康和法律利益，不得损害死者的尊严和公众的风俗习惯。”①

案例 1：骨灰配阴婚案②

林州市姚村镇某村 49 岁的常某（女）不慎落水身亡。然而，死者的尸体却被其娘家兄弟带走，在得到 5800 元钱后，娘家人将死者

①靳尔刚主编：《国外殡葬法律法规汇编》，中国社会出版社 2003 年 8 月第 1 版，第 64 页。
②案例来源：《林州荒诞离奇的骨灰争夺案》，大河网讯，2005 年 08 月 11 日　08:03。

火化后的骨灰给人，与一死去的光棍汉合葬，按照当地的风俗配了“阴婚”。此举引起了常某“丈夫”（名义上结婚却未办理结婚登记手续）的强烈不满。死者的“丈夫”、死者的娘家人和配了“阴婚”的家属三方相关当事人围绕骨灰的权属问题对簿公堂。2005年8月3日上午，林州市人民法院姚村法庭公开开庭审理了此案。

当地配阴婚的习俗，严重损害死者人格，也是包办婚姻和买卖婚姻的一种变相表现方式，与国家法律和社会公德背道而驰，这样的风俗习惯不仅不能成为法院判案的依据，而且要在审理案件的过程中给予公开谴责和否定，对买卖骨灰的非法所得予以没收。

案例2：丈夫诉前妻已故女儿骨灰还原案①

案情：孟某与史某结婚，当年生下了女儿。女儿7岁那年，由于感情不和孟某与史某离婚，女儿随史某一起生活。

孟某离婚不久就组织了新的家庭，并且生了一个女儿。几年后，史某也两次结婚并有了一个儿子。在此期间，女儿始终与母亲史某生活在一起。1997年，12岁的女儿要上中学了，可是史某交不起学费。无奈之下，史某让女儿去找孟某索要学费。从那以后，女儿就搬回了奶奶家，每逢节日和周末都要到父亲那里去团聚。看着乖巧懂事的女儿，孟某心里十分高兴，他开始强烈意识到自己从前欠女儿太多，他要加倍偿还，要以更多的父爱弥补她与史某离婚后带给女儿生活和精神上的创痛，让女儿快乐、成才。

然而事不遂人愿，1999年6月26日到父亲身边不到两年的女儿就被一起交通事故夺去了年仅14岁的生命。孟某和史某共同办理了丧事，并将女儿的骨灰存放在太原市某殡仪馆内，存期三年。可是三年的存期还没有满，女儿的骨灰就被史某取走了。

孟某得知史某之所以取走女儿的骨灰是因为有人要与女儿结阴亲，同时还听说，男方家给了史某两千元钱。

①案例来源：《骨灰处置后的纠纷》，黄河电视台2002年08月《公民与法》节目。

2002年1月24日，孟某以史某侵犯其对女儿的探视权和女儿的名誉权为由将史某起诉到人民法院，要求将女儿的骨灰恢复原状，放回原处，并要求史某赔偿精神损失费5000元。

判决：2002年6月27日，人民法院对孟某诉史某的侵权一案作出一审判决。法院认为，原、被告离婚后其女儿仍是双方共同的女儿。女儿去世后，对其遗骨双方均有吊唁和安葬的权利，被告在未告知原告的情况下，擅自将女儿的遗骨与他人配了亲，并收取他人钱财，这种非法利用遗骨、违背公序良俗的行为，使原告蒙受感情创伤并造成精神痛苦。侵害了原告的吊唁权，更是社会公德所不容的。故被告应酌情赔偿原告精神损失抚慰金三千元。由于原被告双方都不能提供孟娟骨灰的具体下落，驳回孟某要求将女儿骨灰放回原处的诉讼请求。

一审判决虽然是孟某胜诉，但是他对法院没支持他将女儿骨灰放回原处的诉讼请求感到有些不满意。孟某决定亲自去寻找女儿骨灰的下落，终于在上诉期内找到了女儿所葬墓地，孟某随即向太原市中级人民法院提出了上诉。

本案中，史某在不通知孟某的情况下，擅自取走女儿的骨灰本就违反协商处理的原则；更加错误的是还将女儿的骨灰与他人配为阴亲。她的做法不仅为法律所不容，而且也为现代文明与社会公德所反对。同时，其将具有强烈人格性的亲人骨灰予以买卖，其所得是非法的，应予以没收。

案例3：母亲诉儿子擅迁骨灰案[①]

案情：张女士膝下有一儿四女，丈夫去世后，骨灰被安放在房山区某公墓，张某及子女们每年都要到公墓去祭奠。2006年8月，因地方建设需要，需对影响建设的塔坡部分墓穴进行迁移，有关部门即发布迁坟公告。被告牛先生是家中的长子，得知此消息后，向有关部门咨询得知，其父亲的墓穴不属于必迁之列。但恰逢此时，

①案例来源：武婧：《儿子为改“风水”擅迁亡父骨灰　老母亲告其恢复原状》，中国法院网，发布时间：2007-10-29　15:36:49。

牛某在做生意时遭受了巨大损失，有一天和朋友一起吃饭时，牛某偶尔和朋友说起要迁移墓穴的事，一个朋友煞有介事地劝牛某说“生意上的损失肯定是风水不好造成的，你应该借着这个机会把你父亲的骨灰迁迁，改变一下风水”。牛某信以为真，决定先瞒着家人把父亲的骨灰迁走，以后有机会再慢慢说。

2007 年，被告牛某未与其母亲和几个姐妹协商，即将父亲的骨灰迁移至别的陵园。不久后，牛某的妹妹去祭祀父亲，得知父亲的骨灰已被迁走。得知这一消息，全家仿佛炸开了锅，原告张女士更是血压升高、心脏病发作，住进了医院。家人对牛某的这种行为都非常气愤，由张女士作为原告将儿子牛某诉至法院，要求被告将原告之夫的骨灰迁回原公墓、恢复原状，并赔偿原告医疗费、精神损害抚慰金合计一千余元。

判决：法院经审理后认为，民事活动应当尊重社会公德，对已故公民进行祭奠是中华民族的传统习俗。根据查明的事实，被告未经原告同意、也未与原告其他子女协商一致，擅自将原告之夫的骨灰迁移至距离较远的其他陵园，将直接导致原、被告及原告大多数子女祭祀不便等实际问题，也不利于家庭的团结和睦。鉴于原告之夫在原公墓的墓穴依然存在，原告要求将骨灰迁回原址，理由正当，符合传统风俗习惯及原告大多数子女的意愿。法院依法作出判决，要求被告将其父亲的骨灰迁回原址；鉴于原告所发生的医疗费与被告的迁坟行为没有必然因果关系，被告的迁移行为也不能认定给原告造成了精神损害，故原告要求被告赔偿医疗费及精神损害抚慰金的诉讼请求法院未予支持。

配偶、子女属于同一顺序继承人，表明其与死者的亲疏关系相当，当因遗体、骨灰的安置发生纠纷时，对因所谓风水等封建迷信思想的影响的行为不能支持。因此，本案中，儿子因所谓风水就擅迁父亲骨灰行为严重侵害其他亲人的精神利益，法院对这样的风俗习惯予以否定是正确的。

风俗习惯首先是法律的重要渊源，恩格斯认为“在社会发展的某个很早的阶段，产生了这样的一种需要。把每天重复着的生产、分配和交换产品的行为用一个共通规则概括起来，设法使个人服从生产和交换的一般条件。这个规则首先表现为习惯，后来便成为法律。”[①]英国著名历史法学家梅因认为：“罗马法典，只是把罗马人的现存习惯表述于文字中”。[②]

其次，风俗习惯通过法律的确认或判例的宣示，上升为具有法律规范性质的行为规则。卢梭认为“这是国家之真正的宪法；它每日都在获得新的力量。当别的法律衰败失效的时候，它恢复它们，或代替它们，它可使人民保持那种最初的创制精神，在无形中以习惯的力量代替威权。”[③]

有的国家的民法典明确规定：法无规定时依习惯。如1907年《瑞士民法典》第1条第2项规定“法律无规定之事项，法院应依习惯法裁判之”；《日本民法总则》第92条规定“习惯如与法令中无关公共秩序之规定有异，关于法律行为，依其情况，得认当事人有依习惯者，从其习惯”。

英美法系则以其判例法传统强调习惯、先例的规则价值。英国的“普通法大部是以接受和一般化全国的或广泛流行的习惯为基础的；英国的普通的、一般的习惯变成了普通法”。“先例的背后是一些基本的司法审判概念……而更后面的是生活习惯、社会制度……通过一个互动过程，这些概念又反过来修改着这些习惯和制度”[④]“一般说来，我们国家的编纂为美国统一商法典的商事法律是随着商业习惯变化的，而不是习惯随着法律变化。”“特别是在英美法中…… ［法官］从习惯做法中……制定出普通法”。[⑤]

我国《民法通则》第6条明确规定“法律没有规定的，应当遵守国家政策。”没有提到遵守习惯。但是，在法官不能以没有法律规定为由拒绝裁判的司法原则下，在没有法律明确调整的民事关系成为人民法院的审理对象时，不违反法律强制性规范和体现公共利益的国家政策的风俗习惯应该成为处理纠纷的依据。

因此风俗习惯的适用的条件是：民事关系的调整没有法律规定、风俗习惯不违反法律的强制性规定。那么诸如“先房为大，长子为大”的习俗不符

---

①《马克思恩格斯选集》第2卷，人民出版社1972年版，第538页。

②梅因：《古代法》，沈景一译，商务印书馆2010年版，第12页。

③卢梭：《社会契约论》，参见《卢梭民主哲学》，九州出版社2004年8月第1版，第50—51页。

④卡多佐：《司法过程的性质》，苏力译，商务印书馆1998年版，第8页。

⑤波斯纳：《法理学问题》，苏力译，中国政法大学出版社2001年版，第270页、444页。

合死者近亲属具有平等的处置权的民法原则，就不能成为处理遗体、骨灰纠纷的依据。

（四）综合判断处置复杂纠纷

现实生活中，有的骨灰处置纠纷情况复杂，通过上述方式均不能解决，这时就要具体问题具体分析，综合分析生前夫妻感情、有无子女、夫方有无其他配偶合葬、丧事料理等因素，这时就要按照法、理、情、俗相结合的原则进行综合判断，作出恰当处理。在法、理、情、俗的结合中，可以推导出下列具体规则：①死者生前有多次婚姻的，应优先考虑其骨灰与感情较好一方合葬，因为这符合死者意愿，与尊重遗嘱道理相同；②如果死者生前只与一夫（妻）有子女，其骨灰应优先考虑与其有子女之夫（妻）合葬，因为骨灰安置问题实质上是祭奠精神利益的实现与保护问题，而子女则是主要的祭奠者且其祭奠时间较长；③有的死者生前与夫（妻）、子女感情不好，与他们分开居住，有的还与其他亲友同住，甚至立遗嘱将其全部遗产留给其他亲友，但只要其对后事处理未作明确安排，在其骨灰如何安葬处理上，其最近亲属仍享有优先权，因为在婚姻家庭关系中，夫妻、父母、子女关系是最亲密的，在骨灰安置方面的优先权符合自然法则；④前夫（妻）、后夫（妻）中，无其他配偶与其合葬者享有优先权，已有已亡配偶与其合葬的则为次；⑤一方子女接到死者死亡通知后，拒绝参与丧事处理的，应在骨灰之争中处于不利地位，因为这反映了其对死者关系的疏远，对死者骨灰享有的精神利益自然较少等等。

案例1：后妻与前妻之子争夺骨灰保管权案[①]

案情：赵某之父与李某婚后生育三子，赵某系其长子。1974年李某病故。1976年底，赵某之父与张某结婚，婚后未生育子女。2003年9月26日，赵父立下遗嘱，遗嘱中第三条内容为：如果百年后，张某愿意保管我的骨灰，国家给我的殡葬费、抚恤费及其他

①案例来源：王峻：《本遗嘱纠纷案中骨灰应如何处理》，中国法院网，发布时间：2007-06-27 09:01:47。

费用归张某所有；如果到时张某不愿保留骨灰，国家给我的上述费用都归赵某所有；第五条内容为：待百年后，由大儿子赵某操办我的后事。该遗嘱于2004年2月18日经邳州市公证处公证。2004年4月9日，赵父病故。2004年4月12日赵父的遗体火化后，赵某将赵父的骨灰、其母亲李某的骨灰合葬于邳州市某墓地，为张某预留了墓穴，许诺待张某百年后将三人合葬，张某领取了殡葬费等费用并参加了葬礼。2005年3月7日，张某诉至原审法院，请求将赵父的骨灰判由自己保管。

原告张某诉称：2004年4月19日，赵父去世后，其骨灰一直存放在赵某处。赵父去世前立下遗嘱并经公证，骨灰由其保管，由于赵某不配合，故起诉，请求法院依法判决赵父的骨灰由其保管。

被告赵某辩称：赵父遗嘱中称后事由其操办，骨灰现已安葬于墓地，且安葬前原告已同意，原告之诉违反风俗习惯，请求法院依法驳回张某的诉讼请求。

一审判决：邳州市人民法院经审理认为，继承法中的遗嘱继承，主要是解决遗产分割问题。公民可以立遗嘱将个人财产指定由法定继承人中的一人或者数人继承，当然，对立遗嘱人合法的财产以外的遗嘱其他内容，也应充分予以尊重。赵父所立遗嘱第三条的主要意思应理解为：只要张某有愿意保管其骨灰之意，即可得到丧葬费、抚恤费等。其遗嘱中并无其骨灰非张某保管不可之意，且赵父的骨灰已被其长子赵某安葬，张某也无证据证明不同意安葬。民间有“入土为安”的风俗习惯，儿子亦有安葬父亲的义务，若再将骨灰从墓中取出交由张某保管，则有悖常理，违反公序良俗之原则。作为张某虽有恋夫难舍之心，也应让其安息，故张某之诉依法不能支持。依照《中华人民共和国民法通则》第七条的规定，于2005年3月25日作出判决：驳回张某的诉讼请求。

张某不服一审判决，向徐州市中级人民法院提起上诉，主要理由为：原审判决将遗嘱中的第三条内容理解为“只要张某有愿意保管其骨灰之意，即可得到相关财产”，歪曲了遗嘱的内容。立遗嘱人的真实意思表示应是“保管骨灰是继承财产的前提条件”，请求二审法院撤销原判，将赵父的骨灰判由张某保管。

二审判决：徐州市中级人民法院经审理认为，综合赵父所立遗嘱第三条和第五条的内容判断，其真实意思应是为丧葬费、抚恤费的取得设定的条件，且后事交由赵某负责操办，因此，该遗嘱并未明确骨灰非张某保管不可。骨灰是死者人身权利和生前尊严的延伸，对于骨灰的处理，原则上应当按照死者的意思表示办理，在死者生前未作出明确意思表示的情况下，应按照死者最近亲属及其继承人的意思办理。因此，作为死者最近亲属的张某及赵某均有对该骨灰行使安葬及管理的权利。鉴于赵某已将死者的骨灰妥善安葬，如再取出重新安葬有违公序良俗。故张某的上诉请求，法院不予支持。依照《中华人民共和国民事诉讼法》第一百五十三条第一款第（一）项之规定，判决如下：驳回上诉，维持原判。

张某仍不服，向徐州市人民法院申请再审，主要理由：1. 骨灰是张某和赵父30年夫妻的感情寄托，张某除了赵父没有任何亲人，没有骨灰张某无法生活下去；2. 赵某未告知张某埋葬赵父骨灰的地方；3. 赵某并未依照赵父的遗愿将骨灰埋在宿迁老家或埋在邳州市巨山；4. 赵某在赵父生前从未照顾过他，赵父生前要求张某将他的骨灰抱回老家；5. 妻子是第一继承人，赵父的骨灰应由张某保管。

复查处理：徐州市中级人民法院复查后认为，骨灰是死者人身权利和生前尊严的延伸，对于骨灰的处理，在不违反法律规定和社会公序良俗的前提下，原则上应当按照死者的意思表示办理。赵父的遗嘱上涉及骨灰处理的条款有两条，一是第三条规定：张某若愿意保管骨灰，殡葬费等费用归张某所有，说明张某具有选择是否保管骨灰的权利；二是第五条规定：由赵某操办赵父的后事，后事中当然应包括骨灰的安置。赵某也有安置骨灰的权利。即张某与赵某均有权决定如何安置骨灰。赵父2004年4月9日去世，赵某操办了丧事，赵父的遗体火化后，于2004年4月12日下葬，张某参加了葬礼，也明知赵某将赵父的骨灰埋葬，应视为张某当时未选择由其保管赵父的骨灰。2005年3月，张某诉至法院，认为骨灰由其保管才最符合人性道德，但此时距赵父下葬已近一年，鉴于赵某已将死者的骨灰妥善安葬，如再取出有违公序良俗。故原判决驳回张某的诉讼请求并无不当，张某申请再审的理由不能成立，应予驳回。

本案是一起非遗产继承纠纷案，在最高人民法院《民事案件案由规定》中没有规定此类案件的案由，本案争议的实质内容是骨灰的处置问题，但受理法院将其确定为“遗嘱纠纷”，这从司法实践上确认了遗嘱并不仅限于处分遗产，对于人身权范畴的事务也可进行处分或作出安排。

本案中，赵父生前立下公证遗嘱，该遗嘱具有法律效力，应作为处理纠纷的依据。但该遗嘱对骨灰的安置在两处作了不同的交待：一处是第3条，张某是否愿意保管骨灰，其具有选择的权利；同时张某是否愿意保存骨灰，也是其能否取得丧葬费等费用的条件。一处是第5条，要求由赵某操办后事，根据我国的风俗习惯，后事主要是遗体收殓、告别、火化及骨灰的安置，因此赵某也有权安置骨灰。二者安置骨灰的权利相比较，赵某的权利是笼统的，张某的权利则是具体明确的。同等的条件下，张某具有优先保管骨灰的权利。

虽然从遗嘱的内容上看，张某享有优先保管骨灰的权利，但在办理赵父后事时，张某领取了丧葬费等费用且参加了葬礼，应视为当时张某并未选择由其保管骨灰，而是同意由同样享有保管权的赵某将赵父的骨灰妥善安葬。张某在赵父的骨灰已安葬近一年后，诉至法院要求赵某将骨灰从坟墓中取出，交由其保管，存放在家中。但安置骨灰应以不影响正常生活、又便于表达哀思为宜。将骨灰存放家中，未免使活着的人睹物思人、陷于痛苦，亦不便于死者的其他亲人进行祭奠；况且按照当地的风俗习惯，死者要入土为安，将骨灰从坟墓中取出，是对死者及其亲人的大不敬。张某的诉请既无法律依据，亦违反了公序良俗原则，当然不应得到支持。

案例2：同父异母子女争抢父亲尸骨案[①]

案情：2007年4月4日清明节，太康县清集乡某村村民张某（女）和姐姐等4人拿着祭品来到娘家祭奠亡故的父母亲。当她们来

①案例来源：于扬 王慧星：《子女争抢父亲尸骨续：法院判双方共同祭奠》，中国法院网，发布时间：2008-01-07 16:23:49。

到坟地时，被眼前的一幕惊呆了：父亲棺木被撬开，尸骨不翼而飞；母亲的棺木暴露在外。

据张庄村知情的村民告诉张氏姐妹，2007 年 3 月 20 日，她们远在大连打工的哥哥张某（男）带人将其父的尸骨从棺木中取走。

张父生前先后结了两次婚，与前妻张李氏结婚生育一子张某（男）后离了婚。随后，父亲又与母亲刘氏结合，并养育了她们姐妹 4 人。父亲于1954年10月去世。母亲刘氏于2000年12月26日去世后，哥哥张某（男）和其儿子等人同意母亲刘氏与父亲合葬。几年后，张某（男）多次找到她们姐妹 4 人，要求挖走父亲的尸骨进行火化，并与自己的母亲合葬，以方便自己祭祖，但姐妹 4 人坚决不同意。

知道哥哥“偷”走父亲尸骨，姐妹 4 人数次索要无果，2007 年 4 月 15 日，姐妹 4 人将张某（男）告上法庭，要求其赔礼道歉，将坟墓恢复原状，并赔偿 4 原告精神抚慰金 5 万元。

2007 年 10 月 20 日，太康县法院依法组成合议庭，公开开庭对此案进行了审理。

判决：法院审理后认为，4 原告之母刘氏去世后已与 4 原告之父合葬一起多年，被告在未征得原告同意的情况下，不顾社会公德，擅自扒坟移尸，将其父尸骨取走火化，骨灰自己存放，同时，又致使刘氏的棺木暴露在外，有违公序良俗，给原告造成精神伤害，被告行为构成侵权，应承担相应的侵权责任。

依据《中华人民共和国民法通则》相关条款及最高人民法院关于民事侵权精神损害赔偿责任若干问题的解释，法院于 2007 年 12 月 29 日作出判决：被告张某（男）等人将父亲尸骨骨灰存放于殡仪馆，由双方共同祭奠，同时应向 4 原告赔礼道歉、恢复坟墓原状、赔偿精神抚慰金 2000 元。

案例 3：前妻子女骗迁骨灰案[①]

案情：王老先生是革命前辈，战争年代有过两次婚姻。第一次

①案例来源：马寄锦:《为争骨灰子女同室相煎　法院判决“入土为安”》，中国法院网，发布时间：2009-03-11　11:54:33。

婚姻生育了三个儿子，后妻子不幸病故，王老先生与现任妻子李老太太结婚后又喜获三子一女，解放后王老先生和李老太太都享受老干部待遇。1981年4月8日，王老先生过世，按规定骨灰被安葬在其战斗、工作过的某革命烈士陵园老干部公墓内。多年来，王老先生的亲属都一直去革命烈士陵园老干部公墓祭祀、悼念。

2007年8月，王老先生长子病重在床，却有个未了的心愿，希望能够将已去世的父母的骨灰合葬在一起。为了替父亲完成心愿，女儿王某未经原告李老太太及其子女的同意，采取欺骗公墓管理人员的手段，私自将王老先生的墓地挖掘，取走王老先生的骨灰盒。

李老太太及其儿女知道后，一下子失去了精神寄托，受到很大的打击。通过相关部门多次与被告沟通，希望将王老先生的骨灰安葬回陵园老干部公墓内，但均无效。无奈之下，李老太太只好诉至法院。李老太太及其儿女认为，逝者的骨灰是蕴含着亲属巨大精神利益的一种特殊物，他们与逝者具有最近的夫妻或直系亲属血缘关系，而王小燕的行为，对他们造成了极大的精神伤害，故请求判令被告停止侵权，将王老先生的骨灰葬回革命烈士陵园老干部公墓内，并赔偿原告精神损害抚慰金人民币60000元。

法院立足亲情，采取多种方式调解。承办法官认为，原被告作为王老先生的近亲属，有着血缘上的联系，历史上经历过多种磨难，也曾有共同生活的美好情景。亲人平安、和睦，肯定是王老先生生前的最大心愿，如果其地下有知，可能最不愿意看到自己的亲人因自己的安葬问题而同室相煎。死者骨灰维系着死者与其近亲属之间的亲情，在死者生前未立下遗嘱的情况下，其骨灰也应由死者近亲属共同处分。但调解不成。

判决：法院认为，王老先生去世后，其骨灰被安葬在烈士陵园内，是王老先生近亲属的共同意思表示，符合我国民间“入土为安”的善良风俗习惯。死者骨灰一经共同处分，除非出于社会公共利益的需要等原因，或近亲属之间的协商一致，原则上应保持原状，任何人无权私自转移，这是社会普遍认知的标准。王某私自转移王老先生的骨灰，违背了善良风俗习惯，既是对死者的不敬，也对原告构成了侵权。故法院判决，被告方将王老先生的骨灰返还烈士陵园安葬；逾期不返还，则赔偿精神损害 25000 元。

（五）骨灰分开保管应作为最后的处理方式

当死者多个近亲属都享有安置权而又争执不下时，如果其中有当事人提出将骨灰分成几份分别由不同亲属保管安置，或当事人都坚决要求保管安置亲人骨灰、不愿妥协，这时，能否对骨灰举行分割处理以满足不同亲属的祭奠精神需要？

案例：婆家与夫家骨灰争夺案[①]

刘某与马某系大学同班同学。两人初恋。毕业后马某随刘某来到咸阳，登记结婚。远在兰州的马某的家人不愿女儿远嫁他乡，更不满意刘某这一女婿。2007 年 12 月 1 日刘某陪妻马某到某医院进行产前检查，并决定住院待产。入院后因输 VC 液体，马某不治身亡，经协商，医院承担了赔偿责任。刘某和马某的家人处理完毕马的后事。将骨灰存放殡仪馆。刘某和马某的家人因骨灰的处置发生争执。马的家人要求将骨灰带回兰州，刘某坚决反对。后刘某退让，要求保留部分骨灰，但双方仍不能协商解决，遂诉至法院。

骨灰是人身权的客体。权利的主体并不是死者，而是死者的近亲属。在死者的近亲属是两人及两人以上时，他们享有的权利指向了一个共同的标的物，这时就存在一个多个权利主体之间如何行使权利的问题。虽然骨灰不是物权意义上的物，但骨灰毕竟还是特定法律关系的标的物，在法律未作明确规定的情况下，按照法律漏洞的填补方法，对骨灰按物权意义上的物进行类比分析具有民法体系内在的合理性。如果按照所有权进行类比，则骨灰上可存在多人共有的“所有”权，参照《物权法》关于共有关系当事人没有约定或约定不明推定为按份共有的规定，可以推定死者近亲属间对死者骨灰为

①案例来源：贺铁材：《婆家与夫家骨灰争夺战》，拍案网，http://www.124aj.cn/ 添加日期：2008-12-26 09:10:00。

按份“共有”关系。同时，骨灰与尸体虽然在其人格性方面是相同的，但如前述，遗体与死者生前活体形象联系紧密，对遗体进行分割分开保存和处理将对死者亲属产生巨大伤害，也为社会伦理所不容；而遗体火化为骨灰后不再保持人体的外形，与死者生前的活体形象有着巨大的区别，其与人体活体形象的分离是其可分的主观基础，其粉末形态是其成为可分“物”的客观基础。因此，骨灰是类似于物权之物的可分物，且是按份共有之“物”。参照《物权法》，按份“共有”人随时可以提出分割要求。

从历史文化传承角度看，火葬这一殡葬方式我国古已有之，据考古发现在原始社会的墓穴中就发现了装有骨灰的陶器；西周时期无论是平民百姓，还是王公贵族，都有火葬的传统；据考证，火葬制度还随着佛教传入中国而逐渐盛行。而作为遗体火化后形成的骨灰的处理方式，据《清波杂志》记载，我国江浙一带，人们处理骨灰的方式有两种，一是装入罐中而掩埋，二是抛撒于荒野。抛撒本身即为事实上的分割。①

从宗教的角度考量，佛祖释迦牟尼涅槃之后，其真身经火化而成为数万颗舍利，供奉于世界各地的不同佛教古寺。“见舍利如见佛祖真神”，因此，异地供俸舍利便于满足人们拜佛祈愿、修身自律的精神追求的需要。佛祖数万颗舍利分开异地供俸，是遗骨分开处置的最佳例证。

李先念病重时向夫人林佳楣讲：“将来我的后事要节俭，一切按中央规定办。我只有一个请求：把我的骨灰撒到我曾经战斗过的地方——大别山、大巴山、祁连山。那里是我成千上万的战友流血牺牲的地方，我舍不得牺牲了的战友，我想和他们在一起。”1992 年 7 月 2 日，李先念的骨灰和鲜花一起撒向了祁连山。此前的 1990 年 11 月 6 日，徐向前的部分骨灰也撒向了河西走廊，徐向前病重时表示：“把我的骨灰撒向大别山、大巴山、河西走廊和太行山！”②从现代著名人物骨灰处理方式看，周恩来、刘少奇、邓小平、粟裕等老一辈无产阶级革命家的骨灰分撒在他们曾经生活和工作过的多个地方，并未影响后人对他们的祭奠。现实生活中，分割骨灰分别保管的情况也

①参见贺轶材：《婆家与夫家骨灰争夺战》，拍案网，http://www.124aj.cn/ 添加日期：2008-12-26 09:10:00。

②参见《北京晚报》2011 年 7 月 15 日特 12、13 版的报道《徐向前和李先念的骨灰都撒在了祁连山》。

有例可循，骨灰的分割有一定的社会伦理基础。

事例：季羡林骨灰分三处安葬[①]

季羡林先生的遗体告别仪式定于2009年7月19日在北京八宝山革命公墓举行，季老的骨灰将分别安葬在八宝山和临清，季老的儿子季承给予肯定。“目前对父亲的骨灰安葬，家属中有的主张合，有的主张分，我看恐怕还得分。”他语调和缓地说，“因为父亲是国家的人、北大的人，骨灰安放在八宝山是合适的。但父亲生前有个愿望，死后与自己的母亲埋葬在一起，我们做晚辈的应该满足他这一愿望。但我们还打算，把父亲的部分骨灰安葬在北京万安公墓。”对此，季承解释说，因为他的家人就生活在北京，他的母亲、姐姐、姐夫都葬在这里，安葬在这里家属祭奠起来比较方便。

五、身份不明公民因侵权死亡后权益的维护

案例1：无名氏被撞死社会救助基金中心起诉获赔[②]

交通肇事致人死亡，死者身份无法查实，湖南省祁东县道路交通事故社会救助基金管理中心（以下简称社会救助基金管理中心）以原告名义起诉肇事者和财产保险股份有限公司获得胜诉。近日，祁东县人民法院对一起道路交通事故人身损害赔偿纠纷一案进行了一审宣判，判令被告某财产保险股份有限公司某分公司在交强险限额内赔偿给原告社会救助基金管理中心109538.2元。

案情：2010年5月5日，被告刘某驾驶湘C88771小型轿车从祁东县城沿322国道往白地市方向超速行驶至66公里+150米地段时，遇无名氏在道路上同方向行走，车辆临近时，无名氏突然往道路中间横行，湘C88771小型轿车与无名氏相撞，造成无名氏当场死亡、车辆受损的交通事故。

①案例来源：李雪萌：《季羡林之子透露父亲安葬方案　骨灰可能安葬三处》，中国法院网，发布时间：2009-07-15　09:17:43。

②案例来源：中国法院网，发布时间：2011-04-18　09:15:38　作者：蒋宪军。

交警大队认定被告刘某与无名死者负此事故的同等责任。祁东县公安局交警大队经核查，无法确认死者身份，在《衡阳日报》上刊登了认尸启事，在法定期限内无人认领尸体，遂确定死者为无名流浪人员。经核定，无名死者的各项物质性损失为109538.2元。被告刘某驾驶的湘C88771小型轿车于2010年4月22日向被告财产保险某分公司投保了商业第三者责任险，保险限额为100000元和机动车交通事故责任强制保险。

被告财产保险某分公司辩称，本案死者身份不明，作为原告的社会救助基金管理中心与死者不存在民事权利义务关系，不具有原告的主体资格。为此，请求人民法院依法予以驳回。

判决：法院经审理认为，被告刘某驾驶小型轿车超速行驶，交警大队认定被告刘某与无名死者负事故同等责任，事实清楚，责任认定正确。祁东县交警大队在无法查明死者的身份的情况下，依法公告认领尸体启事，核实死者身份，在法定期限内无人认定，依法火化了尸体。社会救助基金管理中心作为依法筹集用于垫付机动车道路交通事故中受害人人身伤亡的丧葬费用，部分或者全部抢救费用的社会专项基金管理单位，以原告的身份要求被告刘某赔偿无名死者的死亡赔偿金、丧葬费，被告财产保险某分公司在其保险限额内承担民事赔偿责任，于法有据，应予以支持。

无名死者的各项物质性损失由被告财产保险某分公司在交强险限额内先予赔偿，不足部分由被告刘某按过错责任比例承担，被告财产保险某分公司将为被告刘某在商业险第三者责任险赔偿限额内直接赔付给原告，原告领取无名死者赔偿款后，应存入交通事故社会救助基金专项账户，两年内仍无人领取，原告应将赔偿款上交国库。被告财产保险某分公司辩称原告社会救助基金管理中心与无名死者不存在民事权利义务关系，不是赔偿权利人，不具有原告的主体资格的辩论观点与法相悖，其辩论观点不予采纳。

我国现行《民事诉讼法》第108条规定："原告是与本案有直接利害关系的公民、法人和其他组织"。这样，与案件没有直接利害关系的公民或组织就不具备原告的资格。如果从公益诉讼的角度分析，这一规定排除了现实情况下提起民事公益诉讼的可能，这种法律规定与公益诉讼原告的广泛性是不相容的。“在公益诉讼中，原告除了直接受到违法行为侵害的社会组织和个人外，还可以是特定的国家机关、其他相关的组织和个人，并且它们不一定与本案有直接的利害关系。”[①]我国《民事诉讼法》第164条中对选民资格案件中作了相关规定，这是我国民事诉讼法对公益诉讼仅有的一条规定。

我国法律没有规定民政部门维护无名流浪汉人身权利方面在民事诉讼中的原告主体资格，只有“支持起诉”的规定。《民事诉讼法》第15条规定：“机关、社会团体、企业事业单位对损害国家、集体或者个人民事权益的行为，可以支持受损害的单位或者个人向人民法院起诉”。该条规定确立了我国民事诉讼关于机关、团体、企业事业单位支持起诉的原则。所谓支持起诉原则，就是机关、社会团体、企业事业单位，对侵害国家的、集体的或者个人的民事权益的行为，在受害人或者受害人死亡后的近亲属不敢或者不能起诉时，有权支持受害人或者受害人死亡后的近亲属提起诉讼，请求人民法院给予司法保护。在司法实践中，机关、团体、企业事业单位支持起诉的方式是多种多样的，他们可以给予受害人或者受害人死亡后的近亲属以精神上、道义上的支持，宣传和讲解法律、陈明利害关系，鼓励受害人或者受害人死亡后的近亲属向人民法院起诉；也可以作为代理人，代其进行各项诉讼活动。如果当事人不起诉，不是因为不能、不敢或者不便提起诉讼，而是主观上不愿意提起诉讼，那么也不能强迫当事人提起诉讼，否则，将构成对当事人处分权的干涉和侵犯。支持起诉“不是代替当事人行使诉权，提起诉讼……支持起诉者不得以自己的名义向人民法院提起诉讼，因为支持起诉者不是与本案有利害关系的人”。[②]

支持起诉从司法实践来看，通常都认为是对受害人负有保护责任的机关、社会团体、企业事业单位，比如：妇联、消费者协会等与维护其合法权益密切相关的组织。国务院《城市生活无着的流浪乞讨人员救助管理办法》

①廖中洪主编：《民事诉讼改革热点问题研究综述（1991—2005）》，中国检察出版社2006年第1版，第209—210页。

②梁书文、回沪明、杨荣新主编：《民事诉讼法及配套规定新释新解》，人民法院出版社1996年第1版，第40—42页。

在民政部门承担乞讨流浪人员的救助职责中，并没有规定流浪乞讨人员人身遭受侵害后提起诉讼的权利。

对于救助管理站能否作为民事诉讼原告对伤害身份不明公民的当事人提起民事诉讼的问题，如果按公益诉讼或支持起诉的路子分析，答案是否定的。

笔者认为，依法审判的原则必须坚持，在《民事诉讼法》没有修改的情况下，不能以所谓公平正义的原则代替明确的法律规范，否则，公平正义的宏大叙事容易被非法的势力所利用，法制社会的建设很有可能屡屡受损，这是必须要高度警惕的。

我国社会救助制度、民事诉讼制度的立法，与其他法律一样，不可能非常完善、细密，总是会滞后于社会现实，这就要求国家机关在执行国家法律时，既要严格遵循法制原则，不能违反法律的明确规定；又要避免机械执法，对法律的适用采取科学的解释方法，以解决现实生活对法律的需求。适用法律的基本顺序是：依法条的明确规定、法条含义不明时科学解释而适用、无明确法律规范时依法律原则、无法律规范和法律原则时依法学原理。在对法条进行适用时，对其含义必须要透彻的法理分析从而作出科学的解释。“诚如耶鲁大学葛维宝教授所言，发现法律的一般原则是现代法院的重要使命。法官应当不但能够娴熟地运用法律条文，还应当发现法律条文背后所隐藏的法律的客观目的。发现法律的客观目的并将之实现在裁判中，这正是司法的任务。在实践中如何弥补立法与社会现实之间的裂缝，如何发现立法条文未能包括和体现的法律的真精神并用之以解决纠纷，引导社会生活之进步，实为中国司法界面临的时代课题。”①“能否依法理补充法律漏洞，我国虽对此无明文规定，但在社会、经济发展迅速而法律相对滞后的情况下，运用法理补充法律漏洞已越来越得到司法实务界的认同。”②

1. 关于公平正义。身份不明流浪汉遭遇车祸身亡，如果找不到亲属、无人站出来为其维护权利，对于肇事者而言，岂不是撞死白撞。如果制度因此为侵权人逃避责任提供了支持，这样的制度绝不是正义的制度。“正义是给予

①吕忠梅总主编、郭卫华主编：《“找法”与“造法”——法官适用法律的方法》，法律出版社 2005 年第 1 版，“主编按语”第 4—5 页。

②金长荣主编：《基层人民法院法官培训教材（技能卷）》，人民法院出版社 2005 年第 1 版，第 332 页。

每个人他应得的部分的这种坚定而持久的愿望”[①]，制定法律和对法律的理解、执行都必须符合公平正义的社会价值取向和法律的真正精神，体现该条法律的立法目的和我国法制社会的客观要求。我国法律没有规定一个人侵权后在权利人不明时可以豁免其民事责任。在没有免责规定的情况下，任何人都必须为他的侵权行为付出代价，这种代价就是必须承担民事责任、行政责任乃至刑事责任。不论救助管理站是不是符合我国现行民事诉讼法律制度的原告，总得有公民或组织主张权利，对无名流浪汉的生命健康权进行维护。流浪者的生命权利应得到公平的尊重。

2. 关于利害关系。国务院《城市生活无着的流浪乞讨人员救助管理办法》第7条规定：“救助站应当根据受助人员的需要提供下列救助：(一) 提供符合食品卫生要求的食物；(二) 提供符合基本条件的住处；(三) 对在站内突发急病的，及时送医院救治；(四) 帮助与其亲属或者所在单位联系；(五) 对没有交通费返回其住所地或者所在单位的，提供乘车凭证。”民政部门承担对乞讨流浪人员的救助职责，这种救助，主要是对流浪人员吃饭、穿衣、住宿等基本生活的短期救助。是否应当包括流浪乞讨人员人身遭受侵害后提供法律救助，没有明确规定。《办法》第9条规定：“救助站应当保障受助人员在站内的人身安全和随身携带物品的安全，维护站内秩序。”似乎救助站的职责仅限于救助站内维护被救助人员的安全。但是，《城市生活无着的流浪乞讨人员救助管理办法》第3条明确规定：“县级以上城市人民政府应当采取积极措施及时救助流浪乞讨人员，并应当将救助工作所需经费列入财政预算，予以保障。”这样，对生活无着流浪人员的救助就是政府的法律意义上的义务，因此，救助站对符合救助条件的流浪人员就有代表国家进行救助的法定职责，不管流浪人员是处在救助站的实际救助中，还是没有实际进入救助过程形成具体救助法律关系。

笔者认为，既然法律规定救助站有维护流浪乞讨人员合法利益的职责，这一职责既是救助站的权利，又是救助站的义务，如果救助站不履行义务，就必须承担相应的法律责任。同时，我国的殡葬法规，对身份不明公民的遗体的处置也有规定，尸体的保管、火化，骨灰的保存、安放等都要花费相应的费用，这些费用本应由侵权人承担，救助站承担了费用，有权追偿。因

①［古罗马］查士丁尼：《法学总论——法学阶梯》，张企泰译，商务印书馆2009年版，第5页。

此，笔者认为，救助站与侵权人存在直接的利害关系，具备民事诉讼的资格，具有主张损害赔偿的权利。

案例 2：宜昌市救助管理站对被告人卢明涉嫌交通肇事罪提出附带民事诉讼赔偿请求案①

案情：2006 年 6 月 6 日晚 20 时许，湖北省宜昌市伍家岗区白沙路 15 号门前路段发生了一起恶性交通事故，司机卢明酒后驾驶鄂 EBB435 号“时代”牌轻型自卸货车由南向北高速行驶时，遇行人过道路，由于卢明驾车行经勘画有人行道预告标志的路段没有提前减速行驶，未能及时发现行人，致使该车前部将行人撞倒，卢明踩刹车晚了一步，货车冲了过去。待车停稳后，卢明赶忙下车查看，然而这一看，把卢明吓得六神无主，原来他撞上了一个人。卢明赶紧报案，当 120 救护车赶到现场抢救时受害者已经死亡。

责任：案发后交警迅速勘查了现场，采集司机卢明血样送宜昌市疾病预防控制中心检验，鉴定结论为酒后驾驶。交警部门认为这起交通事故责任十分明显，肇事司机是酒后驾车，负事故的主要责任。卢明因涉嫌交通肇事罪被立案侦查。

身份不明：经现场检验被撞死的男子尸体和随身携带的行李物品，没有发现任何可以证明其身份的资料和线索，周围的群众反映死亡男子的姓名与身份均不详，只知道已经在白沙路附近流浪了近 4 个月时间，并且他说话别人谁也听不懂。法医对无名氏进行尸体检验，并提取了血液检查。为了这个无辜受害者的亡灵能有一个归宿，交警部门在 6 月 10 日的《三峡晚报》上刊登了认尸启事。6 月 23 日，交警部门根据《交通事故处理程序规定》第四十一条第三款的规定，通知宜昌市殡仪馆将无名尸体进行火化，将骨灰保留 1 年。认尸启事发出 2 个月了，却始终没有任何人来认领尸骨，也没有任何人能提供有关的线索，交警部门只能按照无名流浪汉死亡进行处理。过去发生流浪汉意外死亡的情况，如果无法找到亲属，普

①案例来源：“法律对公益诉讼该有说法了”，载 http://202.99.23.215:8080/search/detail.jsp?dataid=349527&tableclassid=4_1\ 2007 年 2 月 8 日。

遍的做法就是火化尸体后就算处理完毕。一个生命就这样无声的消失了，没有人知道他从哪里来，也没有人知道他的亲属在哪里。

检察建议：公安机关于8月2日按刑事诉讼程序将案件移送宜昌市伍家岗区人民检察院审查起诉，检察机关对于如何妥善处理这起交通事故肇事案，依法维护无名流浪汉的合法权益，承办该案的检察官深感为难。肇事司机酒后驾车，理应追究刑事责任，如果找到死者亲属，其亲属还可以去起诉司机，要求民事赔偿。

找不到亲属，按照规定检察机关只能追究肇事司机的刑事责任。主办检察官认为："除了刑事部分我们要依法追究交通肇事者的责任以外，对于无名流浪汉的民事权利由谁来维护呢？因为法律规定平等地保护公民的生命健康权，那么作为一个无名流浪汉，他被撞死了以后，他的亲属又无法找到的情况下，由谁来替他维权？有关部门该不该维护他的合法权益？我觉得这个答案应该是肯定的。"①

9月19日，宜昌市伍家岗区人民检察院向宜昌市民政局发出检察建议书，"建议市民政局和救助站以原告身份代死者'无名氏'向人民法院提起人身损害赔偿诉讼"。

起诉：但是宜昌市民政局又是否愿意代替流浪汉的亲属去起诉肇事司机呢？其意见将决定着本案的附带民事诉讼程序能否启动。宜昌市民政局及其下属的救助管理站从未遇到过这样的难题，接到宜昌市伍家岗区人民检察院的建议书后，宜昌市民政局专门开会进行了研究，最终采纳了检察机关的建议，决定由宜昌市救助管理站出面代替流浪汉的亲属进行维权。

宜昌市救助管理站负责人认为："现在这名流浪汉的家属找不到，假如没有人替他主张权利，尸体已经火化了，谁来为他说话呢？他的权利就不会得到维护。我们的职责就是为他们提供救助，我们应该主动地为他们搞好这方面的工作，把这个事情办好后，等到以后找到他的家属了，就可以让他得到他应有的权利。"②9月28

①②中央电视台国际频道2007年1月16日21时《大家看法》栏目播出的《谁来替他说话》节目。

日，宜昌市救助管理站聘请律师作为委托代理人向宜昌市伍家岗区人民检察院递交了刑事附带民事诉讼诉状，请求人民法院依法判决肇事司机卢明和车主彭乃刚赔偿无名流浪汉死亡赔偿金175720元，丧葬费6665元，合计182386元。

公诉：2006年9月29日，宜昌市伍家岗区人民检察院对卢明涉嫌交通肇事罪一案依法向宜昌市伍家岗区人民法院提起公诉，并随案移送了宜昌市救助管理站的附带民事诉讼诉状和宜伍检民支诉字(2006) 第01号《支持起诉意见书》。虽然法院内部对该案附带民事诉讼部分应否受理有不同的认识，但由于有检察机关的支持起诉意见书，宜昌市伍家岗区人民法院决定先立案受理，并指派刑事审判庭庭长刘亦兵作为主审法官审理本案。

审判：10月16日，宜昌市伍家岗区人民法院对宜昌市伍家岗区人民检察院提起公诉的被告人卢明涉嫌交通肇事罪一案进行公开审理，对宜昌市救助管理站提出的附带民事诉讼赔偿请求，被告人卢明当庭表示："我现在家很困难，我的老婆要生小孩了，但我愿意赔偿，以后打工挣钱慢慢赔。"经承办法官多次做工作，附带民事诉讼的被告人彭乃刚与卢明协商后于10月27日向法院作出书面承诺："共赔偿6万元，其中卢明赔偿2万元，彭乃刚赔偿4万元。彭乃刚保证承诺赔偿4万元后放弃对卢明的追偿，不向卢明行使追偿权"。被告人卢明因归案后认罪态度较好，有悔罪表现，并将赔偿款项交至法院，被依法判处有期徒刑一年，缓刑二年。

11月3日，在法庭主持调解下，附带民事诉讼原告人宜昌市救助管理站与附带民事被告人彭乃刚和被告人卢明自愿达成调解协议：

1. 附带民事被告人彭乃刚支付附带民事诉讼原告人宜昌市救助管理站因"无名氏"交通肇事死亡的赔偿款42000元（此款已先行支出"无名氏"丧葬费用2000元），余款于调解书送达时付清。

2. 被告人卢明支付附带民事诉讼原告人宜昌市救助管理站因"无名氏"交通肇事死亡的赔偿款20000元，此款于调解书送达时付清。

3. 附带民事被告人彭乃刚对其在本案中支付的赔偿款42000元，放弃对被告人卢明的追偿权。附带民事诉讼原告人宜昌市救助管理站在调解时当庭表示:“今后如果死者‘无名氏’的亲属另行主张权利，本次调解协议未尽事宜，应由法院另案处理”。

11月6日，附带民事被告人彭乃刚和被告人卢明将本案的赔偿款项通过法院全部交给附带民事诉讼原告人宜昌市救助管理站。主审法官要求宜昌市救助管理站将这6万元赔偿款专账专户保存，参照《公证程序规则》第五十三条的规定，5年后方可使用，而且用途必须是公益事业；如果以后死者的权利人知悉本案情况后，对上述协商结果不满意，在法定诉讼时效内依然有权主张对侵权人的索赔。

本案被认为是“全国第一起赔付到位的‘流浪汉维权案’”。

随着我国城市化建设进程的加速，机动车辆保有率的增加及流动人员流动频率的提高，无名死者在交通事故、人身伤害案件中的合法权益保护问题日益突出。虽然根据对《民事诉讼法》第108条的深入解释，可以明确民政部门或救助站可以民事诉讼原告的身份提起民事诉讼或刑事附带民事诉讼，但其推理过程复杂且存在巨大的分歧，因此，为了及时有效地保护交通事故或刑事案件中身份不明死者这类社会弱势群体的人身权利，我国应该完善民事诉讼制度和救助制度，明确规定民政部门的诉讼主体资格，但不是所谓“公益诉讼”，在原告资格的相关条款中增加规定即可。

●●●●●●

本章结语：西方国家在遗体、骨灰的处置法律制度建设方面，与我国处理遗体、骨灰处置纠纷的原则大致相同，都是以尊重死者遗愿为首要原则；没有遗嘱的情况下，则由死者近亲属协商；协商不成参照法定继承处理；应尊重公序良俗。当然，我国没有以成文法的形式作出明确规定，使得实践中处理相关纠纷需要通过复杂的理论推导，才能正确处理纠纷，增加了适用法律的难度。如果通过成文的法律或法规或司法解释，对遗体、骨灰的处置作出明确规定，则有利于对现实生活中各种相关纠纷的处理的规范性、明确性和效率性。

第四章

殡葬的民法调整（侵权篇）

对尸体、骨灰、坟墓的侵害既损害死者遗属的精神利益，又损害社会公共利益。侵害死者遗属精神利益的法律保护方式，包括民法保护、行政保护和刑法保护；侵害社会公共利益的法律保护方式，主要包括行政保护和刑法保护；死者无近亲属、死者近亲属侵害死者名誉的，则主要通过行政法和刑法保护相应的社会公共利益。第三章对死者近亲属之间发生的殡葬纠纷的民法调整进行了分析，本章主要研究死者近亲属与死者近亲属以外的公民或组织的殡葬关系的民法调整和保护问题。

一、遗体保存法律关系的性质

自然人死亡后，在对其火化（火化区）或安葬（非火化区）前，其遗体就有一个保存的时期。在这一时期，就会在死者近亲属与保管者之间形成相应的法律关系。

案例 1：尸体保管不善殡葬管理所要赔偿[①]

案情：2004 年 6 月 29 日，覃某因发生交通事故死亡，某市殡葬管理所根据交警部门通知，于当天下午派人随运尸车辆到达现场，准备将覃某的尸体运回火化。死者亲属告诉前来运尸的工作人员，

①案例来源：广西法制网，2004 年 11 月 10 日，作者：王勉、陈忠强。

死者4个子女在外地打工，希望把尸体运回村里等子女从外地回来后，看最后一面，并进行土葬。运尸工作人员称，殡葬管理所有冰柜冷藏。次日下午，当死者的儿子赶到殡葬管理所后，发现殡葬管理所并没有将尸体进行冷藏，而且，因天气炎热，尸体已开始腐化。

死者家属提出异议，殡葬管理所负责人称，冰冻设备已坏，尸体无法冰冻。但宜州市殡葬管理所在当日傍晚将尸体运往另一殡葬单位冷藏。只是由于错过冷藏的最佳时机，尸体再次运回宜州市殡葬管理所火化时，已经部分腐化变形，双方发生纠纷。经被告单位的主管部门某市民政局出面调解，原告才同意先将尸体火化，对赔偿问题，因双方意见分歧较大而未果，死者的亲属办理完后事，遂向该市法院提起诉讼。

判决：法院认为，中华人民共和国国务院颁布的《殡葬管理条例》第十二条规定："殡葬服务单位应当加强对殡葬设施的管理，更新改造陈旧的火化设备，殡仪人员应当遵守操作规程和职业道德，实行规范化的文明服务。"第十六条也规定："火化机、运尸车、尸体冷藏柜等殡葬设备，必须符合国家规定的技术标准。"被告将覃某的尸体运回后，由于冷藏尸体的设备早已损坏，未能将尸体进行冷藏，但其既不及时告知原告，又不采取其他补救措施，造成尸体腐化、变形的后果，严重伤害了家属的感情，也使家属的精神受到了侵害，被告对此应当承担相应的民事责任，遂判决被告市殡葬管理所向韦某等9名原告赔偿精神抚慰金、交通费、误工费等共计4260元。

案例2：尸体存放合同纠纷[①]

案情：何某系付某之妻，1998年10月4日在某市某医院治疗中死亡。该院于当日出具死亡证明，将何某的尸体送至该市殡仪馆处并交纳押金1000元予以存放，同时注明一切费用由该院承担。

---

①案例来源：《人民法院报——正义周刊》2004年3月16日，作者：赵曾海、屈铁收。

该事故发生后，该市卫生局将该医院取缔。殡仪馆3次书面通知卫生局办理何某的尸体火化手续，卫生局未办理，何某的尸体至今仍存放在殡仪馆处未火化。卫生局系该医院的主管单位，在下文将该医院取缔后，未对该院进行清算。为此，殡仪馆以付某和卫生局为被告提起诉讼，要求支付保管费17万元，并立即办理何某的尸体火化手续。

争议：关于本案纠纷的定性存在三种不同意见：一种意见认为，本案属于保管合同纠纷；第二种意见认为，本案属于无因管理纠纷；第三种意见认为属于殡葬服务合同纠纷。

关于是否属于无因管理纠纷。无因管理是没有法定或约定的义务，为避免他人利益受损失，自愿管理他人事务或为他人提供服务的行为。本案中，客观上殡仪馆具有管理他人事务的行为。因为殡仪馆管理的是何某的尸体，为了不让尸体损坏用冰柜冷藏，实施了具体管理行为。殡仪馆对何某的尸体没有法定的管理义务，但殡仪馆管理何某的尸体却是合同约定的义务。因为医院将何某的尸体送至殡仪馆时，言明一切费用由其承担，并交付了押金。这时不管医院是否有让殡仪馆长期管理何某的尸体的意思表示，殡仪馆按照医院的要求才实施了管理行为是客观存在的事实，即殡仪馆与医院之间有了约定后才实施管理行为，所以本案不构成无因管理纠纷。

关于是否属于殡葬服务合同纠纷。服务合同是服务人提供技术、文化、生活等服务，受服务人接受服务并给付服务费的合同。服务合同的当事人是服务人和受服务人。服务的主要义务是提供内容广泛的各种服务，受服务人的主要义务是支付服务费。服务合同的服务人是从事各种服务性经营的民事主体（有的特殊服务的经营须经有关行政机关的许可），可以是法人或者依法成立的其他组织，也可以是自然人。本案原告殡仪馆是依法成立、提供殡葬服务的法人单位；与殡仪馆相对应的受服务人则是所有要求提供尸体管理服务的人，殡仪馆作为服务人提供管理尸体的服务，同时按规定向受服务人收取服务费，双方的关系符合服务合同的特征。但是在《合同法》有明确规定的特定的服务合同（即有名合同）的情况下，对符合规定的特定服务只能将其归类为该特定合同，保管合同就是这样的特定合同。只有《合同法》没有规定的无名合同，才可以将其按合同的主要内容对其进行归类。

何某在医院治疗中死亡后，该院出具死亡证明，将何某尸体送至殡仪馆处，交纳押金并注明一切费用由医院承担。医院的目的，就是让殡仪馆保管何某的尸体。殡仪馆接受何某的尸体后也实际提供了保管尸体的服务。医院有义务和权利要求殡仪馆返还尸体，并有义务将尸体交何某的亲属，由其亲属按殡葬法规进行火化，即使是何某的亲属同意直接进行火化，在医院、殡仪馆和何某的亲属之间仍然存在上述法律关系。

关于是否属于保管合同纠纷。《合同法》第365条规定："保管合同是保管人保管寄存人交付的保管物，并返还该物的合同。"本案的保管物无疑是何某的尸体，医院是交付保管物的寄存人，虽然不是该保管物的所有人。

保管合同最主要的特征是，以合同标的物的交付和接受为合同成立的要件，不仅要求当事人要约与承诺的意思表示一致，而且要有寄存人将保管物交付保管人保管的交付行为。本案中医院出具死亡证明将何某的尸体送至殡仪馆处存放，并注明一切费用由该院承担的行为，即是向殡仪馆发出的要约，而殡仪馆同意保管医院交付的尸体，是对该要约的承诺。在双方当事人的要约与承诺的意思表示一致后，医院预交押金1000元，殡仪馆收取了押金后，不但接纳了医院交付的标的物，而且履行了对标的物的管理保存义务，符合保管合同成立的要件。医院与原告之间的保管合同成立，所以本案应定性为保管合同纠纷。

案例3：医院丢失遗体被判赔偿3万[①]

案情：1994年，张某父母离异，她随母亲生活，同父亲平时联系不多。2010年2月的一天，张某到父亲住处探望父亲，她没有见到父亲，邻居们告诉她，她父亲已经去世。原来，2007年3月4日8时许，她父亲在抚顺市望花区古城子铁路桥行走时，突然跌入水中，目击者拨打110和120电话，父亲被送往抚顺市某医院抢救，因父病情较重，被转入抚顺某家大型医院继续救治，但终因抢救无效，于当日10时许死亡。张某急于找到父亲遗体，以便日后祭奠。

①案例来源：根据《华商晨报》2011年7月30日A5版记者李战洲的报道《父亲遗体被弄丢 医院赔3万》整理。

她先到当地公安机关打听父亲遗体下落，但被告知应该找医院。于是，她又来到这家大型医院。医院称，由于当时无法联系到家属，医院又不具备冷藏遗体的能力，所以遗体移交给抚顺市某殡仪馆，医院出具的病志上，确实记载着事发当时，医院联系过殡仪馆。

张某又来到殡仪馆，经过调取最近几年的接收材料，殡仪馆告诉她，根本没有接收过她父亲的遗体。2010年10月中旬，张某来到抚顺市新抚区法院，提起有关生命权、健康权、身体权的诉讼，要求抚顺某医院、抚顺某殡仪馆赔礼道歉并赔偿自己的精神损失。

审理中，被告某医院认为，医院病志表明医院把死者遗体移交给殡仪馆，因此对于张某父亲遗体丢失不应承担责任。殡仪馆坚称没接收这具遗体。

判决：法院经过审理认为，医院提供的证据仅仅是医生病志的个人记载，并且没有提供殡仪馆的接收材料，所以对于医院的证据不予采信；张某父亲去世后，医院没有妥善处置遗体是造成遗体丢失的直接原因，应承担侵权责任。判决被告抚顺某大型医院向原告张某以书面形式赔礼道歉，并赔偿张某精神抚慰金1万元。一审判决后，原告张某提出上诉。近日，抚顺市中级人民法院作出裁决：抚顺市某大型医院以书面形式向张某赔礼道歉，并赔偿张某精神抚慰金3万元。

本案例中，医院主张已将张某父亲的遗体交殡仪馆处理，但没有证据证明。如果医院有证据证明殡仪馆接受了遗体，而遗体发生丢失的话，则侵权的责任就由殡仪馆承担。总之，对于死者遗体进行保管的单位，应尽保管的义务，否则，就要承担违约或侵权的民事责任。

当然，如果保管遗体或骨灰合同关系中的交付保管的一方当事人，不履行合同义务（主要是不给付保管费），需要承担违约责任。如果合同中约定欠缴保管费超过一定天数殡仪馆可以对尸体进行火化的，当出现合同约定的情形时，殡仪馆可以按合同约定对保管的尸体进行火化，并按合同约定通知交付保管的一方当事人；该方当事人不按合同约定领取骨灰的，殡仪馆可以按照合同约定对骨灰进行处理。

二、保管骨灰不善应承担的民事责任

我国殡葬改革的主要内容是推行尸体火化，死者近亲属一般都要将逝去亲人的骨灰寄存在殡仪馆等单位，形成保管合同关系。殡仪馆等寄存单位有义务对送寄的骨灰妥善保管，否则因保管不善导致骨灰灭失的，应承担相应的民事责任。

（一）违反合同约定，是否承担侵权责任

在合同法律关系中，如果一方当事人既违反合同约定，又侵害对方当事人精神权益，是依据合同法追究违约责任还是依据侵权责任法追究侵权责任，理论界和司法实践有不同的主张。我国《合同法》第122条规定：因当事人一方的违约行为，侵害对方人身、财产权益的，受损害方有权选择依照本法要求其承担违约责任或者依照其他法律要求其承担侵权责任。这就是学理上所称的权利竞合，就是说当事人可以在违约责任和侵权责任中作出选择。一般只允许当事人选择一种请求权来实施权利的救济。但如果违约行为既造成物质损害又造成精神损害，那么，当事人既可以基于物质损害要求违约方承担违约责任，又可以基于精神损害依法追究违约方的侵权责任。[①]

案例1：艾新民诉青山殡仪馆丢失寄存的骨灰损害赔偿纠纷案

艾新民之兄于1987年1月16日因病去世，遗体在武汉市青山殡仪馆火化。火化后，死者亲属花90元钱买一骨灰盒，将死者骨灰存放在青山殡仪馆寄存处，寄存期限5年，寄存费10元，并领取了骨灰寄存证。死者亲属除有其弟艾新民外，还有其父、其妻。此后，每年死者忌日时，其亲属都去祭骨灰以寄托哀思。1989年忌日时，死者亲属前去祭拜，被殡仪馆工作人员告知骨灰遗失。经多次

①江平主编：《中华人民共和国合同法精解》，中国法制出版社1999年3月第1版，第101页。

寻找，均无下落。至 1992 年 1 月，死者骨灰寄存期满，死者亲属要求青山殡仪馆归还骨灰未果，死者之弟艾新民向武汉市青山区人民法院提起诉讼，认为青山殡仪馆丢失其兄骨灰，致使寄存期满后不能归还骨灰，造成死者亲属精神上极大痛苦，要求法院判令青山殡仪馆赔偿死者亲属精神损害费 1000 元，并修墓一座下葬死者生前遗物。

青山殡仪馆辩称：对死者骨灰遗失，造成死者亲属精神痛苦，本馆已多次表示了歉意和慰问。骨灰盒是有价值的，我们愿意赔偿，而骨灰是无价值的，不能予以赔偿。对原告的其他诉讼请求，本馆不能同意。

青山区人民法院经审理认为：青山殡仪馆将原告之兄的骨灰遗失，系该馆工作人员失职所致，该馆是有过错的。对于死者骨灰遗失造成其亲属精神痛苦，青山殡仪馆应当赔偿。经法院主持调解，当事人双方于 1992 年 5 月 5 日自愿达成调解协议：由青山殡仪馆赔偿艾新民现金 550 元（当即付清）；艾新民同意撤回起诉。青山区人民法院当即裁定准予艾新民撤回起诉。

这一案件虽然经调解以原告撤诉结案，但是在武汉市青山区人民法院分清了是非和责任的情况下才使得调解得以成功，可以预见，如果调解不成，法院的判决结果应该是青山殡仪馆承担精神损害赔偿责任。因此这一案例在我国对骨灰给予民法保护方面具有重大意义，用活生生的司法实践诠释了我国法律对骨灰是提供了实实在在的保护的。

最高人民法院 1993 年 8 月 7 日颁发的《关于审理名誉权案件若干问题的解答》第 5 条规定：“死者名誉受到损害的，其近亲属有权向人民法院起诉。近亲属包括：配偶、父母、子女、兄弟姐妹、祖父母、外祖父母、孙子女、外孙子女。”这一司法解释使用“死者名誉”而不是“死者名誉权”，对最高人民法院以前的有关函复进行了修正。

2001 年 3 月 8 日最高人民法院出台的《关于确定民事侵权精神损害赔偿责任若干问题的解释》第 3 条规定：“自然人死亡后，其近亲属因下列侵权行为遭受精神痛苦，向人民法院起诉请求赔偿精神损害的，人民法院应当依法予以受理：(一) 以侮辱、诽谤、贬损、丑化或者违反社会公共利益、社会公德的其他方式，侵害死者姓名、肖像、名誉、荣誉；(二) 非法披露、利用死者隐私，或者以违反社会公共利益、社会公德的其他方式侵害死者隐私；(三) 非法利用、损害遗体、遗骨，或者以违反社会公共利益、社会公德的其他方式侵害遗体、遗骨。”第4条规定：“具有人格象征意义的特定纪念物品，因侵权行为而永久性灭失或者毁损，物品所有人以侵权为由，向人民法院起诉请求赔偿精神损害的，人民法院应当依法予以受理。”

最高人民法院的这两个司法解释出台后，各级人民法院受理和审理一定数量的骨灰纠纷案件，对骨灰提供法律保护。

案例2：父亲去世骨灰被冒领引发国内罕见鉴定纠纷①

案情：1996年1月，曹某的父亲去世后，曹某和弟弟将父亲的骨灰寄存在包头市某县民政局下属的殡葬管理所，并办理了骨灰寄存证，按年缴纳存放费用。

2005年春节当天，曹某带着家人和弟弟前往殡葬管理所给父亲扫墓。可是，走到父亲骨灰寄存的位置时却发现，骨灰盒不见了。当曹某向护陵人员了解情况时，被告知父亲的骨灰盒已经被人取走了，并拿出了殡葬管理所的手续，取骨灰的手续是殡葬管理所所长李某出具的。

曹某及家人要求包头市某县民政局殡葬管理所为他们找回父亲的骨灰，此后，他们又多次找殡葬管理所及某县民政局，没有进展。无奈之下，曹某姐弟于2005年3月28日将该县民政局和县殡葬管理所告到县人民法院。

原告曹某姐弟称，父亲的骨灰被人取走半年之久，被告都没有通知原告，也没有采取任何措施将骨灰追回。请求人民法院判决追回父亲的骨灰，对骨灰进行司法鉴定，赔偿原告精神损害抚慰金5万元，诉讼费和车旅费、误工费及其他费用由被告承担。

县民政局委托代理人认为，县殡葬管理所是独立的法人，有独

①案例来源：http://finance.sina.com.cn，2006年03月10日10:03。

立承担民事权利和义务的能力，被告同县殡葬管理所只是行政上的管理关系。由于县殡葬管理所个别工作人员的不慎，致使寄存的骨灰遗失，造成合同不能履约，其法律责任只能由县殡葬管理所独立承担，因此原告将县民政局列为本案诉讼主体不当。

县殡葬管理所委托代理人称，骨灰是被曹某父亲的孙子曹小某领走。其经过是曹父建国前在老家由父母包办婚姻，娶妻生育一子。建国后曹父自由恋爱，娶妻又生育本案原告曹某姐弟。2004年6月初，曹父之孙曹小某等人来到县殡葬管理所谎称骨灰存放证遗失，家中有一女一儿生病，要将曹父的骨灰带回老家安葬，这样儿女的病就可痊愈，于是领走了骨灰。2005年3月4日，曹小某承认冒领了曹父的骨灰，但是不愿将骨灰归还给曹某姐弟，愿意同原告共同协商曹父安葬事宜，原告执意不肯。故被告认为，法院应当将曹某之父的老家所生子女及孙等人列为本案第三人一并参加诉讼，同时也同意给予原告一定的经济补偿，对给原告进行祭奠带来不便表示歉意。

判决：2005年11月3日，县人民法院对此案进行了判决。法院认为，被告作为存放骨灰的管理单位由于工作人员管理不善，造成骨灰被他人取走，应承担民事责任。骨灰的存放对原告来讲是精神寄托、感情安慰的需要，骨灰的遗失，使原告失去了祭拜的特定物，对原告造成较大精神损害，故应给予适当精神赔偿。两原告为寻找其父骨灰在经济上遭受了一定损失，其合理的差旅费等应予以考虑。为此，判决两被告某县民政局和殡葬管理所将原告的父亲曹某的骨灰追回；同时，两被告赔偿原告精神损失费1万元；两被告赔偿原告为寻找骨灰所花的差旅费1830元；驳回原告的其他诉讼请求。

随后，曹某姐弟向包头市中级人民法院提出上诉，要求判决两被上诉人赔偿上诉人精神损失费5万元，并且对骨灰进行司法鉴定。

曹某对记者说：“骨灰是儿女们为了悼念去世亲人而保存的一种特定物，如果这种特定物已经不是自己亲人的了，那么悼念还有什么意义。作为殡葬管理部门，他们完全有条件，也有可能从任何渠道收集来骨灰，甚至收集来动物的骨灰，骨灰从表面上是根本看不出区别和差异的，除非能够作出鉴定或者有一个能让我信服的说法，来证明骨灰就是我父亲的，我才会接受。”

合同是合同当事人之间的民事法律行为，一般只在合同当事人之间产生约束力，这就是合同的相对性原理。因此，骨灰保管方只能对合同对方当事人按合同约定的权利和义务来实施保管和领取行为，对于非保管合同的其他人员或组织，骨灰保管方无权让其领取骨灰或移动骨灰格位、变更骨灰保管方式等，否则，骨灰保管方就是违反合同的违约行为，必须承担违约责任或侵权责任。

案例3：给父亲扫墓不见骨灰盒，女儿一怒告墓园①

案情：孙某的父亲于1993年11月去世。1999年10月11日始，孙老先生的骨灰盒寄放于青浦某墓园。孙某于1999年10月11日支付了五年的维护费210元，并取得了墓园出具的《寄存证》。2002年4月7日，孙某在墓园处办理了父亲骨灰寄存格位的变更手续，并支付了三年的维护费450元。2005年4月5日，孙某又向墓园支付了3年的维护费960元。

2006年12月22日，孙某及其家人按传统来到墓园祭拜父亲，当他们走进骨灰存放室时，被眼前的一墓惊呆了：昔日寄存格位已非亡父骨灰盒。当询问墓园工作人员后得知，父亲的骨灰盒已被他人领走。墓园当即向孙某出示了相关手续，原来领走骨灰盒的是孙某的妹妹。

孙某与妹妹虽为同胞姐妹，但由于家庭矛盾却长期不相往来，所以孙某面临着既无法找到妹妹，更无法证实父亲骨灰盒是否被妹妹领走。孙某为了追回父亲的骨灰，在与墓园交涉无果的情况下，将墓园告上了法庭。理由是：墓园未尽到保管义务，贸然将骨灰交与他人，从而使自己无法祭奠父亲，精神上受到了极大的损害，故

①案例来源：中国法院网，发布时间：2007-04-06　16:11:59。作者：冯珉。

要求墓园将父亲骨灰追回；返还保管费640元；赔偿精神损失费1万元。

法庭审理中，孙某拿出当年父亲去世后在墓园办理的《寄存证》作为其最有力的证据。她认为自己才是父亲骨灰的唯一寄存人。根据殡葬管理的有关规定，丧家应当凭证领取骨灰。而现在墓园在未征得自己同意的情况下，竟擅自将骨灰交与他人，且至今未予追回，使自己失去了精神依托，侵犯了自己的权益。

墓园方称孙某手中的《寄存证》已无效，并拿出了一张当年孙老先生过世后骨灰寄存的《申请表》，申请人一栏填写的是孙某的妹妹。虽然孙某手持《寄存证》，但墓园确实与孙某妹妹存在着保管合同的法律关系。2006年10月，当孙某妹妹按程序领取了骨灰后，双方的骨灰保管合同已经终止，孙某手中的《寄存证》已失去了效力。墓园方称，骨灰盒之争根源在于孙家姐妹长期不合的家庭矛盾，与墓园方无关。至于骨灰盒交付也是应家属的要求，且手续齐备，完全符合殡葬条例的有关规定。

原始的《寄存证》在孙某手中，而孙某妹妹是凭何为证领取骨灰盒的呢？墓园方出示了一份当时由孙某妹妹提供给墓园的，由孙某妹妹所在居委会开具的《寄存证》遗失证明。孙某妹妹就以此为凭于2006年10月22日至墓园领取了亡父的骨灰并予以安葬。

墓园方表示，根据殡葬条例，丧事的承办人可以是所在的居委会，因此居委会出具的证明有法律效应。且依照墓园探望须知中的规定，寄存人遗失了《寄存证》后，只要有单位开具的遗失证明，便可办理相关的寄存事务。所以，孙某妹妹出具了居委会开具的遗失证明，墓园按照业务规定让其领取骨灰完全是正当的履职行为。

孙某的代理律师表示，在殡葬事件上，居委会是没有发言权的。他认为，根据《上海市殡葬管理条例》规定，处理相关事务最小的单位应当是街道，居委会没有独立承担法律责任的能力。更何况事发后，孙某曾到出具该遗失证明的居委会进行调查，居委会表示从未开具上述证明。因此，墓园在审查手续上未尽到审查义务。

法庭审理中，孙某当确认亡父骨灰已由妹妹予以安葬后，便放弃了要求墓园返还父亲骨灰盒的诉讼请求。

判决：法院认为，保管合同是保管人保管寄存人交付的保管物，并返还该物的合同。保管合同自保管物交付时成立。墓园在孙某妹妹未出示有效凭证的情况下交付了孙父的骨灰，其行为有所不当。骨灰于2006年10月22日由孙某妹妹领取，自该日起墓园已不履行对孙父骨灰寄放格位的维护义务，故孙某预先支付的维护费应予以退还。对孙某以保管合同为法律基础提起本案诉讼，因其亡父骨灰并未遗失或毁损，故原告主张精神损害抚慰金无法律依据，法院难以支持。据此，依照《中华人民共和国合同法》的有关规定，法院2007年4月4日作出了“……被告青浦某墓园应于本判决生效之日起十日内返还原告孙某骨灰格位维护费465.02元；原告的其余诉讼请求不予支持”的判决。

本案例中，原告放弃了要求墓园返还父亲骨灰盒的诉讼请求，如果其不放弃的话，墓园可能要承担侵权责任。同时，墓园在办理骨灰寄存手续时，合同和寄存证当事人不一致，留下了纠纷隐患，如果原告坚持墓园返还父亲骨灰，墓园将处于不利地位，因为原告所持骨灰寄存证充分证明原告与墓园之间存在骨灰寄存合同关系，因此，墓园必须受到该合同的约束，将原告所寄存的骨灰交与他人，墓园必须承担违约或侵权责任。

案例4：朋友只帮存不帮领取，为索亡夫骨灰状告殡仪馆[①]

范女士与亡夫1985年登记结婚，2005年8月亡夫去世，范女士将亡夫的骨灰存放在八宝山殡仪馆老山骨灰堂，存放期限为3年。因当时自己情绪非常低落，所以办理存放手续时的文件均系陪同自己的好友段某代为签署，领取凭证亦让段某代为保管。后因种种原因，范女士与段某关系恶化，段某拒绝协助范女士领取亡夫骨灰，而八宝山殡仪馆亦因骨灰领取凭证签名不是范女士，拒绝向其返还其亡夫骨灰。近日，为取回存放在北京市八宝山殡仪馆老山骨

①案例来源：中国法院网，发布时间：2007-09-28　15:16:13。作者：朱薇。

灰堂的亡夫骨灰盒，范女士将八宝山殡仪馆和代自己办理存放骨灰手续的段某一起诉至北京市石景山区人民法院。

本案例中，北京市八宝山殡仪馆不返还骨灰是正确的。骨灰寄存合同均由段某签署，且寄存凭证亦由段某持有，因此，只有段某凭其持有的寄存证件到殡仪馆要求领取范女士亡夫骨灰，殡仪馆才能让段某领取。如果由范女士领取，以后段某持骨灰寄存证件要求领取骨灰，殡仪馆就会违反与段某的寄存合同而承担违约或侵权的责任。虽然法院在查清事实的基础上，可能仍然判决殡仪馆将骨灰由范女士提取，但这种判决结果，对于殡仪馆而言是可以接受的，因为它是对于范某、段某与殡仪馆之间就骨灰寄存纠纷的终极解决，殡仪馆由此避免了相应的法律风险。

案例5：30年后讨要父亲骨灰超过诉讼时效被驳[①]

案情：赵先生的父亲原是北京某公司职工。1979年6月6日，赵先生的父亲死亡，此后其户籍被注销，由赵先生取代其成为户口簿登记的户主。

赵先生在起诉书中称，当时，某公司在未通知我的情况下，私自将其父亲的尸体火化，致使其父亲的死亡原因至今无法查清。现该公司仍未将其父亲的死亡证明、火化证明及骨灰还给原告。故诉至法院，要求返还死亡证明、火化证明及骨灰，并赔偿精神损害抚慰金5万元。

某公司辩称，经向老职工了解，赵先生的父亲是在因病入院治疗期间去世的，当时其家属在场，并领走了赵先生父亲的骨灰及死亡证明。根据中国的户籍制度，户主死亡的只能由其家属持死亡证明去办理户主变更登记，这说明赵先生父亲的死亡证明在其家属手中。另外，赵先生的父亲于1979年死亡，至今已30年，赵先生提起的诉讼远超过法律规定的最长20年的诉讼时效。

庭审中，赵先生表示，从1979年赵先生父亲去世后至2006年

①案例来源：中国法院网，发布时间：2009-08-15　11:45:41。作者：刘妍。

期间，其曾找过某公司上千次，要求他们对其父亲死亡的相关情况作出解释，但该公司和化工二厂仅作出过口头答复。某公司则否认赵先生在2006年之前曾主张过权利。

判决：法院经审理后认为，赵先生提供的证据不能证明某公司占有了其父骨灰、死亡证明和火化证明。且赵先生在1979年就已得知父亲去世，而到2009年才提出诉讼，已超过了诉讼时效。对于赵先生称其从1979年开始一直要求某公司对赵父死亡的相关情况作出解释的说法，赵先生未能就此举证，法院不予采信，赵先生应承担举证不力的后果。判决驳回赵某的诉讼请求。

本案例以超过了诉讼时效驳回结案。实际上，本案给大家的启示是：骨灰的寄存和领取，作为骨灰保管单位，一定要谨慎细致，对领取骨灰的人，必须仔细审查其身份是否是寄存者，如果骨灰由非寄存人领走，骨灰保管单位必须承担违约或侵权责任。

案例6：某镇骨灰寄存室烧毁案①

某镇骨灰寄存室发生大火，在此寄存的六百余盒当地居民的骨灰经熊熊大火的再一次焚烧，除四十余个尚可辨认外，其余全部被大火无情地毁损，无法辨其归属。事发当日，当地公安机关即封锁现场，进行侦查。失火原因不明。

该镇人民政府发布公告称，水火无情，出现这种情况是任何人都不愿意看到的，我们深刻理解各位家属的悲痛心情并希望通过我们的努力和各位家属的配合尽快妥善处理好这一意外事件。为了告慰亡者的在天之灵、抚慰家人心灵之痛，镇政府决定：一、在最短的时间内彻底查清火灾发生原因，依法严惩肇事者及有关责任人；二、要为死者建造一个更好的安息环境，由于大多数死者的骨灰已经难以辨认，镇政府拟出资重建一座公墓，四周栽种松柏等常青树，将无法辨认的骨灰集中入殓，并将死者的名字全部刻在墓碑上

①案例来源：《新疆法制报》2005年3月23日。

供后人瞻仰凭吊；三、充分尊重死者家属的意愿，重新修缮原骨灰寄存处，对尚能辨认的死者骨灰或虽无法辨认但家属要求单独设立牌位的可继续在原骨灰寄存处寄存，骨灰盒由镇政府出资提供。

对于镇政府的这一公告，相当一部分死者亲属并不买账。他们认为集中入殓的方式把爷爷辈、孙子辈，本族的、外姓的，好人的、坏人的，甚至是毫不相干的男人和女人的骨灰集中入殓，让大家瞻仰凭吊不但严重地违背了死者的意愿，还将形成老辈拜小辈、好人拜坏人等极其尴尬的局面，有悖于风俗习惯，他们坚决不能接受。大多数死者亲属均要求政府相关部门赔偿他们由此而遭受的精神和物质的双重损失。当记者问及他们要求赔偿的具体数额时，李某没有回答。

该骨灰寄存室缺少合格的工作人员，没有围墙，没有任何消防器材，没有水源，没有报警电话，没有一条像样的通道，周围几乎没有树木，满目荒凉，只有一间约几十平方米的水泥平房矗立在空地，水泥平房的外墙上写有骨灰寄存室字样。

镇骨灰寄存室每年收取骨灰寄存人向其缴纳的寄存费，与骨灰寄存人存在着事实上的合同关系，根据《合同法》的规定，骨灰寄存单位有义务妥善保存骨灰，如果没有尽到妥善保管的义务造成骨灰受损，那么骨灰寄存单位应当承担相应的民事赔偿责任。当然，赔偿的标准问题本身又是一个难题，将在下面分析。

案例7：巩义市某殡仪馆错发骨灰案[①]

眼看就要办丧事了，巩义人何某却找不到母亲的骨灰。折腾了一下午才知道，因为殡仪馆工作人员的疏忽，母亲的骨灰被别人领走了。而领错骨灰的那家人到现在也没找到自己亲人的骨灰。

2008年2月19日，何某93岁的老母亲“赵应”去世，2008年2月25日中午12时许，某殡仪馆派车把老太太的遗体接到了殡仪

①案例来源：大河网—《河南商报》，商报记者王文凯、王惠丛，实习记者王攀峰的报道，新闻日期：2008年02月25日　08:00:36。

馆。何某母亲排在23号火化。下午2时30分左右，“一个穿红棉袄的女工作人员拎着一兜骨灰出来，放在门口桌子上，嘴里喊着俺娘的名字。”何某说，他赶紧抱着骨灰盒上前，但该工作人员要求他出示火化证明，否则不能领骨灰。

何某转身找家人要火化证明，不到5分钟他返回骨灰认领处，“那个穿红棉袄的工作人员不见了，有两个人正在收拾桌上的骨灰。”何某赶紧上前阻止，却被人家推开了——他们说这是他们家人的。

何某眼睁睁地看着别人把骨灰带走了。一会儿，“红棉袄”又拎着两兜骨灰出来，何某就向她要母亲的骨灰，“可她说我家人的骨灰已经领走了，问她谁领的，她说你们来了那么多人，谁知道谁领走的”。

“红棉袄”赵某是殡仪馆当天的值班员。据她介绍，她把何某母亲的骨灰拿出来之后，让家属去拿火化证明，“他们走了以后，我就进去把手套扔在门口沙发上，再出来骨灰就不见了”。

下午4时许，殡仪馆报警，随后公安部门介入调查。

下午7时许，公安人员带来赵某。“是我把你母亲的骨灰领错了。”赵某说，“我父亲也是今天火化，他在家就叫‘赵佑’，我听到工作人员喊我父亲的名字，就赶紧上去领了。”

“当时穿红棉袄的工作人员看了一眼火化证明，说‘桌上就这一份骨灰，你们掂走吧。’”赵某的妻子说：“谁知道会领错呢？”

何某母亲的骨灰找到了，可赵某父亲的骨灰呢？

“你怎么能证明袋子里就是俺娘的骨灰？”何某说，“是不是随便找一堆骨灰再放个卡片，就说是俺娘的？”

火化记录表明，当天殡仪馆一共火化了40人，赵应排在23号，赵天佑排在28号，中间隔了4个。赵应的骨灰盒领错了，她后面的17个人的会不会错？

本案例中，何某、赵某将死去亲人的遗体送到殡仪馆火化，殡仪馆作为火化尸体的经营单位应当接受，因为我国殡仪馆由国家投资兴办，具有火化尸体的法定职责。殡仪馆对当事人送交火化的尸体予以接受的行为就与死者近亲属形成了火化尸体的合同关系，对接受的尸体进行火化并将该尸体形成的骨灰交给死者近亲属，是其合同义务，收取费用是其合同权利。如果出现错发骨灰的行为，则殡仪馆既违反合同的义务，又对死者近亲属的精神利益产生侵害，应承担侵权的民事责任。

（二）盗窃致使骨灰丢失，保管单位是否承担民事责任

近几年来，各地都发生了盗窃骨灰的违法犯罪案件，通过追究犯罪行为人的刑事责任和附带民事责任可以对当事人提供法律保护。但是否就因此而不追究保管单位的民事责任呢？对于这类民刑交叉案件的处理方式存在争议。有的主张先刑后民，待查清刑事责任，再看是否需要追究民事责任，理由是犯罪行为是直接侵权行为，理应首先追究刑事责任；只有查清刑事责任才能确定民事责任；这样处理可以避免刑事处理与民事处理的矛盾；最高人民法院曾发布文件确立了“先刑后民”原则。有的则主张刑、民分开处理的方式，即刑事案件的处理与民事案件的处理分开进行，分别按照刑事诉讼法和民事诉讼法的法定程序，依据刑法和民法各自的规范确认事实、分清责任，分别处理结案。笔者认为对民、刑交叉案件的处理方式不能一概而论，在刑事责任人与民事责任人同一的情况下，按照先刑后民的方式处理是正确的；当刑事责任人与民事责任人不一致或不完全一致的情况下，应按照民、刑分开的原则处理。特别是在现实生活中，相当数量的刑事案件没有破案，如果不管什么情况都按“先刑后民”的方式处理，对当事人合法权益的保护是非常不利的。联系到盗窃骨灰这类案件，就应坚持民、刑分开的原则处理，及时保护当事人的合法权益，在司法实践中，人民法院也是这样处理的。当然，如果骨灰保管单位有充分的证据证明尽到了妥善保管的义务，则其可不承担精神损害赔偿责任。

案例 1：骨灰被盗赔偿案[①]

案情：2006 年 12 月 31 日，原告赵某父亲病逝，原告在被告某

①案例来源：赵庆飞：《骨灰在殡仪馆被盗 家属获赔抚慰金》，中国法院网，发布时间：2008-07-03 13:41:46。来源：《人民法院报》。

市殡仪馆办理了丧葬事宜，并将赵父骨灰盒寄存在第二寄存厅0181号，每年缴费100元。2007年1月28日夜间，第二寄存厅内包括赵父骨灰盒在内的五个骨灰盒被盗，工作人员发现后随即向公安机关报案。经公安机关侦查，追回了被窃贼遗弃的骨灰盒，但原告对骨灰盒是否是赵父的提出质疑，并要求确认骨灰真伪。被告表示可以退回寄存费、上门道歉等，但其他事宜协商未果，原告遂诉至法院。

经查，原告在寄存其父骨灰盒时，被告某市殡仪馆出具给原告的寄存卡上第4条载明"若本馆保存不妥造成骨灰丢失，本馆除按确认的骨灰盒赔偿款外，另赔偿壹仟元，并退回所缴寄存费，不负其他任何责任"。

判决：一审法院认为，原告赵某将其骨灰盒寄放在被告某市殡仪馆处，并支付了相应费用，双方已形成保管合同关系。在保管期内，骨灰盒被人盗走，虽经公安机关努力追回了被盗物品，但此事件仍给原告精神造成一定损害。被告保管不善是事发原因之一，具有过错，原告诉请被告支付精神抚慰金应予以支持，结合本案实际，以1500元为妥。故判决被告某市殡仪馆赔偿原告赵某精神损害抚慰金1500元，驳回原告赵某其他诉讼请求。

调解：赵某不服，提出上诉。马鞍山中级人民法院受理后，7月2日，经法官悉心调解，最终促使双方当事人圆满和解，某殡仪馆一次性支付给赵某精神抚慰金1500元。

案例1阐明了一个关系，即当盗窃骨灰的刑事案件发生后，如果骨灰保管单位存在保管不善的事实，保管单位仍应承担相应的民事责任。

案例2：三家亲属骨灰被盗　公墓管理处被告上法庭①

原告魏某的父亲、胡某的母亲、赵某的父亲去世后，三原告分别将其骨灰安葬于某公墓。2009年2月26日，原告魏某发现其父亲的骨灰盒被人盗走，离该公墓不远处的另外两家（胡某的母亲、

①案例来源：http://www.dffy.com　2009-4-22 19:10:57。作者：卢晴。

赵某的父亲）的骨灰盒也同时被盗。后经公安机关侦查，三家被盗骨灰盒于3月28日追回，但因三个骨灰盒的外形相同，又无其他识别标志，致使三家骨灰盒混淆。3月29日，被告某公墓管理处应三家亲属的要求，将三个骨灰盒提交当地公安机关进行骨灰鉴定，公安机关同日告知原告骨灰不能进行鉴定（目前科技手段难以对骨灰作出准确鉴定，况且，鉴定本身尚无统一的标准）。

已故的亲属骨灰难以认领和祭奠，给三家亲属带来了很大的痛苦和悲伤。三家亲属一怒之下，一同走上法庭，将某公墓管理处告上法庭，讨说公道。原告起诉认为，由于被告未尽妥善看护保管职责，造成三个骨灰盒被盗，给原告及家人的身心造成了巨大伤害，虽失而复得，但因无法确定三个骨灰盒的对象，被告的过错行为给原告及家人造成了巨大的精神损害，侵害了死者亲属对死者进行哀思、悼念的权利，被告依法应承担精神损害赔偿责任。

《中华人民共和国侵权责任法》第37条规定：宾馆、商场、银行、车站、娱乐场所等公共场所的管理人或者群众性活动的组织者，未尽到安全保障义务，造成他人损害的，应当承担侵权责任。

因第三人的行为造成他人损害的，由第三人承担侵权责任；管理人或者组织者未尽到安全保障义务的，应当承担相应的补充责任。

该条规定了公共场所的管理人或者群众性活动的组织者承担侵权责任的两种情形：

1. 直接侵权行为。所谓直接侵权行为，是指由于安全保障义务人从事了违反其安全保障义务的行为，从而直接导致他人受到损害的侵权行为。对于直接侵权行为所导致的侵权责任的性质，学界均认为应属于过错责任性质，即义务人应向受害人承担与其过错相适应的赔偿责任。而在实践中，人民法院处理此类案件也主要是按照侵权人的过错程度而确定其所应承担的责任。如在《最高人民法院关于审理人身损害赔偿案件适用法律若干问题的解释》第6条第1款中规定："从事住宿、餐饮、娱乐等经营活动或者其他社会活动的自然人、法人、其他组织，未尽合理限度范围内的安全保障义务致使他人遭受人身损害，赔偿权利人请求其承担相应赔偿责任的，人民法院应予支持。”该条中“承担相应赔偿责任”的用语，更加肯定了直接侵权行为所导致的侵权责任的过错责任性质。

2. 第三人介入的侵权行为。所谓第三人介入的侵权行为，是指由于安全保障义务人没有尽到完全保障义务，导致被保护人的人身、财产权益遭受到了第三人的侵害，从而引发安全保障义务人承担侵权责任的行为。《侵权责任法》颁布前，学术界对于第三人介入的侵权行为，安全保障义务人应承担何种侵权责任，存在较大争论，主要包括以下几种观点：(1) 由有过错的安全保障义务人承担全部赔偿责任，并赋予其追偿权。此种观点认为，在第三人介入的侵权行为中，无论第三人的身份能否确认，以及其承担责任能力如何，受害人均有权向安全保障义务人要求承担全部损害赔偿责任，而不是部分损害赔偿责任。而在义务人承担全部赔偿责任之后，可向第三人提起诉讼，要求第三人对自己承担全部赔偿责任。[①] (2) 安全保障义务人承担与其过失大小和原因的比例相应的赔偿责任。[②] (3) 安全保障义务人与第三人承担连带责任。此观点认为安全保障义务的义务人与第三人之间构成了无意识联络的共同侵权责任，应适用《最高人民法院关于审理人身损害赔偿案件适用法律若干问题的解释》第3条的规定，两人构成共同侵权，承担连带责任。[③] (4) 安全保障义务人承担补充责任。该种观点认为，因第三人侵权导致损害结果发生的，由实施侵权行为的第三人承担赔偿责任。安全保障义务人有过错的，应当在其能够防止或者制止损害的范围内承担相应的补充赔偿责任。安全保障义务人承担责任后，可以向第三人追偿。[④]

---

①张民安：《人的安全保障义务理论研究——兼评〈关于审理人身损害赔偿案件适用法律若干问题的解释〉第6条》，载《中外法学》2006年第6期。转引自高圣平主编：《〈中华人民共和国侵权责任法〉立法争点、立法例及经典案例》，北京大学出版社2010年2月第1版，第461—462页。

②杨垠红：《侵权法上作为义务——安全保障义务之研究》，法律出版社2008年版，第232—233页。转引自高圣平主编：《〈中华人民共和国侵权责任法〉立法争点、立法例及经典案例》，北京大学出版社2010年2月第1版，第462页。

③参见纪红心：《对安全保障义务人因第三人侵权所承担责任的再讨论》，载《法学论坛》2008年第6期。转引自高圣平主编：《〈中华人民共和国侵权责任法〉立法争点、立法例及经典案例》，北京大学出版社2010年2月第1版，第462页。

④张新宝：《侵权责任法原理》，中国人民大学出版社2005年版，第282页。转引自高圣平主编：《〈中华人民共和国侵权责任法〉立法争点、立法例及经典案例》，北京大学出版社2010年2月第1版，第460页。

显然，《中华人民共和国侵权责任法》第37条采用了“补充责任”的观点。此前，最高人民法院《关于审理人身损害赔偿案件适用法律若干问题的解释》也采用了该观点，该解释第6条第2款规定：“因第三人侵权导致损害结果发生的，由实施侵权行为的第三人承担赔偿责任。安全保障义务人有过错的，应当在其能够防止或者制止损害的范围内承担相应的补充赔偿责任。安全保障义务人承担责任后，可以向第三人追偿。赔偿权利人起诉安全保障义务人的，应当将第三人作为共同被告，但第三人不能确定的除外。”

最高人民法院《关于确定民事侵权精神损害赔偿责任若干问题的解释》（简称《精神赔偿解释》）第三条规定：“非法利用、损害遗体、遗骨，或者以违反社会公共利益、社会公德的其他方式侵害遗体、遗骨，死者近亲属遭受精神痛苦，起诉请求赔偿精神损害的，人民法院应当受理。”骨灰作为特殊物质载体，承载着亲人的精神寄托、感情抚慰，因而具有特定精神价值。故意或过失地侵害骨灰，侵害死者亲属对死者进行哀思、悼念的精神利益，造成死者家属精神损害的，依法应承担精神损害赔偿责任。如果殡仪馆没有尽到妥善保管的义务，其应承担违约责任或侵权责任，不能以这是刑事案件为由逃避民事责任的承担。

案例3：坐火车亲人骨灰丢失，旅客状告铁路局败诉[①]

案情：2002年10月3日，原告魏某的丈夫因病去世。10月6日，魏某率子女等人持票乘L202次列车回老家。当晚20时许，L202次列车从河南焦作车站开出后，原告向乘警报案称，列车在焦作停车时，一名歹徒扒上车窗盗抢旅客行李物品，抢走原告灰色双肩背包（内装骨灰）及上衣3件、现金250元。案件至今未破。2006年2月，魏某及子女将西安铁路局、郑州铁路局、哈尔滨铁路局一并告上法庭，请求三被告赔偿原告被抢的衣物损失、原告为寻找亲人骨灰所花的费用以及精神损害赔偿金共计9.4万余元。

判决：一审法院认为，原告魏某等人持火车票从西安至沈阳北，与承运人铁路企业形成旅客运输合同关系。根据法律规定，公

①案例来源：中国法院网，发布时间：2007-08-24　09:57:06。作者：朱云峰、王庆和。

民、法人由于过错侵害他人财产、人身的，应当承担民事责任。而具有人格象征意义的特定纪念物品，因侵权行为而永久性灭失或者毁损，物品所有人有权以侵权为由，请求赔偿精神损害，但是对自己提出的主张有责任提供证据加以证明，没有证据或者证据不足，应当承担不利后果。原告魏某等人要求被告承担侵权赔偿责任，应当提供被告由于过错实施了侵权行为，并且由于该侵权行为导致损害结果发生的证据。原告没有提供足够的证据支持其诉讼请求。在旅客列车上原告所携带的所有物品既没有办理托运的相关手续，亦没有向列车工作人员提出有效声明，对于随身携带的所有物品，其保管责任应由旅客本人负责，作为承运方的三家铁路局对于原告所述物品丢失没有过错，不应当承担赔偿责任。因此，法院对原告请求三被告赔偿的诉求不予采纳，判决驳回原告魏某等人的诉讼请求。

一审宣判后，原告不服提起上诉，西安铁路运输中级法院审理后认为，一审判决认定事实清楚，适用法律正确，上诉人的上诉请求和理由不能成立，不予支持。

案例3中，人民法院没有支持原告的主张，不是因为其主张的运输单位没有骨灰保管的义务，而是因为缺少相应证据证实，如果原告有充分证据证明其确实携带骨灰而被盗，可以预见人民法院将会作出铁路运输企业承担相应的赔偿包括精神损害赔偿的责任。

（三）殡葬服务单位是否尽到安全保障义务的判断标准

不管是否第三人直接侵权，殡葬服务单位都存在一个是否尽到安全保障义务的判断标准问题。经营者安全保障义务的判断标准分为两个方面，一是安全保障义务的合理界限的判断标准；二是是否尽到了合理的安全保障义务的判断标准。

1. 安全保障义务的合理界限的判断标准。安全保障义务并非无限的，因此采取何种标准和要素判断安全保障义务的合理界限，成为义务人履行其安全保障义务的前提条件，对此学术界主要有如下判断标准：

(1) 安全保障义务人是否获益。根据风险与收益相平衡的原则，安全保障义务人是否获益，获益大小是需要考虑的首要因素。从事活动的盈利性越强，安全保障义务人的义务范围也就应该越大，强度也越高；而对于从事无偿或者公益性活动的安全保障义务人，其义务范围也相对有所缩小。[①]

(2) 风险或损害行为的来源及强度。对风险或者损害行为的来源种类进行区分，安全保障义务人只在合理范围内承担安全保障义务。对于那些直接来源于经营管理活动或所组织活动中的风险或损害行为，判断其是否负有安全保障义务以及该义务的合理限度范围的标准应该较为宽松。反之，在危害被保护人人身安全的风险或损害来源于经营活动或者所组织活动之外的第三人的场合，经营者和组织者是否负有安全保障义务及其合理限度范围就应当从严掌握。[②]例如，对于由恐怖行为或其他危害社会公共安全行为所带来的风险和损害，就属于典型的超出普通经营者或组织者安全保障义务范围的风险和损害行为。

(3) 预防与控制风险或损害的成本。只有综合考虑合理的预防与控制风险的成本，才能在不强加给义务人过多负担的前提下，较大程度地提供安全保障。例如，一个商场保障其顾客的人身、财产安全的成本相较于大型公园而言显然较低，故而其安全保障义务的合理限度也理应有所区别。

(4) 受害人参加经营活动或者社会活动的具体情形。受害人本人的行为亦应作为安全保障义务范围的判断因素之一。

(5) 一般的社会观念。也就是说，在考虑经营者或者组织者的安全保障义务范围时，不应与一般的社会观念相冲突。

以上标准中，前三个同时被王利明教授和杨立新教授分别纳入其起草的“侵权法草案”中，而第四和第五个标准，虽然分别为杨立新教授和王利明教授所单独规定，但其都具有一定的兜底条款性质。由此可见，前三个标准

①杨立新:《中华人民共和国侵权责任法草案建议稿及说明》，法律出版社 2007 年版，第 208 页。转引自高圣平主编:《〈中华人民共和国侵权责任法〉立法争点、立法例及经典案例》，北京大学出版社 2010 年 2 月第 1 版，第 457 页。

②王利明:《中国民法典学者建议稿及立法理由“侵权行为”编》，法律出版社 2005 年版，第 67 页。转引自高圣平主编:《〈中华人民共和国侵权责任法〉立法争点、立法例及经典案例》，北京大学出版社 2010 年 2 月第 1 版，第 457—458 页。

是判断安全保障义务合理界限的核心标准。[①]

案例1：保管骨灰丢失，镇政府赔偿4万元[②]

案情：2004年7月，哈尔滨松北区某镇居民李某的母亲去世。2004年7月31日，李某将母亲的骨灰交至镇政府骨灰寄存处保管，保管期限为两年，并支付了保管费。2006年5月，李某等6个儿女共同为母亲买下一块墓地，准备从镇政府取回骨灰下葬。但当李某于2006年5月29日与亲友到镇政府的骨灰寄存处领取骨灰时，却发现骨灰丢失。李某认为，母亲骨灰丢失一事给6个子女造成了无法弥补的精神痛苦，因此将镇政府诉至法院。

判决：区法院审理后认为，被告镇政府未尽妥善保管义务，致使原告母亲的骨灰丢失，对此应当承担民事责任。原告母亲的骨灰对原告具有精神寄托、感情安慰的特定价值，这种价值是社会所普遍承认的。因此判决被告镇政府赔偿原告李某等人精神损害抚慰金人民币36000元，以及因下葬支付的车费、餐费4000元。

2. 义务人是否履行安全保障义务的标准。安全保障义务是否被违反，是受害人能否获得安全保障义务人赔偿的关键要素，而判断安全保障义务是否正确履行，学术界主要有以下观点：

(1) 从安全保障义务人的客观静态因素考虑，张民安教授认为，在侵权法中判断行为人是否具有过失的理性人标准，在判断安全保障义务是否被恰当履行中同样适用。而在实际案件中，义务人究竟是否尽到了一个理性人在类似情况下所应承担的安全保障义务，应综合考虑以下要素：①安全保障义务人的职业。也就是说，在判断义务人是否尽到合理的安全保障义务时，应将其与其他从事同类或类似性质活动的人的行为进行比较，看其是否达到了同类义务人在相同或类似情况下所能达到的注意程度。②义务人的行业惯例。如果义务人所在的行业存在某一方面的惯例，而义务人在行为时已经遵

①参见高圣平主编：《〈中华人民共和国侵权责任法〉立法争点、立法例及经典案例》，北京大学出版社2010年2月第1版，第458页。

②案例来源：http://heilongjiang.dbw.cn/ 2006-11-03 06:54:09。作者：王洪亮。

循了该行业所普遍遵循的惯例，则该义务人的行为应被认为已经尽到了合理的安全保障义务。③义务人的合理预见性。如果义务人已经预见或者应当预见到其消费者将有可能遭受来自第三人的侵权行为或犯罪行为的损害，则该义务人就应当采取合理措施预防此种侵害或犯罪行为的发生。在此处，张民安教授还特别指出，义务人所采取的预防措施只需达到合理的程度即可，而无须不惜一切代价采取各种有效措施。至于义务人所采取的预防措施是否合理，只能取决于具体案件的具体事实。[①]

(2) 从服务对象的自我保护能力角度考虑，杨立新教授则认为，判断义务人是否履行了安全保障义务，可以从四个方面加以把握：①法定标准。如果法律对安全保障义务的内容和义务人安全保障义务必须履行的行为有直接规定时，就应当严格遵守法律、法规的明确规定。②特别标准。对于未成年人的安全保障义务，应当采用特别标准。即如果一个经营活动领域或者一个社会活动领域，存在对儿童具有诱惑力的危险时，经营者或组织者就必须履行最高的安全保障义务，以消除或者隔绝该危险。③善良管理人的标准。如果法律没有规定确定的标准，那么义务人是否恰当地履行了安全保障义务的判断标准，要高于侵权法上的一般人的注意标准，而采用类似于“善良家父”的标准加以判断。④一般标准。一方面，经营者或组织者对于一般的被保护人，如不请自来者或非法进入者，仅负有对隐蔽性危险进行告知的义务；另一方面，对于受邀请者的一般保护事项，如在商场中不可避免的窃贼的风险，也仅负有一般的告知义务和注意义务，并非所有窃贼所造成的损害，都造成义务人违反安全保障义务。[②]

(3) 从侵权行为发生的时间顺序角度考虑，熊进光教授认为，是否恰当履行安全保障义务，应从以下三个方面进行考察：①预防危险的措施是否合理。是否采取适当的危险防范措施，是行为人履行安全保障义务的首要内

①张民安：《人的安全保障义务理论研究——兼评〈关于审理人身损害赔偿案件适用法律若干问题的解释〉第6条》，载《中外法学》2006年第6期。转引自高圣平主编：《〈中华人民共和国侵权责任法〉立法争点、立法例及经典案例》，北京大学出版社2010年2月第1版，第458—459页。

②杨立新：《论违反安全保障义务侵权行为及其责任》，载《河南省政法管理干部学院学报》，2006年第1期。转引自高圣平主编：《〈中华人民共和国侵权责任法〉立法争点、立法例及经典案例》，北京大学出版社2010年2月第1版，第459页。

容。通常情况下，应以一个“合理人”、“善良家父”的客观行为标准来判断义务人是否对已经预见可能发生的某一危险采取了合理的预防措施。但是如果法律或行业惯例有特殊规定，则应以该特殊规定为判断标准。②制止危险的措施是否合理。当危险发生时，经营者或组织者应尽力采取措施制止、消灭危险，如果没有积极采取措施，或者采取措施的手段不合理而造成损失，则应认定其没有恰当履行安全保障义务。③损害发生后的救助措施是否合理。义务人应当对在其控制范围内遭受损害的人员采取合理的救治措施。而无论这种伤害是由于其自己的直接行为所引起，还是第三人的违法、犯罪行为所造成，义务人都负有对其进行及时救助，防止损失扩大的责任。如果没有采取恰当的措施从而使损害加重，则应认定义务人没有恰当地履行其安全保障义务，从而应承担相应的责任。[①]

案例 2：皮某诉村民委员会丢失骨灰盒赔偿案[②]

案情：村委会为解决本村村民骨灰存放问题于 1985 年间建骨灰堂一处，并雇用本村村民李某看管。三原告之母石某于 1995 年 9 月 9 日去世，9 月 10 日将骨灰存放在骨灰堂内，与先逝的父亲骨灰摆放在一起，骨灰盒上镶有死者照片。1998 年 9 月 5 日，当原告亲属去骨灰堂祭奠石某逝世三周年时，发现石某骨灰不在，经追问看管员，得知其母骨灰被人抱走，并留下 20 元人民币。事后，原告租车带着李某各处寻找石某骨灰，至今查无下落，寻找期间花租车费 9790 元。后协商无果，诉至法院。

判决：法院认为，被告村委会用人不当，教育不够，疏于管理，已使管理人李某做出有背善良风俗的行为。给原告造成精神上的极大痛苦，经济上造成较大损失。因此，法院判决被告村委会赔偿三原告精神损失费六万元，并赔偿实际损失 9790 元。

被告村委会不服，以原审判决精神损失费不当及实际损失不真

①熊进光：《侵权行为法上的安全注意义务研究》，法律出版社 2007 年版，第 216—222 页。转引自高圣平主编：《〈中华人民共和国侵权责任法〉立法争点、立法例及经典案例》，北京大学出版社 2010 年 2 月第 1 版，第 459 页。

②案例来源：华律网首页，发表时间：2007 年 03 月 15 日。

实为由，请求二审重新审理，依法改判。原告答辩称：(1) 原判正确；(2) 由于骨灰的遗失给原告造成极大的精神痛苦，如被告能将骨灰找回，原告愿放弃要求被告赔偿的诉讼请求。

二审：二审法院认为，原告与被告就石某的骨灰存放已形成了保管的法律关系，被告村委会负有保管的义务，对于骨灰的遗失应负责任。虽然，被告村委会为村民无偿保管骨灰是善意之举，但村委会用人不当，管理不严，使管理人在行使管理的职务行为中，造成骨灰的遗失，村委会同样应负责任，原告在骨灰遗失后，积极寻找遗失的骨灰对发生的损失予以补救，对被告村委会并无不利，为此而支出的实际费用，应由村委会承担，原告实行移风易俗将骨灰存放在骨灰堂是符合社会公德的行为，也是社会所普遍承认的，骨灰的存放对原告来讲是精神寄托、感情安慰的需要，骨灰的遗失使原告失去了祭拜的特定物，原告将父、母骨灰存放在一起，属社会之善良风俗，原告之母骨灰丢失，已造成了原告的精神痛苦，而且不可逆转，对此，应由村委会对原告的精神损害予以赔偿。被告主张精神损失赔偿数额较高，没有法律依据，本院不予支持，故原审法院依据查清的事实，依法判决村委会承担实际损失并赔偿精神损失并无不当。遂作出驳回上诉，维持原判的判决。

（四）自然灾害引发骨灰受损害的纠纷

案例1：暴雨造成温岭某公墓大面积坍塌是否担责[①]

温岭某公墓骨灰区域有一千七八百个坟墓，上面种了树，是生态墓葬。2010年7月26日晚7点18分左右，由于大雨形成泥石流，墓园受到冲击，公墓区中间宽约八九米地带，从上到下的51级台阶中，除了最顶上的一排没被冲走外，其他50级台阶中间部分的坟墓都被冲走，共400多座坟墓被冲毁，汹涌而下的泥石流还使得公墓下方的104国道一度短暂受阻。

①案例来源：杭州网，2010-07-28。作者：孙自鸣。

一些骨灰盒被从泥土里冲了出来，有的只剩下盒子，骨灰都已经找不到了，墓碑也被冲得七零八落。有的墓体整个都被冲走了，骨灰盒外面一圈大理石也被冲走了。

家属认为设计施工有问题。亲属们说，公墓上面的围墙还是完好的，冲毁的是里面西边的一大片，并不是山体滑坡，主要还是公墓设计、施工问题，没有充分考虑到公墓的排水系统和固化工程。

1. 公墓下面全部是沙石，上面直接用石料建设，碰上大雨天气，排水不畅，必然引起全面崩塌。

2. 墓区原先的植被清除了，后种的小树树根长得不够深也不够密，又没有其他加固土层的措施，连续的大暴雨，泥土自然就松动了，含水量太大，承受不住了，也会崩塌。

镇政府表示，这个公墓区是1994年镇里修建的，属于福利性质，买个墓位只需要1260元，可以放两个骨灰盒。

在自然灾害引发坟墓、骨灰毁损的情况下，公墓管理者是否承担责任，关键看是否属于不可抗力，如果属于不可抗力，管理者就不承担责任；如果不是不可抗力，管理者就应承担责任。《民法通则》第107条规定：因不可抗力不能履行合同或者造成他人损害的，不承担民事责任，法律另有规定的除外。关于不可抗力，《民法通则》第153条规定：本法所称的“不可抗力”，是指不能预见、不能避免并不能克服的客观情况。不可抗力主要表现为自然灾害，比如地震、台风、海啸等；也包括一些社会现象，如战争、罢工、政府禁令等，但在判断是否属于不可抗力时仍然需要根据当时、当地的主客观情况，综合分析。例如关于战争，如果一个地方如索马里长期战乱，在这样的地方作为合同履行地，一般就不能以战争作为不可抗力而免除不履行合同的理由。

案例2：重庆山洪冲走百人骨灰陵园只赔空骨灰盒遭起诉[①]

2007年7月17日，暴雨来袭，某公墓受山洪冲击，100余个骨灰盒不知去向。

①案例来源：网易《新闻中心·社会新闻》，2009-06-24，09:03:42。

市民政局、公安、国土局等成立了领导小组，制定了公墓灾害处置方案：墓穴完全损坏的，由公墓负责在原墓区进行重建；骨灰盒损毁了的，由公墓负责换一个骨灰盒；建立一个花岗石集体纪念墓；或者在毁损墓的原墓区内原地建一个“衣冠墓”，把死者遗物埋于墓中作为祭奠地。

受灾墓穴的家属们陆续与公墓签订了协议，按《7·17处理方案》进行处理。赵某等十余户仍未签字，后赵某等6人提起诉讼，共索赔约18万元，其中超过10万元是精神损害赔偿，他们认为索赔有据：当年公墓的排洪沟未修建完善，才导致山洪冲毁公墓；公墓被冲毁后，亲人的骨灰不见踪影，让他们的精神受到伤害。公墓相关负责人则称，公墓并无过错，山洪冲毁公墓后，经国土资源部门和地质公司鉴定，属于自然灾害。

从法理上讲，超过人们预见的非常规性自然灾害属于不可抗力，由此造成的损失，可不赔偿；但如果公墓方存在过错，则应该进行赔偿，属于精神赔偿范畴。《合同法》第117条第2款规定：“本法所称不可抗力，是指不能预见、不能避免并不能克服的客观情况。”因此，不可抗力的构成要件为：

1. **不可预见性**。指当事人在订立合同时对不可抗力事件是否会发生不能预见到。对于合同当事人能否预见的判断，应采取主、客观相统一的标准：所谓客观标准，是指在正常情况下，具有正常理智的人能否预见；所谓主观标准，是指在某些情况下，根据行为人的主观条件，如年龄、经验、知识水平、信息知悉能力、专业技术能力等判断合同当事人能否预见。

2. **不可避免性**。指当事人对于可能出现的意外情况即使采取了及时合理的措施，但是客观上并不能阻止这一情况的发生。如果事件的发生不可预见，但可以采取及时合理的措施加以避免，则不属于不可避免。如饮食店主人向消费者提供受污染的食品，他就不能够以其供应商供应的食品受污染为其所不能预见或不可抗拒为由而免除责任，因为他完全可以采取合理有效的措施保证其接受的食品原材料为合格产品。

3. **不可克服性**。指合同当事人对于事件的发生不可能抵御，在事件发生后，即使已尽到最大的努力仍不能克服事件造成的影响，从而使合同不能正常履行。如果所发生的事件有被克服的可能，那么，即使该事件的发生为合同的履行造成困难或使债务人履行义务的费用增加，该事件也不构成不可抗力。判断当事人是否可以克服非正常事件，也应采取主、客观相结合的标准，综合判断。

构成不可抗力的事件必须同时具备上述要件。由于不可抗力情况复杂，往往在不同条件下对合同履行的影响不同。因此，法律不可能对不可抗力作出十分具体的规定。因此，合同当事人可以在合同中对不可抗力的内容和范围进行约定。但是在侵权责任的认定时，对不可抗力只能由仲裁组织或人民法院判断，而不能由当事人提前约定，但在以合同为基础的侵权责任案件中，不可抗力的内容和范围可以以当事人的约定为依据，只要其不明显违反关于不可抗力的法律规定和构成要件。

（五）利用殡葬器物的特殊侵权纠纷

对死亡的反感使得人们一般不愿谈论生死，特别是自己的生死，人们对死是忌讳的。一些人就利用这一点采取用殡葬用品或殡葬语言的方式，诅咒、侮辱、攻击他人，从另一个侧面反映了殡葬文化的特点。

案例：刘某某、贾某诉李某侵害名誉权纠纷案[①]

被告李某的丈夫与原告刘某某是同事，在一起工作多年。李某怀疑该二人有不正当男女关系，曾多次向有关领导反映。经调查，予以否定。李某认为领导袒护他们，便想办法报复刘某某。1987年某日，原告刘某某、贾某举行婚礼，宴请宾朋，李某自制一个花圈，题写一副挽联："破鞋流氓刘某某，遗臭万年快点死"，系于花圈两侧，并置于一个大纸盒内，托一不相识的男孩送到结婚典礼的仪式上。二原告交换完结婚礼物后，接过该男孩手中的礼品盒，打开一看，新娘顿时气得晕厥过去。宾客见状，十分惊讶。认为喜事

①案例来源：参见杨立新编：《精神损害疑难问题》，吉林人民出版社1991年6月第1版，第88—89页。

不喜，纷纷退席，致使新婚夫妇蒙受耻辱。后二原告向当地法院起诉，请求人民法院责令被告赔偿二原告的名誉损失。

被告在挽联中无中生有编造刘某某是“流氓、破鞋”，使其名誉受到损害，符合诽谤的特征。那么，其送花圈的行为属于什么性质呢？被告行为的目的，是要败坏刘某某的声誉，使她在婚礼欢乐的喜庆场合蒙受耻辱，人格受到损害，也的确产生了这样的后果。但是，被告侵权的场合是刘某某、贾某两个人举行的结婚典礼，损害任何一方的声誉就必然会损害另一方的声誉，一方的人格蒙受耻辱也必然会使另一方的人格蒙受耻辱。因此，被告李某的行为使刘某某受到了两种侵权行为的侵害，造成了名誉损害的结果；同时，其送花圈的行为也侵害了贾某的名誉权。因此，被告要为此承担侵权民事责任是理所当然的了。

三、侵害坟墓的民事责任

我国的殡葬改革的目标是火化并不保留骨灰。但是，一方面，在非火化区以及少数民族不实行火化，仍然实行尸体装棺土葬；另一方面，在火化区，尸体被火化成骨灰后，现行法律没有禁止死者的近亲属将骨灰葬入地下，这样，安葬死者尸体或骨灰的坟墓就大量存在。因此，坟墓的性质及其法律调整就是殡葬法制建设方面的一个重要课题。

（一）坟墓的性质

坟墓是埋葬死亡人的尸体或骨灰的建筑。坟墓主要有两大类：一是自建坟墓，二是位于公墓中的坟墓。两者的性质不同，因此调整和保护的方法也不同。

1. 自建坟墓的性质。现实生活中，虽然国家《殡葬管理条例》规定在耕地、林地、风景区、铁路公路两侧等地点禁止建坟，但一些公民仍然不顾国家禁令滥埋乱葬，形成普遍存在的非法建坟问题。特别是在农村地区非法建坟问题更加突出。坟墓建造的方式主要有：(1) 经村委会或村民小组同意后，在集体所有的荒山、荒坡的公益性墓地里建造；(2) 在传统的祖坟山建造；(3) 在集体林地建造；(4) 在自己的承包地内建造；(5) 通过与别人进行土地置换、"购买"看中的土地或协商补偿后在别人承包地内建坟。

上述建坟方式中只有 (1) 是合法的，可参照法律关于村民宅基地的规定，确认其对坟墓占用土地的有限使用权，确认自然人对该土地上的坟墓享有有限的所有权。其他方式建造坟墓均属非法建坟，不能确认其对坟墓占用土地的使用权。需要注意的是，在村集体没有提供公益性墓地的情况下，在村集体所有的非农用地上建造坟墓，与村集体提供了公益性墓地而在其外建造坟墓，这两种情形具有不同的性质：前者虽然不符合殡葬法规的规定，但具有合理性，只有在集体公益性墓地提供的前提下，才具备要求当事人遵守殡葬法规合法安葬亲人骨灰的客观条件；后者则既不合法、又不合理，可以责令其自行将所建违法坟墓拆除、迁移，在其不予在规定期限内自行拆除的情况下，可以进行强制拆除。在拆除过程中可以尽量保护建坟墓的可用材料如墓碑不受损坏，并通知建坟人领回，保护其财产所有权。当然，如果建坟人不予领回造成损失的，由其自行承担。同时，对于坟墓的精神价值给以适当保护，因为非法建坟应受到行政法律的约束和处罚，但公民个人对他人坟墓无权进行侵害，否则应承担相应民事责任。

案例1：父母坟头被铲建食堂，子女讨要骨灰盒证据不足败诉[①]

案情：刘先生的父母去世后，刘先生兄妹将父母的骨灰盒埋在昌平区的祖坟地里，每到清明节刘先生兄妹都要去给父母上坟扫墓，以寄托哀思。但刘先生兄妹在今年清明节给父母上坟扫墓时，发现父母的坟地不见了，在父母埋葬骨灰盒的地方建起了一家工厂的食堂。为此，刘先生找到该工厂的负责人，要求说明情况，但一直没有得到合理的解释。后经过调查刘先生得知，在2006年10月左右，在没有通知自己迁坟的情况下，该工厂将自己父母的坟地推平建起了食堂。

刘先生兄妹认为，由于父母的坟头上盖起了建筑物，导致自己

①案例来源：中国法院网，发布时间：2007-09-14　16:06:25。作者：崔亮。

无法上坟扫墓，该工厂的行为给了自己极大的精神损害，故起诉到法院要求该工厂找回父母的骨灰盒，并赔偿刘先生兄妹六人精神损失20万元。

被告工厂的代理人当庭表示不同意刘先生兄妹的诉讼请求，认为自己没有侵犯他们的坟地，也没有拿他们的骨灰盒，所以原告的请求没有根据。并且单位在邓庄村马路南建厂，就没有见过有坟地，故请法庭依法驳回刘先生兄妹的诉讼请求。

为了证明自己的说法，刘先生兄妹请来了两名证人来证明父母的坟地就在被告厂区内西北角。针对此，工厂方面向法庭提交了一份当地村委会的证明，在这份证明中，村委会称刘先生兄妹所说的父母骨灰盒所在地当时没有坟地。而刘先生兄妹对此进行反驳，称这块地是自己爷爷置的地。

判决：法院认为，当事人对自己的主张有责任提供证据。根据村委会的证明和证人的证言仅能证明刘先生父母的骨灰葬于邓庄村南，但具体位置现无证据佐证。同时，现有的证据也无法证明工厂建房对其父母的骨灰有侵权行为的事实。故法院认定刘先生兄妹的诉讼请求，证据不足，判决驳回诉讼请求。

本案例中，如果原告刘先生兄妹有充分的证据证明其父母的坟墓被被告损毁、侵占，被告承担侵权责任将是一个必然的结果。

合法的自建坟墓，死者的近亲属具有三个方面的权利：一是对坟墓所占集体土地的有限使用权；二是对建墓材料的所有权；三是具有精神利益。前两项权利属于“财产权”的范畴，第三项属于人格利益的范畴。“财产权”是指“以财产利益为内容、直接体现某种物质利益的权利，如物权、债权等。财产权的特征主要有：(1) 财产权以财产利益为内容，一般可用金钱计算其价值；(2) 财产权一般为非专属权，可以转让也可以继承。(3) 财产权受到侵害时主要适用财产性的民事责任形式予以救济”[①]。

“财产”一词既是人们日常生活中广泛使用的语词，又是经济学的重要

①马俊驹、余延满：《民法原论》，法律出版社2007年8月第3版，第58页。

概念，在立法、法学中也是一个极为重要的概念，人们经常在不同的意义上使用这个词。“财产”一词有时指财产权的客体如土地、房屋、存款、股票等，有时指财产权本身如所有权。作为财产权客体意义上使用“财产”一词，则其与涵盖动产和不动产的物权意义上的“物”的区别不大，而如果在权利的意义上使用该词，则其范围十分宽泛，就不仅限于“物”的范畴。

民法中的“物”，是指存在于人体之外，能被民事主体所控制、支配，且能满足人类社会生活需要的有体物。作为民法中的物有以下特征：(1) 存在于人体之外。人本身不能作为民法中的物，只有法律所允许的、已经与人体相分离并能独立存在的人体的一部分（比如剪掉的头发、捐献的血液等）才可以作为物权的客体且受到严格的规范。(2) 能被民事主体所控制和支配。目前不能为民事主体所控制和支配的物（如太阳、星星、月亮、闪电等）不能作为民法上的物。(3) 能满足人类社会生活的需要，包括物质需要与精神需要，具有使用价值和价值。(4) 须为有体物。随着科学技术的发展，物的范围不断扩大，既包括看得见、摸得着的有形物，也包括不具有形体的电、热、磁力等，还包括特定空间等无形物。

人死亡后，遗体为非生命体，当然就不会承载人格的客体，因为死者不可能对其遗体享有所有权，同样死者也不可能对埋葬其遗体或者骨灰的坟墓享有民事权益。坟墓是死者近亲属在一定土地上修建的特殊建筑物，对于是否修建、何地修建（但不能在禁止修坟的地域修建）、何时修建、坟墓样式、坟墓规模（但不得违反规定修建超面积的坟墓）等，死者近亲属可以在法律规定的范围内自行决定，即死者近亲属对坟墓有一定的处分权，但其处分权受到较强的限制，如不得随意处分（如未经其他近亲属同意的处分），不得有违法律和公共道德（如倒卖墓地）等。

坟墓作为一种特殊的建筑物，属于物的范畴，是一种特殊的财产，死者的近亲属对坟墓建墓材料享有所有权。在不改变占有状态的情况下，对坟墓进行损毁的行为，是对他人所有的财物的损坏，符合有关财产损害的规定。“财产损害，即侵害财产所有权的行为，是指侵占、损坏财产等行为。损坏财产是指不改变财产的占有状态，而将他人的财产非法毁坏的行为。”[①]因

①汪治平：《最高人民法院〈民事案件案由规定（试行）〉的理解与适用》，人民法院出版社2003年1月第2版，第532页。

此，对坟墓损害赔偿纠纷可以适用财产损害赔偿纠纷的有关规定进行处理。但是，“坟墓”作为埋葬死者遗体或者骨灰的特定建筑物，其作为财产的物质价值极低，因为其建墓材料再次流通的可能性极小。因此，坟墓的主要价值不是其物质价值，而是精神价值。

坟墓因安葬有亲人的骨灰，因而对逝者近亲属而言具有重要的精神价值，因此，对已埋有亲人骨灰的坟墓的损害，还将产生精神损害赔偿问题，并且精神损害是损毁坟墓所产生的对死者近亲属的主要侵害。

案例2：父亲坟墓遗失，村民状告村委会获赔3000元[①]

案情：1991年，刘某父亲去世后，按民俗葬于村北。2005年，该村委会集体平地卖土，刘某父亲的坟墓遗失。同年6月至10月，刘某多次雇人用铲车挖找骨灰，但没找到。2007年6月20日，村干部马某等人给刘某出了一份“村委会组织实施工作失误，不慎造成墓地遗失……”的书面证明。当时，村委会研究决定，给刘某一定的经济补偿。但由于村委会的原因，该事一直未解决。

后刘某起诉至一审法院，要求村委会赔偿经济损失和精神损失。村委会辩称，刘某以前曾为此事提出过诉讼后撤诉，现再次起诉，法院不应受理；刘某父亲坟墓被挖走，是自己管理不善，与村委会无关。

判决：一审法院经审理判决村委会给付刘某经济损失和精神损失共3000元。村委会不服，以2005年村里以广播形式通知村民将村北坟墓迁走，并通知了3天，已经事先通知。刘某父亲坟墓遗失，属于自己管理不善为由上诉到二中院。

二中院经审理认为，村委会干部出具的书面证明，可以证明在刘某父亲坟墓灭失的问题上，村委会有工作失误，而没有证据证明刘某在此问题上有责任。据此，驳回上诉，维持一审判决。

2. 公墓中的坟墓。我国合法公墓有农村公益性公墓和城市经营性公墓

①案例来源：中国法院网，发布时间：2008-12-05　09:30:28。作者：何爽。

两种形态。农村公益性公墓一般对本村村民提供，城市经营性公墓则面向社会。不管是哪类公墓，当死者近亲属在公墓中有了一个死者坟墓的时候，就需要对坟墓的性质作分析。

（1）经营性公墓中坟墓的性质。经营性公墓是指通过省级民政机关许可、对社会提供骨灰下葬用地和服务的经营单位。其经营方式是向死者近亲属“销售”墓位、死者近亲属“购买”墓位。在买、卖之间，墓位好像成为商品，这就是公墓乱象百出的观念根源。

关于墓位所占土地的性质问题。公墓对墓区土地享有使用权，“购买”墓位的公民并非该墓位土地的使用权人，墓位所占土地的使用权仍为公墓享有。因此，“购买”墓位的公民手中没有土地使用权证，这与购买商品房完全不同。

关于“买卖”墓位的标的问题。作为民事合同关系，双方权利义务指向的对象，就是合同的标的，那么“买卖”墓位的标的到底是什么？是墓位的土地使用权吗？不是，上面已作分析。是墓位的建筑材料吗？如果在“购买”墓位时支付的价款中包含墓位建墓的各项材料和加工费，那么，“购买”者享有这些材料的所有权是没有问题的，但这只是“购墓”款中的一小部分，“购墓”款的主要对价是墓位而不是建墓的材料和加工费。是墓位本身吗？墓位本身没有任何价值，它只是一个具有一定面积的地块而已，其价值就是所占地块的使用权，但土地使用权并不因墓位的“买卖”而转移到“购墓”者手中，墓位不是买卖的标的。

“买卖”墓地是买卖吗？显然不是。那么“买卖”墓地是什么性质的合同呢？其性质是租赁合同。公墓经营者向公民提供墓位出租，公民因安葬故去亲人的骨灰而承租墓位，这就是所谓买卖墓地的性质。

公民承租了墓位后，两者形成租赁合同关系。公墓经营单位在承租的墓位上建起坟墓，安放亲人骨灰。这种情况下，公民在坟墓上的权益体现为：①租赁费的对价，即出租方的义务；②建墓材料费；③建墓加工费；④坟墓管理费的对价，即公墓的管理维护义务；⑤对亲人的祭奠精神利益。

因此，墓位只是租赁的标的物，不是买卖的标的物。这样，对坟墓的损害所产生的责任方式主要有：①违约责任，如将双方已商定的墓位未经协商调换、未经双方协商对墓位进行改造、租赁期未满要求当事人退墓等，这种情况下的责任方式有继续履行租赁合同、恢复原状、赔偿损失等；②侵权责任，如墓碑被毁、骨灰被盗、墓地被侮辱等，直接侵权者和管理不善的公墓都应承担侵权责任，这里的侵权责任的承担方式主要是精神损害赔偿问题。

在保管合同法律关系的前提下，如果既违反合同约定，又发生侵害当事人精神利益的侵权行为的情况下，当事人有权请求合同对方当事人承担精神损害赔偿。

(2) 公益性公墓中的坟墓。公益性公墓的坟墓与经营性公墓中坟墓的性质大致相同。所不同的是，公民获得墓地的方式不同，公民获得公益性墓地不需要支付租赁土地使用权的对价，但是在公民与村集体之间仍然存在集体土地使用合同关系，因此，公民在其为亲人所建坟墓上的权益有：①集体组织的一定的管理义务；②建墓材料费；③建墓加工费；④对亲人的祭奠精神利益。

因此，对公益性墓地中坟墓的损害所产生的责任方式主要有：①违约责任，如将双方已商定的墓位未经协商调换、未经双方协商对墓位进行改造等，这种情况下的责任方式有继续履行集体土地使用合同、恢复原状、赔偿损失等；②侵权责任，如墓碑被毁、骨灰被盗、墓地被侮辱等，直接侵权者和管理不善的集体经济组织都应承担侵权责任，这里的侵权责任的承担方式主要是精神损害赔偿问题。

（二）墓地合同的保护

墓地合同首先必须合法，即不能违反法律、行政法规的禁止性或强制性规定，否则合同无效。《合同法》第7条：当事人订立、履行合同应该遵守法律、行政法规，尊重社会公德，不得扰乱社会经济秩序，损害社会公共利益。第52条：有下列情形之一的，合同无效：(一) 一方以欺诈、胁迫的手段订立合同，损害国家利益；(二) 恶意串通，损害国家、集体或第三人利益；(三) 以合法形式掩盖非法目的；(四) 损害社会公共利益；(五) 违反法律、行政法规的强制性规定。第58条：合同无效或者被撤销后，因该合同取得的财产，应当予以返还；不能返还或者没有必要返还的，应当折价补偿。有过错的一方应当赔偿对方因此所受到的损失，双方都有过错的，应当各自承担相应的责任。

案例 1：为公婆购买墓穴却落葬其父骨灰，儿媳被判赔偿[①]

案情：儿媳出资为公婆购买的墓穴，因家庭不睦后落葬了父亲的骨灰，从而引发纠纷。

朱老太与丈夫陈老伯生有一儿和五女。陈老伯已于 1980 年死亡，其骨灰被临时安葬。儿子陈先生与儿媳黄女士系再婚夫妻，双方未再生育子女。2006 年 10 月，陈先生因病死亡。同年 11 月，黄女士出资 5760 元向上海市南汇区书院镇的一家公墓，为公婆朱老太和陈老伯购买了双穴墓地一座，确定为亡故者陈老伯之墓。事后，朱老太将墓碑安置于上述墓地，墓碑上刻上了陈老伯、朱老太之墓的文字，并刻上了儿子和五个女儿及女婿等立碑人的姓名，但未刻上儿媳的姓名。

2007 年 3 月，朱老太等继承人与黄女士发生遗产纠纷，经法院调解，黄女士给付朱老太等继承人的被继承人陈先生的遗产 10 万元。此后，婆媳关系不睦，黄女士擅自将为公婆购买的墓穴上墓碑搬离原址。

2008 年 3 月，黄女士及其弟与公墓方重新订立《墓地认购合同》，确定黄女士原经办的陈老伯之墓作废，此墓穴产权转让于其弟弟。随后，黄女士将父亲骨灰落葬该墓穴。不久，朱老太发现其墓穴上墓碑已被搬离并墓穴内已有骨灰落葬等情况，在与公墓方、黄女士交涉无效后，朱老太于 4 月诉至法院，请求解决。

朱老太诉称，在儿子遗产继承案中，已明确将购买墓穴的钱款从遗产总额中扣除。因此，该墓穴的使用人是自己与老伴。儿媳擅自将该墓穴转让给其弟弟，并将其父亲骨灰落葬于该墓穴，其行为侵害了自己的合法权益，造成了自己的精神痛苦，请求判令黄女士返还墓穴或赔偿墓穴现价 1.5 万元，赔偿精神损害抚慰金 3000 元。

黄女士辩称，系争墓穴由自己出资购买，自己是该墓穴的权利

①案例来源：中国法院网，发布时间：2008-07-03　13:42:39。作者：富心振。

人，有权处分该墓地；出资购买墓穴、收据上注明陈老伯之墓，只表明自己在当时愿意为公婆购买墓穴，该行为性质属赠与，因婆婆在世、公公骨灰未实际落葬，故该墓穴所有权还没有转移，自己有权撤销该赠与。因此，要求判令驳回朱老太的诉讼请求。

法院审理中查明，与上述墓穴的地段、规格、类型相类同的现在市场购买价格在8000元左右。

判决：法院审理后认为，根据《上海市殡葬管理条例》相关规定，墓穴的购买者不得转让墓穴；公墓出售墓穴，应当与购买者签订购销合同，墓穴使用人的姓名不得变更。结合在案证据和相应法律规定，认定系争墓地的使用权归属朱老太。现黄女士的行为已构成对朱老太享有墓地使用权的侵害，对此应当依法承担民事责任。由于系争墓穴已安葬了黄女士之父的骨灰，考虑到本地区骨灰落葬习俗，为尊重死者，保护黄女士等人对长辈的情感利益等因素，不宜将骨灰迁出系争墓穴。

因此，作为本案侵权人的黄女士承担民事责任的方式以赔偿经济损失为妥，同时，黄女士的行为确给对方造成了一定精神损害，故还应承担精神损害赔偿责任。据此，上海市南汇区人民法院对这起财产损害赔偿纠纷案作出一审判决，儿媳黄女士应当赔偿婆婆朱老太墓穴重置损失费8000元、精神损害抚慰金2000元；对朱老太的其余诉讼请求，不予支持。

本案例中，黄女士所“购”墓位是其以公婆的死亡证明为事由而“购买”到的，由于公墓方对墓位的租赁进行了明确限制，以谁的死亡证明“购买”则只能下葬该死者，就是说公墓墓位“购买”后，不仅对双方有约束力，而且即使双方合意对合同内容进行变更，也不能违反墓位不得转让的规定，因此，本案例中黄女士与公墓方的对合同的变更因违反了法律和行政法规的强制性规定而无效，双方必须承担由此产生的侵权责任。法院的判决是正确的。

1. 关于合同履行。民事合同如果不存在违反法律、行政法规的强制性规定、损害社会公共利益等情形，即为受法律保护的有效合同，双方有义务严格遵循约定，全面、正确履行合同。无论是单位改变名称、企业股权易手，还是法定代表人、负责人、经办人变更，都不能成为不履行合同的理由，这也是维护企业商业信誉的需要。

《合同法》第8条：依法成立的合同，对当事人具有法律约束力。当事人应当按照约定履行自己的义务，不得擅自变更或者解除合同。

依法成立的合同，受法律保护。

案例2：成都某陵园擅挪墓地案①

案情：吴某于2007年与成都某陵园签订两份《合同书》，约定购买陵园某处墓地，并向陵园支付了购墓费及管理费、工本费共计19430元。2007年3月，吴某等人到该陵园安葬父母。次日，吴某等人再次来到墓地，发现父母的墓碑已被挪到同排的其他地方。双方遂发生纠纷，吴某等9人将陵园告上法庭，请求判令被告将墓穴迁回原下葬之处，并以登报方式向原告及其家属赔礼道歉、消除影响，判令被告分别向9名原告每人各支付精神损害赔偿金1万元，并双倍赔偿原告所支付的费用38860元。

判决：法院审理后认为，在未征得原告同意的情况下，逝者墓地被移动，被告具有过错，应承担相应民事责任。擅自挪动墓碑及骨灰，违反公序良俗，对原告心灵造成伤害，被告应当承担赔偿责任，向原告支付精神损害抚慰金5000元。

我国《民法通则》和《合同法》对合同的变更都有明确规定，只有经合同各方当事人协商一致，才能对合同进行变更，否则就是民事违反行为，必须承担相应的责任。本案例中，公墓在未与“购墓”方协商的情况下，擅自变更墓位，这是严重违约的行为，必须承担违约责任；同时，该行为还对原告方的精神利益造成损害，因此，还必须承担侵权的民事责任。法院的判决是正确的。

《合同法》第76条：合同生效后，当事人不得因姓名、名称的变更或者

①案例来源：刘海：《成都：未经死者家属同意擅挪墓地陵园赔偿5000元》，中国法院网，发布时间：2007-06-22 08:48:34。来源：新华社。

法定代表人、负责人、承办人的变动而不履行合同义务。

2. 关于中止履行。《合同法》第68条：应当先履行债务的当事人，有确切证据证明对方有下列情形之一的，可以中止履行：

（一）经营状况严重恶化；

（二）转移财产、抽逃资金以逃避债务；

（三）丧失商业信誉；

（四）有丧失或者可能丧失履行债务能力的其他情形。

当事人没有确切证据中止履行的，应当承担违约责任。

《合同法》第69条：当事人依照本法第68条的规定中止履行的，应当及时通知对方。对方提供适当担保的，应当恢复履行。中止履行后，对方在合理期限内未恢复履行能力并且未提供适当担保的，中止履行的一方可以解除合同。

因此，在出现《合同法》第68条列举的四种情形时，可以及时通知对方中止履行，等待对方提供适当担保。中止履行后，对方在合理期限内未恢复履行能力并且未提供适当担保的，可以解除合同。

3. 关于解除合同。《合同法》第93条：当事人协商一致，可以解除合同。

当事人可以约定一方解除合同的条件。解除合同条件成熟时，解除权人可以解除合同。

《合同法》第94条：有下列情形之一的，当事人可以解除合同：

（一）因不可抗力致使不能实现合同目的的；

（二）在履行期间届满之前，当事人一方明确表示或者以自己的行为表示不履行主要债务的；

（三）当事人一方迟延履行主要债务，经催告后在合理期限内仍未履行的；

（四）当事人一方迟延履行债务或者有其他违约行为致使不能实现合同目的的；

（五）法律规定的其他情形。

《合同法》第96条：当事人一方依照本法第93条第2款、第94条的规定主张解除合同的，应当通知对方。合同自通知到达对方时解除。对方有异议的，可以请求人民法院或者仲裁机构确认解除合同的效力。

但是《合同法》第96条对异议的提出方式和期限都不明确。最高人民法院关于适用《中华人民共和国合同法》若干问题的解释（二）第24条对此进行了明确规定：

当事人对《合同法》第96条、第99条规定的合同解除或者债务抵消虽有异议，但在约定的异议期限届满后才提出异议并向人民法院起诉的，人民法院不予支持；当事人没有约定异议期限，在解除合同或者债务抵消通知到达之日起3个月以后才向人民法院起诉的，人民法院不予支持。

因此，如果合同对方当事人通知您解除合同而您对此存在异议，如果合同中约定了异议期限，必须在约定期限内向对方以书面方式提出。如果在约定期限届满后才提出异议并向法院起诉的，法院将无法支持；如果合同中没有约定异议期限，必须在解除合同通知到达之日起3个月内向法院起诉，否则法院将不能支持您对合同解除的异议。

4. 关于防止损失扩大。如果合同一方违约，不管是什么理由，合同另一方都应该及时采取措施，防止损失扩大，由此产生的合理费用将由违约方承担。如果消极对待、放任损失的扩大，对于扩大的损失，法院不会予以保护。

《合同法》第119条：当事人一方违约后，对方应当采取适当措施防止损失的扩大；没有采取适当措施致使损失扩大的，不得就扩大的损失要求赔偿。

《民法通则》第114条：当事人一方违反合同受到损失的，应当及时采取措施防止损失的扩大；没有及时采取措施致使损失扩大的，无权就扩大的损失要求赔偿。

在墓地合同中，包括以下性质不同的几类合同：墓地租赁合同、墓碑购买合同、墓碑加工合同、墓地维护合同。所谓的“购墓”合同，实际上是一个包括上述合同的总合同，所谓的“购墓”费是租赁费、墓碑购买费、墓碑加工费、墓地维护费的总和。由于这些合同性质有别，权利义务不同，但却以一个合同的形式出现，导致了人们理解的误差，也给处理相关纠纷增加了难度。但不管是什么类别的民事合同，合同必须不违反法律强制性规定的原则，必须全面准确履行的原则是相同的。

（三）坟墓损害赔偿纠纷

现实生活中，损毁坟墓的事件时有发生。在损毁坟墓的同时，一般对其中的骨灰也会损毁，因此，损毁坟墓的行为对当事人的精神利益和社会善良风俗产生损害，行为人应承担侵权精神损害赔偿责任。

1. 损毁坟墓主要侵害死者近亲属精神利益。侵害财产权，原则上仅仅对受害人的财产利益造成损失，但有些财产对财产所有人而言，有着超出财产本身价值的更为重要的精神利益。对这些财产造成损害，受害人受到的精神损失要比物质损失更为严重，如果只对财产损失进行赔偿，对受害人受到的精神损失不进行赔偿，对受害人的救济就是不全面的，所以需要用精神损害赔偿的方式对受害人进行精神上的抚慰。

坟墓本身不同于一般的物，死者的近亲属对坟墓存在一定的精神利益。按照传统的民法理论，自然人的权利能力始于出生、终于死亡，自然人死亡以后就不再具有民事主体资格，不享有民事权利，当然也不具有人格权。但由于近亲属间特定的身份关系，自然人死亡后，其人格要素对其活着的配偶、父母、子女和其他近亲属仍会发生影响。对死者人格的侵害，实际上是对其活着的近亲属精神利益和人格尊严的直接侵害，在侵权类型上，属于以违反公序良俗的方式致人损害，损害后果表现为使死者近亲属蒙受感情创伤、精神痛苦或人格贬损。坟墓寄托了死者近亲属的个人感情、对死者的怀念、死者和生者的尊严，对坟墓的侵犯，也就是对死者近亲属精神利益的侵犯。

中国传统文化历来认为，掘墓毁尸行为是严重违反社会伦理的极端行为。可见，对坟墓的保护不是对死者人格权的保护，而是对死者近亲属的精神利益的保护。此外，对坟墓的保护还涉及公共利益和公共道德的保护问题。如果允许人们可以随意地毁坏坟墓，虽然死者并不具有任何精神痛苦，但是，这是一种对公共道德的蔑视和侵犯。死者的近亲属虽然对死者的坟墓不享有完整意义上的所有权，但享有对坟墓的管理权。这种管理权包括了对坟墓的有限处置权，死者近亲属负有对坟墓依照社会公序良俗处置的管理职责。任何人未经死者近亲属同意，不得擅自从坟墓上挖土、取石、建造等，不得毁坏坟墓。因此，侵害他人的坟墓，既是对他人财产权的侵害，更是对死者近亲属精神利益的损害，死者近亲属对此有权请求精神损害赔偿。

2. 侵害坟墓应承担的侵权责任。损毁坟墓的行为属于侵害死者近亲属精神利益和社会公共利益的侵权行为，对这类侵权行为的处理，有关法律有原则规定。

《中华人民共和国民法通则》第106条第2款规定："公民、法人由于过错侵害国家的、集体的财产，侵害他人财产、人身的，应当承担民事责任。"第117条第2款规定："损坏国家的、集体的财产或者他人财产的，应当恢复原状或者折价赔偿。"2007年10月1日实施的《中华人民共和国物权法》第36条规定："造成不动产或者动产毁损的，权利人可以请求修理、重作、更换或者恢复原状。"第37条规定："侵害物权，造成权利人损害的，权利人可以请求损害赔偿，也可以请求承担其他民事责任。"

《最高人民法院关于确定民事侵权精神损害赔偿责任若干问题的解释》第3条规定："自然人死亡后，其近亲属因下列侵权行为遭受精神痛苦，向人民法院起诉请求赔偿精神损害的，人民法院应当依法予以受理……（三）非法利用、损害遗体、遗骨，或者以违反社会公共利益、社会公德的其他方式侵害遗体、遗骨。"

虽然侵犯坟墓不是直接侵犯遗体、遗骨，但是坟墓是埋葬死者遗体或者骨灰的地方，侵犯坟墓的行为，可以认为也是对遗体、遗骨的侵犯，所以可以根据该司法解释的规定请求人民法院判处侵害人赔偿精神抚慰金。因此，死者近亲属可以请求人民法院责令侵害人恢复原状或者赔偿死者近亲属因修复被毁坏坟墓所支出的合理费用。

现实生活中曾发生过这样的案例：被告以原告家的祖坟压着其祖坟后山，压着被告家的龙脉，或者原告家的祖坟距离被告家的祖坟太近，影响被告家的风水，使其家人生病为由，要求原告搬迁祖坟，原告不同意，被告于是将原告家的祖坟撬毁。双方由此发生纠纷诉至法院，原告要求被告赔偿损失或者恢复原状，并赔偿精神损失。显然，被告以风水、龙脉为由将原告家祖坟损毁的行为，属于侵权行为，应承担相应的民事责任。

3. 坟墓侵权案件的司法处理。因坟墓遭到损坏而引起的坟墓损害赔偿纠纷时有发生，坟墓作为埋葬死者遗体或者骨灰的特殊建筑物，死者近亲属对它享有有限的财产所有权；坟墓主要承载着死者近亲属对先人的缅怀、祭祀之情，承载着死者近亲属的特殊的身份精神利益。人民法院对坟墓毁坏纠纷的处理，需要注意确定正确的案由和加强调解。

（1）案由应为侵害人格利益。坟墓作为一种特殊的建筑物，作为一种特殊财产，一方面，死者近亲属对其享有有限的财产所有权，在坟墓被毁坏时，可以财产损害赔偿纠纷作为案由立案；另一方面，对坟墓的损害主要给死者的近亲属造成严重的精神损害。因此，应以侵害人格利益为案由立案，判决侵权人赔偿坟墓修理所需费用、赔礼道歉、赔偿精神抚慰金。

（2）立足调解，化解纠纷。坟墓损害赔偿纠纷，更多的是相邻村民间的纠纷，纠纷解决的好坏，直接关系到以后相邻村民间关系的好坏，关系到当地社会的稳定。因此，法院立案后，要以维护社会稳定，促进经济发展，维护死者近亲属的合法权益为目标，要加大调解力度，做好双方当事人的思想工作，把有关的法理知识讲解清楚，引导双方当事人互谅互让，争取让当事人达成调解，把矛盾化解在基层，最大限度地实现案结事了，促进司法和谐。

总之，坟墓损害赔偿纠纷作为一种特殊的侵权纠纷，其直接与社会公序良俗、民族习俗相关，与当地社会稳定密切相关，妥善处理好这类矛盾纠纷，对于构建和谐社会具有积极意义。

四、精神损害的赔偿标准

确定精神损害赔偿数额的标准，是行政调解、审判实践中的一大难题。曾有德国、日本民法学者主张将精神损害赔偿金明确化，依一定标准，决定赔偿数额，都没有得到立法和司法实践的采纳。因而中外一般均采取当事人协商或由法官斟酌案情确定的办法来确定精神损害赔偿的数额。

我国学者和实务工作者多数倾向有一定幅度的标准：法律或最高审判机关规定一个最高限度，法院在这个限度下斟酌案情决定；或法律或最高审判机关规定一个最高限度和最低限度，法院在这个幅度内斟酌案情决定。

但也有主张认为不宜确定具体数额，而应从实际出发，根据公平、合理的原则来确定数额。目前，我国的立法没有关于精神损害赔偿数额标准的规定，司法解释也没有确定相关标准，因此，我国立法和司法实践都没有采纳确定幅度的主张，而是采取具体案件具体分析，由法院斟酌确定数额的做法。

案例 1：开封市中院审理一起骨灰丢失案[①]

案情：谭某去世后，骨灰一直保存在某殡仪馆，其亲属按标准交了 30 年的保管费。1999 年清明节，谭某儿孙到殡仪馆祭奠去世多年的谭某，却发现谭某骨灰不翼而飞。殡仪馆的工作人员四处寻找也没有结果，而此时离保管到期还有半年时间。在交涉过程中，殡仪馆提出以略高于骨灰盒的价值赔偿，谭家不同意，并将殡仪馆告上了法庭，要求赔偿精神抚慰金 10 万元，并将亲人骨灰恢复原状。殡仪馆则以骨灰没有价值，法律也没有明文规定为由，坚持只按骨灰盒价值赔偿。

判决：一审法院经审理认为，原告将亲属骨灰交给被告保管，并缴纳了一定的保管费用，双方事实上形成了保管合同关系。现因被告原因，致使谭某骨灰丢失，给其亲属造成了精神上的打击，应赔偿一定的精神损失费，但原告要求 10 万元赔偿费显属过高。最后，一审判决被告赔偿原告精神抚慰金 2 万元，驳回原告其他诉讼请求。

殡仪馆以赔偿数额过高为由不服一审判决，遂向开封市中级人民法院提起上诉。

二审法院经审理认为，一审认定事实无误，但赔偿标准过高。根据案件具体情况，判决殡仪馆赔偿 6000 元。

由于无形的精神损害难以用物质尺度准确估量，不能适用财产损失那样的全部赔偿原则，在确定精神损害赔偿数额时，应考虑各种相关因素，否则有可能有失公平。同时，在我们这个经济社会发展很不平衡的大国，对于精神损害赔偿数额是不可能规定一个确定的具体数额的，只能考虑多种因素综

①案例来源：东方律师网首页，时间：2001-07-03。

合判断。《最高人民法院关于确定民事侵权精神损害赔偿责任若干问题的解释》第10条对此亦作出了相关规定。结合该《解释》，笔者认为，应当按照下列步骤考虑有关因素，确定精神损害赔偿数额。

（一）根据经济社会发展水平确定赔偿数额幅度

在确定赔偿数额幅度时，应酌情考虑诉讼时当地的经济社会发展状况，合情合理地确定。在同一行政区划内，如果坟墓损害赔偿纠纷发生在边远、农村地区，经济发展相对滞后，生活水平低一些，赔偿数额应适当低一些。如果发生在经济较为发达的城市，则赔偿数额应适当高一些。在全国范围内，东部、中部、西部和东北，以及这些省、市、自治区的不同地区经济社会发展水平的不平衡性，应是考虑赔偿数额幅度的重要因素。

（二）考虑案件的重要因素确定赔偿数额档次

确定赔偿数额档次应当考虑案件的主要因素有：

1. 死者近亲属精神损害的程度和后果。即死者近亲属精神痛苦的轻重，如有些死者近亲属的殡葬精神利益遭到侵害后，侵害人没有得到有力的制裁而情绪抑郁、精神恍惚、心理痛苦，严重影响正常的工作、学习和生活。

2. 侵害人主观过错程度的轻重及事后态度。如是故意还是过失、事后能否承认错误、能否主动赔礼道歉并消除影响等。

3. 侵权行为的具体情节。侵权人所采取的侵害方法和手段恶劣的，应该多赔。

4. 侵害人是否获利及获利的大小。如因他人收买而实施侵害行为与没有获利的侵害行为，在赔偿数额上应有区别。

5. 侵害人及受害人双方的经济状况。要注意考虑侵权人的实际赔偿能力。赔偿数额应合情合理、切实可行，既能够达到抚慰、补偿死者近亲属的目的，又能与侵权人实际赔偿能力相适应。一个不能履行的判决将导致受害人新的精神痛苦。

在确定具体数额时，应把这些因素分为两类情况：一类是加重责任的情况，比如侵害后果严重、侵害人出于故意、侵权人获利或获利较多、侵权人生计良好而受害人生活困难等；另一类是降低责任的因素，如侵害后果较轻、侵权人出于过失、侵权人没有获利或获利较少、侵权人经济状况不佳而受害人经济状况良好的；两类情况兼而有之的，综合考虑赔偿水平。通过这样的因素分析和轻重衡量，确定赔偿数额的档次：加重的因素占优势的，为高档次赔偿；降低因素占优势的，为低档次赔偿；轻重因素相当的，为中档次赔偿。

案例 2：施工损毁坟墓赔偿案①

案情：韩女士丈夫病故后骨灰被葬在本村东部山地，2005 年，某滑雪公司承租该地，韩女士便将丈夫的坟墓迁移到本村的公共墓地内。2006 年 10 月，滑雪公司在山地施工中，将公共墓地韩女士丈夫的坟墓毁灭，并使骨灰下落不明。

2007 年 1 月，韩女士起诉到一审法院，要求滑雪公司赔偿其坟墓迁移费、精神损害抚慰金共计 4 万元。滑雪公司认可施工过程中疏忽大意将韩女士丈夫的坟墓损毁，承认错误，同意赔偿4000 元精神损失费。

判决：一审法院认为，韩女士丈夫的坟墓是韩女士家人及亲友寄托感情、悼念已故亲属的客观载体，系属韩女士及子女具有的特殊财产。滑雪公司在存有坟墓区域施工，理应按国家有关规定公告事主迁坟，并支付相应迁坟费用。滑雪公司在未通知韩女士及其子女的情况下，在施工过程中将韩女士丈夫的坟墓损毁，该行为不仅损害了韩女士的特殊财产，且伤害了他们对已故亲人的情感，违背了社会公序良俗，韩女士有权向滑雪公司请求赔偿精神损失。但鉴于迁移坟墓已无法实现，所以对韩女士要求滑雪公司给付坟墓迁移费的诉讼请求不予支持。韩女士要求的精神损害抚慰金的数额将结合滑雪公司的过错程度、行为后果、承担责任的经济能力及案件发生地区平均生活水平等因素予以酌定。据此，判决滑雪公司赔偿韩女士精神损害抚慰金 5000 元。

①案例来源：肖寒：《施工致坟墓损毁骨灰丢失——滑雪公司成被告》，中国法院网，发布时间：2007-11-06 09:58:33。

（三）斟酌相关因素确定合理的赔偿数额

这主要考虑的因素是当事人双方的身份、地位、年龄、职业以及案件的其他相关因素。如一个从事殡葬业的人侵害当事人的殡葬精神利益的，较之非殡葬从业人员应多赔。

总而言之，赔偿数额的确定应当适当，既不能过高，又不能过低。赔偿数额过高，与精神损害赔偿的补偿性的性质相悖，脱离国情，可能产生过于追求经济赔偿反而使精神的抚慰得不到伸张的负面导向作用；赔偿数额过低，既不能补偿损失，又不能制裁违法，同时又使法院的判决失去严肃性，降低精神损害赔偿的社会价值。

案例3：老人骨灰瓶被盗骨灰撒落墓地，家眷获公墓赔偿[①]

案情：谷某某是四川人，早年移居香港，今年老人在香港逝世，按照老人临终前落叶归根的遗愿，其三个子女遵照他生前的遗愿，按照风俗，花了5800元买了一个非常精巧又美丽的玉石骨灰瓶，装着父亲的骨灰从香港回到了双桥老家。随后，他们在某公墓买了一块墓地。今年2月23日，他们将老人埋葬。让人意想不到的事发生了。老人下葬没到一个星期，他们就接到一个让人悲哀的消息——父亲的墓被人撬了，骨灰瓶也没有了。得知消息的二女儿谷女士，火速从外地坐飞机赶回了双桥。谷女士说，他们立即赶到了父亲陵墓前，发现用花岗石做的陵墓被打烂，盛放骨灰的骨灰瓶没有了，父亲的骨灰被撒在陵墓旁，不知被风吹日晒了多久。为了让父亲入土为安，谷家按照当地风俗，将老人骨灰再次埋葬。

警方接警后疾速参与调查。经初步调查，怀疑是有人偷走了这个在当地比较少见的玉石骨灰瓶。但小偷没被捉住。“父亲的骨灰瓶被盗，给我们不光造成一定的经济损失，主要是在精神上遭到了太

①案例来源：《重庆晚报》2009年7月8日第22版，都市新闻报道。

大的损伤。”谷女士说。

谷家人与某公墓以及某区民政局进行协商，但对方只愿意承担重新下葬的费用以及骨灰瓶的费用，对于精神赔偿却不愿意承担。理由是：一、某公墓只承担墓地的清洁不管安全；二、十几年来公墓从来没有遇到过墓地被盗的事件，他们没有处理过；三、骨灰瓶被盗但骨灰还在啊！没有对死者亲属造成伤害。

双方多次协商不成，谷家人决定通过法律诉讼的手段为自己的亲人讨回公道，2009 年 3 月 30 日，谷家人将重庆市某区民政局、重庆市某公墓、重庆市某区民政局殡仪服务站一起告上法庭，索赔精神安慰金 5 万元，骨灰瓶用度 5800 元等。重庆市双桥区人民法院受理该案件以后于 2009 年 6 月 3 日进行了公开审理。

开庭时，谷家代理律师莫华林称，公墓管理单位疏于管理，造成老人骨灰瓶被盗，骨灰撒落在地，给谷家造成极大的精神损害。公墓方则称，骨灰瓶是小偷盗走的，公墓方没有侵权，按照合同法规则，只承担违约义务。

判决：双桥区法院审理认为，骨灰瓶被盗，公墓方和殡仪效能站应承担管理不妥的民事义务，故判处被告赔偿谷家经济损失 7650 元，以及精神安慰金 6000 元。

一审判决后，谷家人不服，以安慰金过低为由，向市中院提出上诉。二审法院审理后认为，死者的骨灰是属于精神寄予、感情安慰、具有较大精神利益的特定物，骨灰瓶被盗，从保守的风俗习气看亦属于一种无形的精神打击，谷家人恳求一定的精神安慰金法院应予支持，但提出的金额过高，而一审法院判决的精神安慰金 6000 元较低。二审法院酌情判决，由公墓方和殡仪效能站一次性赔偿谷家精神安慰金 2 万元，以及间接经济损失 7650 元。

五、侵权责任的聚合

《侵权责任法》第 4 条规定：“侵权人因同一行为应当承担行政责任或者刑事责任的，不影响依法承担侵权责任。”“因同一行为应当承担侵权责任和行政责任、刑事责任，侵权人的财产不足以支付的，先承担侵权责任。”

《物权法》第38条第1款规定：“本章规定的物权保护方式，可以单独适用，也可以根据权利被侵害的情形合并适用。”物权受到侵害的，当事人可以通过请求确认权利、返还原物、消除危险、排除妨害、修理、重作、更换、恢复原状、损害赔偿等方式中的一项或多项保护自己的权利。

《物权法》第38条第2款规定：“侵害物权，除承担民事责任外，违反行政管理规定的，依法承担行政责任；构成犯罪的，依法追究刑事责任。”这一规定就与《侵权责任法》第4条第1款的规定基本相同，这一规定学理上称为“责任聚合”。王利明教授认为，所谓责任聚合，亦称请求权聚合，是指同一法律事实基于法律的规定以及损害后果的多承性，而应当使责任人向权利人承担多种内容不同的法律责任的形态。从权利人的角度来看，责任聚合表现为请求权的聚合，即当事人对数种以不同的给付为内容的请求权，可以同时主张。在诉讼中，各项请求权表现各项诉讼标的，权利人可以同时提起诉讼，各项请求权可以同时实现。[①]

责任聚合有如下的特征：(1) 加害人只实施一个违法行为，但侵害了不同的法律部门所保护的对象，这是事实构成方面；(2) 加害人的行为具有多重违法性，即同一行为符合不同法律部门的数个责任构成要件；(3) 加害人承担多重责任，不同法律部门的责任是同时并存的，区别于责任竞合，责任聚合不是承担一种法律责任，而是承担多重责任；(4) 追究程序的复杂性，不同的法律部门有不同的程序法，这就使追究加害人多重责任的程序变得十分复杂。[②]

不法行为人实施侵害他人的财产和人身的行为时，不仅仅因为违反了民法的规定而应当承担民事责任，同时也因为不法行为人的行为违反了行政法和刑法的规定，而应当承担行政和刑事责任。保障公民的权利是法律的基本指向，公民的权利得到切实保障又是法治社会的终极目的，侵权行为法和刑法规范构成一个权利保障的多层次的体系，并由此形成不同法律部门之间的责任聚合现象。

①王利明：《论责任聚合》，载《判解研究》2003年第2辑。

②张新宝：《侵权责任法原理》，中国人民大学出版社2005年版，第100—104页；王利明：《论责任聚合》，载《判解研究》2003年第2辑。

1．侵权责任和行政责任。行政责任，又称行政法律责任，是指行为人违反行政法律规定，应当依法承担的并且由国家行政机关强制其接受的行政法上的否定评价（或称不利后果）。[①]民事责任与行政责任的聚合是不冲突的，因为某种不法行为尽管给他人造成了人身财产损害，应当承担民事损害赔偿责任。同时因为侵害了行政法所保护的公共利益，故应当承担行政责任。同时，对受害人之赔偿并不必然意味着对国家行政管理秩序之维护；反之，给予行为人行政处罚，也无补于受害人的人身或财产损失。

关于侵权责任和行政责任聚合案件的处理，张新宝教授认为，应分别不同情况进行，大致有四种基本程序：(1) 行政诉讼与民事诉讼程序分别进行，二者不相互影响或牵制；(2) 行政诉讼附带民事诉讼；(3) 行政处理的结果对加害人过错之认定、损害范围之确定等具有重要意义；(4) 受害人首先必须请求行政处理，只是在不服行政处理时方可向法院提起诉讼。[②]

2．侵权责任和刑事责任。关于刑事责任，学界有法律后果说、法律责任说、刑事义务说、法律关系说、否定评价说等主张。[③]

我国刑法在三种意义上使用“刑事责任”一词：(1) 负刑事责任，主要是《刑法》总则第二章第一节中的用法；(2) 作为名词使用的刑事责任，一是《刑法》第11条中的刑事责任，是指犯罪及其法律后果整体之意，二是《刑法》第452条中的刑事责任，其意是指刑罚；(3) 追究刑事责任，是《刑法》第10条、第12条的用法，意指查证、确定犯罪和刑罚的活动。严重侵害公民人身、财产权益的行为，大都既可能构成民事侵权，又构成刑事犯罪，从而产生民事责任与刑事责任的聚合。因为行为人的行为违反侵权行为法规范、符合侵权责任之构成要件，又违反刑法规范、符合刑事责任之构成要件，既侵害了受害人合法的民事权益，又具有刑法意义上的社会危害性。

关于侵权责任和刑事责任聚合案件的处理，《中华人民共和国刑事诉讼法》第77条、78条有关刑事附带民事诉讼的规定：(1) 部分既构成犯罪又构成侵权的案件（主要指侵害财产权的案件），被害人在刑事诉讼中提起附带

①张新宝：《侵权责任法原理》，中国人民大学出版社2005年版，第106页。
②张新宝：《中国侵权行为法》，中国社会科学出版社1998年版，第215—216页。
③赵秉忠、吴振兴：《刑法学通论》，高等教育出版社1993年版，第313页；曲新久：《论刑事责任的概念及其本质》，载《政法论坛》1994年第1期。

民事诉讼；(2) 侵害人身权构成犯罪的案件，被害人可以在刑事诉讼中提起附带民事诉讼，但是不能请求精神损害赔偿；(3) 人民检察院既代表国家行使公诉权，又作为国家和集体的代表有权对其财产损失提起附带民事诉讼。①

然而很多民法学者认为，这种聚合在司法实践中，通过刑事附带民事的办法一揽子解决责任问题，而不允许受害人另外提起民事诉讼要求赔偿的做法值得商榷。王利明教授认为，民事案件应当独立于刑事案件，而不应当通过刑事附带民事的方式来解决，原因在于：一方面，两种案件的性质不同，诉讼主体也不同；另一方面，损害赔偿的范围不同。按照有关司法解释，在附带民事诉讼中，通常只赔偿直接损失，并且不贯彻民事责任的全面赔偿原则，尤其对于精神损害并不赔偿。②王利明在其民法建议稿中的第1838条第2款规定："在刑事案件审理终结后，受害人单独提起民事诉讼请求赔偿的，人民法院应当受理。"③

张新宝教授也持相同见解，认为受害人对损害的民事请求权应当得到充分保障，如果因为某种原因受害人一方未能在刑事诉讼的进行过程中提出民事损害赔偿请求，也应当依法保护其诉权。④

杨立新在其侵权责任法建议稿中的第197条第2款规定："在刑事案件审理终结后，受害人可以单独提起民事诉讼，请求人身财产和精神损害赔偿。"⑤

3. 民事责任优先承担的原则。《物权法》第38条第2款规定：加害人被判决同时承担民事赔偿责任、刑罚罚金或没收财产、行政罚款的，应以加害人的可执行财产优先承担民事责任，即民事责任优先承担的原则。此原则得到民法学者的普遍认可。王利明教授认为，确立民事责任优先承担的原则，体现了对公民权益的优先保护，因为行政责任和刑事责任毕竟是对国家的责

①谌鸿伟、贾伟杰：《我国刑事附带民事诉讼制度的设计缺陷与重构》，载《法学评论》2006年第2期；张新宝：《侵权责任法原理》，中国人民大学出版社2005年版，第105页。

②王利明：《论责任聚合》，载《判解研究》2003年第2辑。

③高圣平主编：《〈中华人民共和国侵权责任法〉立法争点、立法例及经典案例》，北京大学出版社2010年2月第1版，第45页。

④张新宝：《侵权责任法原理》，中国人民大学出版社2005年版，第106页。

⑤高圣平主编：《〈中华人民共和国侵权责任法〉立法争点、立法例及经典案例》，北京大学出版社2010年2月第1版，第44—45页。

任，而民事责任是对受害人所遭受损害的赔偿，如果因为先行承担行政责任而导致行为人无力支付民事赔偿，将导致受害人重大损害。不利于社会公正的实现。[①]王利明在其民法建议稿中的第1838条规定："侵权人因同一行为而承担其他法律责任的，不影响依照本法规定承担民事侵权责任。""在刑事案件审理终结后，受害人单独提起民事诉讼请求赔偿的，人民法院应当受理。"[②]

张新宝教授也持类似观点，认为对于国库来说，是否得到一笔罚款、罚金或者没收的财产，虽然也很重要，但是并非重大利益；而对于受害人来说，是否能够得到判决书确定的赔偿金额则是重大利益，甚至攸关生命健康。[③]在梁慧星、张新宝侵权责任法建议稿中的第1565条规定："加害人或者加害人的法定代表人就同一加害事实承担行政责任或者刑事责任，不得因此免除或者减轻对受害人的民事赔偿责任。""加害人被判决同时承担民事赔偿责任、刑罚罚金或没收财产、行政罚款的，应以加害人的可执行财产优先承担民事赔偿责任。"[④]

《瑞士债务法》第53条规定：法院不应当依照有关刑事责任的规定或者依照刑事法院的无罪宣告来决定有无过错或者有无行为能力；刑事法院对过错和损害的判决也不得约束民事法院。

①王利明：《论责任聚合》，载《判解研究》2003年第2辑。

②高圣平主编：《〈中华人民共和国侵权责任法〉立法争点、立法例及经典案例》，北京大学出版社2010年2月第1版，第44页。

③张新宝：《侵权责任法原理》，中国人民大学出版社2005年版，第107页。

④高圣平主编：《〈中华人民共和国侵权责任法〉立法争点、立法例及经典案例》，北京大学出版社2010年2月第1版，第45页。

第五章

殡葬的行政法调整（理论篇）

遗体、骨灰、坟墓既承载着公民对逝去亲人的多方面的精神利益，又是维护社会基本伦理、保持社会公序良俗等公共利益的载体，那么，作为公法的行政法和刑法，就应该通过行政责任和刑事责任对危害公民私益和危害社会公益的行为进行制裁，这对那些比较严重的危害遗体、骨灰、坟墓的行为是一种惩罚，对受到侵害的公民是一个安慰，对潜在的可能实施危害行为的人是一个威慑，对社会公共秩序是一个有力的维护。因此，国家不仅要以仲裁者的身份对遗体、骨灰、坟墓提供民法保护，还要以统治者的身份表明对侵害遗体、骨灰的行为的强烈的否定性评价，这就是行政法和刑法的任务。

在殡葬事务方面，人民政府和民政、土地、工商、林业、公安、税务等机关履行行政管理职能，作出行政决定、实施行政措施是其基本的方式。在依法行政的时代条件下，要求行政机关不仅要严格依照法律条文履行职能，而且需要对相关行政法理论有准确的理解和掌握，因为即使没有法律条文，一些行政法的基本原则也是行政机关必须遵守的。与殡葬行政管理相关的行政法理论问题涵盖了行政法的所有领域，本书主要介绍其中与殡葬行政职能密切相关的几个问题，以作为理解有关内容的基础。

一、行政行为的生效与效力

对殡葬进行行政管理的主要方式是实施行政行为，因此，就必然在生效、效力、原则等方面受到行政法法理的规范。

（一）关于行政行为的生效

对行政行为的评价，前提是该行政行为已经生效。行政行为要在现实生活中产生效力，仅仅在行政主体内部形成意思表示是不够的，必须将该意思表示于外、传达到行政相对人，使其知悉才能产生效力，这就涉及行政行为的生效时间点问题。行政行为的生效分为四种情形：

1. 即时生效。指行政行为一经作出便立即发生效力的情形。抽象行政行为即制定规范性文件的行为一般不发生立即生效，而是在文件公布之后的特定时间生效；具体行政行为立即生效，一般适用于紧急情况下需要立即实施的情形，如即时强制、立即拘留、实施戒严、职务调整等情形。

2. 延时生效。指行政行为作出后经过一段时间后发生效力，抽象行政行为，特别是行政立法行为往往采取延时生效。至于具体行政行为的延时生效，就是付款生效中的期限中的始期生效。

3. 付款生效。指当行政行为所附加的限制性内容实现或消失时生效，实际上付款生效是一种延迟生效。日本学者田中二郎认为“具体行政行为的付款，根据其内容，可分为条件、时限、负担、撤回权的保留和法律效果的部分除外共五种情形”。[①]

条件，是指将具体行政行为效果的发生与不确定的未来事实联系起来的意思表示，未来事实既可以是特定的事实，也可以是特定的行为，这些事实、行为在具体行政行为作出时尚未发生，在将来可能发生也可能不发生。因附加事实的发生导致行政行为生效的，称为停止条件；因附加事实的发生导致行政行为失效的，称为解除条件。

期限，是指具体行政行为效果的发生与确定的、必然到来的未来时间事实联系起来的意思表示，分为始期和终期。因某时间点的到来而使具体行政行为生效的，是始期，如“本行政许可从 2011 年 10 月 1 日起有效”；因某个时间点的到来使具体行政行为失效的，是终期，如“本行政许可到 2012 年 3 月 1 日终止”。

---

①姜明安主编：《行政法与行政诉讼法》，法律出版社 2006 年 1 月第 2 版，第 206 页。

负担，是指进行行政许可或行政给付等授益行政行为时对相对人附加特定义务的意思表示。如在许可房地产开发商进行住宅小区建设时附加其必须建设社区居民公共服务用房的义务。负担是否为相对人实施，对具体行政行为效力的影响不同于条件和期限要么生效、要么失效的两极对立的情况，当相对人没有实施或实施不符合要求时，行政主体可以撤回行政行为或对相对人课以其他方面的义务予以惩罚。

撤回权的保留，是指在进行行政许可、行政给付等授益行政行为时，附加保留在特定情况下撤回该具体行政行为的意思表示。在有附加保留条款的具体行政行为的撤回或撤销不同于没有附加保留条款的具体行政行为的撤销，后者的撤销必须对相对人的财产损失予以补偿或赔偿，受信赖保护原则的制约；在具体行政行为作出时已明确附加撤销或撤回的条款，在附加的情况出现时予以撤销或撤回，因为相对人如果对附加保留的行政行为没有在法定期限内提出异议或行政复议或行政诉讼，那么意味着相对人对该附加条款的认可，因此以保护当事人合理预期为目的的信赖保护原则在此种情况下不适用。

法律效果的部分除外，是指将法律规范赋予的效果的一部分予以排除的意思表示，如发给营业执照但限定其经营范围；发给运输执照，但限定其运营线路等，这种法律效果的部分排除必须要有正当的理由和法律依据。

付款本身要符合行政合法性和合理性原则，这就涉及付款本身的效力对行政行为效力的影响问题。当付款对于具体行政行为是关键性因素时，付款的无效或被撤销将导致具体行政行为的无效或被撤销；如果付款对于具体行政行为并不是关键性因素时，付款的无效或被撤销不导致具体行政行为的无效或被撤销。

4. 告知生效。指行政主体向相对人以法定方式告知行政行为的内容时，行政行为生效。应该说，告知生效是行政行为生效的主要方式，前述生效情形均以告知为前提，其中，抽象行政行为必须公布才能生效，否则不能作为行政依据；具体行政行为则应对特定行政相对人进行告知。日本学者南博方认为“行政行为，通过对相对方予以告知而产生其效力。由于不存在有关告知方式的一般性的规定，所以，可以通过送达（通过邮政送达，交付送达，会面送达，留置送达，公示送达）及其他适宜的方法（口头等）进行告知”。[①]我国《行政处罚法》第四十条规定：“行政处罚决定书应当在宣告后当场交付当事人；当事人不在场的，行政机关应当在七日内依照《民事诉讼法》的有关规定，将行政处罚决定书送达当事人。”

行政行为生效前，行政主体当然可以在行政行为的最后一刻改变意思表示或不作为，此时，不涉及行政行为的撤销问题。撤销行政行为是行政行为生效之后才可能发生的一个新的行政行为。

如公墓经营许可的生效，以许可证证书颁发给当事人时生效，如果经过受理、审查、制证等程序，但没有向当事人颁发，则公墓许可行为并未生效，应视同没有作出许可行为。同时，公墓经营许可应依据有关法律、法规规定的条件、程序、形式而实施，可以存在延时、付款等生效的情形。

（二）关于行政行为的效力

行政行为受到行政行为效力的制约。关于行政行为的效力包括哪些内容，理论界有不同主张。但通常认为，行政行为具有公定力、确定力、拘束力、执行力。对于婚姻登记行政行为的制约而言，主要相关的理论是行政行为的公定力和确定力理论。

1. 行政行为的公定力。“行政行为一旦作出，即使是违法的，除了无效的情况外，在被有关机关（行政厅、法院）撤销之前，不仅对方，而且国家机关、一般第三者也都必须将该行为作为有效的行为予以承认，并服从该行为。这种效力称为公定力（有效性的推定）。”[②]

关于行政行为公定力的根据问题，有学者论说得非常清楚，“行政行为不同于私人的意思表示，是由作为行政权的承担者的行政厅，作为法律的执行而实施的行为，其权威来源于法律本身。因此，不仅通过授益性行为而获得直接利益的相对方对行政行为的信赖，而且通过侵益性行为而间接获得利益的一般公众对行政行为的信赖，都有必要得到充分保护。如果允许随意地否定行政行为效力的话，将会严重损害行政行为信赖者的地位，使其处于不稳定状态。只要重视保护相对方及一般公众对行政行为的信赖，就不得不肯定

①［日］南博方：《行政法》，杨建顺译，中国人民大学出版社 2009 年 8 月第 1 版，第 58 页。
②［日］南博方：《行政法》，杨建顺译，中国人民大学出版社 2009 年 8 月第 1 版，第 50 页。

行政行为具有公定力”。[①]

关于无效行政行为是否具有公定力的问题存在争议，有学者认为，无效行政行为也具有公定力，理由是行政行为无效的确认权只属于国家，如果任何人、任何组织都可以判断行政行为无效而加以无视甚至抵抗，就不可能存在行政行为的公定力。[②]

关于违法行政行为的效力问题，立法上作出明确规定的较少，一般都要由有权机关通过监督程序对其进行审查才能确认其是否无效或应予撤销。有的法律规定了行政行为不能成立或者无效的构成要件，如《行政处罚法》第3条第2款规定：“没有法定依据或者不遵守法定程序的，行政处罚无效。”该法第41条规定：“行政机关及其执法人员在作出行政处罚决定之前，不依照本法第31条、32条的规定向当事人告知给予行政处罚的事实、理由和依据，或者拒绝听取当事人的陈述、申辩，行政处罚决定不能成立；当事人放弃陈述或者申辩权利的除外。”但是，《行政处罚法》并没有规定两种情形下，相对人有可以以行政处罚无效或不成立为由拒绝履行处罚决定的权利。

我国《行政诉讼法》第44条规定：“诉讼期间，不停止具体行政行为的执行。但有下列情形之一的，停止具体行政行为的执行：（一）被告认为需要停止执行的；（二）原告申请停止执行，人民法院认为该具体行政行为的执行会造成难以弥补的损失，并且停止执行不损害社会公共利益，裁定停止执行的；（三）法律、法规规定停止执行的。”

我国《行政复议法》第21条规定：“行政复议期间具体行政行为不停止执行；但是，有下列情形之一的，可以停止执行：（一）被申请人认为需要停止执行的；（二）行政复议机关认为需要停止执行的；（三）申请人申请停止执行，行政复议机关认为其要求合理，决定停止执行的；（四）法律规定停止执行的。”

从这两条关于诉讼、复议期间不停止执行具体行政行为的规定看，无论是无效行政行为还是可撤销行政行为都具有公定力。相对人都不能以行政行为无效为由拒绝履行，对行政行为不服的，应通过向有权机关提起申诉、复

①[日]南博方：《行政法》，杨建顺译，中国人民大学出版社2009年8月第1版，第51页。
②叶必丰：《行政法学》，武汉大学出版社2003年2月修订版，第196页。

议或诉讼等途径，由相关机关审查决定。

我国公墓经营许可行政行为具有公定力，对许可机关、申请许可当事人、相关第三人以及其他公民和组织都具有推定有效的效力，对许可行政行为有异议的，则应按法律规定的途径提出申诉、复议、诉讼或监督，在有效决定作出前，不能否定其法律效力。

2. 行政行为的确定力。“确定力是指已生效行政决定对行政主体和行政相对人所具有的不受任意改变的法律效力。这里的改变，既包括撤销、重作，也包括变更。它既包括对事实认定和法律适用的改变，也包括对权利义务的改变，但一般不包括对告知的改变和对行政决定的解释。”[①]

确定力包括形式确定力和实质确定力。形式确定力即不可争力，是对行政行为相对人的一种法律效力，指除无效行政决定外，在复议或诉讼期限届满后相对人不能再要求改变行政行为。这已为各国法例、判例和学说一致承认。复议时效和诉讼时效制度都是形式确定力原理的具体体现。行政行为及所设定的权利义务需要及时得到稳定，因而法律上所规定的复议时效和诉讼时效都比较短。已过复议、诉讼时效的具体行政行为，当事人不服的只能进行申诉，不能依靠复议程序和诉讼程序进行救济；其申诉所引发的行政监督程序或行政纠错程序，实质上是行政行为实施机关和监督机关进行的自我纠错和监督纠错，当事人的申诉只是使行政行为实施机关和监督机关发现错误的一个途径。

关于实质确定力，有的主张是指“某些具有裁断纠纷属性的行政行为，一经作出，行政主体便不得以其职权予以变更或者撤销”。[②]“一般地说，行政厅可依其职权撤销或者变更行政行为，但是，有时候也存在例外。根据行为的属性（例如，像以纷争的解决为目的的异议决定、审查裁决那样的争讼裁断行为等），行政厅不能依其职权进行撤销、变更。这种行为的效力，称为不可变更力。”[③]应该说，现实行政中裁决性质的具体行政行为是存在的，如《行政区域边界争议处理条例》第11条、12条规定，毗邻行政区域界线发生争议的双方人民政府协商解决；协商解决不成的由其上级民政部门会同

①叶必丰：《行政法学》，武汉大学出版社2003年2月修订版，第197页。

②姜明安主编：《行政法与行政诉讼法》，法律出版社2006年1月第2版，第209页。

③［日］南博方：《行政法》，杨建顺译，中国人民大学出版社2009年8月第1版，第51页。

有关部门调解；调解不成的，由双方的共同上一级人民政府决定。这里的决定就是裁决性质的决定。再如《土地管理法》第 16 条规定："土地所有权和使用权争议由当事人协商解决；协商不成的，由人民政府处理。单位之间的争议，由县级以上人民政府处理；个人之间、个人与单位之间的争议由相关机关或者县级人民政府处理。当事人对有关人民政府的处理决定不服的，可以自接到处理决定通知之日起 30 日内，向人民法院起诉。"这里关于土地权属的处理决定也是裁决性质的行政决定。

但是，笔者认为，作为行政行为的普遍性效力特征的实质确定力，不仅对裁决性行政行为有约束力，而且对各类行政决定而言实质确定力都是应具备的效力特征。正如有的学者指出，实质确定力是指"行政主体不得任意改变自己所作的行政决定，否则应承担相应的法律责任。这是因为，行政决定是行政主体向行政相对人所作的设定、变更或消灭权利义务的一种承诺。行政主体有义务信守和兑现自己的承诺，否则就会损害行政相对人对这种承诺的信任。具体说来，对合法的行政决定，原则上不得改变。如果没有实定法上的依据就予以改变，属于违法。在有实定法规范的明文规定时，对合法的行政决定可以改变，但必须予以补偿或赔偿"。[①]因此与形式确定力主要是约束和限制相对人的行为相对应的实质确定力，主要是对行政主体进行约束和限制，以保护相对人的利益。

当然，无效行政行为不具有实质确定力，行政主体可随时宣告该行政行为无效。其他有瑕疵的行政行为在相对人已经发生信任的情况下，原则上具有实质确定力，不得任意改变。即使在相对人提起行政复议或行政诉讼、具体行政行为形式确定力尚未确定的情况下，行政主体自己认识到行政行为存在瑕疵，要予以改变也要受到一定限制。相对人可以坚持对该行政行为继续进行诉讼，也可以对改变的新的行政行为提起新的行政诉讼。行政主体、复议机关、人民法院都可以对行政行为进行变更，但对行政主体自己变更自己所作的行政行为要进行必要限制，这并非授权行政主体容忍自己所作行政行为的瑕疵的存在，而是防止行政主体行为的随意性，尽可能将纠正权交给行政复议机关或审判机关行使。

①叶必丰：《行政法学》，武汉大学出版社，2003 年 2 月修订版，第 197—198 页。

实质确定力有利于使公民权利免受行政专横或行政随意性的反复侵害；形式确定力有利于行政意志的实现和行政法律关系的稳定；确定力的相对性有利于对真正违法的行政行为的解除，使相对人免受违法行政的持续侵害。如公墓经营许可行为既有形式确定力，又有实质确定力。公墓经营许可不是行政裁决，但也应受实质确定力的制约，许可机关不得擅自撤销自己作出的许可，否则要承担相应的法律责任。当然许可机关及有关机关可以依法对违法的许可进行撤销，正如有学者所言："对于行政主体而言，行政行为的确定力虽然表现为不得任意改变、撤销或废止具有有效要件的行政行为，但亦允许其在发现相关行政行为违法或不当时，可以自行纠正与变更。"[①]

3. 拘束力。拘束力是指已生效行政决定所具有的约束和限制行政主体和行政相对人行为的法律效力。拘束力是对行政主体和行政相对人（第三人）双方而言的，对他人不具有拘束力。拘束力是一种约束力、限制力，即要求遵守的法律效力。发生拘束力的是行政决定所设定的权利义务。[②]拘束力是对有关行为的一种强制规范。如果有关行为违反了这种规范，则行为人应承担相应的法律责任。

拘束力不同于确定力。确定力要求行政决定本身不受任意改变，拘束力则要求行为人的行为应当与行政决定相一致。例如，某区园林局批准某大学移栽、砍伐二十多棵树，但某大学却砍了三百多棵。[③]这一案例中，被许可人就违反了行政行为的一个拘束力，而不是违反行政行为的确定力。在法律后果上，相对人违反拘束力的行为将受行政处罚。

行政决定是行政主体运用行政权，执行公务或法律的活动。与司法判决一样，行政决定对于受影响的普通人来说，往往就是关于该事件的法律的具体表现。行政决定的拘束力来源于法律的拘束力。

4. 执行力。执行力是指生效的行政决定要求行政主体和行政相对人对其内容予以实现的法律效力。执行力与其他法律效力一样，是一种潜在于行政决定内部的一种法律效力，而不是根据这种执行力而采取的、表现于行政决

①姜明安主编：《行政法与行政诉讼法》，法律出版社 2006 年 1 月第 2 版，第 130 页。

②叶必丰：《行政法学》，武汉大学出版社 2003 年 2 月修订版，第 198 页。

③参见吴昌华：《制止声中兀自砍树大片》，载 2002 年 4 月 19 日《楚天都市报》。转引自叶必丰：《行政法学》，武汉大学出版社 2003 年 2 月修订版，第 199 页。

定外部的执行行为或强制措施。[①]执行力与执行行为是不同的概念。

执行力是对行政主体和行政相对人双方主体的一种法律效力。双方主体对行政决定所设定的内容都具有实现的权利义务。当该行为为行政相对人设定义务时，行政主体具有要求行政相对人履行义务的权利，行政相对人负有履行义务的义务。当该行为为行政相对人设定权利即为行政主体设定义务时，行政相对人具有要求行政主体履行义务的权利，行政主体负有履行义务的义务。因此，认为执行力只是针对行政相对人的观点是不可取的。

执行力是实现行政决定内容的效力。这里的内容，是指行政决定所设定的权利义务。这里的实现方式有两种，即自行履行和强制履行。其中，对行政相对人的强制履行，包括行政强制执行和司法强制执行；对行政主体的强制履行包括行政诉讼及有关监督。因此，执行力可以分为自行履行力和强制实现力。[②]认为执行力仅仅指强制实现力是不妥当的。

执行力具有时间上的持续性和阶段性。一般地说，执行力的效力自生效行政行为确定的履行期的始期开始，至行政行为确定的义务履行完毕或行政行为失效时终结，执行力在此期间具有持续性。在启动了行政复议或行政诉讼等法定救济程序的情况下，仍以不中止执行为原则，而以中止执行为例外。执行力具有阶段性，是指在通常情况下，执行力首先体现为对义务人的自行履行力。只有义务人在行政决定确定的履行期限或法定的期限内不履行义务，才产生行政主体在法定职权范围内自己或申请人民法院对相对人实施强制执行，进入运用强制实现力阶段。执行力的运用应以自行履行力为原则，以强制实现力为例外。[③]

同行政行为的公定力和确定力一样，行政行为的执行力也不是绝对的。尤其是对相对人权益影响较大的强制执行力来说，受的限制更多。例如，各国都承认无效行政行为不具有执行力。根据葡萄牙《行政程序法》第150条的规定，下列行为不具有执行力：(1) 效力被中止的行为；(2) 被已提起且具有中止效力的上诉所针对的行为；(3) 须经核准的行为；(4) 对具有执行力的行为加以确认的行为。而在法国，实务中强制执行只有在下列情况下才能适

①叶必丰：《行政法学》，武汉大学出版社2003年2月修订版，第199页。

②叶必丰：《行政法学》，武汉大学出版社2003年2月修订版，第200页。

③姜明安主编：《行政法与行政诉讼法》，法律出版社2005年第2版，第131—132页。

用：(1) 行政处理符合法律规定；(2) 法律有明文规定；(3) 在紧急情况下，不论法律是否作出规定，当公共利益需要立即采取行动时，行政机关可以采取强制措施达到执行目的；(4) 在法律没有规定其他方法时，即只要法律规定了其他执行方法，就不能直接适用强制执行，只有在法律没有规定其他执行方法时，行政机关可以采取强制执行手段；(5) 当事人表示反抗或有明显的恶意时，才有必要采取强制执行。[①]

行政行为的强制执行力还因执行和解而具有相当的灵活性。2012 年 1 月 1 日开始施行的《行政强制法》第 42 条规定了执行和解制度：实施行政强制执行，行政机关可以在不损害公共利益和他人合法权益的情况下，与当事人达成执行协议。执行协议可以约定分阶段履行；当事人采取补救措施的，可以减免加处的罚款或者滞纳金。执行协议应当履行。当事人不履行执行协议的，行政机关应当恢复强制执行。《行政强制法》没有规定申请人民法院强制执行中的和解制度；同时，关于行政强制执行和解的这一规定主要解决分阶段履行和采取补救措施两种情形，实际工作中的执行和解的方式比较多。

案例：苏某不履行行政处罚决定申请强制执行和解案[②]

申请执行人某县林业局对苏某作出了向林场赔偿经济损失 400 元等处罚决定。苏某在法定期限内既未履行又不起诉。申请执行人申请法院强制执行。苏某提出，自己在经济上确有困难履行义务，又是新婚，要求以造林来弥补所造成的损失。于是，在法院的主持下，申请执行人和被执行人达成了协议，将赔偿经济损失 400 元改为造林 42 亩，如不能按质按量按期完成则由法院按每亩 35 元追索造林费。

在该案中，苏某在规定期限内不起诉，行政处罚决定发生形式确定力。此后的执行和解，虽然没有直接废止或改变原处罚决定，但是在事实上没有

①王名扬：《法国行政法》，中国政法大学出版社 1988 年版，第 170 页。

②案情详见姜明安主编：《行政案例精析》，中国公安大学出版社 1991 年版，第 264 页。转引自叶必丰：《行政法学》，武汉大学出版社 2003 年 2 月修订版，第 199 页。

按原处罚决定的要求执行，实质上已经改变了原处罚决定，是一个实质确定力问题。但这一改变没有超出设定相应行政处罚的目的，且属于司法决定的性质，非行政机关的肆意妄为，是符合法治精神的做法。

执行和解是我国行政强制执行制度的创新。理论上讲，行政决定是行使公权力的行为，应当得到全面执行，不存在和解的空间。如果对行政决定的合法性和合理性有争议，可以通过行政复议或者行政诉讼途径来解决，在复议和诉讼过程中可以达成和解。到了执行程序，已经经过复议或者行政诉讼，或者当事人放弃了复议和诉讼，对行政决定还进行和解，影响行政决定的确定力和行政权的权威。但是，在执行中行政机关与当事人就执行的内容和方式达成妥协，减少被执行人的部分义务，以实现当事人的主动履行，既保证行政决定的执行，又减少社会冲突，符合构建社会主义和谐社会的要求。实施强制的目的是实现行政管理目标，并对不履行行政决定的当事人起到震慑作用，从而使当事人自觉履行行政决定，减少行政强制。强制本身不是目的。当然执行和解的条件是不损害公共利益；符合行政管理目的。违反这些条件的和解无效。

二、正当法律程序对行政行为的要求

行政机关在履行保护职能、管理职能及进行相关的行政活动时，必然要采取行政措施、作出行政决定、执行行政决定，从而对相关当事人的权利义务产生影响。在法治行政的时代条件下，按正当法律程序实施行政行为，是行政机关必然的现代行政观念和自觉的行为模式。特别是在实施行政处罚、行政强制等侵益性行政行为时，更是应把正当法律程序贯穿行为的始终。

（一）正当法律程序的含义

正当法律程序起源于英美法系，源头可追溯到英国普通法中古老的“自然正义”。“自然正义”有两项基本内涵，一是任何人在受到不利处分之前有陈述和被倾听的权利，二是任何人不得作自己案件的法官。基于正义不仅应当实现，而且应当以看得见的方式得到实现的信念，自然正义的两项基本内涵逐渐从司法领域扩展到行政领域，成为行政行为应坚持的一项基本原则。

近代，正当法律程序主要由具体判例来阐释，其中，有两个著名判例发挥了重要作用。

判例 1：1723 年剑桥大学上诉案[①]

该案中，本特利（Bentley）被剑桥大学剥夺了学位。他援引剑桥大学的校规认为，自己在被剥夺权利前，校方根本就没有倾听自己的意见。法官认为，即便在伊甸园里，当亚当偷吃禁果以后，上帝也将亚当叫到面前，倾听他对处罚的看法。如果不给利益被决定者倾听的机会，任何裁决者的决定都不应当有效。处罚他人时，正当的告知、适当的倾听是必不可少的。

判例 2：1927 年爱瑟斯法官上诉案[②]

法院的职员开一间婚庆公司，公司曾接待过一位客户，而这位客户不久成为法院审理案件的一方当事人。这位法院职员和他一起共事的法官在考虑了这些情形后认为，在开庭时，律师会提出异议，因为法官的助手与当事人一方的客户关系会妨碍正义的实现。他们遂主动申请回避了案件的审理。

亚当和夏娃偷吃禁果结为夫妻、繁衍人类，是西方基督教著名的圣经故事，上帝在惩罚亚当前听取亚当的意见、告知惩罚的理由成为西方法制建设的文化源头，对正当程序的重视成为英美法系的重要特点，并对整个世界的法制建设产生重大影响。二战后，以德国为代表的大陆法系国家纷纷制定行政程序法典或单行程序法，在西方国家的影响下，多个国际条约把正当法律程序作为重要内容。

法国由于其独特的历史条件，逐步形成了完整的行政法院体制，通过对公民与行政主体公法关系的调整，以判例形式形成了系统的行政法理论，被誉为“行政法的母国”。其中，对存在程序问题的行政行为，判例称之为

①徐亚文：《程序正义论》，山东人民出版社 2004 年 3 月第 1 版，第 23—24 页。
②徐亚文：《程序正义论》，山东人民出版社 2004 年 3 月第 1 版，第 19 页。

“形式缺陷”。法国行政法的“形式缺陷”类似于英国法中的“程序越权”或者“程序不当”和我国的“程序违法”。如同英国的判例法将行政程序区分为强制性程序和指导性程序一样，法国行政法院将行政程序区分为基本程序和非基本程序。如果没有遵守基本行政程序就会导致行政行为无效，但如果行政行为在非基本程序方面存在缺陷，并不必然导致行为无效。

判例1：CommuneD ‘issy-Les- Moulineaux案（CE1909年1月12日）[①]

一项清除贫民区的命令已经在所有有关地区公布，但是没有在位于巴黎的该建筑5公里之内的地区公布（正如法律要求的那样），这是一项非实质性的错误，并不足以导致该程序无效。

判例2：Davin案（CEI966年1月26日）[②]

一位公立中学的女校长将一名学生开除，并要求她的父亲把她从学校领走，但她没有说明理由，且没有给予这名学生及其父亲申辩的机会。这位女校长的决定因违反处罚前应举行听证的基本程序而被撤销。

作为成文法系国家，在判例的基础上，法国在1978年公布实施了《改善行政机关与公众关系法》，1979年公布实施了《说明行政理由及改善行政机关与公众关系法》，1983年又公布实施了《行政机关与其使用人关系法令》等单行的行政程序法，进一步强化了对行政行为的程序控制，主体公正、说明理由、举行听证等已成为行政基本程序。

（1）关于行政主体的公正。在作出行政决定时，行政机关作为行政行为主体与行政行为不能有任何利害关系，它只能代表国家为了公共利益作出行政决定。这一原则近似于英国古老的“自己不能做自己案件的法官”自然正义原则。因此，在Lacambre案（CE1948年1月28日）中，一项有利害关

①［英］L．赖维乐·布朗：《法国行政法》，高秦伟、王锴译，中国人民大学出版社2006年9月第1版，第232—233页。

②［英］L．赖维乐·布朗：《法国行政法》，高秦伟、王锴译，中国人民大学出版社2006年9月第1版，第233页。

系的一方在场时作出的决议被撤销；在Trebes案（CE1949年3月4日）中，法院撤销了一个委员会一项关于人事的决议，因为这个委员会的一些成员的职业生涯会受到该决议的直接影响。

(2) 关于说明理由的义务。1979年7月11日《说明行政理由及改善行政机关与公众关系法》规定，在作出任何直接对个人利益产生不利影响的行政决定时，这些理由必须充分地准确地以书面形式向当事人和利害关系人公开。

(3) 关于听证的权利。英国古老的"被不利处分的人有被倾听的权利"的自然正义原则为法国行政法所确认。法国最高行政法院在MinistreDuBudgetC.SaleAuto-IndustrieMeric案（CESect.1995年3月31日）中指出，在作行政决定前必须听取当事人的申辩，这不仅是法国法上的一般原则，也是欧洲人权公约的一般原则。只要权利受侵害一方没有在其被不利处分之前被告知理由并给予充分的机会陈述和辩解，那么这项行政决定就应撤销。

判例1：S.A.Cooperative D'habitationABonMarcheDeVichv-Cusset-Bellerive案（CE1964年4月24日）①

部长解散协会的命令被宣布为无效，因为作出决定之前，协会的主席并没有得到听证的机会。

判例2：Trompier-Gravier案（CE1944年5月5日）②

行政长官撤销了在巴黎圣丹尼斯大道上经营报刊亭的特许权，因为他接到了控告，得知MmeTrompier-Gravier（特许权所有人）从报刊亭的经营者那里攫取了大量钱财。这些特许权的授予和撤回都完全在行政长官的管辖权范围内，但是决定被最高行政法院撤销，因为他没有首先给予MmeTrompier-Gravier针对她的指控进行抗辩的机会。

1978年，最高行政法院肯定了欧洲人权公约第6条的要求：每个人都有

① [英]L.赖维乐·布朗：《法国行政法》，高秦伟、王锴译，中国人民大学出版社2006年9月第1版，第221页。

② [英]L.赖维乐·布朗：《法国行政法》，高秦伟、王锴译，中国人民大学出版社2006年9月第1版，第226—227页。

权得到一个独立公正的法庭举行的公平听证，但最高行政法院认为该条并不适用于对某一职业成员的惩戒性程序（CE1978 年 10 月 27 日，Debout 案），这在当时被认为是正当的，因为这些程序并不是司法程序，而且当事人的辩护权得到了保障。但是，在 Maubleu 案（CEl996 年 2 月 l4 日）中，这一判例被放弃了。Maubleu 是一名法国律师，他向违反第 6 条的 1991 年 11 月 27 日的一项命令提出了挑战，该法案设置了对律师的惩戒性程序。在这些规则下，在律师协会举行的程序的最终阶段并不是公开的，除非律师要求公开举行并且律师协会也认为这属于公共利益范畴。在随后的阶段中，程序可能在当地上诉法院进行，在这里程序仍不是自动公开举行的，而是必须有律师的请求。最高行政法院认为，欧洲人权公约第 6 条应该适用于非司法性的惩戒性程序，但第 6 条并不要求惩戒机关必须主动举行听证，第 6 条要求的是，无论什么时候，只要被告要求公开听审，此要求都应被应允。Maubleu 没能通过事实证明命令违反了第 6 条，因此其请求被驳回。[①]

在当代的法国，行政行为的形式和程序的重要性日益受到重视，因为“手续不仅限制每个公务人员的权力，也使每个公务人员受到其他公务人员的制约和补充”。[②]

（二）我国关于正当法律程序的规定

行政程序法的灵魂是自然正义，自然正义以及自然正义体现的正当法律程序或程序公平原则作为西方的法律思想已经逐步融入到我国的法律体系中。

国务院 2004 年制定发布的《全面推进依法行政实施纲要》，是新时期加快建设法治政府的指导性文件，纲要对行政程序的正当性作了如下规定：“行政机关实施行政管理，除涉及国家秘密和依法受到保护的商业秘密、个人隐私外，应当公开，注意听取公民、法人和其他组织的意见；要严格遵循法定程序，依法保障行政管理相对人、利害关系人的知情权、参与权和救济权。

① [英]L. 赖维乐 · 布朗：《法国行政法》，高秦伟、王锴译，中国人民大学出版社 2006 年 9 月第 1 版，第 222 页。

② [法] 莫里斯 · 奥里乌：《行政法与公法精要》（上册），龚觅等译，辽海出版社 1999 年版，第 541 页。

行政机关工作人员履行职责，与行政管理相对人存在利害关系时，应当回避。”

这是行政法领域中国版正当法律程序的完整表达。正当法律程序成为法律规范的开先河者是1996年实施的《行政处罚法》;其后，2004年实施的《行政许可法》也较充分地体现了正当法律程序原则。如果说纲要只是一种宣言的话，那么关于正当程序成为法律的直接规定则说明正当法律程序已经是我国活生生的法律实践。

我国1994年后，国家赔偿法、行政处罚法、行政许可法、行政复议法等法律对行政程序给予了极大的关注，确立了行政听证制度，以及以此为核心而展开的诸如告知、说明理由、信息公开等相关制度。这些制度的实施现状尽管不尽如人意，特别是野蛮执法、暴力拆迁的案例时有发生，凸显非法治的观念和力量的惯性仍然较大，正当法律程序在现实生活中的实现程度不高。比如，虽然“听证”已经成为我国社会的一个高频词，但“走过场”的听证、一听就涨的听证依然屡见不鲜。但是，建设社会主义法治国家的步伐毕竟在稳步推进。正当法律程序已经成为我国行政行为正当性、合法性和合理性的重要评价标准，也是指导行政工作的重要原则。正如温家宝总理2010年8月27日在全国依法行政工作会议上的讲话所强调的:“政府能做什么，不能做什么，要由法律来确定。政府只能行使法律赋予的权力，所有行政行为都要于法有据、程序正当。”“没有法律、法规、规章的规定，行政机关不得作出影响公民、企业、其他社会组织权益和增加他们义务的决定。政府不仅要按照法定权限办事，还要按照法定程序办事。没有程序的民主，就没有实质的民主；没有程序的公正，就很难保证实体公正和结果公正。当前重权限、轻程序的问题比较突出，许多损害、侵犯群众利益的突出问题，往往是不按程序办事或程序不规范造成的。要把建立和完善行政程序，作为推进依法行政的一项重要任务。各级政府及工作人员特别是领导干部，都要树立程序意识，严格按程序办事。对违反行政程序损害群众利益、造成严重后果的，要依纪依法追究责任。”①

2010年11月8日《国务院关于加强法治政府建设的意见》在多章节规

①参见《人民日报》2010年9月20日第2版。

定了行政程序问题。在其第三章“加强和改进制度建设”第7条“提高制度建设质量”规定：“严格遵守法定权限和程序，完善公众参与政府立法的制度和机制，保证人民群众的意见得到充分表达，合理诉求和合法利益得到充分体现。除依法需要保密外，行政法规和规章草案要向社会公开征求意见，并以适当方式反馈意见采纳情况。”“法律法规草案涉及其他部门职责的，要充分听取相关部门的意见；相关部门要认真研究，按要求及时回复意见。”“坚决克服政府立法过程中的部门利益和地方保护倾向。”

在其第9条“健全规范性文件制定程序”规定：“制定对公民、法人或者其他组织的权利义务产生直接影响的规范性文件，要公开征求意见，由法制机构进行合法性审查，并经政府常务会议或者部门领导班子会议集体讨论决定；未经公开征求意见、合法性审查、集体讨论决定的，不得发布施行。”

在其第四章“坚持依法科学民主决策”的第11条“规范行政决策程序”规定：“作出重大决策前，要广泛听取、充分吸收各方面意见，意见采纳情况及其理由要以适当形式反馈或者公布。完善重大决策听证制度，扩大听证范围，规范听证程序，听证参加人要有广泛的代表性，听证意见要作为决策的重要参考。”

在其第五章“严格规范公正文明执法”中的第16条“规范行政执法行为”中规定：“各级行政机关都要强化程序意识，严格按程序执法。加强程序制度建设，细化执法流程，明确执法环节和步骤，保障程序公正。”①

（三）正当法律程序的基本要求

在不同的行政程序中，正当法律程序原则的要求视程序结果（即行政决定）对当事人权益影响程度的大小而有所不同。行政决定对行政相对人权益影响程度高的，正当法律程序保障的要求就高；反之，正当法律程序保障的要求较低。例如，我国的《行政处罚法》和《行政许可法》就依据行政决定对行政相对人权益的影响程度的不同设置了不同类型的处罚和许可程序，行政机关可以根据行政决定对行政相对人权益影响程度的大小而采用不同类型

①参见《人民日报》2010年11月9日第16版。

的行政程序。但前提都是以行政相对人的陈述权、申辩权和获知行政决定理由等正当程序权利得到保障为基础。

正当法律程序逐步由司法领域发展为行政行为的基本原则，其对行政行为程序的要求可以归纳为3个方面：

1. **主体的中立性**。指行政主体及其工作人员应在参与者各方当事人间保持一种超然和不偏不倚的态度和地位。首先，行政主体与行政行为、行政相对人不能存有利益牵连，即行政主体及其工作人员与其所处理的事务及各方当事人没有利益上的联系；其次，行政主体及其工作人员不能存有偏见，即行政主体及其工作人员要平等对待各方当事人，不偏袒任何一方当事人，不带任何偏见。“中立性”不仅要求行政主体及其工作人员实质上公平行使权力，而且形式上也不能让人们对行政主体的公正性产生合理怀疑，因此，需要制定、执行回避等体现程序中立的制度。中立是程序正当的基本要求。

2. **程序的互动性**。指在行政权力运行过程中，行政主体负有“倾听”的义务，相关的当事人及利害关系人有权利通过陈述、辩解等方式，表达自己的意见，发挥对权力运行过程及形成相关结果的影响，从而实现公民对权力运行的参与和监督。听证是体现程序参与性的一项基本制度。听证就是“听取意见”，它要求行政主体在作出对相对人及利害关系人的利益有重大影响的决定时，应当听取相关当事人的意见和辩解。程序参与性的价值体现在对公民权益的尊重和行政决定的正确适当。

3. **运行的公开性**。指行政权力以公开的方式运行，使相对人及利害关系人和社会公众知情。“正义不仅要得到实现，而且要以人们能看得见的方式得到实现。”公开使行政运行的全过程置于“众目睽睽”之下，有利于加强对行政权力行使的监督，防止行政权力的不当使用。社会主义民主政治建设要求保证公民享有充分的知情权，因此，公开的内容应当是全过程与全方位的。首先，要常态化公开行政主体自身的基本情况，公开内容一般包括：行政机关的名称、地址、网址、负责人、联系方式、机构设置及办公位置、职责权限、办事程序、投诉电话等；其次，要公开具体行政行为的整个运行过程。公开的具体方式可根据公开的对象、内容的不同而不同：从信息公开的角度，有主动公开和以申请公开，如果信息涉及国家秘密、个人隐私、商业秘密等，则不能任意公开；从执法公开的角度，有主体身份的公开，有执法依据的公开，有证据材料的公开，有处理结果的公开等；从公开对象角度，有向特定的相对人及利害关系人的公开（如查阅案卷、表明身份、告知、送达、说明理由等）和向社会公众的公开（如新闻发布会，互联网公布，会议公开，媒体报道，发布公告等）。

（四）正当法律程序的行政法功能

行政法的程序参与性原则要求保证可能受到行政决定影响的人能够有效地参与行政决定的过程，对决定的结果发挥积极的作用；程序中立性原则要求行政行为的决定者在行政程序的各方参与人之间保持超然和无偏袒的态度和地位，并对各方当事人的主张、意见和证据予以同等的尊重和关注；程序的公开性原则对行政主体行使权力进行有效监督。以这三项原则为主要内容的正当法律程序原则，对于保障行政的正当性、加强法治行政建设意义重大。

1. 它尊重公民的主体性。民主的本质就是由人民当家做主，正当法律程序使得行政相对人不是作为行政行为的客体存在，而是能够富有意义地参与决定的过程，公民作为道德和法律主体受到尊重。

2. 它保障行政决定的正确性。正当法律程序使来自各个方面的信息能够在行政过程中获得有效的表达和公平的衡量，从而有助于作出正确的行政决定。

3. 它提高行政结果的接受性。由于行政决定的承受者已经在程序中获得了有效影响程序结果的机会，因而当事人对行政结果更容易自觉接受。

4. 它形成对行政权力的制约性。正当法律程序原则要求行政主体不偏不倚，要求给予当事人进行听证、参与行政决定的机会，规定行政主体表明身份、告知理由、说明依据等公开义务，从而保证行政权力得以公正、公平、公开的行使。

（五）司法对正当法律程序的支持

我国正当程序原则没有作为法律原则进入法律之中，但其对行政行为的要求，通过一些案例逐步成为具体行政行为的合法标准之一。

案例 1：1998 年田永诉北京科技大学不服退学处理决定案

田永在北京科技大学本科第一学年学习过程中，受到学校的退学处理，但是其后两年田永一直以该学校学生的身份在学校学习生活，并参加了毕业考试。最终毕业时，学校认为两年前就已经作出对田永的退学决定，因此拒绝颁发毕业证。田永诉至法院，当时的北京某区人民法院，在没有任何法条依据的情况下，以被告北京科技大学作出退学处理决定没有听取原告田永申辩，也没有向原告本人宣布和送达为由，认定被告构成程序上的违法，开创了我国在行政判决中运用正当法律程序原则判决案件的先河。

案例 2：2004 年汪某诉上海黄浦区公安分局不服治安警告行政处罚案件

在对汪某进行治安处罚时，上海某公安分局在作出处罚事先告知书和处罚决定行政行为时，笔录记录上时间显示了两个行为发生时间的年月日是在同一天，但没有注明行为发生的时点分点。原告汪某及其代理人认为处罚告知行为发生在处罚决定作出行为之后，行政处罚行为程序违法。上海的一、二审法院形成不同观点，二审法院支持了原告的观点，在没有具体法律条文依据的情况下，依据正当法律程序原则认为，被告没有证据证明履行了处罚前的告知程序，依法撤销了一审判决，同时也撤销了公安分局的处罚行为。

从这些案例看，由行政相对人以行政行为违反正当法律程序为由提起行政诉讼的案件目前仍主要集中在行政处罚等单行法律、法规较为完善的领域，其他领域的此类案件则相对较少；涉及的争议主要集中于行政相对人的告知、申辩以及听证等程序性权利。在行政案件审理过程中，尚未明确法定程序与正当程序之间的关系以及正当法律程序的判断标准等问题。但我们能直观地感受到“正当法律程序”在中国行政法治发展、完善过程中的地位与作用。

从“正当法律程序”条款在当代各国行政法的适用与发展过程可以看出，司法机关扮演着一个积极、能动的关键性角色。特别是在我国行政法律体系不完善与缺失统一的行政程序法典的前提下，由人民法院在审理行政案件的过程中能动地适用正当法律程序原则审查行政主体公权力行为的程序合法性具有积极意义。

法院在审理行政案件过程中，能动地适用正当法律程序原则符合正当法律程序的特征。正当法律程序的核心含义是明确的，但在外延、适用范围、判断标准等问题上都具有较大的弹性，即便是再周延的事先立法，也无法涵盖不同类型的正当程序。因此，统一的程序法典只能总体上规定行政主体公权力行为应当遵循的一般程序性规范，而由司法机关在具体审查过程中根据行政行为的不同类型、行政主体做出行为时的社会条件等情况，对该行为是否符合正当法律程序进行判断。

我国目前的行政法律体系仍处在逐步完善的过程中，当代行政法中的一些基本法律原则与制度在现有法律、法规中尚未得以明确规定，尽管行政处罚法、行政许可法等单行法律、法规中的某些法律规范已体现出正当法律程序精神，但迄今在立法中尚未明确提出“正当法律程序”的概念，对“正当法律程序”的地位以及应包含的具体法律规则也还存在争议。但毕竟国务院《全面推进依法行政实施纲要》、《关于加强法治政府建设的意见》已对行政机关的行政活动必须符合正当法律程序的要求有原则规定，因此，人民法院在审理案件过程中能动地适用、发展法律原则，具备了“有法可依”的前提，通过判决逐步积累、确立正当法律程序的适用标准，可以有力推动程序法治观念深入人心。

三、行政行为违法及其纠正

行政行为必须合法、适当，并以公共利益为目的，否则行政行为的效力就会得到否定性评价。也就是说，行政行为可能会出现违法错误，由此产生对违法的具体行政行为怎样处理、能否撤销、由谁撤销、怎么撤销等问题，这些问题是行政机关需要经常面对的理论和实践的问题。

（一）行政行为违法的种类

行政行为完全符合普通行政法（如行政处罚法、行政许可法、行政程序法等）和特别行政法（如治安处罚法、规章制定法、婚姻法等）对行政行为合法要件（包括实体要件和程序要件）的规定，就是一个合法的行政行为；如果行政行为不符合或者不完全符合法定的全部合法要件，则该行政行为就是违法的。广义的违法是与完全合法相对应的概念，即只要存在不完全符合法定要求的情形，不管其对相对人、对公共利益影响的大小，行政行为就是违法的。对本书关于行政行为合法标准的分析，行政行为违法可分为主体违法、内容违法、程序违法和形式违法，但是这样的分类不能很好地指导对违法的行政行为按照法治国家的要求进行恰当处理。根据违法程度的不同，进行分类研究，有利于对各种不同类别的违法行为分别作出处理，这无论在完善立法还是在行政实践或司法实践中都有重要的意义。

对存在问题的行政行为，日本学者多称其为“瑕疵”，我国一些学者现在也经常使用这一用词。“瑕疵”通常的词义，“瑕”是指玉上面的斑点，“瑕不掩瑜”这个成语就把“瑕”的含义表达得比较清楚；“疵”是小毛病的意思，“吹毛求疵”意指对微小的毛病抓住不放，也是对“疵”的一个很好的注解。总之，在我国现实语境下，“瑕疵”一般指比较轻微的问题，并不能与包含各种程度问题的“违法”相对应，在我国用“瑕疵”指代“违法”并不妥当，容易产生歧义，对行政法的学习、研究、适用和普法都是不利的。因此笔者认为，在我国对存在不符合法律规定问题的行政行为称为“违法”是正确的，“违法”既是法律用语，又是大众用语，两种语境下“违法”的外延、内涵基本一致，便于公民理解，便于法律执行，这是法律与社会生活紧密联系的重要有利条件。实际上，日本著名行政法学者南博方就将“违反法令而实施的行政行为，称为违法的行政行为”[①]，并没有使用“瑕疵”一词。

①［日］南博方：《行政法》，杨建顺译，中国人民大学出版社2009年8月第1版，第52—53页。

"行政行为违法时，或是全然不发生效果，或是只能不完全地发生效果。"[①]因此，行政行为违法程度的不同，其后果也将不同。根据违法程度由重到轻的次序，可以将其分为严重违法（无效行政行为）、一般违法（可撤销行政行为）、一般轻微违法（可转换行政行为）、明显轻微违法（可治愈行政行为）和疏忽失误错误（明显错误行政行为）五大类。

1. 无效行政行为。无效行政行为是最严重的违法行政行为，从其成立时起就不具有有效性，因此，通常认为，无效的行政行为不具有行政行为的公定力、确定力、拘束力和执行力，不需要专门提起行政诉讼而在任何救济程序中都可直接主张其无效，且不受诉讼时效的限制。当然，我国的《行政诉讼法》、《行政复议法》关于具体行政行为在复议、诉讼期间不停止执行的规定，说明我国立法实践坚持无效行政行为的复议决定或司法判决的确认和宣告制度，非经有权机关的宣告，不得以行政行为无效为由，拒绝履行该行政行为确定的义务。

2. 可撤销行政行为。对可撤销行政行为而言，其违法程度比无效行政行为低一些，但仍属于比较严重的违法。但要对可撤销行政行为进行明确详细的列举是困难的。在无效行为与轻微违法之间的广阔地带，就是可撤销行政行为的范围。从理论上讲，可撤销行为只对撤销决定生效后发生效力，但是，我国行政法对无效行为和可撤销行为一般没有在实定法上加以区分，且对违法程度较重的行政行为的处理一般都是予以撤销，这就更加模糊了可撤销行为与无效行为之间的界限。

3. 一般轻微违法。一般轻微违法主要是指在行政行为的程序和形式方面发生的、对实体权利义务影响不大的一般轻微违法行为，对其采取转换的方式进行处理。

4. 明显轻微违法。明显轻微违法主要在行政行为的程序和形式方面发生的、对实体权利义务影响较小、与一般轻微违法行为相比其违法性程度更轻的行为，对明显轻微违法一般采取治愈的方式进行处理。

5. 疏忽失误错误。疏忽失误错误主要是指明显的疏忽大意，如误写、误算等情形，学理上一般不将其归入违法行政行为的范围，但是，这类行为存

① [日] 南博方：《行政法》，杨建顺译，中国人民大学出版社 2009 年 8 月第 1 版，第 52 页。

在问题是必须纠正的，其一般采取更正的方式进行处理。

（二）疏忽失误错误的更正

行政行为疏忽失误错误，有的学者称其为公开错误或明显错误，这种“明显错误”是指“实施一个行政决定的行政机关之预期目的与该行为所表明的目的之间，存在着无需任何别的方式就可以被发现的明显矛盾”。[①]“这种错误不是行政机关意志上的瑕疵，而只是意思表达中的过失”。[②]

笔者认为，使用“疏忽失误错误”的概念比较符合该类行为的本质特征，公开错误或明显错误的表述容易产生歧义（即可能认为错误非常严重）。行政行为疏忽失误错误是指：行政主体在行政决定中所作的意思表示与其真实意思存在矛盾且矛盾是如此明显以至于具有一般认识和判断能力的公民能比较容易对其加以识别。行政决定的明显失误包括误写（如错别字、笔误、遗漏等）、误算（如金额、时间、倍率、编号等）、误登（如对当事人资料录入电脑时信息差错、档案记载信息差错等）、表述不明（如概念不明、用语不当、前后矛盾等）、机械故障（如交通信号失控、电脑出现故障等）等情形。

对于存在疏忽失误错误的行政行为如何处理的问题，中外学界的主张基本一致，即疏忽失误错误不属于违法，因而不属于法律救济和行政救济的对象，可由做出具体行政行为的行政主体随时进行更正。这种更正是为了消除行政决定中的失误，使行政主体所表示的意思与其真实意思相一致，而不是为了对违法意思表示予以法律补救。

日本学者南博方将更正称为“行政行为的订正”，并主张“行政行为中的明显误记、误算及其他差错和谬误，任何时候都可以订正。不过，当超过了一定程度，以至于人们不能轻易地认识到其只是表示的误记时，该瑕疵便会对处分的效力产生影响”。[③]这就涉及对法律行为的解释原则问题。对法律

①［印］赛夫：《德国行政法》，周伟译，台湾五南图书出版有限公司1991年版，第107—108页。转引自叶必丰：《行政法学》，武汉大学出版社2003年2月修订版，第186页。

②［德］格尔诺特·多尔：《德国行政程序》，孙瑜译，载《法学译丛》1992年第6期。转引自叶必丰：《行政法学》，武汉大学出版社2003年2月修订版，第186页。

③［日］南博方：《行政法》，杨建顺译，中国人民大学出版社2009年8月第1版，第58页。

行为的解释有主观主义和客观主义之分。主观主义主张行为主体的意思应以其内心真实意思为准客观主义主张行为主体的意思应以其表示于外的文字、语言为准。当然，还有主张兼顾主观主义和客观主义的观点。对于行政行为的“明显错误”的判断标准是以正常智力和认识能力的人作为基准的，这本身就是一个相对不确定的基准，但是并不能因此否定人们不能对错误是否明显作出判断，较为困难的只是在介入明显与不明显之间的情形要作出判断。笔者认为，对行政行为的意思表示是疏忽失误还是意思表示违法的判断难以抉择时，从保护行政相对人的救济权的角度考虑，应选择否定疏忽失误，赋予相对人行政救济和司法救济的权利，从而防止行政主体随意行政并通过所谓疏忽失误的更正使本来违法的行为合法化，侵害相对人的合法权益。

关于更正的效力问题。更正只是对已有行政行为的真实的行政主体的意思的确定和阐明，并没有创设新的行政法律关系，因此，更正的效果是消除行政主体的意思表示错误，行政主体与相对人之间的权利、义务按经更正的行政行为来确定。更正行为不是一个独立的行政行为，其明确行政主体意思表示的功能表明，通过更正所确定的意思表示本就是行政主体作出行政行为时的真实意思。因此，更正所明确的意思表示自行政行为作出时产生法律效力，并非自更正之时产生法律效力。

关于更正的程序问题。最高人民法院《关于执行行政诉讼法若干问题的解释》第63条规定，“补正裁判文书中的笔误”应用裁定方式，可见，在司法工作中对类似于行政行为疏忽失误的更正是非常严肃的，其形式为与判决并列的“裁定”。虽然对行政行为更正的要求不可能采取与司法裁判文书的补正一样的标准，但行政行为与司法裁判一样，调整行政机关与相对人的权利义务，应尽可能减少随意性，更正行为也应以严肃正式的方式进行，遗憾的是，关于行政行为更正的方式、程序等在我国乃至世界各国鲜有立法例对其进行明确规定。

从行政法对行政权的控制和对相对人权益的保护的行政法原理看，一般主张更正的方式应以所更正的行政行为做出的法定方式为适当方式，如行政行为为口头方式的，更正可以口头方式作出；行政行为的法定方式为书面的，则更正应以书面方式作出；当然，如果更正的方式比行政行为的方式更加严格、更有利于保护相对人的救济权利，那么，对这样的更正方式更会获得监督机关、司法机关的支持。行政主体应在该行为的文书上以附录的方式进行更正；不能以附录方式更正的行政决定，如口头方式的行政决定、书面行政决定已进入行政或司法救济途径等，则应制作专门的更正文书；行政主体不能在原有行政决定书的错误处直接修改；行政行为更正后，行政主体应以行政行为告知和送达的方式向相对人告知和送达。

《人民日报》2011 年 9 月 26 日第 11 版肖潘潘《令人胆战心惊的“瑕疵”》一文中披露了一个瑕疵类错误行为长期不能纠正导致当事人的损失的事件："一字之差"导致 1600 万元投资作废的新闻，也让人看到了瑕疵的可怕。江西省修水县义宁镇的一家液化气站，在拿到储配站许可证开业三天之后，却被告知许可证作废，原因是县城建局的工作人员误将“储配”写成“储备”。为了修正这个“错别字”，燃气公司历时 14 个月跑了 30 多个部门盖了 100 多个公章，各类审批材料达 40 多公斤，却至今无法拿到许可证。

这样一个瑕疵类的很容易纠正的错误，却是上述结果，令人费解。如果不是其他的原因，而仅仅是对瑕疵类行政行为纠正的理论和实践知识的不足，就更觉遗憾。

（三）轻微违法的补救

轻微违法行政行为的违法程度较低，对相对人实体权益的影响较小，但是把轻微违法与可撤销行政行为区分开来，对于行政主体对违法行为的纠正权限的明确和纠正方式的选择具有重要意义。一般而言，应从四个方面对轻微违法作出判断，以与可撤销行政行为相区分。

(1) 存在范围。轻微违法只存在于程序和形式方面，如果是行政决定实体内容上的违法，则不属于明显轻微的违法。

(2) 实体影响。该程序和形式违法的存在，并没有损害当事人的实体上的合法权益。如果程序和形式违法的存在，对当事人实体合法权益的影响明显，该违法都不属于轻微违法。

(3) 程序影响。如果严重违反法定程序，特别是强制性程序，也不属于轻微违法，因为强制性程序对相对人而言具有独立的价值；对社会公共利益而言也有重要意义。

（4）行政效率。如果对违法进行纠正的结果，明显与原行政行为相同，撤销对相对人实体权利没有意义，相反徒增环节、耗费时间、浪费行政资源。此类违法属于轻微的违法。

我国《行政诉讼法》第55条规定："人民法院判决被告重新作出具体行政行为的，被告不得以同一的事实和理由作出与原具体行政行为基本相同的具体行政行为。"最高人民法院关于执行《行政诉讼法》若干问题的解释第54条规定："人民法院判决被告重新做出具体行政行为，被告重新做出的具体行政行为与原具体行政行为的结果相同，但主要事实或者主要理由有改变的，不属于《行政诉讼法》第五十五条规定的情形。

"人民法院以违反法定程序为由，判决撤销被诉具体行政行为的，行政机关重新作出具体行政行为不受《行政诉讼法》第55条规定的限制。

"行政机关以同一事实和理由重新作出与原具体行政行为基本相同的具体行政行为，人民法院应当根据《行政诉讼法》第54条第（二）项、第55条的规定判决撤销或者部分撤销，并根据《行政诉讼法》第65条第三款的规定处理。"

因此，我国法律已在行政效率与程序价值之间进行了利益衡量，当违反的是法定程序特别是强制性程序时，程序的价值必须维护。这从另一个角度支持了违反法定程序的违法不属于轻微违法。

当违法的情形同时符合以上四个方面的条件时，就可认定其为轻微违法。

对问题行政行为的处理，从形式上看是对原行政行为的变更。广义的行政行为的变更包含行政行为的变化的各种情形，即行政法律状态的变更，包括行政行为的撤销、改变和废止等。狭义的行政行为的变更，则是指对已在实际生活中实施的、有瑕疵的行政行为的内容、依据和形式予以改变，使其具有新的效力的行为。转换和治愈属于狭义的行政行为的变更的主要方式。其特点与撤销不同："变更是用一个'存在'代替另一个'存在'，而撤销是以一个'不存在'代替一个'存在'。"[①]但行政行为的变更与撤销基本原理相同的，享有变更权的主体跟撤销一样也有两种，即行政机关和法院。相应

①胡建淼：《行政法学》，法律出版社2003年第2版，第215页。转引自王贵松：《行政信赖保护论》，山东人民出版社2007年1月第1版，第134—135页。

的，变更从理论上也可以分为行政变更和诉讼变更两种方式。

对于明显的轻微违法，一般采取治愈方式进行完善和纠正；对于一般轻微违法行政行为，一般采取转换的方式进行纠正。

1．明显轻微违法行政行为的治愈。“所谓瑕疵的治愈，是指行政行为有违法的地方，但其违法程度比较轻微，不值得作为撤销理由来考虑时，或者由于日后情况变化，本来欠缺的合法要件，实质上已得以补充时，作为瑕疵已经被治愈的行政行为，视其为合法的行政行为。”[①]行政行为有瑕疵，不一定要撤销。如果一味地予以撤销，可能破坏法的安定性，如果是授益性的行政行为，则更可能破坏相对人的信赖，损害到相对人的利益。行政行为的瑕疵如果能够治愈，则可以避免这种情况的发生。对于具有轻微违法性的授益性行政行为，如果无视行政相对人正当合理的信赖而径行撤销，不符合信赖保护原则。

从我国的实际情况来看，没有法律明确规定什么是明显轻微的违法，但从明显轻微违法的标准分析来看，下列情况可以判断为明显轻微的违法：(1)告知错误，如对公民申诉的处理对不属于本机关职责范围的告知由其他机关处理，或者作出具体行政行为告知相当人不服申请复议的受理机关等，但所告知的机关并无相应职责，这种轻微违法只需告知正确的受理机关即可，无需撤销；(2) 紧急情况下的口头行政决定事后没有以书面形式确认，如在重大事故、重大自然灾害、大规模骚乱等紧急情况下需要立即作出决定，如人事任免、人员调动、物资调配等决定，一般是口头的，如果事后没有书面决定，只需将书面决定作成就行，无需撤销；(3) 说明理由不充分，也就是从证据采信到事实认定到适用法律到明确权利义务发生脱节的问题，或对事实的判断和对法律适用的选择说明理由不充分，这种情况下，可以口头方式或书面方式对行政行为的理由进行解释即可，无需撤销、重作；但是如果是对原行政行为的撤销、废止、撤回等行政决定，其说明理由必须充分，这时的行政行为不同于行政主体对相对人权利义务的首次判断，而是属于监督、裁决性质，只有有充分的理由才能对具有公定力的行政行为予以变更，否则这种变更的行政行为将面临被撤销的命运。

①杨建顺：《日本行政法通论》，中国法制出版社 1998 年版，第 401 页。转引自王贵松：《行政信赖保护论》，山东人民出版社 2007 年 1 月第 1 版，第 135 页。

关于说明理由，日本《行政程序法》第8条第2款、第14条第3款规定，以书面形式作出对申请的拒绝处分以及不利处分时，应当以书面形式提示其理由。[①]“法令要求附记理由的宗旨是：(1) 担保处分厅的判断之慎重和公正妥当，抑制其恣意；同时，(2) 通过将处分的理由通知处分的相对方，为其进行不服申诉提供便利。”因此，“在法令要求附记理由的情况下，如果欠缺理由的附记，或者理由的附记不完备，则该行政行为构成违法，将难免会被撤销”。[②]

2.轻微违法行政行为的转换。行政行为的转换就是指将一个违法的有瑕疵的行政行为转变为另一个合法的行政行为的活动。行政行为的转换是有严格条件的。我国台湾地区“行政程序法”第116条对此有所规定：

行政机关得将违法行政处分转换为与原处分具有相同实质及程序要件之其他行政处分。但有下列各款情形之一者，不得转换：

一、违法行政处分，依第117条规定，不得撤销者。

二、转换不符作成原行政处分之目的者。

三、转换法律效果对当事人更为不利者。

羁束处分不得转换为裁量处分。

行政机关于转换前应给予当事人陈述意见之机会。但有第103条之事由者，不在此限别。

上述第一款第一项是指：有下列各款情形之一者，不得撤销：一、撤销对公益有重大危害者。二、受益人无第119条所列信赖不值得保护之情形，而信赖授予利益之行政处分，其信赖利益显然大于撤销所欲维护之公益者。

第3款第103条是指：有下列各款情形之一者行政机关不给予陈述意见之机会：一、大量作成同种类之处分。二、情况急迫，如给予陈述意见之机会，显然违背公益者。三、受法定期间之限制，如给予陈述意见之机会，显然不能遵行者。四、行政强制执行时所采取之各种处置。五、行政处分所根据之事实，客观上明白足以确认者。六、限制自由或权利之内容及程度，显属轻微，而无事先听取相对人意见之必要者。七、相对人于提起诉愿前依法律应向行政机关申请再审查、异议、复查、重审或其他先行程序者。八、为

①② [日] 南博方：《行政法》，杨建顺译，中国人民大学出版社2009年8月第1版，第57页。

避免处分，相对人隐匿、转移财产或者进出境，依法律所为保全或限制出境之处分。

因此，合法的转换应具备以下要件：(1) 要做出关于转换的具体行政行为，有学者认为，“转换系前述要件具备，经官署或相对人主张，就当然发生转换的效果，抑或要件具备后，尚需行政机关额外作成一个正式的转换处分，始发生转换效果，在德国的学说与法院都引发争议。为法安定性与法明确性起见，本文认为以采后说为宜”。[①]笔者赞成这一说法。因此转换行为本身必须符合行政行为合法性的一切要求。(2) 前后行政行为具有相同的实质要件和程序要件，且目的相同。(3) 要听取相对人意见，转换的法律效果不能对相对人更为不利。(4) 羁束性的行政行为不能转化为裁量性的行政行为。(5) 违法的原行政行为属于可撤销的行政行为，但是撤销对公益有重大危害或者侵害行政相对人的正当合理的信赖的，则不可撤销，也不可转换。

行政行为的转换和瑕疵的治愈有其严格的限制，行政主体不得随意滥用。正如有的学者指出的，“无论是行政行为的治愈，还是违法的行为的转换，都是从谋求法的安定性及行政程序经济的角度来架构的理论。但是，由于这种理论具有侵害严格意义上的法治行政的原理之虞，所以不容滥用”。[②]

（四）违法行为的撤销

对于比较严重的违法行政行为的处理，无论是确认无效还是确认可撤销，在处理方式上，一般都是将其撤销，因此，处理结果意义上的撤销不能等同于可撤销行政行为，而是无效行政行为、可撤销行政行为的共同处理方式。

1. 德国关于行政行为撤销的立法。德国作为大陆法系有代表性的国家，无论刑法、民法还是行政法，都以其严谨的逻辑关系、完善的理论体系对欧洲乃至世界各国的法制建设产生重大影响，在行政行为的撤销和废止的制度建设方面也是如此。在其 1976 年实施的《联邦行政程序法》中用第 48 条、

①岳翁生主编：《行政法》(上册)，中国法制出版社 2002 年版，第 714 页。转引自王贵松：《行政信赖保护论》，山东人民出版社 2007 年 1 月第 1 版，第 137 页。

②［日］南博方：《行政法》，杨建顺译，中国人民大学出版社 2009 年 8 月第 1 版，第 56 页。

49条分别对违法行政行为的撤销和合法行政行为的废止作出规定，逻辑严谨、规范明确、便于适用、指引性强。

第48条（违法行政行为的撤销）

1. 违法行政行为，即使已具备确定力，仍得部分或全部以对将来或溯及既往的效力撤销。已设立或用以证实一权利或权利上相当优惠的行政行为（授益性行政行为），其撤销需受第2至4款的限制。

2. 提供一次或持续金钱给付或可分物给付，或为其要件的行政行为，如受益人已信赖行政行为的存在，且其信赖依照公益衡量在撤销行政行为时需要保护，则不得撤销。受益人已使用所提供的给付，或其财产已作出处分，使其不能或仅在遭受不合理的不利时方可解除其处分，则信赖一般需要保护。下列情况下受益人不得以信赖为其依据：

(1) 受益人以欺诈、胁迫或行贿取得一行政行为的；

(2) 受益人以严重不正确或不完整的陈述取得一行政行为的；

(3) 明知或因重大过失而不知行政行为的违法性。

第3句所指的行政行为一般以具有溯及既往的效力撤销。已撤销的行政行为的受益人，须归还已履行的给付。对归还的范围，准用民法典返还不当得利的规定。归还义务人在具备第3句情形时，不得以得利的消灭为依据，只要其明知或因重大过失而不知构成行政行为违法的情况。行政机关在撤销行政行为的同时决定须归还的给付。

3. 行政机关撤销不属于第2款所列的违法行政行为时，须相对人申请，补偿有关财产不利。该财产不利是因相对人相信行政行为的确定力而生，但以其信赖依公益衡量需要保护为限。在此准用第2款第3句。行政机关有权确定须补偿的财产不利。请求权应在一年内行使。期间以行政机关向当事人指明该期间的时刻起算。

4. 行政机关获知撤销这一违法行政行为的事实，则仅允许从得知时刻起计一年内作出撤销。但不适用于第2款第3句第1项。

5. 在行政行为具有不可争执性之后，撤销由第3条所指主管行政机关决定；须撤销的行政行为由另一行政机关作出的，亦同。

从德国的立法规定看，违法的行政行为可以由行政机关撤销，但撤销行政行为受到实体和程序两个方面的制约，不能肆意撤销，尤其注重对当事人的信赖保护，该法将信赖保护规定在具体规范中，而没有在总则中以法律原则的形式加以确认。但是德国的理论和实务都是将信赖保护作为一个具有宪法原则地位的法律原则并结合上述法律规范来加以适用的，与依法行政原则具有同等的地位和重要性，如果在个案中两者发生了冲突，即可进行利益的权衡。[①]

当然，对相对人信赖利益的保护不是无条件的，如果相对人以恶意、非法手段使行政机关作出具体行政行为，如以欺诈、胁迫或行贿取得一行政行为的；以严重不正确或不完整的陈述取得一行政行为的；明知或因重大过失而不知行政行为的违法性等，则不承认其有信赖利益。

2. 日本学者南博方关于行政行为撤销的论述。日本学者南博方关于行政行为撤销的论述比较严谨、简洁，而且与我国关于行政行为撤销的主流观点和法律规范不相矛盾，具有通说的地位。关于行政机关依职权撤销的适用范围，他认为："有瑕疵的行政行为，尤其是侵益性行政行为，无论是否超过争讼期限，即使没有明文规定，也均可依职权予以撤销。关于这一点，学术界几乎不存在异议。这是因为，这种情况下的撤销可以纠正行政行为的瑕疵，并且不损害相对方的权利利益，符合行政法律适合性的原理。有瑕疵的授益性行政行为的撤销，原则上也是可能的。但是，在这种情况下，因需要考虑保护作为受益者的相对方对行政行为的信赖，不能不对撤销权的行使加以许多的制约。"[②]

关于行政机关撤销权的限制，与德国《行政程序法》第48条的规定一样，南博方根据日本的行政程序立法对相对人的信赖保护给予高度重视："为了保护受益者的信赖，对于有瑕疵的授益性行政行为的撤销，不能无限制地予以承认。即受益者信赖行政行为的存在，且其信赖值得予以保护时，便不能自由地撤销。尽管对相对方的信赖值得予以保护，但由于公益上的需要而

①王贵松：《行政信赖保护论》，山东人民出版社2007年1月第1版，第121—122页。

②[日]南博方：《行政法》，杨建顺译，中国人民大学出版社2009年8月第1版，第59—60页。

不得不撤销时，只有在相对方因撤销而蒙受的损失得到补偿的条件下，才能够进行撤销。”与德国法一样，对于恶意取得的行政行为的相对人则不承认其信赖利益：“对相对方的信赖是否值得予以保护，只能依个别、具体的情况而定。但是，下列情况应当属于‘不值得保护’的情形：(1) 受益者以欺诈、强迫、贿赂等不正当手段令行政厅采取了行政行为时；(2) 根据不当或者不完全的申诉而采取了行政行为时；(3) 受益者明知行政行为违法时；或者 (4) 受益者不知行政行为违法，其原因在于受益者有重大的过失时；等等。在对相对方的信赖不值得保护的情况下，行政厅可以撤销该行政行为，同时还可以对受益者提出不当得利返还请求。”①

另外，如果是下面两种情况，行政行为的撤销也将受到限制：(1)“行政行为的内容对相对方是授益性的，而对第三者是侵益性的情况下（复效性行政行为），应当在考虑第三者的信赖保护的基础上，考虑撤销权的限制。”(2)“撤销权者相当长时期不行使撤销权，其结果使得相对方产生信赖，以为其不再会被撤销，相对方基于该信赖而采取了某种准备活动或者行为的情况下，依所谓失效（失权）的法理，不得再行使撤销权。”②

关于撤销的程序。“当行政行为的撤销属于《行政程序法》上所说的不利处分时，必须对应当成为处分名义人的人，采取为了意见陈述所必要的程序(如听证或者辩明机会的赋予)。”③

关于撤销的效果。“依职权撤销被认为属于行政厅的裁量，因此，只要没有明文规定，就可以自由地决定撤销的范围（行为的全部或者一部分）及效力发生的时间。但是，不能超过裁量的界限。除不撤销过去已经完结了的法律关系或者法律事实，就不能变现撤销目的等情况外，职权撤销的效果应当理解为不溯及既往。”④

3. 无效与可撤销行政行为的区分。我国《行政诉讼法》、《行政复议法》没有区分无效与可撤销行为，而是对列举的违法行政行为都规定为撤销，也就是说，不管是无效行为还是可撤销行为，在处理上方式相同。从这个意义上讲，对违法行政行为区分为无效和可撤销，对相对人而言似乎意义不大。

---

①［日］南博方：《行政法》，杨建顺译，中国人民大学出版社 2009 年 8 月第 1 版，第 60 页。
②［日］南博方：《行政法》，杨建顺译，中国人民大学出版社 2009 年 8 月第 1 版，第 60—61 页。
③④［日］南博方：《行政法》，杨建顺译，中国人民大学出版社 2009 年 8 月第 1 版，第 61 页。

但是，无效行政行为在违法程度上高于应撤销的行政行为，因此，日本学界只有个别学者认为无效与可撤销的区分在实体法上意义不大，[①]多数学者主张区别论，如有学者明确主张“所谓无效的行政行为，是指可以依据自己的判断与责任予以无视，并且，不受期限或者法定程序的拘束而予以否认的行为。与此相对，所谓应予撤销的行政行为，是指虽然违法，却依然继续作为有效的行为而存续，只有经有权限的行政厅或法院予以撤销，才失去效力的行为”。[②]

我国学界对此存在分歧，有的认为“我国现阶段尚没有适用该理论的法律基础”[③]；有的则主张“我们应当区分无效行政决定和可撤销行政决定，放宽对无效行政决定的诉讼时效和救济途径的限制。在诉讼时效上，我们宜采用大陆法系各国和地区的通行规则，即对无效行政决定不受诉讼时效限制，不因时效的逾越而免受攻击。也就是说，实定法应允许相对人就无效行政决定在任何时候申请复议、提起诉讼。同时，对无效行政决定的司法救济，也不应只限于行政诉讼这一途径。如果在刑事诉讼和民事诉讼中涉及无效行政决定，那么法院就应有权以裁定的方式确认其无效”。[④]

有学者认为，职权撤销必须考虑到违法性的程度和内容。如果违法性程度轻微，则容易满足相对人信赖利益保护的要求；而违法性重大，撤销的要求强烈的话，承认职权撤销的余地就较大。对于不当的瑕疵一般不能作为撤销的理由。如果原行为系由相对人的欺诈胁迫等不正当行为所产生，职权撤销则不受约束。与违法性一样，存续该行政行为给第三人的利益和公共利益的影响也必须考虑到。[⑤]简言之，这一观点主张违法性程度越严重，对相对人的信赖保护程度就应较低；反之，违法性程度较低，对相对人的信赖的保护程度则应较高。实际上就是力图在公益、第三人利益和信赖利益之间进行衡量，而且信赖保护的程度应根据不同情形而做出相应的保护方式，以维持

①［日］渡边洋三：《现代国家与行政权》，东京大学出版会1972年版，第79—80页。转引自王贵松：《行政信赖保护论》，山东人民出版社2007年1月第1版，第129页。

②［日］南博方：《行政法》，杨建顺译，中国人民大学出版社2009年8月第1版，第53页。

③姜明安主编：《行政法与行政诉讼法》，法律出版社2006年1月第2版，第220页。

④叶必丰：《行政法学》，武汉大学出版社2003年2月修订版，第196—197页。

⑤［日］芝池义一：《行政法总论讲义》，有裴阁1998年第3版，第171—174页。转引自王贵松：《行政信赖保护论》，山东人民出版社2007年1月第1版，第132页。

各种利益之间的协调平衡。从科学合理地适用信赖保护原则的角度看，将行政行为无效与可撤销区分开来是有意义的。

从日本等国的立法和理论看，应该说，将两者区别开来，无论在理论上还是在实践方面都具有重要意义，值得借鉴。

第一，不同的救济途径。无效的行政行为可以在行政诉讼之外的民事诉讼中认定；没有诉讼时效的限制；可以提起确认无效的行政诉讼，如日本《行政案件诉讼法》第3条第4款规定了无效行政行为的确认诉讼；无须行政审查的前置程序。而可撤销行政行为必须通过行政撤销诉讼来进行；且在许多情况下必须经过行政审查程序后才能提起撤销行政诉讼，如日本《行政案件诉讼法》第8条第1款的规定[①]：应在诉讼时效内提起诉讼。

第二，不同的法律效力。在法律效力方面，可撤销的行政行为承认其公定力，而无效的行政行为则不予承认；可撤销的行政行为产生不可争力，而无效的行政行为则不产生。因此，无效的行政行为不能采取强制措施加以执行；而可撤销行政行为在没有被有权机关撤销之前不能停止执行，仍然具有执行力。

第三，不同的信赖保护。赋予相对人以权利和利益的行政行为一旦做出，不论是相对人还是第三人，只要信赖该行政行为并做出一定的行为，即使该行为有瑕疵，除非是无效事由，行政厅一般均不得违背其信赖。[②]因此，在两个行政行为连续发生的情况下，如果前一个行政行为无效，则当事人可以主张后一个行政行为无效，即允许违法性的“继承”；而可撤销行政行为，在未撤销前属于有效行政行为，因此，当事人不能主张因前一个行政行为被撤销或应被撤销而要求判定后一个行政行为无效或撤销，即不允许违法性的继承。

关于区分的标准，学界一直存在争议。有的主张“法规性质说”，即从行政行为所违反的法律性质的不同来加以区分，如果违反命令性、禁止性等强行性法规，则行为无效；如果违反的是非强行性的法规，则是可撤销的行

① [日] 南博方：《行政法》，杨建顺译，中国人民大学出版社2009年8月第1版，第53页。

② [日] 山内一夫：《行政行为论讲义》，成文堂1973年版，第90—92页；[日] 盐野宏：《行政法》，杨建顺译，法律出版社1999年版，第113页。转引自王贵松：《行政信赖保护论》，山东人民出版社2007年1月第1版，第129页。

为。有的主张“行政目的说”，认为应考虑行政目的的实现、法的安定性、第三人和一般私人的信赖保护，有瑕疵的行政行为原则上应该是可撤销的行为，无效行政行为的范围要向可撤销行为收缩。[①]有的主张“瑕疵重大说”，认为行政行为存在重大瑕疵的构成无效。有的主张“瑕疵重大明显说”，认为行政行为存在重大且明显的瑕疵时才构成无效。“重大明显说”，是学说和判例上的通说。[②]正如有学者所述：“如果行政厅在认定行为要件的主要问题上存在重大的失误，并且，该重大失误达到了在行为的外观上、客观上一目了然的程度的情况下，则判其为无效也不至于损害相对方及一般公众对行政行为的信赖。这样，只要是从信赖保护的立场上看，仅有行政行为存在重大的瑕疵还不够，还必须是该瑕疵在外观上一目了然时，方构成无效。”[③]

那么，什么是重大、明显的瑕疵？“确定明显瑕疵的标准，既不是相对人的主观想象，也不是受过训练的法学家的认识能力，而是一个典型的、理智的公民的认识。尽管如此，明显瑕疵并不总是‘明显’。在具体案件中，关于行政行为是否明显且严重违法，完全可能发生争议。”[④]因此，对于重大而明显的瑕疵，“法规性质说”可以发挥其判断作用，违反强制性规范是重大而明显瑕疵的判断标准之一；在具体法律法规中，还通过列举的方式把常见的重大明显瑕疵规定下来，更加一目了然、便于判断、执行；当然现实生活永远走在法律的前面，因此通过具体判例对重大明显瑕疵进行丰富和发展，是一些国家的有益做法。如法国行政法院通过判例在无管辖权、形式缺陷、内容违法及权力挪用等行政行为无效的几种传统情形的基础上，随着法国行政法院对行政行为监督深度的发展，还发展了违反公共秩序、自始不存在两种情形。其中自始不存在的“粗暴行为”是指一个行政行为的一些最基本要素都欠缺，以致被认为该行为不能成其为行政行为而自始不存在。这样，法院就没有必要将其撤销，而只要宣布它自始不存在即可。自始不存在的行政

①参见王贵松：《行政信赖保护论》，山东人民出版社 2007 年 1 月第 1 版，第 129—130 页。

②[日]南博方：《行政法》，杨建顺译，中国人民大学出版社 2009 年 8 月第 1 版，第 54 页；[日]和田英夫：《行政法的视点和论点》，良书普及会 1983 年版，第 94—95 页。转引自王贵松：《行政信赖保护论》，山东人民出版社 2007 年 1 月第 1 版，第 130 页。

③[日]南博方：《行政法》，杨建顺译，中国人民大学出版社 2009 年 8 月第 1 版，第 54 页。

④[德]哈特穆特·毛雷尔：《行政法学总论》，高家伟译，法律出版社 2000 年版，第 251 页。转引自叶必丰：《行政法学》，武汉大学出版社 2003 年 2 月修订版，第 193 页。

行为完全超出管辖权，行政机关完全是在不合法的行为，其违法性是如此严重和难以容忍，以至于完全不需要行政法官对其进行进一步的审查。因此，这类行为是不被接受行政行为的“粗暴行为”，行政法院可以拒绝管辖而由普通法院对其进行司法监督，这是在法国司法与行政泾渭分明的宪政体制下，对该类行为的最否定的评价。

四、信赖保护原则对变更行政行为的制约

信赖保护原则是二战后在德国发展起来的一项行政法基本原则。其含义是指：基于维护法律秩序的安定性和保护社会成员正当权益的考虑，当社会成员对行政过程中某些因素的不变性形成合理信赖，并且这种信赖值得保护时，行政主体不得变动上述因素，或在变动上述因素后必须合理补偿社会成员的信赖损失。该原则的核心思想即维护法律秩序的安定性，保护社会成员的正当权益。①

“保护人民权利，首重法律秩序之安定。”②但是，在行政的特性使然，变动性、适应性所造成的行政程序的不安定性是一个常态现象，如行政法规范必须随着社会的发展不断作出修正，行政行为因违法或不适宜也需要加以撤销或废止，因公共利益的需要对合法的行政行为予以撤回等。为不使社会成员因信赖行政程序的安定性而遭受损害，有必要对其正当权益的保障设立相关制度，以阻止行政机关肆意而为。信赖保护原则正是对这一现实需要的回应。当然，信赖保护原则适用条件是行政过程中某些因素不是所有因素的不变性值得信赖，且这种信赖值得保护。

信赖保护是在二战后福利国家兴起、国家职能扩大、给付行政蓬勃发展的时代背景下诞生和发展起来的一项行政法原则，其主要的内容是行政机关依据法律、为了公共利益的需要有权撤销或废止已经做出的授益性行政行为，但必须考虑行政相对人对原行政行为的合理期待和正当信赖，对因撤销或废止原行政行为的行政相对人给予相应补偿或赔偿，在行政相对人的信赖利益明显高于公共利益时，则不得撤销或废止。政府遵循信赖保护原则，公

①参见李春燕：《行政信赖保护原则研究》，《行政法学研究》2001 年第 3 期。

②罗传贤：《行政程序法基础理论》，台湾五南图书出版公司 1993 年版，第 65 页。

民信任政府，有利于形成政府与人民之间和谐的互动关系。

（一）信赖保护的法律规范

信赖保护原则并不是单纯的理论探讨，不少国家和地区已经在立法中加以规定，实现了法律化。

1. 德国关于信赖保护的立法。德国1976年实施的《联邦行政程序法》建立了信赖保护制度，对于信赖保护原则在世界各国的确立和发展影响深远。

第48条（违法行政行为的撤销）

1. 违法行政行为，即使已具备确定力，仍得部分或全部以对将来或溯及既往的效力撤销。已设立或用以证实一权利或权利上相当优惠的行政行为（授益性行政行为），其撤销需受第2至4款的限制。

2. 提供一次或持续金钱给付或可分物给付，或为其要件的行政行为，如受益人已信赖行政行为的存在，且其信赖依照公益衡量在撤销行政行为时需要保护，则不得撤销。受益人已使用所提供的给付，或其财产已作出处分。使其不能或仅在遭受不合理的不利时方可解除其处分，则信赖一般需要保护。下列情况下受益人不得以信赖为其依据：

（1）受益人以欺诈、胁迫或行贿取得一行政行为的；

（2）受益人以严重不正确或不完整的陈述取得一行政行为的；

（3）明知或因重大过失而不知行政行为的违法性。

第3句所指的行政行为一般以具有溯及既往的效力撤销。已撤销的行政行为的受益人，须归还已履行的给付。对归还的范围，准用民法典返还不当得利的规定。归还义务人在具备第3句情形时，不得以得利的消灭为依据，只要其明知或因重大过失而不知构成行政行为违法的情况。行政机关在撤销行政行为的同时决定须归还的给付。

3. 行政机关撤销不属于第2款所列的违法行政行为时，须应相对人申请，补偿有关财产不利。该财产不利是因相对人相信行政行为的确定力而生，但以其信赖依公益衡量需要保护为限。在此准用第2款第3句。行政机关有权确定须补偿的财产不利。请求权应在一年内行使。期间以行政机关向当事人指明该期间的时刻起算。

4. 行政机关获知撤销这一违法行政行为的事实，则仅允许从得知时刻起计一年内作出撤销。但不适用于第2款第3句第1项。

5. 在行政行为具有不可争执性之后，撤销由第3条所指主管行政机关决定；须撤销的行政行为由另一行政机关作出的，亦同。

第49条（合法行政行为的废止）

1. 合法、非授益性的行政行为，即使在获得确定力之后，仍可全部或部分以对将来的效力废止，除非废止后即须重新作出同样内容的行政行为或出于其他原因而不容许废止。

2. 合法、授益性的行政行为，即使在获得确定力之后，在下列情况下仅可全部或部分以对将来的效力废止：

(1) 法规容许或行政行为保留该废止。

(2) 行政行为附负担，受益人没有或未在为其定出的期限内履行该负担。

(3) 行政机关如基于事后发生的事实，即有不作出该行政行为的正当性，且不废止该行政行为就会危害公益。

(4) 行政机关如基于法规的修改，即具有不作出该行政行为的正当性，但限于受益人尚未使用所提供的优惠，或基于该行政行为而尚未受领给付的情况，且不废止即会危害公益。

(5) 为避免或消除对公共福利的严重不利。在此准用第48条第4款的规定。

3. 合法的行政行为，为某一特定目的提供一次性或定期金钱给付或可分物给付，或者构成这类给付的前提的，即使在获得确定力之后，也可以具有溯及力全部或部分废止：

(1) 只要给付未在提供之后立即用于行政行为确定的目的，或者不再用于该目的。

(2) 行政行为附负担，受益人没有或未在为其定出的期限内履行该负担。在此准用第48条第4款的规定。

4. 拟废止的行政行为在废止生效时丧失其效力，除非行政机关定出另一较迟的时刻。

5. 已确定的行政行为，由第3条所列的主管行政机关决定其废止。拟废止的行政行为由另一行政机关作出的，亦同。

6. 废止第2款第3至5项授益性行政行为时，应相对人申请，行政机关须对相对人因信赖行政行为的确定力而遭受的财产不利作出补偿，但以其信赖需要保护为限。在此准用第48条第3款第3至5句的规定。对补偿的争议，由普通法院管辖处理。

德国《联邦行政程序法》以具体规范的方式创立信赖保护制度，没有以法律原则的形式规定在总则中。但是，其理论和实务都是将信赖保护作为一个法律原则来加以适用的。德国联邦最高法院的判决以及大多数学者都主张信赖保护原则具有《宪法》原则的地位，与依法律行政原则具有同等的地位和重要性，如果在个案中两者发生了冲突，即可进行利益的权衡。[①]

2. 我国关于信赖保护的法律规定。我国《宪法》规定的公民的私有财产权、自由权及第38条保护人格尊严的规定，是信赖保护的《宪法》依据，也是信赖保护原则与行政合法性原则能够相权衡的根本规范基础。信赖保护所保护的既是公民的财产权（包括既得权益和可得权益），又有公民的自由权（自由地处置自己的财产、自由地安排自己的生活、发展和健全自己的人格等）。行政主体在改变授益性行政行为时，应该考虑到相对人正当合理的信赖，考虑到这种信赖背后所蕴涵的财产权和自由权。如果确因公共利益需要辜负相对人的信赖，其效果相当于对相对人依法取得的合法财产进行征收，应根据《宪法》的规定，给予相应补偿。

法不溯及既往的法治原则从某种意义上讲也可被认为是信赖保护的一个间接的法理基础。2000年3月15日通过的《立法法》第84条规定："法律、

①王贵松：《行政信赖保护论》，山东人民出版社2007年1月第1版，第121—122页。

行政法规、地方性法规、自治条例和单行条例、规章不溯及既往，但为了更好地保护公民、法人和其他组织的权利和利益而作的特别规定除外。”行政立法原则上不得溯及既往，当然新颁布的后法如果是授益性的可以溯及既往；当后法是负担性的，则不得溯及既往，如果案件的要件事实在规范性法律文件施行时已经终结没有连续或继续，该规范性法律文件即不得对该案件适用。公民对原法律秩序的信赖应予保护。

我国关于信赖保护的法律规范出现得比较晚。1989 年的《行政诉讼法》、1994 年的《国家赔偿法》、1999 年的《行政复议法》等法律都没有关于信赖保护的规定。2000 年 3 月 8 日公布的《最高人民法院关于执行〈中华人民共和国行政诉讼法〉若干问题的解释》第 58 条规定：“被诉具体行政行为违法，但撤销该具体行政行为将会给国家利益或者公共利益造成重大损失的，人民法院应当作出确认被诉具体行政行为违法的判决，并责令被诉行政机关采取相应的补救措施；造成损害的，依法判决承担赔偿责任。”第 59 条规定：“根据《行政诉讼法》第五十四条第（二）项规定判决撤销违法的被诉具体行政行为，将会给国家利益、公共利益或者他人合法权益造成损失的，人民法院在判决撤销的同时，可以分别采取以下方式处理：（一）判决被告重新作出具体行政行为；（二）责令被诉行政机关采取相应的补救措施；（三）向被告和有关机关提出司法建议；（四）发现违法犯罪行为的，建议有权机关依法处理。”这两条关于撤销行政行为，需要进行公益与私益之间衡量，还规定应采取补救措施。但是它们并非信赖保护的规定。因为信赖保护的主要逻辑是：前一个行政行为赋予权益（不论其行为的合法性），后一个行政行为基于法律或公共利益的需要变更前一个行为，后一个变更行为是合乎形式法治要求的，但要考虑对相对人权益的影响，直至给予补偿或赔偿。而司法解释的规定并没有信赖保护的功能，首先，它不存在于一个行政行为赋予权益，另一个行政行为撤销前一个行政行为的前提；其次，第 58 条的规定对撤销的规制并不是从考虑相对人利益的角度出发，而主要是从公益和第三人利益出发，行政相对人利益的重大损失没有作为法院适用确认判决的理由。而且既然被诉的行政行为是违法的，那么运用行政合法性原则即可对当事人进行保护。

1996 年颁布的《行政处罚法》第 29 条规定，“违法行为在 2 年内未被发现的，不再给予行政处罚”。从法安定性的角度来说，行政机关长期没有发现违法行为，没有对其处罚，与该违法行为相关的其他后续行为也长期存在下来，为了维护法律秩序的安定性，对此行为不再处罚。从另一角度来看，行政机关由于没有发现违法行为而长期不行使行政处罚权，这种不作为是对违法行为的一种容忍。违法者在两年时间里没有受到行政机关的追究，他基于生活体验形成自己将不会受到追究的合理预期，这就形成了一种信赖，《行政处罚法》在违法对社会的侵害与当事人对不受追究的信赖之间作出了价值衡量，承认并保护了相对人的信赖。但这仅是一种法理上的推导，并非法律规范。

我国信赖保护成为法律规范的是《行政许可法》第 8 条，该条规定："公民、法人或者其他组织依法取得的行政许可受法律保护，行政机关不得擅自改变已经生效的行政许可。""行政许可所依据的法律、法规、规章修改或者废止，或者准予行政许可所依据的客观情况发生重大变化的，为了公共利益的需要，行政机关可以依法变更或撤回已经生效的行政许可，由此给公民、法人或者其他组织造成财产损失的，行政机关应当依法给予补偿。"信赖保护自此不再仅仅是学界所鼓噪的理论原则，而是可以直接加以适用的实定法规范。当然，该条只适用于行政许可。

我国 2003 年颁布的《全面推进依法行政实施纲要》第 5 条规定："依法行政的基本要求——诚实守信。行政机关的信息应当全面、准确、真实。非因法定事由并经法定程序，行政机关不得撤销、变更已经生效的行政决定；因国家利益、公共利益或者其他法定事由需要撤回或者变更行政决定的，应当依照法定权限和程序进行，并对行政管理相对人因此而受到的财产损失依法予以补偿。"此条将信赖保护原则扩展至所有类别的行政行为。

3. 信赖保护原则的含义和适用范围。信赖保护原则的含义包括以下方面：

(1) 主要适用于授益行政行为。

(2) 行政行为可以撤销或者废止。"对于行政主体而言，行政行为的确定力虽然表现为不得任意改变、撤销或废止具有有效要件的行政行为，但亦允许其在发现相关行政行为违法或不当时，可以自行纠正与变更。"[①]

①姜明安主编：《行政法与行政诉讼法》，法律出版社 2006 年 1 月第 2 版，第 130 页。

（3）撤销或者废止必须考虑对行政相对人、对原行政行为的信赖利益的保护。“为了保护受益者的信赖，对于有瑕疵的授益性行政行为的撤销，不能无限制地予以承认。即受益者信赖行政行为的存在，且其信赖值得予以保护时，便不能自由地撤销。尽管对相对方的信赖值得予以保护，但由于公益上的需要而不得不撤销时，只有在相对方因撤销而蒙受的损失得到补偿的条件下，才能够进行撤销。”①

（4）撤销、废止行政决定必须遵守法律规定特别是程序规定。撤销、废止原具体行政行为的行为是一个新的行政行为，应严格按照合法性和合理性原则的要求实施，尤其要严格遵循正当法律程序，履行公开、告知理由、听证、送达等程序。正如2002年北京市高级人民法院在仓山北湖印刷厂诉国家商标局复审行为违法案的判决书中的阐述：“行政机关运用裁量程序进行行政管理时，应确保其所选择适用的程序能够平等地对待各方行政相对人，符合法律的基本原则和目的，体现公平、公正、正当的精神，不得因此侵犯其他相对人的合法权益。行政机关发现其做出的行为出现错误时，可以自行纠正，但对于错误行为的纠正亦应体现上述原则，以全面实现国家行政管理的目的，保护相对人的合法权益。”②

又如日本学者南博方所言：“当行政行为的撤销属于《行政程序法》上所说的不利处分时，必须对应当成为处分名义人的人，采取为了意见陈述所必要的程序（如听证或者辩明机会的赋予）。”③

信赖保护原则作为行政法的具体原则，并不对整个行政过程进行规范，而是在行政法律状态改变之际对行政主体的行为加以限制。现实生活中，各类权利主体之间的关系纷繁复杂，经济社会形势变化多端，公民和社会组织对政府的需求日益广泛深化，各类各级行政主体经常需要进行利益衡量，在利利、弊弊、利弊之间进行取舍，随机应变、适时调整自己的政策或措施，以履行好政府职能、维护公共利益、服务公民企业。而信赖保护原则即在此时对其加以限制，使行政主体在决策时必须考虑得更为周全，兼顾公共利益的保护与行政相对人利益的保护。

---

①［日］南博方：《行政法》，杨建顺译，中国人民大学出版社2009年8月第1版，第60页。

②王贵松：《行政信赖保护论》，山东人民出版社2007年1月第1版，第30页。

③［日］南博方：《行政法》，杨建顺译，中国人民大学出版社2009年8月第1版，第61页。

信赖保护一般存在于变更行政法律状态之际，也就是说，一般需要存在两个行政行为：作出前一个授益性的行为之后，由于某种原因，行政主体作出第二个行为对其加以改变，或撤销或废止或变更。如果行政主体在变更行政法律状态的时候，没有考虑到行政相对人正当合理的信赖，即是对行政相对人信赖的一种侵犯。因此，信赖保护原则的适用情形是：有两个行政法律秩序或状态的存在，后一个行政法律秩序是对前一个法律秩序的改变，这种行政法律秩序的改变对行政相对人来说是一种负担，为了保护相对人对前一个行政法律状态的正当合理的信赖，作出改变决定的国家机关应对行政相对人的损失进行合理补偿。信赖保护原则是实质法治的要求，是实质正义的体现，保护正当合理的信赖，符合行政法治的内在要求。

（二）撤销行政行为的信赖保护

行政行为的撤销，是针对有效成立的行政行为而做出的一种使其失去效力的行为，这里实际上是存在着两个前后相继的行为。如果前一个行为是授益性的，而行政相对人又对其产生了信赖，则存在信赖保护原则适用的可能。

1. **撤销的主体**。在行政行为有效做出之后，如果有权主体发现其违法或者不当，按照依法行政的原则应该将其予以撤销。撤销权的主体一般有两种，一是行政机关，二是法院。一般而言，立法机关不会直接撤销行政机关非立法性的行政决定。相应的，就有五种撤销方式：一是职权撤销，也就是行政机关依据职权，以行政行为成立之初存在瑕疵为理由，使其失去效力；二是复议撤销，也就是根据行政相对人对行政行为不服的申请，行政复议机关作出复议决定使行政行为失去效力；三是监督撤销，即职能监督机关依法撤销被监督机关的行政行为；四是上级撤销，即上级机关依层级监督权撤销下级行政主体的行政行为；五是诉讼撤销，即相对人行政行为向法院提起行政诉讼、法院经审理认为行政行为违法而予以撤销。前四种主体都是行政主体，其撤销是行政撤销，行政主体的撤销一般称为职权撤销，上级、监督、复议机关的撤销称为监督撤销；最后一种主体是人民法院，其撤销是诉讼撤销。

2.职权撤销与信赖保护。行政主体根据其判断进行职权撤销，通说认为并不需要特定的法律根据。对于违法或者不当的行政行为，职权撤销符合依法行政乃至法治原则的要求。然而，行政主体一旦做出了行政行为就会形成种种法律关系。这时，职权撤销就必须考虑到是否损害到作为这些关系当事人或利害关系人的利益和信赖。这就需要对职权撤销加以制约。行政行为一般可以分为授益性的行政行为和侵益性或负担性的行政行为。侵益性行政行为的职权撤销，由于不会给相对人造成损害，约束较轻，但也不是任意的，因为这还涉及其他利害关系人的权益的保护问题。

授益性行政行为的职权撤销，一般会给相对人的利益造成损害。因此，一般认为，原则上不允许对授益性行政行为予以撤销。只有存在公益上的必要性而不得不牺牲相对人的既得利益的时候，才能允许职权撤销。有学者认为，授益性行政行为的职权撤销，一方面要考虑到保护相对人的利益和信赖的要求，另一方面也要考虑到法治原则对行政行为合法性的要求。应该根据个别情况来测定相对人所遭受的不利益。撤销给相对人的打击因行使撤销权的时期而不同，如果行为经过了长年累月，职权撤销给相对人造成的利益小的话，则允许职权撤销。职权撤销给相对人的打击也因是否采取缓和措施或者代偿措施而不同，职权撤销的容许与否取决于采取这些措施可能性的有无以及行政主体是否考虑到采取这些措施。另外还必须考虑到违法性的程度和内容。如果违法性程度轻微，则容易满足相对人利益保护的要求；而违法性重大，撤销的要求强烈的话，承认职权撤销的余地就较大。对于不当的瑕疵一般不能作为撤销的理由。如果原行为系由相对人的欺诈胁迫等不正当行为所产生，职权撤销则不受约束。与违法性一样，存续该行政行为给第三人的利益和公共利益的影响也必须考虑到。[①]这一观点实际上就是力图在信赖保护与行政形式合法性或者形式法治原则之间进行协调，在公益、第三人利益和信赖利益之间进行衡量，而且信赖保护的程度应根据不同情形而作出相应的保护方式，以维持各种利益之间的协调平衡，既尊重公共利益的重要性、允许行政机关依据职权撤销行政行为，又破除公共利益的绝对性、约束行政机关随意撤销行政行为。

---

①［日］芝池义一：《行政法总论讲义》，有裴阁1998年第3版，第171—174页。转引自王贵松：《行政信赖保护论》，山东人民出版社2007年1月第1版，第132页。

3. 监督撤销的信赖保护。行政撤销的主体一般是作出行政行为的行政主体，此时的撤销称为职权撤销，而享有指挥监督权的上级行政机关是否有权加以撤销。笔者认为，为了保持行政法制的统一和谐，上级行政机关和职能监督行政机关有权责令下级行政机关和被监督的行政机关撤销或变更行政行为；但是，如果没有法律明文规定，上级行政机关和监督行政机关则不能对下级机关和被监督机关的行政行为予以撤销。

4. 诉讼撤销与信赖保护。行政行为的撤销，包括职权撤销、上级撤销、监督撤销、复议撤销和诉讼撤销五种形式。关于对撤销权的限制的讨论一般围绕职权撤销来进行，其他方式的撤销特别是诉讼撤销往往被忽略。有学者认为，“德国行政法学很早就将争讼撤销与职权撤销之概念加以区别，并分别适用不同的法理。尤其是职权撤销，比起争讼撤销，更可能影响人民之权利，而须受到更多法律上之限制，因此对于职权撤销之法律问题，在行政法学上应特别加以注意。德国行政法学上所讨论的‘行政处分之撤销’，通常即指职权撤销，不含争讼撤销”。[①]但是职权撤销以外的撤销仍应受到信赖保护原则的约束。这里也存在着两个行为：前一个授益性的行政行为由行政主体作出，行政相对人产生了正当合理的信赖；而后一个撤销行为由上级机关、监督机关、复议机关或者法院作出，则可能侵害了相对人的信赖。对于这种授益性行政行为的撤销，撤销主体应该考虑相对人的信赖利益的保护。

因此，信赖保护原则对前述五种享有撤销权的机关都具有拘束力。但是如果行政相对人以不正当行为使得行政主体做出行政行为时，可以撤销且不适用信赖保护原则，如德国《联邦行政程序法》第48条第2项规定，“下列情况下受益人不得以信赖为其依据：(1) 受益人以欺诈、胁迫或行贿取得一行政行为的；(2) 受益人以严重不正确或不完整的陈述取得一行政行为的；(3) 明知或因重大过失而不知行政行为的违法性”。我国《行政许可法》第69条第2款也明确规定“被许可人以欺骗、贿赂等不正当手段取得行政许可的，应当予以撤销。”

①林合民：《公法上之信赖保护》，台湾大学法律学研究所硕士论文，1985年，第212页。转引自王贵松：《行政信赖保护论》，山东人民出版社2007年1月第1版，第133页。

（三）变更行政行为的信赖保护

广义的行政行为的变更包含行政行为的变化的各种情形，即行政法律状态的变更，包括行政行为的撤销、改变和废止等。狭义的行政行为的变更，则是指对已在实际生活中实施的、有瑕疵的行政行为的内容、依据和形式予以改变，使其具有新的效力的行为。行政行为的变更与撤销是不同的，“变更是用一个‘存在’代替另一个‘存在’，而撤销是以一个‘不存在’代替一个‘存在’”。[①]但行政行为的变更与撤销基本原理相同，享有变更权的主体跟撤销一样也有两种，即行政机关和法院。相应的，变更从理论上也可以分为行政变更和诉讼变更两种方式。

1. 行政行为的治愈与信赖保护。行政行为有瑕疵，不一定要撤销。如果一味地予以撤销，可能破坏法的安定性，如果是授益性的行政行为，则更可能破坏相对人的信赖，损害到相对人的利益。行政行为的瑕疵如果能够治愈，则可以避免这种情况的发生。“所谓瑕疵的治愈，是指行政行为有违法的地方，但其违法程度比较轻微，不值得作为撤销理由来考虑时，或者由于日后情况变化，本来欠缺的合法要件，实质上已得以补充时，作为瑕疵已经被治愈的行政行为，视其为合法的行政行为。”[②]对于具有轻微违法性的授益性行政行为，如果无视行政相对人正当合理的信赖而径行撤销，不符合信赖保护原则。

2. 行政行为的转换与信赖保护。行政行为的转换就是指将一个违法的有瑕疵的行政行为转变为另一个合法的行政行为的活动。行政行为的转换是有严格条件的。

需要强调的是，行政行为瑕疵的治愈和转换有其严格的限制，而不能由行政主体随意滥用。行政行为有瑕疵，如果随意治愈或者转换，则作出该行政行为的行政主体的法律责任将无法追究，行政相对人也会从中得到不法利

①胡建淼：《行政法学》，法律出版社 2003 年第 2 版，第 215 页。转引自王贵松：《行政信赖保护论》，山东人民出版社 2007 年 1 月第 1 版，第 134—135 页。

②杨建顺：《日本行政法通论》，中国法制出版社 1998 年版，第 401 页。转引自王贵松：《行政信赖保护论》，山东人民出版社 2007 年 1 月第 1 版，第 135 页。

益，最终损害行政法治的宗旨和公共利益的实现。

（四）废止行政行为的信赖保护

行政行为的废止是因为发生了法律的变更或者事实的变化等事后的原因，如果继续维持原行政行为是不妥当的，而使原合法有效的行政行为失去效力的行为。在学理上有时又称之为“撤回”、“废除”等。废止的法律效果向未来发生，而不溯及既往。行政行为的废止与撤销有瑕疵的行政行为不同，只有作出原行政行为的行政主体才有权作出，作为监督者的上级行政机关、职能监督机关、行政复议机关，如果没有法律的特别规定，不享有废止权。因而，在这里，信赖保护原则所能拘束的主要是作出原行政行为的行政主体。

对于废止的原因是否需要法律的特别规定，分为两种观点。肯定说认为，行政行为以实现公益为目的，行政行为合法有效做出之后，事情发生变迁，继续存续该行政行为将不适合公益的要求。原则上只要适合公益需要，就可以做出新的行政行为废止原来的行政行为。[①]但是，否定说认为，撤回授益性的行政行为就是一种侵害行为，所以撤回需要有法律的根据。要使某种法律关系消灭，即剥夺了关于该法律关系所具有的利益，从法治国原理的法的稳定性、既得权的保护出发，废止授益性的行政行为是要有法律根据的。[②]如果要求所有废止行为，不论是针对授益性的行政行为还是针对侵益性的行政行为，都要有法律依据，恐怕难以做到。这样也会使得行政不能按照公益目的作出适当而及时的调整。但是对于授益性的行政行为，如果不需要法律依据而仅依据行政主体所谓公益判断而径予废止，将会破坏法的安定性，侵害相对人的既得权益和正当合理的信赖。

①[日]田中二郎：《行政法总论》（法律学全集6），有裴阁1957年版，第360—361页。转引自王贵松：《行政信赖保护论》，山东人民出版社2007年1月第1版，第138页。

②[日]盐野宏：《行政法》杨建顺译，法律出版社1999年版，第124页。转引自王贵松：《行政信赖保护论》，山东人民出版社2007年1月第1版，第138页。

（五）抽象行政行为的信赖保护

行政立法是一种抽象行政行为，有的主张行政立法是“行政主体根据法定权限并按法定程序制定和发布行政法规和行政规章的活动”。[①]实际上，我国行政法学界一直有人在主张广义的行政立法观：如有的将行政机关制定的所有规范性文件概称为“行政管理法规”[②]；有的认为“行政立法泛指行政机关制定规范性文件的活动”[③]；有的明确主张“行政立法是行政主体制定行政法规、行政规章或其他规范性文件的活动”。[④]笔者赞同广义的行政立法观，因为规范性文件具有法律一般性、普遍性、强制性等实质特征；而且在行政实践中，因其具体明确而往往被优先适用；同时，最高人民法院关于执行《行政诉讼法若干问题的解释》第62条规定：“人民法院审理行政案件，可以在裁判文书中引用合法有效的规章及其他规范性文件。”已经确认了合法的规范性文件的效力，从而应纳入行政法原则的调整对象。

一般而言，行政立法不溯及既往。如果行政立法溯及既往，对立法之前业已完成的法律事实或者一直延续到立法生效之时的法律事实进行规制，这时就有信赖保护原则的适用。还须注意的是，有的行政立法似乎也只是一个法律行为，而不存在两个法律行为。但是，这里可能实际存在着两种法律状态和秩序：前一种法律状态在没有法律进行规范的前提下，在法无禁止即自由的法理下形成相应法律秩序，则可以推定公民或组织授益于该法律秩序，如果行政立法所规范的法律秩序是负担性的，这就会给公民或组织的合理预期形成损害。虽然前一种行政法律秩序不是立法所形成的，但是无碍于信赖保护原则的适用。

①姜明安主编：《行政法与行政诉讼法》，北京大学出版社、高等教育出版社2005年第2版，第204页。转引自王贵松：《行政信赖保护论》，山东人民出版社2007年1月第1版，第140页。

②王珉灿主编：《行政法概要》，法律出版社1983年版，第101页。转引自王贵松：《行政信赖保护论》，山东人民出版社2007年1月第1版，第140页。

③张尚鷟主编：《走出低谷的中国行政法学》，中国政法大学出版社1991年版，第91页。转引自王贵松：《行政信赖保护论》，山东人民出版社2007年1月第1版，第140页。

④张树义主编：《行政法教学案例》，中国政法大学出版社1999年版，第108页。转引自王贵松：《行政信赖保护论》，山东人民出版社2007年1月第1版，第140页。

行政计划，又称为行政规划，指行政主体为将来一定期限内正式达成特定的目的或实现一定的构想，事前就达成该目的或实现该构想有关的方法、步骤或措施等所进行的设计或规划。[①]如果公民或组织根据指令性计划而进行相应民事活动，在行政主体变更该行政计划而侵害了相对人的既得权益或对某种法律秩序的信赖时，信赖保护原则就应发生作用。

●●●●●●

本章结语：殡葬事关社会公共利益，因此，对殡葬进行行政法调整符合行政法基本原理。行政法调整领域非常宽泛，所调整的对象极其复杂，这就决定了行政法不可能像民法、刑法一样有一个基本法典，行政法是由一件件单行的普通法和特别法组成的庞杂的体系，在相当多的领域其并无具体的法条进行规范。这一特点决定了行政机关在履行法定职能时，不仅仅“依法行政”，很多时候，还要根据行政法的一般原则甚至一般原理进行行政。鉴于此，本章对行政法的几个基本理论问题和原则进行简要的阐述，对在殡葬行政管理、执法中坚持依法行政是很有必要的。

①我国台湾地区“行政程序法”第103条。转引自王贵松：《行政信赖保护论》，山东人民出版社2007年1月第1版，第141页。

第六章

殡葬的行政法调整（尸体篇）

本书第二章“尸体、骨灰的法律性质”中阐明，尸体不是物权的客体，但其既承载着死者近亲属的精神利益，又承载着社会公共利益。一个人去世后遗体的处理，并非只是死者近亲属的民事权利和自由，同时还要受到国家殡葬法律法规的规范和制约。因此，在对尸体的处理方面，既有死者近亲属的民法意义上的处置权，又有国家出自公共利益的需要对尸体的管理权。本章着重研究关于尸体的行政管理及其规范。

一、我国关于尸体检验、解剖和死亡登记制度

（一）尸体检验与解剖

1. 尸体解剖与检验。关于尸体的检验、解剖的规定散见于有关法律。

附录1：《刑事诉讼法》（1979年7月1日第五届全国人民代表大会第二次会议通过、1980年1月1日实施、根据1996年3月17日第八届全国人民代表大会第四次会议《关于修改〈中华人民共和国刑事诉讼法〉的决定》修正）

第一百零一条　侦查人员对于与犯罪有关的场所、物品、人身、尸体应当勘验或者检查。在必要的时候，可以指派有专门知识

的人，在侦查人员主持下，进行勘验、检查。

第一百零二条　任何单位和个人，有义务保护犯罪现场，并且立即通知公安机关派员勘验。

第一百零四条　对于死因不明的尸体，公安机关有权决定解剖，并且通知死者家属到场。

上述规定表明，侦查机关可以依法对尸体进行检查并有权决定对死因不明的尸体进行解剖。

附录2：《公安机关办理刑事案件程序规定》（1998年5月14日公安部令第35号发布施行）

第一百九十三条　侦查人员对于与犯罪有关的场所、物品、人身、尸体都应当进行勘验或者检查，利用各种技术手段，及时提取与案件有关的痕迹、物证。在必要的时候，可以指派或者聘请具有专门知识的人，在侦查人员的主持下进行勘验、检查。

第一百九十九条　为了确定死因，经县级以上公安机关负责人批准，可以解剖尸体，或者开棺检验，并且通知死者家属到场，并让其在《解剖尸体通知书》上签名或者盖章。死者家属无正当理由拒不到场或者拒绝签名（盖章）的，不影响解剖或者开棺检验，但是应当在《解剖尸体通知书》上注明。

对于身份不明的尸体，无法通知死者家属的，应当在笔录中注明。

第二百条　对于已查明死因，没有继续保存必要的尸体，应当通知家属领回处理，对无法通知或者通知后家属拒绝领回的，经县级以上公安机关负责人批准，可以及时处理。

《公安机关办理刑事案件程序规定》的上述规定进一步明确了公安机关在办理刑事案件时，对尸体的检查、解剖的权力和程序。死者近亲属及其他公民或组织对侦查机关依法进行的对死者遗体的检查或解剖，不得阻挠、妨碍，否则，构成妨碍公务，可以对其治安处罚，情节较重的，可以追究刑事责任。

但是，对于身份不明的死者遗体的处理，没有规章进行规定；对于身份清楚、死者近亲属无法通知或者通知后家属拒绝处理，经县级以上公安机关负责人批准，可以及时处理。这里的及时是多长时间，没有规定，造成实践中有的尸体常年在殡仪馆保存、保存费用高昂但无人付费的问题，是制度上的明显缺陷。

青岛市制定了相应政府规章，比较好地解决了非正常死亡、身份不明人死亡的尸体的火化处理问题，值得借鉴。

附录3：青岛市非正常死亡尸体火化规定（经青岛市人民政府通过，1992年8月1日颁布，1992年8月1日起施行）

第一条　为了及时处理非正常死亡人员尸体，维护工作秩序、生产秩序和社会秩序，根据有关法律、法规的规定，结合本市实际情况，制定本规定。

第二条　本规定所称非正常死亡是指由外力引起死亡。包括工伤事故、医疗事故、火灾、溺水、交通事故、自杀、他杀、伤害等原因引起的死亡。

第三条　本规定适用于本市行政区域。

第四条　市公安局负责本规定的实施。

第五条　非正常死亡尸体，由下列有关部门组织检验或鉴定后，通知死者亲属尽快火化处理：

（一）因工伤事故引起死亡的，由单位的主管部门和劳动部门组织；

（二）因医疗事故引起死亡的，由卫生部门组织；

（三）因火灾、溺水、交通事故、自杀、他杀、伤害等原因引起死亡的，由区（市）公安部门组织。

死者亲属对检验或鉴定结论有异议的，由有关部门组织复检后火化处理。

第六条　死者亲属如有正当理由，要求延期保留尸体的，经按下列规定批准后，可自死亡之日起保留七日：

（一）因工伤事故引起死亡的，由单位的主管部门和劳动部门决定，报公安部门备案；经有关司法机关决定的，按有关规定执行。

（二）因医疗事故引起死亡的，由卫生部门决定，报公安部门备案。

（三）因火灾、溺水、交通事故、自杀、他杀、伤害等原因引起死亡的，由区（市）公安部门决定。

延期保留尸体的费用，由死者亲属及责任单位承担。

第七条　在公共场所发现的无名尸体，由公安部门检验或鉴定后，公告查找死亡亲属；公告后十五日内无人认领的尸体，交殡仪馆火化处理。

第八条　对因死者家属阻挠而逾期未火化的尸体，由尸体所在区（市）公安部门下达《强制火化决定书》，送达死者亲属和有关部门、单位，实行强制火化。因死者亲属阻挠火化而延期保留尸体的费用，由死者亲属承担。

第九条　医院内查找不到死者的亲属，由医院写出死亡报告，在死亡的七日后火化；如需检验或鉴定的，经医院所在区（市）公安部门检验或鉴定后，交殡仪馆火化处理。

第十条　对阻挠强制火化，以尸体相要挟、无理取闹、扰乱工作秩序，依照《中华人民共和国治安管理处罚条例》应予处罚的，由公安部门依法处理；情节严重、构成犯罪的，依法追究刑事责任。

第十一条　本规定具体执行中的问题，由市公安局负责解释。

第十二条　本规定自发布之日起施行。

附录4：卫生部《尸体解剖规则》（1979年9月10日（79）卫教字第1329号）

第一条　为便利教学，提高诊疗质量，促进医学科学事业的发展，参照我国社会风俗习惯，特制定本规则。

第二条　尸体解剖分为下列三种：

一、普通解剖：限于医学院校和其他有关教学，科研单位的人体学科在教学和科学研究时施行。下列尸体可收集作普通解剖之用：

1. 死者生前有遗嘱或家属自愿供解剖者；

2. 无主认领的尸体。

二、法医解剖：限于各级人民法院、人民检察院、公安局以及医学院校设置的法医科（室）施行，凡符合下列条件之一者应进行法医尸体解剖：

1. 涉及刑事案，必须经过尸体解剖才能判明死因的尸体和无名尸体需要查明死因及性质者；

2. 急死或突然死亡，有他杀或自杀嫌疑者；

3. 因工、农业中毒或烈性传染病死亡涉及法律问题的尸体。

三、病理解剖：限于教学、医疗、医学科学研究和医疗预防机构的病理科（室）施行。凡符合下列条件之一者可进行病理解剖：

1. 死因不清楚者；

2. 有科学研究价值者；

3. 死者生前有遗嘱或家属愿供解剖者；

4. 疑似职业中毒，烈性传染病或集体中毒死亡者。

上述1、2项的尸体，一般应先征得家属或负责人的同意。但对享受国家公费医疗或劳保医疗并在国家医疗卫生机构认为有必要明确死因和诊断时，原则上应当进行病理解剖，各有关单位应积极协助医疗卫生机构做好家属工作。

第三条　解剖尸体必须经过医师进行死亡鉴定，签署死亡证明后，方可进行。

第四条　供普通解剖用的无主尸体，应保存一个月后方可使用。在此一个月内，如发现姓名及通信地点时，应及时通知尸主，在限期内前来认领。逾期不领者，在呈报主管机关和公安部门批准后，即可解剖。

第五条　病理解剖科（室）只接受医疗、预防、科研、卫生行政机构和其他有关国家机关的委托进行尸体解剖。

第六条　在实行病理解剖时，如发现有他杀或自杀可疑时，病理解剖单位应报请公安局派法医进行解剖或由法医与病理师共同进行解剖。

第七条　凡病理解剖或法医解剖的尸体，可以留取部分组织或器官作为诊断及研究之用。但应以尽量保持外形完整为原则。如有损坏外形的必要时，应征得家属或死者生前所在单位的同意。

第八条　病理解剖或法医解剖，一般应在一个月内向委托单位发出诊断报告。如发现其死因为烈性传染病者，应于确定诊断后十二小时内报告当地卫生主管部门。

第九条　病理解剖应尊重少数民族风俗习惯，要积极宣传病理解剖的科学意义，提倡移风易俗。

第十条　死者生前有遗嘱或家属自愿供解剖者，如系自费医疗，医院可酌情补助火葬费（每例不超过四十元为限）。

第十一条　凡开展病理解剖和法医解剖的单位，应建立解剖簿，登记下列事项：

1．尸体编号，姓名，年龄，性别，籍贯等；

2．尸体来历；

3．附解剖原因；

4．临床诊断；

5．解剖年月日；

6．解剖人姓名；

7．解剖后诊断；

8．解剖报告日期；

9．备注。

如无法知道其姓名、籍贯者，第1项可仅列编号、性别以及估计年龄，其余可填“未详”字样。

第十二条　施行病理解剖和法医解剖的单位，应将解剖尸体的情况（包括尸体解剖诊断），每年至少向其主管部门书面汇报一次。

第十三条　自本规则发布之日起，凡与本规则有抵触的（过去的有关规定）一律停止施行。

卫生部《尸体解剖规则》比较全面地规定了尸体解剖的类型、对象、程序、档案等内容，但对“无主尸体”的解剖的条件、程序、责任等没有规定，这就容易把暂时查不清身份的死者当成所谓无主尸体，在没有其近亲属同意的情况下予以解剖，侵害死者近亲属的精神权益。

2. 传染病尸体的检验和解剖。传染病的防治直接关系社会公共安全，因此，对患或疑似患传染病的死者遗体的检验和解剖，应进行特别规定。

附录1：《传染病防治法》（1989年2月21日第七届全国人民代表大会常务委员会第六次会议通过，2004年8月28日第十届全国人民代表大会常务委员会第十一次会议修订，2004年12月1日起施行）

第四十六条　患甲类传染病、炭疽死亡的，应当将尸体立即进行卫生处理，就近火化。患其他传染病死亡的，必要时，应当将尸体进行卫生处理后火化或者按照规定深埋。

为了查找传染病病因，医疗机构在必要时可以按照国务院卫生行政部门的规定，对传染病病人尸体或者疑似传染病病人尸体进行解剖查验，并应当告知死者家属。

附录2：卫生部《传染病病人或疑似传染病病人尸体解剖查验规定》（2005年4月30日发布，2005年9月1日起施行）

第一条　为了及时查明传染病病因，提高传染病诊疗水平，有效控制传染病流行，防止疫情扩散，根据《中华人民共和国传染病防治法》第46条（以下简称《传染病防治法》），制定本规定。

第二条　本规定适用于病因不明的传染病病人或者疑似传染病病人尸体的解剖查验工作。

第三条　传染病病人或者疑似传染病病人尸体解剖查验工作应当在卫生行政部门指定的具有传染病病人尸体解剖查验资质的机构（以下简称查验机构）内进行。

设区的市级以上卫生行政部门应当根据本辖区传染病防治工作实际需要，指定具有独立病理解剖能力的医疗机构或者具有病理教研室或者法医教研室的普通高等学校作为查验机构。

从事甲类传染病和采取甲类传染病预防、控制措施的其他传染病病人或者疑似传染病病人尸体解剖查验的机构，由省级以上卫生行政部门指定。

第四条　查验机构应当具备下列条件：

（一）有独立的解剖室及相应的辅助用房，人流、物流、空气流合理，采光良好，其中解剖室面积不少于15平方米；

（二）具有尸检台、切片机、脱水机、吸引器、显微镜、照相设备、计量设备、消毒隔离设备、个人防护设备、病理组织取材工作台、储存和运送标本的必要设备、尸体保存设施以及符合环保要求的污水、污物处理设施；

（三）至少有两名具有副高级以上病理专业技术职务任职资格的医师，其中有一名具有正高级病理专业技术职务任职资格的医师作为主检人员；

（四）具有健全的规章制度和规范的技术操作规程，并定期对工作人员进行培训和考核；

（五）具有尸体解剖查验和职业暴露的应急预案。

从事甲类传染病和采取甲类传染病预防、控制措施的其他传染病或者疑似传染病病人尸体解剖查验机构的解剖室应当同时具备对外排空气进行过滤消毒的条件。

第五条　医疗机构为了查找传染病病因，对在医疗机构死亡的传染病人或疑似传染病病人，经所在地设区的市级卫生行政部门批准，进行尸体解剖查验，并告知死者家属，做好记录。

第六条　疾病预防控制机构接到有关部门通知，对在医疗机构外死亡、具有传染病特征的病人尸体应当采取消毒隔离措施；需要查找传染病病因的，经所在地设区的市级卫生行政部门批准，进行尸体解剖查验，并告知死者家属，做好记录。

第七条　解剖查验应当遵循就近原则，按照当地卫生行政部门规定使用专用车辆运送至查验机构。

第八条　除解剖查验工作需要外，任何单位和个人不得对需要解剖查验的尸体进行搬运、清洗、更衣、掩埋、火化等处理。

第九条　医疗机构应当向查验机构提供临床资料复印件，并与查验机构办理交接手续。

第十条　查验机构应当指定一名主检人员。查验人员在尸体解剖查验前，应当认真查阅有关临床资料。

第十一条　解剖查验工作应当严格遵守有关技术操作规范和常规，并符合传染病预防控制的规定。

对解剖查验中的标本采集、保藏、携带和运输应当执行《病原微生物实验室生物安全管理条例》等规定。

解剖查验过程中采集的标本，应当在符合生物安全要求的实验室进行检验。

第十二条　在解剖查验过程中，对所产生的医疗废物应当按照《医疗废物管理条例》等有关规定进行处理。

第十三条　从事尸体解剖查验工作的病理专业技术人员在解剖查验全过程中应当实施标准防护措施，严格遵守有关技术操作规程，采取有效措施防止交叉感染、环境污染造成疫病播散。查验机构要做好有关技术人员的健康监护工作。

第十四条　查验机构应当尽快出具初步查验报告，并及时反馈相应的医疗机构、疾病预防控制机构或者卫生行政部门。

医疗机构根据初步查验报告、病理报告和病原学检验报告，综合临床表现，尽快明确诊断，并按规定报告。

第十五条　尸体解剖查验工作结束后，病理专业技术人员应当对尸体进行缝合、清理。查验机构应当在所在地疾病预防控制机构的指导下或者按其提出的卫生要求对尸体、解剖现场及周围环境进行严格消毒处理。

解剖查验后的尸体经卫生处理后，按照规定火化或者深埋。

第十六条　停放传染病或疑似传染病病人尸体的场所、专用运输工具以及使用过的单体冰柜均应当按照规定严格消毒。

第十七条　有关单位和个人违反本规定，有下列情形之一的，由卫生行政部门依据《传染病防治法》、《执业医师法》、《医疗机构管理条例》等有关法律法规进行相应处理，并对负有责任的主管人员和其他直接责任人给予行政处分；造成严重后果构成犯罪的，依法追究刑事责任。

（一）医疗机构未经批准，擅自对病因不明并具有传染病特征的病人尸体进行解剖查验的；

（二）查验机构及其工作人员在解剖查验过程中，未按规定采取有效的消毒、防护、隔离等措施的；

（三）查验机构及其工作人员出具虚假查验报告的；

（四）查验机构未按规定履行查验职责的；

（五）法律、行政法规规定的其他违法情形。

第十八条　按照《传染病防治法》的规定，为查找传染病病因，对传染病病人尸体或者疑似传染病病人尸体进行解剖查验，卫生行政部门应当保障工作实施经费，对工作人员采取有效的卫生防护措施和医疗保健措施。

第十九条　本规定自2005年9月1日起施行。

这一规定是对《中华人民共和国传染病防治法》第46条的具体化，对传染病病人尸体或者疑似传染病病人尸体进行解剖查验进行了具体规范。其第15条第二款“对解剖查验后的尸体经卫生处理后，按照规定火化或者深埋”的规定，没有明确火化尸体是否需要死者近亲属的同意或告知死者近亲属，没有规定将尸体送殡仪馆火化的责任主体是医疗单位还是死者近亲属，这给工作实践留下了矛盾纠纷的隐患。

附录3：卫生部关于印发《人感染高致病性禽流感尸体解剖查验技术规范》的通知（2007年4月9日，卫医发［2007］119号）

通知指出：人感染高致病性禽流感（以下简称“人禽流感”）是人畜共患的新发传染病，病死率高，严重威胁公众健康与生命安全。同时，也对国家的经济与社会发展带来负面影响。由于人禽流感具有演变成为人与人之间传播并且引发流感大流行的潜在危险，因此，加强对人禽流感的防控和医学研究十分必要。为尽快查明疑似人禽流感病例的病因、明确诊断和指导临床救治，进一步规范人禽流感死亡病例的尸体解剖查验工作，依据《中华人民共和国传染病防治法》、《病原微生物实验室生物安全管理条例》、《医疗废弃物管理条例》和《传染病病人或疑似传染病病人尸体解剖查验规定》的有关规定，结合人禽流感的特点，特制定本技术规范。

解剖尸体的选择：所有怀疑人禽流感病例死亡后，为查明病因，应依法对尸体进行解剖查验（以下简称“尸检”）。明确诊断为人禽流感的病人死亡后，需要对尸体解剖开展相关研究时，应先征得病人家属同意后，方可进行。

3. 关于无人认领尸体的处理。除了上述一些部门或地方政府的规章中偶有无人认领尸体的处理规定外，国家法律没有专门规定，部门规章也无专门规定。广州市对此进行了具体规定，值得借鉴。

附录：广州市无人认领尸体处理办法（穗府办［2004］52号，2004年9月26日印发）

第一条　为做好我市无人认领尸体的处理工作，进一步明确民政、公安、卫生、财政、民族宗教等部门在处理无人认领尸体工作中的职责，结合我市实际，制定本办法。

第二条　本办法所指的无人认领尸体是指在本市行政区域内出现的以下两种情况，在公告期届满仍无家属、单位为其办理殡殓手续的。

（一）姓名不详、身份不明的尸体；

（二）姓名、身份清楚，但家属、单位在防腐期15天届满不到殡仪馆办理殡殓手续的尸体。

第三条　在医院正常死亡的尸体，由医院开具《死亡医学证明书》，姓名不详、身份不明的，由医院通知医院所在地的区、县级市公安分局进行拍照、登记，备案；在医院非正常死亡或卫生部门不能明确是否属正常死亡的，由医院通知医院所在地的区、县级市公安分局进行检验、鉴定、拍照、登记、出具《死亡医学证明书》。

第四条　在医院以外死亡的尸体，由公安部门负责检验、鉴定、拍照、登记和收集遗物，开具《死亡医学证明书》。

第五条 《死亡医学证明书》应按规定填写，对死者姓名、身份以及是否属于非正常死亡等情况应填写清楚，如属姓名不详、身份不明或虽姓名、身份清楚，但家属放弃现场认领的，应予注明。

第六条 殡仪馆凭《死亡医学证明书》收运尸体。

第七条 因案情需要保留的尸体，公安部门应在出具《死亡医学证明书》时注明防腐期。防腐期一般不超过15天，防腐期满后，需要继续保留的，公安部门应办理延期手续。

第八条 无人认领尸体由民政部门在本单位公众服务网和殡仪馆公告栏进行公告，自公告之日起60天内仍无人认领的，殡仪馆可以对尸体进行处理。

第九条 非正常死亡的无人认领尸体在防腐期或公告期内，如有家属或单位认领的，凭公安部门开具的介绍信到殡仪馆办理认领手续。对有可能查清身份和通知家属认领的尸体，公安部门应当调查核实并通知家属认领。

第十条 有以下情况之一的，无须公告，殡仪馆可按规定将尸体处理。

（一）家属书面表示放弃认领的；

（二）经公安部门鉴定为死亡24小时以上或者溺水死亡14小时以上的；

（三）尸体已经出现膨胀、臭味、舌肿眼突等症状的；

（四）公安部门签署意见确认为无人认领的；

（五）有关法律法规规定应立即火化的。

第十一条 无人认领尸体火化后，骨灰保留3个月，在骨灰保留期间如有家属、单位认领的，殡殓处理费由认领者负责。骨灰保留期满仍无人认领的，骨灰由殡仪馆负责处理。

第十二条 对有土葬习俗的回、维吾尔、哈萨克、东乡、柯尔克孜、萨拉、塔吉克、乌兹别克、保安、塔塔尔等10个少数民族的无人认领尸体，由民政部门会同民族宗教部门按有关民族政策处理。

第十三条 在本市行政区域内发现的姓名不详、身份不明的尸体，经公告后仍无人认领的，其殡殓费及公告费由各级民政部门报同级财政部门核拨。

因交通事故、刑事案件死亡的无人认领尸体的处理费用，按有关法律法规的规定执行。

第十四条　民政、公安、卫生、财政、民族宗教部门的工作人员，不执行本办法，有下列行为之一的，由其所在单位或者上一级行政主管部门给予行政处分。

（一）应当由本单位处理而推诿不作处理的；

（二）故意拖延处理，造成不良影响的；

（三）有其他玩忽职守行为的。

第十五条　本规定自2004年11月1日起施行，原《无人认领尸体处理办法》（穗民［2002］15号）同时废止。

但是，这一地方政府规章的第八条“无人认领尸体由民政部门在本单位公众服务网和殡仪馆公告栏进行公告”规定的公告主体过于狭窄，公告方式过于单一。笔者认为，应根据不同情况确定不同的公告主体：交通事故的，由公安交警部门公告；自杀、他杀、死因不明的，由公安刑侦部门公告；生前身份不明、由民政福利机构扶养的公民死亡的，由民政机关公告。公告的方式和范围应适当扩大，如在省、市、县不同层次的报刊、电视、网络等进行公告。

这一地方政府规章的第十条的有关规定，值得商榷。其第（一）项“家属书面表示放弃认领的”，这里的家属并非法律概念，如果将其理解为死者近亲属的话，那么，必须是死者所有的近亲属放弃认领的签字的书面意见，如果只是部分近亲属的放弃的书面意见，仍然不能作为认定死者近亲属放弃认领的依据。其第（二）项“经公安部门鉴定为死亡24小时以上或者溺水死亡14小时以上的”规定无须公告就可以处理，值得研究。笔者认为，这种情形，需要进行认尸公告。只要尸体没有达到无法辨认的程度，就应当公告认领尸体。第（三）项“尸体已经出现膨胀、臭味、舌肿眼突等症状的”无须公告就可以处理，也值得研究。笔者认为，这种情形，只要尸体没有达到无法辨认的程度，就应公告认领尸体。在尸体无法辨认或无法保存的情况下，应在对尸体检验、鉴定、留存DNA后，进行拍照、登记、火化，然后公告认领骨灰。

（二）死亡证明与登记

我国关于公民死亡的尸体检验、死亡报告、登记处理等方面的法律甚至法规都是相对粗糙的，有的方面还是空白。

案例：许某诉程某侵害名誉权纠纷案[①]

许某与程某协议，由程某带许某学习汽车驾驶技术，学期一年。双方在交通监理部门登记，办理了许某的学习证。在此期间，程某打算卖掉汽车，但因汽车处在学徒期间不得过户，便搞到一张某乡政府的空白介绍信，填上许某误服农药死亡的内容，证明许某已死亡，去监理部门注销了许某的学习证，卖掉了汽车。许某考取了正式驾驶员，交通监理部门却以其已死亡为由拒绝签发驾驶证，经查，方知程某所为。许某诉至法院，要求程某承担侵害名誉权民事责任。经法院调解，程某承认错误，向许某赔礼道歉，赔偿300元。

生命权是公民最重要的民事权利，也是首要的基本人权，公民只有在其生命延续期间，才具有民事权利能力，才能享有和行使其他民事权利。当一个人还健康生存的时候，其他人无论采取何种方法，称其已死亡，都会对该人正常行使其权利造成严重影响，并使其享有的正常的社会评价受到歪曲，给其精神造成痛苦，给其心理造成伤害，因而属于侵害公民名誉权的行为，应当承担侵权的民事责任。本案的被告程某为了达到转卖汽车的目的，以假证明诬称原告死亡，使原告的名誉权受到侵害，严重影响了原告的工作、学习，限制了其正常的社会活动，造成了不良的后果，构成侵害名誉权。法院在调解中，促使被告承认错误，向原告赔礼道歉，达成了赔偿损失的调解协议。如果被告不同意调解，法院判决的结果肯定会支持原告的主张。本案还

①案例来源：参见杨立新：《精神损害疑难问题》，吉林人民出版社1991年6月第1版，第144页。

暴露出我国死亡登记制度、死亡证明制度的漏洞。

1. 关于死亡证明。目前，我国关于死亡证明的规定，只有1992年6月16日卫生部、公安部、民政部关于使用《出生医学证明书》、《死亡医学证明书》和加强死因统计工作的通知（卫统发［1992］第1号）这一部门规章。在部门责任分工中，该通知是这样规定的：

1. 卫生部门负责统一印发《出生医学证明书》和《死亡医学证明书》。医疗卫生单位和基层卫生组织对于每一个活产或死者必须准确、完整、及时地填写《出生医学证明书》或《死亡医学证明书》，并完成有关个案调查工作。

2. 出生婴儿或死者的家属必须持卫生部门出具的《出生医学证明书》或《死亡医学证明书》向户口登记机关申报出生登记或注销户口手续；户口登记机关必须凭卫生部门出具的《出生医学证明书》或《死亡医学证明书》办理出生登记或注销户口手续，保存《出生医学证明书》和《死亡医学证明书》。

3. 殡葬管理部门应凭盖有户口登记机关公章的《死亡医学证明书》的第四联《居民死亡殡葬证》办理殡葬手续。

但是，对于刑事犯罪、治安案件或工程事故或意外死亡的情况，我国没有相关的规章予以明确规定，更不用说法规或法律。

2. 关于死亡登记。一个公民死亡是一个对相关当事人的权利义务产生、消灭有着重大影响的法律事实。这一事实需要证据加以证明，即《死亡医学证明书》。同时，必须在表现其公民主体身份的相关证件、信息系统中加以记载，才能完成一个公民的权利能力和行为能力的终结。因此，世界多个国家既有出生登记制度，又有死亡登记制度。我国也规定了类似制度。

1958年1月9日全国人民代表大会常务委员会第九十一次会议通过现仍然有效的《中华人民共和国户口登记条例》就在一些条款中对死亡登记作出了规定。如该条例第四条规定：户口登记机关应当设立户口登记簿。城市、农村和设有公安派出所的镇，应当每户发给一本户口簿。农村以合作社为单位发给户口簿；合作社以外的户口不发给户口簿。

第四条第二款规定：户口登记簿和户口簿登记的事项，具有证明公民身份的效力。

第八条规定：公民死亡，城市在葬前，农村在一个月以内，由户主、亲属、抚养人或者邻居向户口登记机关申报死亡登记，注销户口。公民如果在暂住地死亡，由暂住地户口登记机关通知常住地户口登记机关注销户口。

公民因意外事故致死或者死因不明，户主、发现人应当立即报告当地公安派出所或者乡、镇人民委员会。

第九条规定：婴儿出生后，在申报出生登记前死亡的，应当同时申报出生、死亡两项登记。

但是，这一条例，对于死亡报告的主体限制在死者近亲属的范围内，过于狭窄；同时，对于死者近亲属不按规定进行死亡登记及申请注销户口的，没有救济措施和处罚措施，现实生活中公民死亡后其近亲属不予登记的情况经常发生。往往只有在需要对遗产进行分割或发生继承纠纷时，一些人才不得不进行死亡登记的申请。

3. 关于宣告死亡。宣告死亡，是指公民下落不明达到一定期限，经其利害关系人申请，人民法院宣告其死亡的法律制度。设立这种法律制度的目的，是为了及时结束由于个人下落不明所造成的相关财产、婚姻、继承等民事法律关系所处的不确定状态，以维护国家、集体和他人的合法权益。我国《民法通则》规定了宣告死亡制度。

《民法通则》第23条规定：公民有下列情形之一的，利害关系人可以向人民法院申请宣告他死亡：（一）下落不明满4年的；（二）因意外事故下落不明，从事故发生之日起满2年的。

战争期间下落不明的，下落不明的时间从战争结束之日起计算。

宣告死亡是一种法律上的推定，被宣告死亡的人并不一定真的死亡。如果被宣告死亡的人没有死亡，就需要对死亡宣告予以撤销。《民法通则》第24条规定了死亡宣告撤销制度：被宣告死亡的人重新出现或者确知他没有死亡，经本人或者利害关系人申请，人民法院应当撤销对他的死亡宣告。有民事行为能力人在被宣告死亡期间实施的民事法律行为有效。

死亡宣告撤销后，以其死亡所发生的法律关系需要重新处理。《民法通则》第25条规定了重新处理的原则：被撤销死亡宣告的人有权请求返还财产。依照继承法取得他的财产的公民或者组织，应当返还原物；原物不存在的，给予适当补偿。

最高人民法院关于贯彻执行《中华人民共和国民法通则若干问题的意见（试行）》（以下简称《意见》）对宣告死亡、死亡宣告撤销及撤销后人身、财产关系的处理进行了进一步的规定。

关于申请死亡宣告和撤销死亡宣告的主体和顺序，《意见》第25条规定：申请宣告死亡的利害关系人的顺序是：(1) 配偶；(2) 父母、子女；(3) 兄弟姐妹、祖父母、外祖父母、孙子女、外孙子女；(4) 其他有民事权利义务关系的人。申请撤销死亡宣告不受上列顺序限制。

关于死亡日期的确定，对于利害关系人的权利义务的影响较大，《意见》第36条规定：被宣告死亡的人，判决宣告之日为其死亡的日期。判决书除发给申请人外，还应当在被宣告死亡的人住所地和人民法院所在地公告。

被宣告死亡和自然死亡的时间不一致的，被宣告死亡所引起的法律后果仍然有效，但自然死亡前实施的民事法律行为与被宣告死亡引起的法律后果相抵触的，则以其实施的民事法律行为为准。

关于死亡宣告及死亡宣告撤销后，婚姻关系的存废问题，《意见》第37条规定：被宣告死亡的人与配偶的婚姻关系，自死亡宣告之日起消灭。死亡宣告被人民法院撤销，如果其配偶尚未再婚的，夫妻关系从撤销死亡宣告之日起自行恢复；如果其配偶再婚后又离婚或者再婚后配偶又死亡的，则不得认定夫妻关系自行恢复。

关于死亡宣告及死亡宣告撤销后子女收养问题的处理，《意见》第38条规定：被宣告死亡的人在被宣告死亡期间，其子女被他人依法收养，被宣告死亡的人在死亡宣告被撤销后，仅以未经本人同意而主张收养关系无效的，一般不应准许，但收养人和被收养人同意的除外。

关于故意使得他人被宣告死亡的责任问题，《意见》第39条规定：利害关系人隐瞒真实情况使他人被宣告死亡而取得其财产的，除应返还原物及孳息外还应对造成的损失予以赔偿。

二、西方关于尸体检验、解剖和死亡登记制度

（一）德国《勃兰登堡州殡葬法》的规定

德国是大陆法系的典型代表，其立法以体系完整、逻辑严密著称。同时，

德国也是联邦制国家，殡葬事务的规范更多是由州层次的立法来解决，如《勃兰登堡州殡葬法》。[①]该法关于尸体的检验和解剖的规定具有以下几个特点。

1. 明确规定尸体的范围。该法第3条规定："(1) 在法律意义上的尸体是指：某人的躯体上存在明确可靠的死亡症状或者说通过其他方法明确可靠地确定该躯体已经死亡。那么则称之为尸体。人的躯体上没有生命的那部分属于尸体，像还没有完全脱离母体的新生死胎躯体也属于尸体：①没有心跳、脐带搏动或使用天然肺呼吸之后即死亡的；②或者如（1）中提到的那样被确定为没有生命症状，出生重量不足500克的死胎。(2) 重量低于500克，躯体已经完全脱离母体，如第一段第1条中提及的被确定为没有生命症状的躯体也是法律意义上的尸体。"

2. 对尸检作出明确规定。该法第4条规定了对死亡尸体检验的申请的主体和尸检的主体：

（1）每具尸体应由持证医生对死亡的时间、死亡性质和死亡原因进行检查（尸检）。

（2）下列人员应及时提请对尸体进行检查：①和死者同居一处的人员；②那些在居所、企业单位碰到死亡情况的人员；③任何一位首先发现尸体的人员。假如已经有其他人提出进行尸检，或如第3条中的情况那样已经报警的话，则不再有提请尸检的义务了。

该法第5条关于"医生的尸检义务"规定：

（1）必须履行的尸检义务：①在医院和其他机构单位中发生死亡事件时，尸检工作属于主治医务人员的职责，在有多名医生在场的情况下，可由机构的领导来指定一位医生进行尸检工作。②在家里和在其他场合发生死亡事件时，可找任何一名在附近开诊所的医生或地方急救站的医生进行尸检工作。②在有急救医生参加的抢救工作中出现死亡事件时，则由这名急救医生进行尸检工作。在没有急救医生参加的抢救工作中出现死亡事件时，则可以就近找一名医生，也可以在地方急救站找一名医生或者在附近的医院里找一名当班医生来进行尸检工作。

（2）在急救站工作的医生的尸检工作范围仅限于对死亡的确认、死亡的

①德国《勃兰登堡州殡葬法》的内容参见靳尔刚主编：《国外殡葬法规汇编》，中国社会出版社2003年8月第1版，第64—82页。

时间和尸体的外表情况，假如该医生认为尸检工作会影响他在急救站的抢救工作，那么应由该医生找另外一名医生来进行全面的尸检工作，而且该医生还应立即出具一份临时性的《死亡证明书》。

(3) 假如一个医生认为再做进一步的死亡鉴定工作会危及他本人或如刑事诉讼法第 52 条第一段中提及的那样会认定的亲属被起诉或者会引起法律诉讼的话，则该医生可以在进行死亡认定后，拒绝进一步的尸检工作。

该法第 6 条规定，进行尸检 (1) 如通过外表特征已经可看出或者不能排除是非自然死亡或涉及死亡原因不明的话，医生应该立即向警察局或检察院报告。在这种情况下，医生应该等警方或检察院的人员到达后再继续进行尸检工作，同时应注意不要移动尸体和移动直接的周围物件。非自然死亡是指因自杀、意外事故或他杀而导致的死亡。如在尸检过程中发现是非自然死亡或者死亡原因无法解释，医生也应按上述方法进行处理。(2) 如死者是因 2000 年 7 月 20 日颁布的传染病保护法中涉及的传染病，或者是因被某一种有申报义务的病原体感染而死亡，并认为其有可能通过尸体进一步扩散，医生则应在尸体上做出清晰明显的标志。

3. 尸体解剖的规范。该法第 10 条规定临床解剖的许可：

(1) 只要根据第五段已经取得死者或其直系亲属同意的情况下，除法律有明确规定以外，都是允许进行临床解剖的。

(2) 此外，只要符合下列情况及只要排除的原因不和第五段相对立的就允许进行临床解剖：

①用于查明死亡原因或者用于检查诊断方法和治疗方法（质量检查）的临床解剖；

②在教学、研究和流行病防治方面，尤其是在医学进步方面会有重要突破的临床解剖；

③在帮助死者家属，特别是在专家鉴定，在保险法、遗传病和传染病方面需要进行的临床解剖。

(3) 只要存在下列情况，就不允许进行临床解剖：

①明显违背死者生前意愿的；

②死者生前已经当着主治医生的面收回了他以前曾经认可的临床解剖的书面文件；

③按照第一段已经得到批准，但根据第五段一名死者的亲属在白天八小时内否定了打算临床解剖的书面文件。白天时间计算标为早 7 点至晚 22 点之间。在有多名亲属反对的情况下，只要他们有一人参加并作出了决定，那么这个人的否定意见仍然是相当重要的。

(4) 尸检临床解剖须按照本法律的规定进行。

(5) 按顺序排列的直系亲属为：配偶、法定成年子女、父母、法定成年兄弟姐妹、法定成年孙子孙女（外孙、外孙女)、祖父母以及和死者生前以非婚姻关系共同在一起生活的伙伴。

第 11 条关于“实施临床解剖”第（2）款规定“临床解剖后，为了尊重死者，必须将尸体外表形象以相应的医疗方式进行恢复”。

第 12 条则规定了解剖的无偿性：同意临床解剖的无偿性：对批准的临床解剖不得索要回报或者给予回报。只要没在其他的法律中作特别规定，临床解剖的费用则由要求实施临床解剖的人承担或者由受益人承担。

本条规定的法理是，人体无论是活体还是身体某一部分，都不能成为交易的对象，都不能成为物权的客体。

4. 死亡证明文件的重要性。该法第 17 条对“死亡证明书和尸体解剖报告”进行规定：

(1) 尸检工作结束后，医生应立即开出《死亡证明书》。死亡证明书用于证明死亡时间和原因，用于澄清可能发生的犯罪行为所需的性质报告，用于检查是否需要采取流行病或者其他方面的预防措施，用于今后的统计和研究工作。

(2) 假如进行了尸体解剖，那么该解剖检验的医生应立即向死者的地方卫生主管行政机构递交一份由他确认的死亡原因和其他根本性的疾病（解剖报告）的证明。

(3)《死亡证明书》和《尸体解剖报告》由死者所在地方基层卫生主管行政机关对其完整性进行审查，并保存 30 年。实施尸检和尸体解剖的医生有义务应基层卫生行政机关的要求，毫不拖延地对有缺陷的《死亡证明书》和《尸体解剖报告》进行完善处理。他们和死者的主治医生有义务对审查和完善工作中的问题作出解释。第 6 条第二段的第二个句子适合于这一点。

(4) 基层卫生行政机关可以应申请要求对《死亡证明书》和《尸体解剖

报告》在需要的范围内作出答复，并对此作出判断，提供相关的复印件。

①假如申请人有令人信服的正当利益，没有理由通过公开表态来损害死者和死者亲属的应该保护的利益，或者

②假如申请人需要用于计划的数据统计说明：

(a) 通过在数据统计说明中使用匿名或者假名保证死者和死者亲属应该保护的利益不受伤害，或者

(b) 卫生部已经有，科研计划的公共利益高于为死者和死者亲属的保密利益，而科研目的只有用不成比例的开支（费用）才能达到。根据第 2 条，相应的《勃兰登堡州数据保护法》的第 28 条适用于数据传递工作。

(5) 州政府卫生事业主管官员被授权，在和州政府数据保护主管官员意见一致的情况下可以通过法规进一步规定。

①根据第 5 条第二段的第二个句子，死亡确认证明书的内容、死亡证明书的内容和尸体解剖报告的内容，以及

②这些证明的收件人、必须重视的数据保护措施、数据利用和这些证明的其他处理工作。

（二）加拿大安大略省《验尸官法案》

与德国大陆法系不同，加拿大属于判例法系国家，但其验尸法律却并未遵循判例法的传统，而是通过比较详尽的立法，对尸体的处理进行规范。如安大略省《验尸官法案》[①]就是其典型立法例。该法的主要特点表现为几个方面。

1. 明确规定验尸官的条件和程序。关于“验尸官的任命”有多个条款。

第 3 条第（1）款规定：参议会副州长将任命一个或多个合法的开业医师担任安大略的验尸官；

第 4 条第（1）款规定：参议会副州长将指定一位验尸官作为安大略的首席验尸官，他将：

a. 执行本法案和法规；

①加拿大安大略省《验尸官法案》的内容参见靳尔刚主编：《国外殡葬法规汇编》，中国社会出版社 2003 年 8 月第 1 版，第 520—562 页。

b. 监督、指挥并控制安大略的所有验尸官履行其职责；

c. 在验尸官履行其职责的过程中给予指导；

d. 将验尸官所在陪审团的发现和建议提交给有关人员、机构和政府部门，以提请注意；

e. 准备、出版和发行验尸官道德规范指南；

f. 履行本法案或其他法案或法规或参议会副州长及验尸官指定的其他义务。

第（2）款规定：参议会副州长将指定一位或多位验尸官，作为安大略的代理首席验尸官，他（他们）在首席验尸官缺席或无力履行义务的情况下，可担任并享有所有首席验尸官的权利和授权。

第 8 条规定：根据条款 15（1）的规定，在验尸官缺席的情况下，全省的最高法官可以在本区域内履行所有的验尸官义务并有权执行验尸官的权利。

第 23 条第（1）款规定：如果部长认为合适，那么部长可以指定专员来执行验尸程序，从而替代验尸官。

2. 详细规定死亡报告主体。 加拿大安大略省《验尸官法案》第 10 条详细规定了有法定义务报告死亡情况的主体：

（1）任何有理由相信死者已经死亡的人

a. 是由下列原因导致死亡的：（ⅰ）暴力；（ⅱ）灾难；（ⅲ）疏忽；（ⅳ）行为不端；（ⅴ）玩忽职守。

b. 通过不公正的方式；

c. 在怀孕期或者是怀孕期之后的时间，但可以归因于怀孕；

d. 突发事件或意外事故；

e. 由不合法的开业医师治疗疾病所导致的死亡；

f. 由于其他非疾病的原因；

g. 需要深入调查的情况，应该立即通知与死亡案件相关的验尸官或警察，如果警察得到了通知，那么他或她应该立即将此案件或事实通知给验尸官。

（2）在居住地或在医院的时候，若人的死亡地

a. 在慈善机构法案中定义的慈善机构中；

b．在儿童和家庭服务法案第Ⅸ部分规定的儿童居住地，或在此法案第Ⅰ部分（弹性服务）本条款9（1）中规定的地点；

d．在可发展的服务法案中规定的建筑中；

e．在精神健康法案中规定的精神病院中；

f．在精神健康法案中规定的机构中；

g．在公立或私立的医院中，死者是被从条款a到g中规定的设施、机构或家中转移到医院中来的，医院、设施、机构，居住地或家里的负责人应该立即将死亡情况通知给验尸官，验尸官应该对死亡情况进行调查，如果调查的结果是，验尸官认为有必要执行验尸程序，那么验尸官将出具验尸理由对尸体执行验尸程序。

（2.1）如果死者是在《敬老院和养老院法案》、《慈善机构法》或《疗养院法案》中规定的地点死亡，那么这些机构的负责人应立即将死亡情况通知给验尸官，如果验尸官认为应对死亡情况进行调查，那么他或她将对此进行调查，如果调查的结果是他或她认为有必要对死者进行验尸检查，那么验尸官将出具他或她的验尸理由，并对尸体实施验尸程序。

（3）若死者死亡时是在

a．精神病院中；

b．监禁或教养机构中；

c．或已根据少年犯法案（加拿大）中的规定、处于密闭监护或开放的监护情况下，如果不是在特定的机构中，也不是在特定机构、设施或监管所的监护状态下，根据事件的情况，如果死者是本条款（1）和（2）中定义的地点的居民，那么本条款（1）和（2）适用。

（4）当死者死亡的时候是处于拘留状态、由治安官监护的状态，或者是在教养机构、看守所中，抑或是在密闭的监护状态时所指定的地点或设施，根据《少年犯法案》条款24.1的规定，治安官或这些机构，看守所或设施或地点的负责人，应该根据案件的情况，立即向验尸官发出死亡通知，验尸官将出具正当理由对死者尸体进行验尸程序。

（5）在工人受雇用期间，在建筑工地、矿厂或矿山（包括矿坑或采石场）中，发生意外事故导致死亡的，这些工地、矿厂或矿山的负责人应立即向验尸官发出死亡通知，验尸官将出具正当理由对尸体进行验尸。

(6) 在本段中所指的对验尸官的通知或非通知说明，在对事实的解释缺少证据的时候，可以作为证据使用，但如果没有指定验尸官的签字，不能作为证据。

第 11 条进一步规定了保护死亡现状的义务：任何有理由相信死者已经死亡的人，在第 10 条中提及的任何情况下，都不能以任何方式干扰尸体或改变尸体状态，直到得到验尸官的直接许可才可进行。

3. 将验尸程序司法化。加拿大安大略省《验尸官法案》将尸体检验的程序司法化，并规定了三项民主监督制度。

第一项制度是陪审团制度。该法第 33 (1) 款规定：除了在本条款 (4) 中规定的，每次验尸都应该由陪审团来进行，陪审团的成员为 5 人。

在该法附件二《法规》第 2 条中进一步规定：根据法案条款 34 (6) 的规定，出于对利益和偏见的考虑，具有下列描述事宜的陪审员是不合格的：(1) 直接的金钱或个人利益；(2) 个人敌意；(3) 个人友情；(4) 家庭关系；(5) 职业的或业余的关系；(6) 雇主—雇员关系。

关于陪审团的职责和权利，该法第 37 条规定：(1) 陪审员应该按照验尸官的指挥来观察尸体。(2) 陪审团有权就目击的事实提问。

在该法附件二《法规》第 9 条中进一步规定：(1) 陪审团的判决和发现应该是以书面形式出具的，并且应该传达给验尸官，验尸官应该负责确认这些书面材料是否符合法案条款 31 的规定；(2) 如果验尸官认为合适，他或她可以进一步向陪审团说明法案条款 31 的规定，并且也可以给陪审团提供机会重新考虑判决或发现；(3) 如果判决或发现符合法案条款 3 的要求，那么在陪审团解散之前，应该将其公布于众。

第二项制度是公共利益原则。该法对“验尸官所考虑、顾及的”因素，在第 20 条规定：当考虑是否有必要进行验尸调查时，验尸官应该顾及验尸所涉及的公众利益，不能损害公众的普遍利益，应该考虑到：

a. 在条款 31 (1) a 到 e 中规定的事件是否是已知的；

b. 公众通过验尸调查，想要了解死亡情况的愿望；

c. 陪审团通过验尸调查可以作出有用的建议，从而避免类似的死亡案件的发生。

同时，为了保证司法部长能通过对尸体进行检验得到死亡及案件的真相，该法第24条赋予司法部长特别权力，规定“尽管已经在墓地法案中作出了所有的规定，部长可以在任何时候，在他或她认为有必要的情况下对尸体进行调查或执行验尸，可以以部长认为合适的方式，指挥进行尸体的挖掘工作”。这就在尊重公民殡葬权利和维护公共利益之间进行了适当平衡。

第三项制度是死者近亲属异议制度。该法第26条规定：(1) 如果验尸官决定没有必要进行验尸，而死者的配偶、同性伙伴、父母、孩子、兄弟姐妹，或私人代表可以通过书面形式请求对尸体验尸，验尸官应该给验尸请求人以机会来说明他或她请求验尸的原因，这些申请人可以自己陈述，也可以让他们的代理人来陈述，或者可以通过书面方式来陈述，验尸官应该在收到验尸请求后的60天内，对其最终决定向申请人作出建议，如果验尸官的决定是不进行验尸检查，那么应该将原因以书面形式提交给验尸申请人。

(2) 如果在本条款 (1) 中的验尸官的决定不进行验尸，那么验尸申请人可以在收到验尸官的决定后20天内，请求首席验尸官复核此决定，首席验尸官应该在听取验尸申请人的陈述，或者由验尸申请人的代理人来进行陈述之后，对验尸官的决定进行复核。

(3) 根据条款 (22) 的规定，首席验尸官的决定将是最终的。

4. 奉行法治原则。该法第55条对违反规定的行为规定了法律责任：任何触犯了条款10（应当报告死亡情况，笔者注，下同）、11（应当保护死亡现状）、13（未经验尸将尸体运出省境或进行防腐处理）或条款16 (6)（干扰尸体检验）的人都是有罪的，将受到不超过1000美元的罚款或不超过6个月的监禁制裁，或者两者兼有。

与德国、加拿大的立法相比，我国关于死亡报告、尸体检验等方面的制度显然需要进一步完善和细化。

（三）英国关于死亡登记的有关规定

英国《1953年出生与死亡登记法案》第15节“有关死亡的具体登记事项”规定：根据本法案本部分的有关规定，任何自然人在英格兰或者威尔士发生的死亡及其死因，均应由死亡发生地的所在小区的出生与死亡登记员进行登记，将可能指定的有关该死亡的详细情况记录在该小区保存的登记簿中。

第22节“关于死亡原因的证明”规定：

(1) 如果死者病危时由一个经过注册登记的开业医生照料过，那么该医生应当在指定的表格上签署证明，尽其所知对该死者的死因进行声明，并且立刻将此证明递交给登记员。

(2) 在根据上述本小节签署死因证明时，该开业医生应当在指定表格上，以书面形式向某个具备资格的有关该死亡的被调查人发出有关该医生签署该证明的通知，并且除非正在对该尸体进行验尸或者除非正在进行死因调查，否则该被调查人应当向登记员递交所述的通知。

(3) 除非正在对该尸体进行验尸。或者除非正在进行死因调查，或者除非根据《1926年验尸官法案（修正案）》正在对该尸体进行检验，否则根据本节（1）小节被递交死因证明的登记员应当按照该死因证明所述，将该死因记录到登记簿中，同时还应当记录提供证明的开业医生的姓名。

(4) 登记负责人应当经常向每一位登记员提供注册开业医生根据本节(1) 小节签署的、按照要求应当提供的证明文件的印刷表格，并且每个登记员应当向所在小区的居住或者从业的任意一个注册开业医生免费提供此类表格。

第23节关于“由验尸官负责的信息提供”规定：

(1) 在对任何尸体进行验尸或者对任何死因进行调查的情况下，验尸官应当在得出验尸结果之后5天内，向登记员提供由其签字的证明文件，通过该文件告知该登记员有关死亡原因的信息，并且根据死亡登记所要求的详细情况和死亡原因，明确描述验尸结果，并且明确描述进行该验尸活动的时间和地点。

(2) 在根据上一小节收到一份证明文件的情况下，该登记员应通过指定表格并按指定方式，进行死亡登记并对作为该验尸活动结果的详细情况予以登记，并且如此前已进行过死亡登记，那么应在不改变最初登记的情况下，按照指定的方式对所述的详细情况进行记录。

(3) 当根据《1926年验尸官法案（修正案）》第二十一节对任何尸体进行检验时，并且验尸官对该检查的结果感到满意，认为不必要进一步进行验尸，那么该验尸官应当向该登记员递交一份由其签字的证明文件，把进行检查的人在其报告中所披露的关于死亡的原因告知该登记员，并且该登记员应当通过指定表格并按照指定方式，在登记簿上进行相应的登记。

现在，英国的死亡登记和尸体检验就又增加了一个程序：火化前的死因检验。

2011年9月10日，英国《泰晤士报》以“死亡税将让低收入家庭蒙受巨大打击”为题，称英国政府正在考虑开征死亡税。报道称，官方人士透露，有亲人死亡时，家属将必须支付一笔100—180英镑的“死亡税”以在《1926年验尸官法案（修正案）》、《1953年出生与死亡登记法案》对死亡登记规定的验尸和登记程序的基础上，在每具尸体火化前再进行一次专门的检验，以确定死因。火葬前进行尸检是因为，即使日后有人对死因提出怀疑，那时尸体却已经不存在了。

火葬前的尸检是在希普曼案件后引进的。医师哈罗德·希普曼于2000年被判谋杀多名病人。他本人能够证明这些死亡事件是合法的。已经火化的死者没能留下他的犯罪证据。

这项新的收费主要包括医生在葬礼前的尸检费用，适用于所有形式的葬礼，由地方市政部门收取，为一个拥有1000名独立医疗人员的专门团队提供资金，使他们每年对英格兰以及威尔士的大约39万起死亡事件进行仔细审查和确认。

三、关于尸体的运输

（一）关于尸体运输的综合规定

1.1993年3月30日发布的民政部、公安部、外交部、铁道部、交通部、卫生部、海关总署、民用航空局《关于尸体运输管理的若干规定》（民事发［1993］2号）

一、对国际间运送尸体实行统一归口管理。今后凡由境内外运或由境外内运尸体和殡仪活动，统一由中国殡葬协会国际运尸网络服务中心和各地殡仪馆负责承办，其他任何部门（包括外国人在中国设立的保险或代理机构）都不得擅自承揽此项业务。

二、在火葬区或土葬改革区的死亡人员，其家属要及时与当地殡葬管理部门联系，由殡葬管理部门按照卫生部、公安部、民政部《关于使用〈出生医学证明书〉、〈死亡医学证明书〉和加强死因统计工作的通知》（卫统发［1992］第1号文件）精神。凭卫生、公安部门开具的〈公民死亡殡葬证〉》办理运尸手续，并依据当地殡葬管理有关规定进行火化或土葬。尸体的运送，除特殊情况外，必须由殡仪馆承办，任何单位和个人不得擅自承办。

三、凡属异地死亡者，其尸体原则上就地、就近尽快处理。如有特殊情况确需运往其他地方的，死者家属要向县以上殡葬管理部门提出申请，经同意并出具证明后，由殡仪馆专用车辆运送。

四、各地卫生、公安、铁路、交通、民航等有关部门要协助民政部门管好尸体运输工作。医疗机构要积极协助殡葬管理部门加强对医院太平间的尸体管理。严禁私自接运尸体。对患有烈性传染病的尸体要进行检疫。并督促死者家属在二十四小时报告殡葬管理部门处理。凡无医院死亡证明、无公安派出所注销户口证明、无殡葬管理部门运尸证明而将尸体运往异地的，铁路、交通和民航部门不予承运，公安部门有权禁止通行。

五、对外国人、海外华侨、港澳台同胞，要求将尸体或骨灰运出境外或运进中国境内安葬，应由其亲属、所属驻华使领馆或接待单位申报，经死亡当地或原籍或尸体安葬地的省、自治区、直辖市民政、侨务和外事部门同意后，按卫生部《实施中华人民共和国国境口岸卫生监督办法的若干规定》（［83］卫防字第5号）和海关总署《关于对尸体、棺柩和骨灰进出境管理问题的通知》（［84］署行字第540号）办理尸体、骨灰进出境手续，由中国殡葬协会国际运尸网络服务中心或分设在国内的地方机构承运尸体。

六、各省、自治区、直辖市民政、公安、卫生、交通厅（局）、外事办公室及铁路、海关、民航部门和中国殡葬协会国际运尸网络服务中心可以根据本规定制定具体实施办法。

2. 1997年7月21日国务院颁布施行的《殡葬管理条例》

该条例第13条第（一）项规定：运输遗体必须进行必要的技术处理，确保卫生，防止污染环境。

（二）关于尸体出入境及国际运尸的专门规定

1. 卫生部实施《中华人民共和国国境口岸卫生监督办法的若干规定》（[83] 卫防字第 5 号）

第 9 条关于“尸体、棺柩的有关规定”：

一、移运前应当出示死亡诊断证明书；

二、尸体必须进行防腐处理；

三、棺柩封闭严格，无腐败液体渗出，无臭味散出；

四、经上述检查后认为满意者，签发进出境尸体棺柩移运许可证后，方准移运。

2. 海关总署《关于尸体、棺柩和骨灰进出境管理问题的通知》（[84] 署行字第 540 号，1984 年 6 月 25 日）

认为：“关于对尸体、棺柩和骨灰进出境的管理问题，原有一些规定，有的已经不适应现在情况。”为此，现根据卫生部（83）卫防字第 5 号通知印发的《实施〈中华人民共和国国境口岸卫生监督办法〉的若干规定》第 9 条的规定，重新规定如下：对进出境的尸体、棺柩，海关凭卫生检疫机关签发的进出境尸体、棺柩移运许可证放行。旅客携带和个人邮寄骨灰进出口，如无异常情况，可准予放行。

3. 民政部《关于国际间尸体运输有关问题的通知》（民事函 [1993] 146 号，1993 年 6 月 21 日）

一、正式成立中国殡葬协会国际运尸网络服务中心。中心下设北京、天津、上海、广州四个办事处，统一负责全国的国际运尸业务的管理。

二、今后国际间的所有运尸业务，均由中国殡葬协会国际运尸网络服务中心的四个办事处负责承办，其他任何单位和机构都不准承揽此项业务。

4. 1998 年 9 月 22 日民政部、海关总署、国家出入境检验检疫局《关于遗体运输入出境事宜有关问题的通知》（民事发 [1998] 11 号）

一、对外国人、华侨、港澳台同胞要求将遗体、骸骨或骨灰运出境外或运回中国境内安葬者，除按《民政部、公安部、外交部、铁道部、交通部、卫生部、海关总署、民用航空局关于尸体运输管理的若干规定》的规定办理运尸手续外，承运人还必须持有中国殡葬协会国际运尸网络服务中心发放的《遗体入、出境防腐证明》、《遗体、棺柩、骸骨、骨灰入、出境证明》和《尸体、棺柩、骸骨、骨灰入、出境卫生监管申报单》才能办理国际运尸业务。

二、承运人必须持有上述证明到口岸出入境检验检疫机关进行入出境申报。口岸出入境检验检疫机关工作人员对申报资料进行认真核查，并对承运物进行卫生监管后，合格者方可签发《尸体、棺柩、骸骨、骨灰入、出境许可证》。海关根据有关规定验凭许可证放行。

三、为保证国际运尸业务的统一管理和正常进行，承运人要严格按规定、按程序填写《遗体入、出境防腐证明》、《遗体、棺柩、骸骨、骨灰入、出境证明》和《尸体、棺柩、骸骨、骨灰入、出境卫生监管申报单》，不得将以上证明交给非承运单位和个人。对违反者要严肃查处，并由其承担一切法律责任。

5. 卫生部、科技部、公安部、民政部、司法部、商务部、海关总署、国家工商总局、国家质检总局 2006 年 5 月 12 日通过、2006 年 7 月 3 日公布、2006 年 8 月 1 日起施行的《尸体出入境和尸体处理的管理规定》（以下简称《尸体管理规定》）

第一条规定了加强尸体出入境管理的目的是“为保护社会公共利益，维护社会公共道德，防止传染病由境外传入或者由境内传出”。

第二条对“尸体”的含义和范围进行了规定，“本规定所称尸体，是指人去世后的遗体及其标本（含人体器官组织、人体骨骼及其标本）”。

第五条明确规定了只有出于殡葬和医学科研的需要两种情形才允许将尸体出境或入境。规定的第 3 条对因殡葬而出入境的强调“需要入境或者出境对遗体进行殡葬的，应当按照民政部、公安部、外交部、铁道部、交通部、卫生部、海关总署、民用航空局《关于尸体运输管理的若干规定》（民事发［1993］ 2 号）和民政部、海关总署、国家出入境检验检疫局《关于遗体运输入出境事宜有关问题的通知》（民事发［1998］ 11 号）以及国家其他有关规定，向民政部门、海关、出入境检验检疫机构办理有关殡葬和出入境手续”。

第四条对医学科研需要将尸体出入境的进行了规范：“因医学科研需要，

由境内运出或者由境外运进尸体，应当按照国务院办公厅转发的《人类遗传资源管理暂行办法》和卫生部、质检总局《关于加强医用特殊物品出入境卫生检疫管理的通知》（卫科教发［2003］230号）的规定，办理相关审批手续。”

第六条规定了出入境检验检疫机构办理尸体出入境的许可、证明的条件和程序：对属于殡葬遗体出入境的，出入境检验检疫机构应当对申报资料进行认真核查，并对承运物进行卫生监管，合格者签发《尸体、棺柩、骸骨、骨灰入、出境许可证》。对因医学科研原因出入境的尸体，出入境检验检疫机构凭中国人类遗传资源管理办公室核发的《人类遗传资源材料出口、出境证明》或者卫生部和省、自治区、直辖市卫生行政部门出具的《医用特殊物品准出入境证明》，按照规定实施卫生检疫审批，并依法实施卫生检疫查验和卫生处理；对符合条件的，签发《出入境货物通关单》。

第七条规定了海关办理尸体出入境手续的条件和程序：申请办理尸体出入境的单位和个人应主动、如实地向海关申报进出口尸体的相关情况，包括尸体来源等，并提交有关进出口证件。对属于殡葬遗体出入境的，海关凭出入境检验检疫机构签发的《尸体、棺柩、骸骨、骨灰入、出境许可证》办理验放手续。对属医学科研原因出入境的，海关凭出入境检验检疫机构签发的《出入境货物通关单》办理验放手续；对涉及我国人类遗传资源的出境尸体，海关加验中国人类遗传资源管理办公室核发的《人类遗传资源材料出口、出境证明》。对经海关查验可能为尸体的，无论是否列入《出入境检验检疫机构实施检验检疫的进出境商品目录》，海关一律凭出入境检验检疫机构签发的《出入境货物通关单》或者《尸体、棺柩、骸骨、骨灰入、出境许可证》放行。

但是对国内的骨灰运输，目前还无规定。

案例：旅客带骨灰上飞机发生冲突[①]

2011年8月25日，从昆明经重庆飞往石家庄的东方航空MU5793航班上，一重庆旅客任女士和家人带着在昆明因车祸过世的

① 《重庆晚报》首席记者夏祥洲、实习生任梦：《旅客带骨灰上飞机发生冲突》，《公益时报·中国殡葬》2011年9月29日07版。

母亲的骨灰上了飞机，但是飞机迟迟没有起飞。原来，有两位同机乘客因为忌讳骨灰上飞机，拒绝登机。飞机延误1小时后，任女士家人在和拒绝登机旅客赵先生交涉中发生冲突，冲突中双方都受了伤，接受警方调查后，双方被放行，但是各自的行程都被耽搁了。飞机又因此延误1小时。最终，任女士一家留下3人处理冲突，赵先生一行两人也因此耽搁了行程。因改签的航班要到28日以后，无奈之下任女士一家只得租车将母亲骨灰送回重庆。任女士说，得知她母亲是在云南遭遇车祸身亡的事实后，绝大多数旅客表示了理解，并没有提议要求他们下飞机，同时不少旅客还建议，有忌讳的乘客可改签其他航班。赵先生解释，对骨灰带上飞机一事，他个人是有忌讳，觉得不吉利，但法律并未规定骨灰不能带上飞机，为此他只有选择改签其他航班，但因为行李已经上了飞机，他又需要经重庆转机前往石家庄，担心行李丢失，要求航空公司将行李取下来，随他本人同机托运，但是没有得到满意的答复，这才拒绝登机。记者咨询昆明机场得知，没有规定不准乘客携带骨灰登机，所以当时机场安检让任女士一行人上了飞机。

（三）关于少数民族逝世人员遗体运送的有关规定

1998年8月10日，民政部办公厅、国家民族事务委员会办公厅《关于信仰伊斯兰教少数民族逝世人员遗体运送有关问题的复函》（厅办函［1998］134号）

根据《殡葬管理条例》中关于“尊重少数民族的丧葬习俗；自愿改革丧葬习俗的，他人不得干涉”和“运输遗体必须进行必要的技术处理，确保卫生，防止污染环境”的规定，请你省按照民政部等八部、局、署《关于尸体运输管理的若干规定》（民事发［1993］2号）中规定的特殊情况处理。对信仰伊斯兰教的少数民族人员在所在地死亡的遗体，可允许所在地伊斯兰教协会的殡葬服务组负责遗体的运输；需将遗体运出死亡所在地的，因涉及遗体的检疫和防腐处理、长途运输的卫生保证等问题，应由死亡地殡仪馆予以防腐处理后，凭县级以上殡葬管理部门出具的证明办理运尸手续，殡仪馆可协助其家属或伊斯兰教协会殡葬服务组运送遗体。

（四）德国关于尸体运输的立法

德国《勃兰登堡州殡葬法》第18条关于“尸体保存和尸体运送”规定：

(1) 每具尸体须在死亡之后24小时内送往太平间。运送工作在尸检后进行。只要原因与卫生要求不对立的话，基层卫生行政机关在个别情况下允许有例外，或者根据第一个句子出于卫生方面的考虑可以缩短该期限。

(2) 为了便于运送，尸体在运送前必须入殓。同时必须使用封闭的和结实牢固的棺材，以防止在运送过程中危及周围的环境。在公路必须使用专门安排规定的汽车运送尸体和骨灰盒。不得使用拖车运送尸体。基层卫生行政机关可以允许有例外。运送过程中必须避免出现运送工作被中断的情况。

(3) 按照第6条第四段入殓带有标识的尸体，必须在棺材上有同样的标识。

(4) 要从德意志联邦共和国境外的某一地将尸体运入勃兰登境内，必须持有尸体通行证或者从中可以看出死者有无患过传染性疾病的官方证明。基层卫生行政机关可以允许有例外。基层卫生行政机关将根据申请为要将尸体从勃兰登堡州境内运往德意志联邦共和国某地开具尸体通行证。基层卫生行政机关有权要求提供相关的证明文件以及进行相应的调查，要求回答相关的问题。

第一句至第四句不适用尸体救护工作，尤其是从事故发生地运送死难人员。

德国《勃兰登堡州殡葬法》的规定表明，尸体应在尸检和装殓后才能运送；运送尸体应由经许可的专门汽车进行；对患传染病的死者的尸体应在棺材上明确标示和证明文件。

四、关于尸体的处理

我国有关尸体管理的规范是比较欠缺的，在已有的规范中，层级效力低，多为部门规章；规范不科学、不严密的问题明显。卫生部、科技部、公安部、民政部、司法部、商务部、海关总署、国家工商总局、国家质检总局2006年5月12日通过、2006年7月3日公布、2006年8月1日起施行的《尸体出入境和尸体处理的管理规定》(以下简称《尸体管理规定》) 第2条对“尸体”的含义和范围进行了规定，“本规定所称尸体，是指人去世后的遗体及其标本（含人体器官组织、人体骨骼及其标本)”。

（一）尸体保护

《尸体管理规定》第8条规定：严禁进行尸体买卖，严禁利用尸体进行商业性活动。

第九条规定：除医疗机构、医学院校、医学科研机构以及法医鉴定科研机构因临床、医学教学和科研需要外，任何单位和个人不得接受尸体捐赠。前款规定情况下使用完毕的尸体，由接受尸体的单位负责对尸体进行殡葬意义上的最终处理。

《尸体管理规定》“严禁进行尸体买卖、严禁利用尸体进行商业性活动”，“使用”完毕的尸体由接受尸体的单位负责对尸体进行殡葬意义上的最终处理。《尸体管理规定》的出台，对于遏制、打击尸体处理的非法行为提供了法律依据。但《尸体管理规定》没有进一步明确，违反这些禁止性规定的行为的性质和相应的法律责任。因此，这类规范属于残缺性规范，从规范法学的角度看，甚至不能称之为法律规范。尸体处理的内容应该包括生者对自己死后躯体的处分、与死者有密切关系的近亲属对尸体的处分，以及接受尸体单位对尸体的利用以及最终的处理等几种情形。而《尸体管理规定》仅仅规定了接受尸体单位对尸体的利用以及最终处理的有关内容。现实生活中涉及尸体处理的行为还有很多没有在《尸体管理规定》中加以规范，使得该规定不足以解决尸体处理过程中出现的种种问题，可以说名不副实。

案例1：头骨加工成工艺品①

2006年3月27日，甘肃天祝县发现装在编织袋内的121个均被锯掉头盖骨的骷髅，经过公安部门查证，121个颅骨全部为人头骨，系青海数名农民盗无主坟墓后，取出头骨转卖他人加工成头骨工艺品出售。

案例2：尸体加工成标本案②

2006年5月16日，辽宁丹东市公安局查获丹东科艺生物技术公司的操作室里存有32具尸体，经尸体检验没有发现他杀的迹象，为该公司从外省医学教学单位运进的尸体，准备加工制成标本。

根据《刑法》第302条规定，盗窃、侮辱尸体的，处三年以下有期徒刑、拘役或者管制。但是具体到这两起案件，就如何定性引发了法律界的普遍争议。

《刑法》和相关的司法解释未对尸体的含义作具体解释，司法界一般只对尸体的概念作狭义理解。所谓尸体，是指自然人死亡后所遗留的躯体，而骨灰、遗发、装殓物等往往不被认为是尸体。如果头骨不属于“尸体”，那么上述两起案件就不能认定为犯罪。而且其是否属于可以进行治安管理处罚的行为或者是否属于非法经营，都无法可依，存在法律空白。

从《尸体管理规定》对“尸体”的定义看，人去世后的遗体及其标本（含人体器官组织、人体骨骼及其标本）都属于尸体的范围，即尸体包括人死亡后的遗体、遗体的一部分、遗体腐蚀后的骨骼及制作的标本。如果按照这个定义，那么，上述案例1甘肃颅骨案中的行为人就可以被认定为构成盗窃、侮辱尸体罪；案例2丹东生物科技公司以盈利为目的加工制作尸体标本，并进行转卖或者用于其他经济目的，可以认定构成侮辱尸体罪、非法经营罪。

但是，《尸体管理规定》没有对违反“严禁进行尸体买卖、严禁利用尸体

①②案例来源：凤凰网 《凤凰周刊》2006年第22期，记者周季钢：《九部委颁新规促尸体管理阳光化》2006年09月08日13:54。

进行商业性活动”行为进行行政处理的执法主体和查处措施的具体规定，这就导致对那些情节尚未达到构成犯罪程度的违法行为的行政处理，缺少制度规定，影响对这类违法行为的制止和惩处。

（二）器官移植

人体，无论是活着的人的人体，还是死亡人的遗体，包括其组成部分如器官等，不能成为物权的客体，也不能成为除保存、处理之外的债权的客体。人只能是各类权利义务的主体，即使人死亡，其权利能力终结，但其遗体及其组成部分仍然不能转化为物权或债权的客体，不能成为商品化的对象。这是对尸体进行管理和保护立法的法理基础。但是一个活着的人能否对自己的身体的一部分进行处置呢？一个活着的公民能否对自己死后的身体或其组成部分进行处置呢？由于对尸体的法律属性的研究不系统、不深入，制约了尸体管理和保护的立法进程。

公民即使完全拥有自己的身体，但其也没有权利对自己的尸体进行商业化利用，也就是说，公民对自己身体及组成部分的处置权，完全不同于对自己所拥有的动产和不动产的占有、收益、使用、处分的权利。公民对自己的身体的权利更多体现为保护自己身体不受他人侵害的自卫权，这也正是刑法“正当防卫”的理论基础。

公民本人、近亲属或其他任何人都不能对公民身体进行商业化利用，这是世界各国立法的通例。能否进行非商业化的利用，严格限制、无偿、自愿是世界各国包括我国对公民身体利用的三大原则。基于这些原则，我国2007年国务院制定了《人体器官移植条例》（2007年3月31日中华人民共和国国务院令第491号公布自2007年5月1日起施行）。

第2条第2款规定：本条例所称人体器官移植，是指摘取人体器官捐献人具有特定功能的心脏、肺脏、肝脏、肾脏或者胰腺等器官的全部或者部分，将其植入接受人身体以代替其病损器官的过程。

第7条　人体器官捐献应当遵循自愿、无偿的原则。公民享有捐献或者不捐献其人体器官的权利；任何组织或者个人不得强迫、欺骗或者利诱他人捐献人体器官。

第 8 条　捐献人体器官的公民应当具有完全民事行为能力。公民捐献其人体器官应当有书面形式的捐献意愿，对已经表示捐献其人体器官的意愿，有权予以撤销。公民生前表示不同意捐献其人体器官的，任何组织或者个人不得捐献、摘取该公民的人体器官；公民生前未表示不同意捐献其人体器官的，该公民死亡后，其配偶、成年子女、父母可以以书面形式共同表示同意捐献该公民人体器官的意愿。

第 9 条　任何组织或者个人不得摘取未满 18 周岁公民的活体器官用于移植。

第 10 条　活体器官的接受人限于活体器官捐献人的配偶、直系血亲或者三代以内旁系血亲，或者有证据证明与活体器官捐献人存在因帮扶等形成亲情关系的人员。

第 25 条　违反本条例规定，有下列情形之一，构成犯罪的，依法追究刑事责任：(一）未经公民本人同意摘取其活体器官的；(二）公民生前表示不同意捐献其人体器官而摘取其尸体器官的；(三）摘取未满 18 周岁公民的活体器官的。

第 26 条　违反本条例规定，买卖人体器官或者从事与买卖人体器官有关活动的，由设区的市级以上地方人民政府卫生主管部门依照职责分工没收违法所得，并处交易额 8 倍以上 10 倍以下的罚款；医疗机构参与上述活动的，还应当对负有责任的主管人员和其他直接责任人员依法给予处分，并由原登记部门撤销该医疗机构人体器官移植诊疗科目登记，该医疗机构 3 年内不得再申请人体器官移植诊疗科目登记；医务人员参与上述活动的，由原发证部门吊销其执业证书。国家工作人员参与买卖人体器官或者从事与买卖人体器官有关活动的，由有关国家机关依据职权依法给予撤职、开除的处分。

因此，公民在不违反公序良俗的情况下可以对自己死亡后尸体的处理作出安排，如捐赠和捐献，但不能进行买卖或变相买卖。死者的直系亲属可以对死者尸体进行处理，但仅限于祭祀、管理、捐献方面，不能利用尸体牟利，且在死者生前明确否定捐献时，其近亲属不能作出捐献的决定。接受尸体并利用尸体的单位应在法定范围内对尸体进行处理。

美国《得克萨斯州殡葬法》第651章第407条[1]关于“殡葬学学校对遗体的利用”也明确规定：

(1) 如果没有一个人的书面同意，殡葬学学校或者大学不得把一具遗体用于教育或者指导性的目的。

(2) 除非持有本节第 (1) 小节所要求的书面同意，否则殡葬工作者（殡葬主管）或者尸体防腐处理者不得放弃一具遗体，将其交给殡葬学学校或者大学，而殡葬学学校或者大学也不得接受遗体。

(3) 殡葬服务机构应当保存该书面同意的副本至少长达两年的时间，并且应当通过适当的方式，使得下述的各个方面都可以对该殡葬服务机构的档案记录进行检查：

①委员会；

②提供允诺的个人；

③死者的近亲属。

(4) 殡葬学学校或者大学应当永久性保存书面允诺的一份副本，并且应当通过适当的方式，使得委员会可以对其档案记录进行检查。

根据本节规定所使用的书面允诺表格采用印刷的形式，其尺寸大小与该表格被留执的一份相同。在该表格上紧挨着签名线的上方，应当包含下述声明：“下面的签名授权并且指示该殡葬服务机构，包括在受许可尸体防腐处理者直接监督下的实习生和殡葬实习生，该殡葬服务机构的雇员、独立合同商以及代理人对死者的遗体进行护理、防腐和预备处理。该签名者清楚这样一个事实，即该授权包括允许在该殡葬服务机构或者殡葬学学校或大学等其他具备防腐设施的场所对遗体进行防腐处理。”

在荷兰，对尸体进行解剖和利用需要满足一系列条件[2]：

1. 死者生前的同意。《荷兰尸体殡葬法》第67条第2项规定“只有在死者生前表示同意之后，才能对其尸体进行解剖”；第72条第1项规定“如果死者生前表示同意，可以对其尸体进行解剖。第19条相应地有效。所指的声明，须有死者亲笔签名和日期”。

①靳尔刚主编：《国外殡葬法规汇编》，中国社会出版社2003年8月第1版，第774页。

②《荷兰尸体殡葬法》的有关内容参见靳尔刚主编：《国外殡葬法规汇编》，中国社会出版社2003年8月第1版，第1—23页。

2. 死者近亲属的同意。如果死者生前没有关于自己遗体的处置意思表示，则他的近亲属可以决定是否同意解剖。《荷兰尸体殡葬法》第 67 条第 3 项、第 72 条第 2 项规定如果没有死者的同意，应得到以下人员的同意：没有与死者分居的配偶、或注册的伴侣、或其他的生活伴侣；而在这些人有病或找不到的情况下，可以立即找到的三级以内的亲属或亲戚；而如果这些人员也找不到的话，能找到成年继承人，或负责管理尸体的人员。

3. 市长的批准。《荷兰尸体殡葬法》第 68 条第 1 项规定："如果没有市长的书面许可，不能进行尸体解剖。"当然，如果对市长的决定不服可以上诉，第 2 项规定："对于市长的决定，可以在 24 小时内向省长提出上诉，而省长必须立即作出决定。在这种情况下，政府行政管理总法无效。"

4. 解剖主体的限制。《荷兰尸体殡葬法》第 69 条第 2 项规定"尸体解剖必须由医生或者在医生的监督下进行"；第 75 条规定"尸体解剖必须由一个医生进行"。

5. 解剖时限的限制。《荷兰尸体殡葬法》第 69 条第 1 项规定"尸体解剖不能在死亡后 36 小时之内开始进行"。

6. 解剖前提的规定。《荷兰尸体殡葬法》第 75 条规定，进行尸体解剖的医生"必须预先确认两件事情，即另一个医生已经进行了死亡鉴定，第 72 条和 74 条里提出的要求都已经做到了"。

7. 公共利益优先。《荷兰尸体殡葬法》第 67 条第 1 项规定"为了科学或科学教育的利益，可以对一具尸体进行解剖"。此种情况下仍然需要死者生前或死后其近亲属的同意，但其价值取向是公共利益。

第 73 条规定"在下面的情况下，第 72 条提出的限制无效：a. 司法领导机构为了进行刑法调查下达了进行尸体解剖的命令；b. 人民健康的利益要求进行尸体解剖；c. 当为了确定飞机事故的原因需要进行尸体解剖时"。在上述情况下，即使没有死者或其近亲属的同意，为了公共利益也可以进行解剖。

8. 解剖的禁止。《荷兰尸体殡葬法》第 76 条规定：(1) 如果存在着非自然死亡的迹象或提示，或者如果按照其他的情况不能排除非自然死亡的可能性，就不能在没有获得司法部门官员或其助手之一的许可之前把尸体运走。(2) 在那样的情况下，除非获得了司法部门官员许可，不可以进行尸体解剖，或者像第 71 条第 1 款所指的那样，防腐处理，或像在器官捐献法所指的那样，为了捐献器官而对尸体里的器官进行解剖或者从尸体里取出器官；如果已经进行了，就应该停止。(3) 如果司法部门的官员认为存在着第 1 款所指的情况，他可以命令推迟对尸体进行埋葬或火化，或者禁止对尸体进行火化。只要那样的措施有效的话，不能埋葬或火化尸体。民政局官员不能允许那样做。(4) 如果司法部门官员认为存在第 1 款所指的情况，他可以禁止骨灰被，或者把它交给遗属，或者把它寄到国外。(5) 在本条被执行时，首次发现尸体地点的司法部门官员被任命为负责官员。

（三）关于婴儿遗体的处理

婴儿遗体特别是出生不久就死亡的婴儿遗体的处理，往往被忽视，甚至时常发生随意处置或买卖的事件，社会对此反响强烈。

事例 1：山东省济宁医学院附属医院丢弃婴儿遗体事件[①]

案情：2010 年 3 月 29 日，山东省济宁市洸府河发现 21 具被丢弃的婴儿遗体。接到市民举报后，济宁市委、市政府立即要求济宁市卫生局、公安局等相关部门成立联合调查组，开展调查工作。山东省卫生厅指导该事件的调查处理工作。经查实，济宁医学院附属医院太平间工作人员与死亡婴儿的家长私自达成处置遗体的口头协议，并收取费用。当太平间冰柜储存婴儿遗体达到一定数量后，太平间工作人员雇用社会人员将婴儿遗体运送到济宁市洸府河附近进行处置。该事件性质恶劣，影响极坏。

处理：根据调查结果，济宁市委、市政府责成济宁市卫生局向社会道歉，济宁医学院附属医院对有关责任人作出处理，免去该院分管副院长职务；撤销后勤处处长、副处长职务；对医院太平间两名工作人员予以开除，济宁市公安局依法对该二人实施了治安拘留。山东省卫生厅已将该事件通报全省。

①参见百度百科 2010 年 5 月 12 日的报道。

2010年4月13日，卫生部办公厅关于山东省济宁医学院附属医院丢弃婴儿遗体事件的通报（卫办医政发［2010］60号）[①]，要求“举一反三，引以为戒，杜绝发生此类事件”，指出：“济宁医学院附属医院发生丢弃婴儿遗体事件，反映出该院日常管理存在漏洞，医院相关工作人员漠视生命尊严，缺失社会公德。各级卫生行政部门和各级各类医疗机构要引以为戒，吸取教训，加强管理，落实责任，杜绝类似事件的发生。”要求：

（一）依法妥善处置，实施责任追究。医疗机构必须将胎儿遗体、婴儿遗体纳入遗体管理，依照《殡葬管理条例》的规定，进行妥善处置。严禁将胎儿遗体、婴儿遗体按医疗废物实施处置。根据《尸体出入境和尸体处理的管理规定》，严禁医疗机构及其工作人员从事患者尸体买卖和各种营利性活动。各级卫生行政部门要认真履行监管职责，对违反规定的医疗机构和工作人员要进行严肃查处。

（二）加强内部管理，规范尸体处置。各级各类医疗机构必须高度重视患者尸体的管理工作，建立健全太平间工作制度，完善患者尸体的登记、交接、转运、存放、处理等各环节的工作规则，明确工作人员职责，落实岗位责任，确保患者尸体的规范管理。

（三）组织全面检查，堵塞薄弱环节。各级各类医疗机构要立即进行自查自纠，以胎儿、婴儿尸体处置为重点，对太平间、妇产科、儿科、手术室等重点部门进行全面检查，健全规章制度，强化责任意识，落实管理措施。各级卫生行政部门要加强对医疗机构的检查和监管，及时发现问题，坚决予以纠正；对发生类似事件的医疗机构及相关工作人员必须严肃追究责任。

（四）加强职业道德教育，提升人文素养。各级卫生行政部门和医疗机构要进一步加强全员性职业道德教育，牢固树立“以病人为中心”的服务理念，奉行关爱生命的人道主义精神，尊重生命，维护生命尊严，遵守职业道德，提高人文素养。医疗机构要将职业道德教育纳入工作人员的继续教育工作中，采取有效措施，不断提高工作人员的职业素养。

《通知》要求各省级卫生行政部门将医疗机构自查和卫生行政部门检查情况于2010年6月30日前上报卫生部。

①参见百度百科2010年5月12日的报道。

事例 2：卫生部回应用死婴人肉胶囊报道[①]

2011 年 8 月 9 日，针对韩国媒体称有中国使用死婴做的“人肉胶囊”流入韩国市场的报道，卫生部新闻发言人邓海华在新闻发布会上表示，卫生部对此事高度重视，已经责成吉林省卫生厅立即开展调查。中国对于婴儿遗体、胎儿遗体，以及胎盘的管理和处置都是有严格的规定的。医疗机构必须将婴儿遗体、胎儿遗体纳入遗体的管理范畴，依照中国《殡葬管理条例》进行妥善的处置，严禁将婴儿遗体、胎儿遗体按照医疗废弃物进行处理。根据《尸体出入境和尸体处理的管理规定》，严禁医疗机构及其工作人员进行患者尸体的买卖和各种经营性的活动。对于胎盘我们也有严格的规定，任何人、任何单位不得买卖胎盘，对于可能造成传染性疾病的胎盘，要严格按照《传染病防治法》和《医疗废物管理条例》的有关规定进行处理。

邓海华表示，卫生部坚决打击贩卖人体组织和尸体的行为，要求各级卫生行政部门加强对医疗机构的检查和监管，及时发现问题，坚决予以纠正。各级各类医疗机构要高度重视患者的遗体，包括婴儿遗体、胎儿遗体，以及胎盘的管理和处置，要进一步健全相关的规章制度，完善工作规则，落实管理措施。同时，广大医务人员要恪守职业道德，维护生命的尊严。

实践中，从立法到实务，对于婴幼儿死亡处理的特殊性在制度设计上重视得不够，因此，没有专门的行政法规，也没有专门的部委规章进行规范。上海市卫生局、民政局、公安局制定了规范性文件对此进行了规范，虽然时间较早，但在今天仍具有借鉴意义。

附录：上海市卫生局、上海市民政局、上海市公安局关于本市医院儿童尸体处理的几点意见（沪卫妇儿［91］字第 3 号，1991 年 1 月 20 日）

为进一步贯彻《中华人民共和国户口登记条例》和《上海市殡

①参见新华网 2011 年 8 月 9 日　14:19:26 的报道《卫生部回应用死婴人肉胶囊报道称已展开调查》。

葬管理实施办法》，对本市各医院儿童尸体的处理问题提出以下几点意见：

1. 各医院如发生尚未申报户口的新生儿死亡，仍由医院内部向防疫站报告，由防疫站到婴儿母亲常住户口所在地公安派出所办理出生、死亡两项登记，同时死孩家长应向医院办理孩尸火化委托手续。“火化委托书”一式二份，由家长签名后，一份交火葬场接尸，另一份留医院备查。火葬场凭加盖医院公章的“火化委托书”接尸，火化。

2. 各医院对已在本市申报过户口的儿童死亡，应通知家长在该儿童死亡后的十天内，凭医院出具的《居民死亡医学证明书》去该儿童户口所在地派出所办理死亡证。如在规定的期限内，家长不来办理的，则由医院受理，具体办法是：由医院出具《办理死亡证通知单》，第一联作为医院存根备查，第二联寄往儿童户口所在地公安派出所，通知予以注销户口，第三联及《居民死亡医学证明书》送往医院所在地公安派出所，开具《死亡证明书》，医院办理火化委托手续。

3. 对于外地户口、假地址、被遗弃儿童的死亡，则由医院出具《居民死亡医学证明书》及《办理死亡通知单》送往医院所在地公安派出所，开具《死亡证明书》，医院办理火化委托手续。

4. 儿童在医院死亡，如牵涉医疗纠纷则应按医疗纠纷中有关尸体处理办法解决。

以上意见，从一九九一年四月一日起执行。

（四）台湾同胞在大陆死亡的善后处理

关于台湾同胞在大陆去世后，其后事如何处理的问题，在两岸关系缓和、人员来往密切的形势下，成为一个重要的问题，涉及当事人权益的保护和殡葬秩序的维护。国务院台湾事务办公室、公安部、司法部、民政部1996年7月22日联合发布了《关于台湾同胞在大陆死亡善后处理办法》（国台发[1996] 10号），对有关事项进行了规定。

附录：国务院台湾事务办公室、公安部、司法部、民政部《关于台湾同胞在大陆死亡善后处理办法》（国台发［1996］10号，1996年7月22日发布）

为进一步做好台胞在大陆死亡事件的善后处理工作，本着一个中国的原则，参照有关规定，结合台胞在大陆死亡后处理工作的特点，特制定本办法。

一、死亡的确定

死亡分正常死亡和非正常死亡。因健康原因自然死亡的，谓正常死亡；因意外事故或突发事件死亡的，谓非正常死亡。

台胞在大陆死亡，经当地公安机关验定，如属正常死亡，善后处理工作由台胞接待或聘用单位负责，当地台办必要时予以协助。无接待或聘用单位的（包括零散游客），由台办会同有关部门共同处理，如属非正常死亡，由公安机关进行取证并处理，通报同级台办，台办提供配合、协助。

二、通知死者家属

台胞在大陆死亡后应尽快通知死者家属。一般由接待或聘用单位直接通知死者家属。如接待或聘用单位无法直接通知死者家属，可通过两岸其他渠道（如红十字会等社团）代为通知。必要时也可通过海峡两岸关系协会（以下简称“海协”）与台湾海峡交流基金会（以下简称“海基会”）联系。

三、尸体解剖

正常死亡或死因明确的非正常死亡，一般不需作尸体解剖。若死者家属提出书面要求作尸体解剖的，有关部门可同意。

对死因不明的非正常死亡者，公安机关为查明死因，需进行解剖时，应尽可能通知死者家属到场。家属逾期不到，地（市）级以上公安机关可依法处理。

四、出具证明

正常死亡，由县级以上医院或者授权的医疗机构出具《死亡证明书》。

被羁押的犯罪嫌疑人、被告人或被拘留的人员，在案件侦查、审理、执行期间正常死亡，由办案机关的法医出具确定其死亡的《死亡鉴定书》；办案机关没有法医的，可请公安机关派法医鉴定并出具《死亡鉴定书》。

非正常死亡，由地（市）级以上公安机关的法医出具相关鉴定书。根据海协与海基会《两岸公证书使用查证协议》的规定，死亡公证属应寄公证书副本的范围。台胞在大陆死亡，除出具相关鉴定书外，同时应由死亡地公证部门出具的《死亡公证书》。

五、尸体处理

尸体的处理应尊重死者家属意愿，可在当地殡仪馆火化或运回台湾。如家属提出就地土葬，需向所在地的省级民政部门提出申请，经批准后葬在指定的公墓内。如需将尸体存放，可由当地殡仪馆妥善保存。

尸体火化，应由死者家属或其委托人持医院或公安机关出具的死亡证明，到当地殡仪馆火化。如确认死者无亲属，接待单位持《死亡证明书》到殡仪馆火化，同时将火化过程拍照并出具相关证明备存在殡仪馆。

对有接待单位的死者，在尸体火化前，可由接待单位酌情为死者举行简单的追悼仪式。如死者生前对我友好，台办及有关单位可送花圈，或将追悼仪式拍照送死者家属。

对家属要求按台湾当地宗教、风俗习惯举办祭奠仪式的，必须遵守国家有关殡葬法规，经省级民政部门批准，在殡仪馆内进行。

办理丧事的费用自理。

六、骨灰和尸体运输出境

骨灰、尸体运输，须持有医院出具的《死亡证明书》或法医出具的《死亡鉴定书》，以及殡葬部门出具的《火化证明书》和公证部门出具的《死亡公证书》。

将尸体运出境外的，应严格按照卫生部《实施〈中华人民共和国国境口岸卫生监督办法〉的若干规定》[(1983) 卫防字第5号]和海关总署《关于对尸体棺柩和骨灰进出境管理问题的通知》[(84)署外字第540号] 办理尸体出境手续。

骨灰、尸体运输出境均由中国国际运尸网络服务中心负责，具体由北京、天津、上海、广州等四个办事处承办，也可委托当地殡仪馆承办。如亲属提出将尸体运回台湾，运输手续费均由亲属自理。在两岸实现直接通航前，死者家属要求通过第三地运送尸体时，由其家属自行办理第三地手续，有关部门应予协助。如台方提出由台湾直接派飞机或船舶运送尸体，应报国务院台办商有关部门后处理。

七、遗物的清点和处理

清点死者遗物应有死者家属或其代表和大陆有关部门人员在场。如家属明确表示不能到场时，公证部门人员应当到场。遗物清点必须造册，列出清单，清点人均应签字。遗物移交前，要妥善保管好。移交遗物要开出移交书，要妥善保管好。移交遗物要开出移交书，一式二份，注明移交时间、地点、在场人、物品件数、种类和特征等，并由公证部门办理遗产移交公证书。如死者有遗嘱，应将遗嘱拍照或复制，原件交死者家属或其代理人。

死者原持有的我出入境证件，由当地公安出入境管理部门收缴。

八、报告善后处理情况

善后事宜处理结束后，善后处理部门应写出《死亡善后处理情况报告》报上级主管部门省、自治区、直辖市台办、公安厅(局)，抄国台办和海协。

（五）死刑犯尸体的处置

死刑犯尸体的处置，应由殡葬法进行规范和调整，因为其形成的社会关系属于殡葬法律关系。我国的相关法律制度有待完善。

1. 死刑执行方式

死刑是我国自夏王朝建立以来就一直存在的刑罚的重要刑种。“夏朝虽然主要是不成文的习惯法，但在长期的司法实践中也积累了不少案例，归纳出一些罪名，汇成了所谓‘夏刑三千条’。据郑玄的说法，这三千条是‘大辟二百，膑辟三百，宫辟三百，劓、墨各千。”[①]《左传》引《夏书》说：“昏、墨、贼，杀，皋陶之刑也。”这里的“大辟”、“杀”即是死刑。此后的商、周以及各封建王朝都把死刑作为重要的刑罚种类，用于对付统治阶级认为最严重的犯罪，且死刑执行的方法在有的时期极为残忍，如凌迟、腰斩等。

早在革命根据地时期，苏维埃政府就规定了死刑，用于惩罚危害革命的叛徒、反革命分子、贪污腐化分子以及严重危害人民群众生命财产的刑事犯罪分子，一般使用枪决的方式执行。新中国成立后，保留了死刑，且一直采用枪决的方式执行，以这种最严厉的刑罚惩处危害国家安全、人民政权、社会秩序、公民生命财产等危害性最严重的犯罪，达到震慑犯罪、教育群众的目的。

枪决执行死刑一般在白天露天公开执行，为了保证安全，要耗费大量的人力、物力、财力，而且仍然存在安全隐患；同时，在很长一段时期内，死刑采取枪击心脏的方法执行，射击的难度较高，即使一枪准确射中了心脏，死刑犯一般不能马上毙命，被执行死刑的罪犯从被射中到失去知觉要经过较长时间，这段时间对被执行死刑的罪犯来说是极为痛苦的；个别情况下，由于射击不准或死刑犯身体异常，死刑犯不能一枪毙命，更是延长了死刑犯的痛苦，且加大了行刑者的心理压力；死刑犯被枪决后血流一地、表情痛苦或脑浆迸出的情状，让执行者、监督者、死刑犯近亲属等群体感到恐怖，增加了一些人特别是死刑犯近亲属的抵触情绪，影响了刑罚执行的社会效果。因此，实践中，为了减少这些负面影响，一些执行死刑的人民法院采用枪击头部的方法执行死刑，被执行人迅速死亡，避免枪击心脏不准而造成的对死刑犯的更长痛苦的风险。但是与枪击心脏相比，枪击头部对尸体的完整性造成的破坏更为严重。这又会产生新的对死刑犯近亲属的精神痛苦。这对前来收殓尸体的近亲属心理上的打击是很大的，容易激起罪犯家属的对立情绪。

联合国经济及社会理事会《关于保护死刑犯权利的保障措施》第9条规定：“判处死刑后应以尽量减轻痛苦的方式执行。”鉴于枪决执行死刑的不利影响及国际条约的规定，我国对死刑执行的方法进行了改革。我国1997年修订的《刑事诉讼法》第212条明确规定：“死刑采用枪决或者注射等方法执

①张晋藩主编：《中国法制史》，群众出版社1987年版，第18页。

行。”因此，目前我国死刑的执行方式有两种：枪决和注射。全国法院首例注射死刑是在1997年11月4日，昆明市中级人民法院第一次采取静脉注射药液的方法执行了4名罪犯的死刑。

与枪决的方法相比，用注射的方法执行死刑具有一些明显的优点：如注射执行死刑操作科学简便，执行文明卫生，对行刑者和受刑者都减轻了心理压力，也很大程度地减轻了死刑犯的痛苦，更加人道；注射在室内或车内施行，减少了经费开支，更加尊重死刑犯的人格；注射采用的药品一般为低毒药品，因此，对于有天葬和水葬习俗的少数民族来说，处理尸体时不会对动物或环境造成污染；对于患有艾滋病等烈性传染性疾病的死刑犯，注射死刑会大大降低其传播疾病的风险；可以最大限度地保持被执行死刑的罪犯尸体的完整，更加符合殡葬伦理。

当然，我国法律目前没有规定哪些死刑罪犯实行枪决、哪些死刑罪犯适用注射，实践中由执行法院根据实际情况而定，死刑犯及死刑犯的近亲属没有选择死刑执行方式的权利。

“死刑采用枪决或者注射等方法执行”的表述，使用了“等”字，从语法上讲，使用“等”字，既可以理解为只有两种方式，也可以理解为除两种方式外还有其他方式。最高人民法院在《关于执行〈中华人民共和国刑事诉讼法〉若干问题的解释》第345条规定：“采用枪决、注射以外的其他方法执行死刑的，应当事先报最高人民法院批准。”因此，《刑事诉讼法》规定的死刑执行方式应包括枪决和注射以外的其他方式，当然，采取其他方式执行死刑的决定权在最高人民法院。这就为用比枪决和注射更为文明、科学、人道的方法执行死刑，保留了制度空间。

2. 死刑犯尸体的处理

(1) 死刑犯及其近亲属在死刑执行过程中的知情权。关于死刑犯及其近亲属在死刑执行过程中的权利，特别是死刑犯的近亲属是否有关于死刑执行的知情权，这是一个常常受到关注的问题。

《刑事诉讼法》第212条第7款规定：“执行死刑后，交付执行的人民法院应当通知罪犯家属。”这一条款规定了人民法院的通知义务（即死刑犯近亲属知情的权利），是在执行死刑之后。

家属是否对执行死刑的具体时间、具体地点、具体方式有知情权，是否可以见证死刑执行的过程，法律对这些问题并没有明确的规定。也就是说，法律没有规定法院必须在死刑执行前通知罪犯近亲属有关死刑执行的信息。《最高人民法院关于执行〈中华人民共和国刑事诉讼法〉若干问题的解释》第343条规定："执行死刑前，罪犯提出会见其近亲属或者其近亲属提出会见罪犯申请的，人民法院可以准许。"这里所规定的仅仅是死刑犯在执行前，经法院批准，可以与家属会面。但没有规定死刑犯的家属有死刑执行的时间、地点的知情权，也没有规定死刑犯的家属在死刑执行前与死刑犯会见的权利。因此，死刑犯执行前，如果死刑犯没有要求会见其近亲属，法院在死刑执行完毕后再通知其近亲属的做法没有违反法律规定。

2007年3月，最高人民法院、最高人民检察院、公安部、司法部《关于进一步严格依法办案确保办理死刑案件质量的意见》第45条规定："人民法院向罪犯送达核准死刑的裁判文书时，应当告知罪犯有权申请会见其近亲属。罪犯提出会见申请并提供具体地址和联系方式的，人民法院应当准许；原审人民法院应当通知罪犯的近亲属。罪犯近亲属提出会见申请的，人民法院应当准许，并及时安排会见。"这一规定对前述规定进行了修正，即死刑犯被执行前，人民法院应当通知其近亲属，并且其近亲属可以提出会见的要求，人民法院对会见应当予以安排。

（2）死刑犯尸体的处置。死刑犯近亲属的知情权在一些司法解释中得以扩张，当然，他们仍然没有对死刑执行的具体时间、地点、方式的知情权。同时，死刑犯的近亲属对被执行死刑后的罪犯的遗体是否具有处置权，刑事诉讼法没有规定。

案例1：死刑犯枪决后就火化，家属不满无尸体处理权[①]

马甲是红河州建水县官厅镇某村的彝族村民，1983年生，同村村民马乙与他素有矛盾，还曾赶牛顶伤了他的妻子，马甲产生了"杀人报仇之心"。2008年3月16日11时许，马甲守候在马乙到地里干活时的必经之地。当马乙赶着牛出现时，马甲举起锄头将对

①案例来源：参见http://www.sina.com.cn/　2009年07月09日10:47　《生活新报》首席记者温星的报道。

方打死。之后，他将尸体拖入附近树林，挖坑掩埋。随后逃离了现场。

2009年6月初，最高人民法院核准死刑判决，并签发了死刑执行命令。6月6日9时许，马甲被押赴刑场，执行枪决。随着6月6日刑场上的一声枪响，故意杀人犯马甲伏法。6月8日，红河州中级人民法院相关人员打电话辗转联系上了马甲的家人，通知他们前来领取骨灰。

“他杀了人，确实该受到惩罚。可是，怎么能连尸体都不给我们呢？难道连见他最后一面和收尸的权利我们家属都没有了吗？”马甲的妻子李某充满困惑地说。马甲的父母及妻儿等家属认为，自己对亲人的“尸体处理权”被剥夺了。辩护律师也对此提出质疑：“尸体的处理权在家属，法院怎么能剥夺家属的这个权利，而直接把尸体火化掉呢？在我看来，尸体处理权应该是死刑犯家属的一项基本权利。”

针对家属和辩护律师关于“尸体处理权”问题提出的质疑，红河州中级人民法院新闻中心主任钟旭说：“没有任何法律规定，死刑执行之前，要通知罪犯的家属或代理人，只规定了要通知同级人民检察院，由检察人员来现场监督死刑的执行。至于为何将该罪犯行刑并火化后，才直接通知家属来领取骨灰，则更是有明确的法律依据。根据1998年9月8日最高人民法院发布的相关规定，死刑犯被执行死刑后，负责执行的人民法院应当通知罪犯家属在限期内领取罪犯尸体；有火化条件的，通知领取骨灰。”按此规定，执行完后，法院可以立即通知家属来领尸体，也可以在把尸体火化后，才通知家属来领骨灰。“实际上，没有任何法律明确赋予死刑犯家属拥有对尸体的处理权。尸体摆放要发生费用。有火化条件的地方，多数时候都是行刑后就直接火化的。”

自然人死亡后，遗体应当怎样处理，是殡葬法律法规调整的范围，死刑犯遗体的处置也属于殡葬法律法规调整的范围，主要不应由刑事诉讼法及其有关司法解释的调整。死刑犯的遗体，按照有关殡葬规定必须火化的，应由其家属负责送殡仪馆予以火化。抗拒不予火化的，由县以上人民政府负责殡葬工作的行政主管部门处理。

我国对死刑犯遗体的处置，主要有两种方式：一是在罪犯被执行死刑后，由交付执行的法院通知其亲属在规定期限内到指定地点领取遗体，由死刑犯亲属负责处置；二是在法院负责执行完死刑后，将死刑犯的遗体直接送当地火葬场予以火化，再通知罪犯近亲属，由其近亲属凭法院开具的相关证明到火葬场领取死刑犯骨灰。第二种方式的主要依据是最高人民法院关于执行《中华人民共和国刑事诉讼法若干问题的解释》第348条第二项关于“有火化条件的，通知领取骨灰”的规定。

人民法院是国家的审判机关，其职权范围，法律有较明确的规定，在对罪犯执行死刑方面，《中华人民共和国刑事诉讼法》明确规定，最高人民法院和高级人民法院执行死刑命令均由高级人民法院交付原审人民法院执行。原审人民法院接到执行死刑命令后应当在七日内执行，这就意味着执行死刑的任务是由原审人民法院依执行命令在规定期限内完成。原审人民法院在接到死刑命令后，在交付执行死刑三日前应通知同级人民检察院派员临场监督；指挥执行的审判人员，对罪犯应当验明正身、讯问有无遗言、信札，并制作笔录，然后交付执行人员执行死刑；罪犯有遗嘱、遗言且涉及财产继承、债务清偿、家事嘱托内容的，应将遗嘱、遗言笔录，一并交给罪犯家属；执行死刑完毕，应当由法医验明罪犯确实死亡后，在场书记员制作笔录，交付执行的人民法院将执行死刑情况逐级上报最高人民法院；并及时通知罪犯家属在期限内领取罪犯尸体。“由交付执行的人民法院负责对死刑犯遗体进行火化”的解释超出了人民法院的职权范围。

我国多数地方的丧葬风俗习惯是：自然人死亡后，其近亲属要进行给亡故者清洗整容、换穿寿衣、装殓守灵、遗体告别等程序。作为被法院执行了死刑的罪犯，其生存权利和政治权利已被依法剥夺，但其人格尊严仍然应当受到尊重。死刑犯的近亲属所享有的对死刑犯的遗体进行处理并举行相关殡葬仪式的权利，并没有被我国的法律所取消，应受到尊重。因此，法院对死刑犯执行死刑后，将其遗体直接进行火化，再由其家属领取骨灰的做法，使得死刑犯的近亲属无法行使这些权利，死刑犯的尊严也没有得到相应尊重，往往给死刑犯的近亲属带来无法弥补的痛苦和遗憾。

负责执行死刑的人民法院在死刑执行完毕后，不应直接火化遗体，而应通知死刑犯的家属在限定期限内到指定地点领取死刑犯遗体、送殡仪馆火化；只有在死刑犯生前立有遗言，或其近亲属委托法院直接火化，或其近亲属拒绝领取死刑犯遗体，或无近亲属认领，或其近亲属远在外地、规定期限内无法认领等情况下，“由交付执行的人民法院负责对死刑犯遗体进行火化”。

(3) 死刑犯尸体的保护。在死刑执行完后，在死刑犯近亲属领取死刑犯尸体或在死刑犯尸体火化前的时期，如果与死刑犯有仇的人对死刑犯的尸体进行“侵害”，如鞭尸毁尸、泼粪污尸、分尸碎尸等，行为是否违法？死刑犯的人格尊严受法律保护，其近亲属的精神利益受法律保护，社会伦理和社会公共利益受法律保护。因此，对死刑犯的尸体的侮辱行为同样构成侮辱尸体罪。

人是权利主体而不是权利客体，无论是活着的人还是死亡的人的身体、遗体及其组成部分，都不能成为除保存、保管、安葬等法律关系以外的物权、债权的客体。死刑犯的身体、尸体、器官同样受到国家法律的保护，如果死刑犯生前明确表示不能对自己的遗体进行利用或者其近亲属明确反对对其遗体进行利用的，任何单位或个人均无权利用死刑犯的遗体，在这一方面，死刑犯及其近亲属的权利与普通公民的权利完全相同。

附录1：1984年10月9日《最高人民法院、最高人民检察院、公安部、司法部、卫生部、民政部关于利用死刑罪犯尸体或尸体器官的暂行规定》的有关条款

第三条　以下几种死刑罪犯尸体或尸体器官可供利用：

1．无人收殓或家属拒绝收殓的；

2．死刑罪犯自愿将尸体交医疗卫生单位利用的；

3．经家属同意利用的。

第四条　利用死刑罪犯尸体或尸体器官，应按下列规定办理：

1．利用单位必须具备医学科学研究或移植手续的技术水平和设备条件，经所在省、市、自治区卫生厅（局）审查批准发给《特许证》，并到本市或地区卫生局备案。

2．尸体利用统一由市或地区卫生局负责安排，根据需要的轻重缓急和综合利用原则，分别同执行死刑的人民法院和利用单位进行联系。

3．死刑执行命令下达后，遇有可以直接利用的尸体，人民法院应提前通知市或地区卫生局，由卫生局转告利用单位，并发给利用单位利用尸体的证明，将副本抄送负责执行死刑的人民法院和负责临场监督的人民检察院。利用单位应主动同人民法院联系，不得延误人民法院执行死刑的法定时限。对需征得家属同意方可利用的尸体，由人民法院通知卫生部门同家属协商，并就尸体利用范围、利用后的处理方法和处理费用以及经济补偿等问题达成书面协议。市或地区卫生局根据协议发给利用单位利用尸体的证明，并抄送有关单位。死刑罪犯自愿将尸体交医疗单位利用的，应有由死刑罪犯签名的正式书面证明或记载存人民法院备查。

由于死刑犯的尸体及其组成部分的器官也受到法律保护，死刑犯是否捐赠器官应由死刑犯生前自己作出决定，其近亲属在死刑犯生前未表示不同意捐赠的前提下，也可以决定是否捐赠死刑犯的器官。也就是说，死刑犯器官捐赠作为一种民事行为，同样应该适用自愿捐赠原则。《关于利用死刑罪犯尸体或尸体器官的暂行规定》明确规定："在汉族地区原则上不利用少数民族死刑罪犯的尸体或尸体器官。在少数民族聚居地区，执行本规定时，要尊重少数民族的丧葬习惯。"因此，在汉族地区原则上不利用少数民族死刑罪犯的尸体或尸体器官，如果少数民族死刑犯生前不同意死后捐赠器官，或者生前没有作出明确表示，被执行死刑后少数民族死刑犯亲属不同意捐赠器官，就不得移植其器官。在少数民族地区，只有少数民族死刑犯生前同意死后捐赠器官，或者生前没有作出明确表示，被执行死刑后少数民族死刑犯亲属同意捐赠器官，才能进行器官移植。

附录 2：最高人民法院关于执行《中华人民共和国刑事诉讼法若干问题的解释》（法释［1998］23 号）有关条款

第三百四十七条　执行死刑完毕，应当由法医验明罪犯确实死亡后，在场书记员制作笔录。交付执行的人民法院应当将执行死刑情况（包括执行死刑前后照片）及时逐级上报最高人民法院。

第三百四十八条　执行死刑后，负责执行的人民法院应当办理以下事项：

（一）对于死刑罪犯的遗书、遗言笔录，应当及时进行审查，涉及财产继承、债务清偿、家事嘱托等内容的，将遗书、遗言笔录交给家属，同时复制存卷备查；涉及案件线索等问题的，应当抄送有关机关；

（二）通知罪犯家属在限期内领取罪犯尸体；有火化条件的，通知其领取骨灰。过期不领取的，由人民法院通知有关单位处理。对于死刑罪犯的尸体或者骨灰的处理情况，应当记录在卷；

（三）对外国籍罪犯执行死刑后，通知外国驻华使、领馆的程序和时限，依照有关规定办理。

（六）少数民族死刑犯的执行应尊重其丧葬习俗

我国少数民族一般都有自己的宗教信仰和风俗习惯，特别是信奉伊斯兰教的民族，其生死观往往与汉族存在明显的差异。所以，对少数民族死刑犯的执行方式和对其尸体的处理，应注意尊重少数民族的宗教信仰和风俗习惯。1985年2月，国务院发布的《关于殡葬管理的暂行规定》第9条规定："尊重少数民族的丧葬习俗，实行土葬的，应在指定地点埋葬。对自愿实行丧葬改革的，他人不得干涉。"1997年国务院颁布的《殡葬管理条例》第6条继续保留了相关规定："尊重少数民族的丧葬习俗；自愿改革丧葬习俗的，他人不得干涉。"

1. 少数民族死刑犯的执行方式。受传统的阴阳轮回的生死观的深刻影响，我国包括汉族在内的很多民族都有"留全尸"的传统葬俗，信奉伊斯兰教的西北民族地区更是如此。新中国成立后，我国一些民族地区对死刑执行方式曾经进行了创造性的尝试。例如20世纪50年代初期，四川凉山彝族自治州的汉族死刑案件执行时，采用枪决的方式，而对少数民族罪犯执行死刑时，则进行了适合民族地区的其他方法的尝试。

案例：1954 年胡正帮被注射执行死刑[①]

1953年11月15日金矿县爪别区区长，彝族头人胡正帮（彝名：罗洪拉尔）因冤家结怨，在区政府将金矿县县长罗正江（彝名：罗洪阿什子）枪杀，引起彝族各阶层，特别是上层极大的震动。一些任领导的少数民族上层，担心自身安全，不愿出去参观，有的还准备再打冤家。1954年3月，西昌地区党政军召开有雅安、汉源、石棉、凉山及区内各县少数民族支头代表参加的1000余人会议，讨论处理意见，最后根据大多数人意见将胡逮捕，经法院判处死刑，于1954年6月3日按彝族代表要求，采取先服用安眠药，再注射空气针的方法执行处决。

注射执行死刑的方式，采纳当地彝族同胞的意见，尊重凉山彝族的风俗习惯，受到当地彝族人民的认可。因此，注射的方法执行死刑，我国早已有之。

2. 少数民族死刑犯执行后的尸体的处理。最高人民法院在《关于重申处理少数民族死刑犯尸体应注意尊重少数民族的通知》（法［1995］5号1995年2月9日）称：我院于1984年1月11日、10月9日与最高人民检察院、公安部、司法部及卫生部、民政部等部门先后发出《关于正确处理死刑罪犯遗书遗物等问题的通知》、《关于利用死刑罪犯尸体器官的暂行规定》，明确规定“将罪犯执行死刑后，交付执行的人民法院应当通知罪犯家属，可以在限期内领取罪犯尸体或骨灰；不领取的，由人民法院通知有关单位处理。对于死刑罪犯的尸体或骨灰的处理情况，应记录存卷”。“在汉族地区原则上不利用少数民族死刑罪犯的尸体或尸体器官。在少数民族聚居地区，执行本规定时，要尊重少数民族的丧葬习惯”。

因此，对少数民族死刑犯执行死刑后，应慎重处理丧葬问题。我国少数民族丧葬方式与少数民族的宗教信仰、风俗习惯密切相关，丧葬本身也是风俗习惯的一部分。我国少数民族的丧葬方式各种各样，有土葬、火葬、水葬、天葬等，这些丧葬习俗除与各个民族的经济生活、地理环境等有关外，又都与宗教信仰有着密不可分的关系。少数民族罪犯死刑执行完毕后，应尊

①参见凉山彝族自治州史志办公室编：《凉山州志》卷十一《审判篇》第二章第一节制度与程序部分。http://szb.lsz.gov.cn/read.aspx?id=23361。

重少数民族的殡葬风俗，对尸体妥善保管、封存，防止发生差错或造成对尸体的亵渎；应及时通知其近亲属认领罪犯尸体；近亲属不愿领取或没有近亲属的，应以适合其民族习俗的安葬方式进行安葬。如维吾尔族、哈萨克族、回族、柯尔克孜族等民族受伊斯兰教的影响，认为火狱是罪人死后受刑的地方，所以死后不火化而实行土葬。

当然，如果死刑犯患有烈性传染性疾病，为了公共卫生安全，可以实行就地火化或深埋的方式进行处理。

五、关于尸体的火化

如本书第一章所述，火葬不仅在古希腊流行，也是中国古代的一种葬式葬法。新中国成立后，党和政府积极倡导、推行火葬。

（一）新中国倡导火葬

新中国实行火葬，是毛泽东首先提出并倡议的。1950 年任弼时逝世，是共和国成立后逝世的第一位党和国家领导人，因此，中央为任弼时举行了隆重追悼会和送葬仪式。随后，任弼时被葬在八宝山的东北半坡上。墓修得很大，有墓碑、墓盖，还有 300 平方米的“庭院”。事后，毛泽东多次对刘少奇、周恩来等领导人讲，弼时同志对中国革命的贡献大，对其进行厚葬是必要的；但我们死后如果都这样葬，是不是有些浪费了？ 1954 年在杭州时，毛泽东又看到西湖周围有许多大大小小的坟墓。不无忧虑地说，人死了都土葬，死人与活人争地，长此以往，活人就没有地种了，怎么办？于是他多次倡议人去世后实行火葬。因为实行火葬，不占用耕地，不需要棺木，可以节省装殓和埋葬的费用，也无碍对死者的纪念。①

1956 年 4 月 27 日，中南海怀仁堂，中央工作会议在这里举行。会间休息时，一份实行火葬的倡议书送到毛泽东手中。倡议书倡议“在少数人中，首先是在国家机关的领导工作人员中，根据自己的意愿，在自己死了以后率

①参见《看天下》2011 年第 4 期，第 64 页文《一份火葬倡议书的由来和特例》。

先实行火葬”，“凡是赞成火葬办法的国家机关工作人员，请在后面签名。凡是签了名的，就是表示自己死后一定要实行火葬。后死者必须保证先死者实现其火葬的志愿”。毛泽东在倡议书上挥笔写下了三个大字“毛泽东”，顿了顿，又写上当天日期：1956 年 4 月 27 日。然后，他对身旁的领导人笑着说：“你们谁来呀？”这时，站在毛泽东右边的朱德顺手拿起了毛笔，在毛泽东的名字后面签了名。接着，彭德怀、刘少奇、周恩来、彭真、董必武、邓小平等 151 人相继签上了自己的名字。[①]

当时不在北京的或没有参加会议的部分领导人听到签名的消息后，也向中央和有关部门表示死后要实行火葬。如陈云就专门给当时的中共中央办公厅主任杨尚昆写了一封信，信中说：“前几年有一次中央委员会全体会议上自愿签名死后火葬，那一次会议我未出席，所以没有签字。我是赞成火葬的，特补此信，作为我的补签名。”[②]

毛泽东生前提倡火化，并且一再表示自己死后也要“照此办理”。1963 年 12 月 16 日，罗荣桓逝世，毛泽东到北京医院向罗荣桓的遗体告别。从告别仪式回来以后，毛泽东一直很少说话，一连几天茶不思，饭不想，寝食难安，心事重重。他和保健医生吴旭君谈到了自己死后的问题。毛泽东讲：“我主张实行火葬，我自己当然也不能例外。我在协议上签了名的。”“照此办理大有好处，留下我的遗体会增加人民的负担啊。”“我在世时吃鱼比较多，我死后把我火化，骨灰撒在长江里喂鱼。你就对鱼说：鱼儿呀，毛泽东给你们赔不是来了，他生前吃了你们，现在你们吃他吧，吃肥了好去为人民服务，这就叫物质不灭定律。”[③]毛主席死后保存遗体、建立纪念堂并非其本意，而是特定历史条件下的产物。

此后党、国家和军队的高级领导人，除许世友外都在死后实行了火化，但多数保留了骨灰，有的则建墓将骨灰入土安葬。但也有少部分领导人如刘少奇、周恩来、邓小平等去世后，完全放弃了墓葬，而选择将骨灰撒向大海，彻底坚持唯物主义信仰。

刘少奇于 1969 年 11 月 12 日在河南开封遭迫害致死。1980 年 2 月，中共十一届五中全会通过《关于为刘少奇同志平反的决议》。1980 年 3 月 5 日，时

①②参见《看天下》2011 年第 11 期，第 64 页文《一份火葬倡议书的由来和特例》。

③参见《看天下》2011 年第 11 期，第 66 页文《毛泽东遗体安置内幕》。

任河南省委书记的赵文甫，派人秘密前往开封，取回了刘少奇的骨灰盒，骨灰盒小而普通，上面没有照片，只是嵌着写有“刘卫黄”三字的纸签。刘少奇生前遗言：他的骨灰撒向大海。1980 年 5 月 19 日上午，载有刘少奇骨灰盒的专机从北京飞往青岛，并于 10 时 25 分降落在青岛流亭机场。数百名北海舰队的战士列队肃立默哀。11 时 45 分，军舰汽笛长鸣，缓缓离港，101 舰出港后，617 艇、618 艇、619 艇、621 艇快速跟上，前后左右各一编队护卫。30 分钟后，军舰驶至刘公岛海域，按国家元首级别，以最高规格和礼遇，舰上播放哀乐，鸣炮 21 响。王光美和刘少奇的子女在治丧委员会工作人员的陪同下，捧着刘少奇的骨灰盒来到了驱逐舰的后甲板上，将他的骨灰撒向了大海。[①]

周恩来于 1976 年 1 月 8 日上午逝世。同一天，他的夫人邓颖超向党中央提出了周恩来生前的三点要求：一不搞遗体告别；二不开追悼会；三不保留骨灰。对邓颖超提出的这三点要求，李先念当即表示反对，他说：“即使应该这样做，也不能从总理开始，否则全国人民不答应。”当时，邓小平也赞成李先念的意见。最后，这三项要求，只实施了一项——不保留骨灰。周恩来在此前几个月的 1975 年 9 月接见了罗马尼亚共产党中央书记、党政代表团团长伊利耶·维尔德茨，谈到健康问题时，豁达地说：“马克思的‘请帖’，我已经收到了，这没有什么，这是不以人的意志为转移的自然法则。”同月，周恩来对常年工作在身边的秘书赵炜，主动讲起了死后骨灰处理的事情。“现在就讲骨灰的事，对治好您的病有影响。”赵炜试图劝阻道。“你不是唯物主义者。人总是要死的，这又有什么，我和大姐在十年前就约好，死后不保留骨灰。但我想，如果我先死了，大姐不一定能保证得了把我的骨灰撒掉。这件事得由中央决定，不过大姐可以反映我的要求。”周恩来还对赵炜说：“把我的骨灰撒到祖国的江河大地去做肥料，这也是为人民服务，活着为人民服务，死后也要为人民服务”。[②]

邓小平于 1997 年 2 月 19 日逝世。此前四天，邓小平夫人卓琳就写信给当时的中共中央总书记江泽民，转告了邓小平关于后事的意见：不搞遗体告别仪式，不设灵堂，解剖遗体，留下角膜，供医学研究，把骨灰撒入大海里。早在 20 世纪 50 年代，邓小平就在实行火葬的倡议书上签了字。在 1989

①参见《看天下》2011 年第 11 期，第 68 页文《他们为何把骨灰撒向大海》。

②参见《看天下》2011 年第 11 期，第 68—69 页文《他们为何把骨灰撒向大海》。

年 9 月退休前，邓小平还对中央负责同志说，“死后丧事也要简化，拜托你们了”。邓小平还多次向他的家人交代过后事。邓小平选择的是大海。1997 年 3 月 2 日上午，卓琳及邓小平的家人在专机上将混合着鲜花的邓小平骨灰撒向了大海。①

在领导人中只有许世友既未在火葬倡议书上签名，也没葬入八宝山，而且实行的是尸体棺葬。1956 年那次中央工作会议期间，许世友上将刚被增选为八届中央候补委员，他十分认真地向毛泽东表示，自己死后不愿意火葬。当时，毛泽东既没有点头也没有摇头，只是一笑了之。1985 年元旦刚过，此时已在病中的许世友交代秘书给中共中央写报告，说自己来日不多，对组织别无他求，要求中央在他死后实行棺葬，理由是自幼参加革命，报效生母不足。活着尽忠，死了尽孝，葬在老母坟边以尽孝道。由于 1949 年后，除了任弼时还没有谁要求土葬，因此，许世友的报告，当时的中央领导谁也不敢作出决定。最后，邓小平在报告上批示：照此办理，下不为例。②许世友成为火葬倡议书后没有火化的唯一例外。

1983 年 12 月，中共中央办公厅转发了民政部《关于共产党员应简办丧事、带头实行火葬的报告》，要求从党内，尤其是从高级干部开始，从党内到党外、从干部到群众，一层一层作出表率，以推动全国的殡葬改革。

（二）我国的尸体火化法规

1985 年新中国第一部殡葬法规《殡葬管理暂行规定》颁布实施，标志着火化由倡导性转向在火化区依法推行，不管是党员还是非党员，不管是国家干部还是普通群众，不管是自愿还是非自愿，在火化区必须实行火化。如前述，此前主要靠党员干部群众响应党和国家的号召，实行火化，而非法律意义上的义务。

民政部《关于进一步做好遗体火化工作的通知》（民事函［1993］64 号 1993 年 3 月 13 日）对切实加强火化遗体的管理工作提出了明确要求：“要严格遗体火化的时限。一般情况下，遗体应在 72 小时内火化；传染性遗体应在

①参见《看天下》2011 年第 11 期，第 69 页文《他们为何把骨灰撒向大海》。

②参见《看天下》2011 年第 11 期，第 65 页文《一份火葬倡议书的由来和特例》。

24 小时内火化；特殊情况的遗体存放时间最长不超过 90 天，超逾期限的应商有关部门处理。要严格对死亡证明和注销户口证明的查验、遗体的确认、家属签字等各种火化遗体的手续。严防无证火化，杜绝错化。”

1997 年施行的《殡葬管理条例》第 13 条第（二）项规定，“火化遗体必须凭公安机关或者国务院卫生行政部门规定的医疗机构出具的死亡证明”。

根据《殡葬管理条例》的规定，在火化区，公民去世后其遗体必须火化，禁止未经火化进行土葬；在土葬区，禁止在公墓和农村的公益性墓地以外的其他任何地方埋葬遗体、建造坟墓。随着社会的发展，《殡葬管理条例》的实施和殡葬管理工作遇到了一些亟待解决的新情况新问题，如一些地方殡葬服务垄断经营、牟取暴利；一些单位和个人擅自兴建经营性公墓或公益性公墓面向社会非法经营；一些墓园非法占地破坏生态或建占地很大的墓地；一些人在禁止建墓的地方建设墓地甚至豪华墓地；一些人大搞豪华葬礼或大搞封建迷信活动损害社会精神文明建设和公共秩序；一些墓园非法炒买炒卖墓穴和骨灰存放格等。

发生的这些问题有的还引发群体性事件，影响公共秩序、公共安全。这些问题不仅对殡葬改革和文明殡葬形成巨大冲击、损害政府公信力，而且还损害群众利益。因此，对殡葬管理条例进行修订就被提上日程。2006 年，殡葬管理条例的修订被列入国务院一档立法计划（国务院立法计划分为三档：一档项目为力争年内完成的项目；二档项目为需要抓紧工作、适时提出的项目；三档项目为需要积极研究论证的项目）。2007 年 5 月，国务院法制办公布《殡葬管理条例》修订稿，面向社会公开征求意见，仅 20 多天，国务院法制办就收到社会各界来信来函超过 1000 件、建议 1 万余条。这些意见和建议中相当一部分是对草案保留了原条例“在人口稠密、耕地较少、交通便利的地区，应当实行火葬”的规定，进行质疑。

据《法制日报》报道，一年一度的清明节即将到来，殡葬管理条例修订又成为近来社会关注热点。记者 2011 年 4 月 1 日从有关方面获悉，《殡葬管理条例》修订自 2010 年从国务院一档立法计划退为二档后，今年又再退为三档。这意味着所涉及殡葬问题因争议太大已明显放缓修订进程。据介绍，我国火化率长期徘徊在 48% 左右。就是否应该继续强制火化，来自民间声音与政府部门的看法截然相反。民间呼吁要拥有选择权，政府部门则强调要“逆水行舟”坚持火化。[①]

火化并不占地保存骨灰，对于我们这个人口多、耕地少、生态脆弱的国家而言，是正确的，如果让尸体装棺土葬成为主要的葬法，若干年后，坟墓漫山遍野的局面必将出现，将直接危及中华民族的生存和发展。

（三）传染病遗体的处理

关于传染病遗体的处理，《中华人民共和国传染病防治法》，根据民政部、国家民委、卫生部关于国务院《殡葬管理条例》中尊重少数民族的丧葬习俗规定的解释，卫生部、民政部关于做好传染性非典型肺炎患者遗体处理和丧葬活动的紧急通知等法律规章有明确规定。

附录1：2004年12月1日起施行的《中华人民共和国传染病防治法》第64条

患甲类传染病、炭疽死亡的，应当将尸体立即进行卫生处理，就近火化。患其他传染病死亡的，必要时，应当将尸体进行卫生处理后火化或者按照规定深埋。为了查找传染病病因，医疗机构在必要时可以按照国务院卫生行政部门的规定对传染病人尸体或者疑似传染病病人尸体进行解剖查验，并应当告知死者家属。

附录2：民政部、国家民委、卫生部关于国务院《殡葬管理条例》中尊重少数民族的丧葬习俗规定的解释（民事发［1999］17号　1999年6月10日）

国务院《殡葬管理条例》颁布实施以来，一些地方在实施过程中遇到如何理解和执行有关“尊重少数民族的丧葬习俗”规定的问题，现就有关问题解释如下：

一、在殡葬管理中要尊重少数民族保持或者改革自己丧葬习俗的自由。

①参见《羊城晚报》2011年4月3日《殡葬管理条例修订基本搁浅》一文的报道。

二、在火葬区，对回、维吾尔、哈萨克、柯尔克孜、乌孜别克、塔吉克、塔塔尔、撒拉、东乡和保安等10个少数民族的土葬习俗应予以尊重，不要强迫他们实行火葬；自愿实行火葬的，他人不得干涉。

三、对患有鼠疫、霍乱、炭疽死亡的病人遗体，按照《中华人民共和国传染病防治法》的规定，必须立即消毒，就近火化。

对患其他传染病死亡的上述10个少数民族的病人遗体，凡是在其户口所在地死亡的允许土葬，但要按规定对遗体进行严格消毒后深埋；不在户口所在地死亡的病人遗体，按照有关规定进行严格消毒后，原则上就地、就近尽快深埋，不得将遗体运往外地。自愿要求火葬的，他人不得干涉。

附录3：卫生部、民政部《关于做好传染性非典型肺炎患者遗体处理和丧葬活动的紧急通知》（卫法监发［2003］105号，2003年4月28日）

一、对死于传染性非典型肺炎患者的遗体要本着就近原则，及时、就地火化，不得运转，不得采用埋葬等其他方式处理遗体。

二、传染性非典型肺炎患者死后，不得举行遗体告别仪式，不得利用遗体进行其他形式的丧葬活动。

三、各殡仪馆凭医院开具的《死亡证明书》，使用专用的车辆运输，专炉火化遗体；遗体沾染的车辆和区域要及时严格消毒。

四、治疗病人的医院机构负责对死于传染非典型肺炎的遗体的消毒处理。各地疾病预防控制机构负责对遗体运输和火化人员的防护工作提供技术指导。

五、回、维吾尔、哈萨克、柯尔克孜、乌孜别克、塔吉克、塔塔尔、撒拉、东乡和保安等10个少数民族的公民因传染性非典型肺炎死亡的遗体处理，按照《中华人民共和国传染病防治法》的规定，遗体必须就地火化。

六、在华外国人及港澳台人士因传染性非典型肺炎在境内死亡的，按照《中华人民共和国传染病防治法》的规定，遗体必须就地火化。

这些规定表明，不论什么民族、什么身份，只要是因烈性传染病死亡的，都必须就地火化或消毒深埋。

（四）日本关于尸体处理的规定

《日本有关坟墓、埋葬的法律》[①]

第三条规定：除了在其他法律另有规定之外，如果从死亡或者婴儿死亡时起没有超过24小时的情况下，是不能进行埋葬或火葬的。但是，妊娠未满7个月的婴儿产后死亡的情况不受此限。"其他的法律"是指《传染病法》第30号、《船员法》第15号等法律。

第四条规定：不得在墓地以外的地点埋葬尸体或者火化后的骨灰。不得在火葬场以外的设施中进行火葬。

日本《公墓法》概论对此条的解释是，《埋葬法》规定，"尸体埋葬或者遗骨埋葬不得在墓地以外的区域进行（第4条1项）"。因此，在非墓地的自家院子中埋葬遗骨的行为违反了以上的规定，这将被课以2万日元以下的罚款、拘留（《墓地埋葬法》第21条）。这是综合考虑到在非墓地场所随便进行埋葬的这种行为，将会造成公共卫生上的弊端，也会对国民的宗教感情造成伤害等因素而作出的规定。[②]

第五条规定：希望进行埋葬、火葬或者改葬者必须遵守劳动卫生省的规定，在得到市、街道、村长（包括特区的区长，以下同）的批准后方可实施。以上的有关埋葬或者火葬由市、街道、村长负责批准。审批前必须得到来自死亡或者产后婴儿死亡申报，或者收到死亡报告或者产后婴儿死亡的通知，或者收到来自船长的有关死亡或者产后婴儿死亡的航海记录的滕本通告；有关改葬的受理问题，由尸体或者骨灰现存地的市、街道、村长负责审批。"劳动卫生省的法令"是指《实施细则》的第1条至第3条。

① 《日本有关坟墓、埋葬的法律》的内容，参见靳尔刚主编：《国外殡葬法规汇编》，中国社会出版社2003年8月第1版，第83—91页。

② 靳尔刚主编：《国外殡葬法规汇编》，中国社会出版社2003年8月第1版，第111页。

第九条规定：没有人对尸体进行埋葬或者火化负责，或者在无法判明谁应该负责埋葬或者火化的情况下，死者死亡地的市、街道、村长必须负责对尸体进行埋葬、改葬或者火葬处理。

●●●●●●

本章结语：一个人死亡后，涉及多个社会关系的产生和终止，同时尸体的处理涉及社会公共利益和社会伦理，因此，对尸体的处理必须要有行政法进行调整，这是殡葬行政法制建设的重要内容。包括死亡报告登记制度（涉及公民主体资格终止的确认及相关法律关系的发生的重要制度）、尸体检验及解剖制度（涉及死因确定、公私权的分配、确定刑事责任、医学研究等的重要制度）、尸体的运输制度、尸体的保管制度、尸体的火化制度等方面的制度。公民在处置死亡亲人遗体时不仅享有相关权利，而且必须遵守国家相关法律、法规、规章，服从行政管理，因为尸体的处理涉及死者近亲属精神利益，也与社会公共利益密切相关。当然，我国这方面的法律制度有待完善。

第七章

殡葬的行政法调整（坟墓篇）

土葬、火化、海葬、天葬等方式是现实生活中几种主要的葬式葬法。其中，将死者遗体或骨灰葬入土地之中仍然是世界各地的主要葬法。因此，坟墓就不可避免地成为殡葬行政法调整的对象。

一、我国建造坟墓的规制

我国对墓地的建造是严格控制和规范的。解放后人民政府多次组织开展平坟还田活动，党和国家领导人还率先垂范。周海滨在《家国光影》开国元勋后人讲述过去和现在中，讲述周恩来长侄女周秉德讲述周恩来关于平祖坟的有关情况：

1964 年，周恩来率先推出“平祖坟”，但是当时的很多人都不理解。“伯伯倡导首先在淮安落实这件事情，但他不愿我父亲去执行，担心当地政府接待，增添当地负担。”周恩来便嘱托回家探亲的侄儿周尔萃，把淮安的祖坟平掉，那里的祖坟埋着周恩来的生母等 13 位亲属。为此，周恩来还汇去 70 元。在汇款人简短附言一栏内，写着“此款支付生产队平坟工资和赔偿青苗损失费”。

周恩来家的祖坟在祖籍绍兴还有一处，但是祖坟是一个大家庭的，不光周恩来这一支，还有别的支脉在那里埋葬，别的支脉的远房亲戚就非常反对平祖坟。在绍兴平祖坟时，遇到周恩来一位婶母的“阻挠”，老人在感情上一直无法接受平祖坟一事。平坟的事一直拖到了总理逝世之后。1977 年新年刚过，周恩来堂兄弟周毓燕便通过周秉钧接到了邓颖超要求平坟的“政治任务”，周毓燕和爱人刘淑媛多次从杭州到绍兴做工作，之后终于在当地政府的协助下平了祖坟。

“我伯伯和七妈的骨灰都撒进了大海，我的公公和婆婆都效仿总理进行了海葬。我和老伴也这样商量，说死了之后不占活人的土地。这样我就四次去海边送走了亲人，我的七妈、公公、婆婆、老伴。现在很多大墓地占据了太多的土地，今后我们吃粮食到哪里去种呢？实在应该像我伯伯那样提倡尽量从简。”①

（一）建造坟墓的合法性

合法的坟墓，首先要遵守《殡葬管理条例》的有关规定，特别是其中的禁止性规定。第15条规定：在允许土葬的地区，禁止在公墓和农村的公益性墓地以外的其他任何地方埋葬遗体、建造坟墓。第九条规定：任何单位和个人未经批准，不得擅自兴建殡葬设施。农村的公益性墓地不得对村民以外的其他人员提供墓穴用地。禁止建立或者恢复宗族墓地。第十条规定：禁止在下列地区建造坟墓：（一）耕地、林地；（二）城市公园、风景名胜区和文物保护区；（三）水库及河流堤坝附近和水源保护区；（四）铁路、公路主干线两侧。前款规定区域内现有的坟墓，除受国家保护的具有历史、艺术、科学价值的墓地予以保留外，应当限期迁移或者深埋，不留坟头。

案例：他人承租地内葬爱妻承租人告其赔偿损失②

近日，北京市密云县人民法院溪翁庄法庭受理了一起因在他人承租地内建坟而引发的排除妨害纠纷案件。

原告贾某诉称，2009年5月5日，被告郑某在贾某不知情的情况下，将其妻子的骨灰葬于贾某的承租地内，贾某的承租地已耕种作物，郑某为其妻子建坟占用了贾某近半亩土地并踩踏了大面积农作物，其多次与郑某协商，郑某均不予理会。无奈之下，贾某向法

①参见《死了之后不占活人的土地》，《北京晚报》2011年6月12日29版。

②案例来源：中国法院网，作者：王晓芳　孟娜，发布时间：2009-05-16　11:30:34。

院提起诉讼，要求被告立即将其承租地上的坟墓迁至别处并赔偿青苗损失费500元。

本案例中，被告郑某的建坟行为既违反民法的规定，又违反行政法的规定。原告贾某的承租地为耕地，《殡葬管理条例》第10条明确规定，耕地、林地不得建坟，被告郑某却将自己妻子的坟墓建在原告贾某的承租的耕地里，已违反行政法规的禁止性规定；原告贾某承租耕地，依法享有承包经营权，受《物权法》、《土地承包经营法》、《土地管理法》等法律的保护，被告郑某未经原告同意就将坟墓建在原告贾某承包的耕地里，侵害了原告贾某的承包经营权，应承担相应的民事责任；如果被告郑某与原告协商将坟墓建在原告的承包耕地里，那么这一协议因违反法律的禁止性规定，因而是无效的，土地管理机关可以责令被告限期将坟墓平毁、恢复耕地属性，如果双方存在"买卖"耕地的情节，对其可以予以没收，并根据土地管理法的规定给以行政处罚。

1997年7月21日《殡葬管理条例》颁布施行后，合法的建坟的条件是：

1．地点。只能在经批准的经营性公墓或公益性公墓中建坟，且经营性公墓或公益性公墓不得建在耕地、林地、城市公园、风景名胜区和文物保护区、水库及河流堤坝附近和水源保护区、铁路、公路主干线两侧等禁止地区。

2．主体。只有经批准的经营性公墓或公益性公墓的运行单位才能建造坟墓；农村村民在村集体的公益性公墓中经村集体经济组织批准，也可自建坟墓。

3．时限。如何人、任何公墓都不得为活着的人建坟墓，只有一个人死亡后，其近亲属才能在本村公益性公墓里建坟，或向经营性公墓租赁墓位以安葬亲人骨灰。

4．面积。无论是在公益性墓地还是经营性墓地建坟，必须严格控制墓穴面积。

对尸体的葬法和坟墓的建造进行规范是世界通例。《荷兰尸体殡葬法》第31条第3款规定：尸体必须在一块墓地里埋葬，或者根据第29条第3款，在火葬场里火化。第23条规定：埋葬尸体必须在一块墓地里进行。第24条规定：墓地划分为市镇墓地和特别墓地。第25条规定：禁止提供或者使用不是根据本法律建造和投入使用的墓地。第26条规定：如不是专门用于埋葬死者的教堂或其他封闭楼房里，则不准建造有坟墓或墓室的入口或者通道。[①]

《荷兰尸体殡葬法》第七章“惩罚规定”中对违反第11条（未获许可即进行殡葬）、第23条（埋葬尸体必须在一块墓地里进行）、第25条（禁止提供或者使用不是根据本法律建造和投入使用的墓地）对尸体进行殡葬的行为可以处以3个月监禁或者处以罚款（第80条）；对违反第25条、第46条提供墓地的行为处以最多1个月监禁或者处以罚款（第81条第3款）。并在第82条明确规定“按照本法律确定应该受罚的事实，都属违规行为”。对这些行为进行统一、明确的否定性法律评价。[②]当然，《荷兰尸体殡葬法》对违规在非批准的公墓中埋葬的尸体如何处理没有作出规定。对此加拿大的一些地方立法进行了明确规定。

改革开放以来，特别是近年来，城市规划区和建城区不断扩大，大量郊区变成城区，在此过程中，对原建在郊区的坟墓的处理，成为一道难题。是否应该迁移、由谁负责迁移、怎样进行迁移、是否给予补偿等问题是处理郊区坟墓的主要问题。

国务院《殡葬管理条例》第10条规定了禁止建坟墓的地区，但对如何处置城市规划区的坟墓没有规定；《土地管理法》、《城乡规划法》、《〈土地管理法〉实施条例》、《城市房屋拆迁管理条例》对城市规划区的坟墓的处置也未作任何规定。因此，实践中往往比照城市房屋拆迁办法处理。从目前全国各地的情况看，负责迁坟并发布公告的主体有国土资源局、房地产管理局、拆迁事务处、建设局、政府办、民政局、工程指挥部、街道办事处等。暴露出殡葬法制建设的严重滞后，也反映出对公民殡葬权益的保护没有得到足够的重视。

迁坟关系群众的殡葬权益，应依法进行，区别对待，尊重群众的原则实施。对国务院《殡葬管理条例》施行前和施行后的坟墓，应采取不同的方式处理。无论是老坟还是新坟的处理，都要把宣传殡葬政策、法规，教育引导群众贯穿工作的始终。对合法的坟墓的迁移，应做好新的墓位的建设供给，

①靳尔刚主编：《国外殡葬法规汇编》，中国社会出版社2003年8月第1版，第7页。

②靳尔刚主编：《国外殡葬法规汇编》，中国社会出版社2003年8月第1版，第19—20页。

对不愿迁移到供给的墓位的，应给予合理补偿；对于禁止建坟地区的老坟，应确定合理的登记期限、合理的自己迁移期限，对尸骨的火化提供优先、免费服务，做好新的墓位的建设供给，对不愿迁移到供给的墓位而选择其他墓地的，应给予合理补偿；对于条例施行后违法建造的新坟的处理，也应在提供公益性墓地的基础上，进行相关的执法工作。

（二）《殡葬管理条例》施行后违法新建坟墓的处理

《殡葬管理条例》第十条规定：禁止在下列地区建造坟墓：（一）耕地、林地；（二）城市公园、风景名胜区和文物保护区；（三）水库及河流堤坝附近和水源保护区；（四）铁路、公路主干线两侧。前款规定区域内现有的坟墓，除受国家保护的具有历史、艺术、科学价值的墓地予以保留外，应当限期迁移或者深埋，不留坟头。

因此，对《殡葬管理条例》施行后在上述禁止建坟的地区违法建造的新坟，应由人民政府责令限期迁移，也可以对一定区域内的坟墓的迁移作出统一的安排，如迁入公益性墓地；对超过期限拒不迁移的，强制迁移或深埋。

1. 在城乡规划区内违法建坟的处理。在城乡规划区内进行建设必须服从规划管理、获得规划许可，否则，任何建设都是违法的，应依法拆除。

附录1：《中华人民共和国城市规划法》（1990年4月1日起施行）有关条文

第二十九条　城市规划区内的土地利用和各项建设必须符合城市规划，服从规划管理。

第三十一条　在城市规划区内的建设需要申请用地的，必须持国家批准建设项目的有关文件，向城市规划行政主管部门申请定点，由城市规划行政主管部门核定其用地位置和界限，提供规划设计条件，核发建设用地规划许可证。建设单位或者个人取得建设用地规划许可证后，方可向县级以上地方人民政府土地管理部门申请用地，经县级以上人民政府审查批准后，由土地管理部门划拨土地。

第三十二条　在城市规划区内新建、扩建和改建建筑物、构筑物、道路、管线和其他工程设施，必须持有关批准文件向城市规划行政主管部门提出申请，由城市规划行政主管部门根据城市规划提出的规划设计要求，核发建设工程规划许可证件。建设单位或者个人在取得建设工程规划许可证以及其他有关批准文件后，方可申请办理开工手续。

第四十条　在城市规划区内，未取得建设工程规划许可证件或者违反建设工程规划许可证件的规定进行建设，严重影响城市规划的，由县级以上地方人民政府城市规划行政主管部门责令停止建设，限期拆除或者没收违法建筑物、构筑物或者其他设施；影响城市规划，尚可采取改正措施的，由县级以上地方人民政府城市规划行政主管部门责令限期改正，并处罚款。

附录 2：《城乡规划法》（2008 年 1 月 1 日起施行）有关条文

第二条　制定和实施城乡规划，在规划区内进行建设活动，必须遵守本法。本法所称规划区，是指城市、镇和村庄的建成区以及因城乡建设和发展需要，必须实行规划控制的区域。

第四条　在规划区内进行建设活动，应当遵守土地管理、自然资源和环境保护等法律、法规的规定。

第三十七条　在城市、镇规划区内以划拨方式提供国有土地使用权的建设项目，经有关部门批准、核准、备案后，建设单位应当向城市、县人民政府城乡规划主管部门提出建设用地规划许可申请，由城市、县人民政府城乡规划主管部门依据控制性详细规划核定建设用地的位置、面积、允许建设的范围，核发建设规划许可证。

建设单位在取得建设用地规划许可证后，方可向县级以上地方人民政府土地主管部门申请用地，经县级以上人民政府审批后，由土地主管部门划拨土地。

第三十八条　在城市、镇规划区以出让方式提供国有土地使用权的；在国有土地使用权出让前，城市、县人民政府城乡规划主管部门应当依据控耐性详细规划，提出地块的位置、使用性质、开发强度等规划条件，作为国有土地使用权出让合同的组成部分，未确定规划条件的地块不得出让国有土地使用权。

以出让方式取得国有土地使用权的建设项目，在签订国有土地使用权出让合同后，建设单位应当持建设项目的批准、核准、备案文件和国有土地使用权出让合同，向城市、县人民政府城乡规划主管部门领取建设用地规划许可证。

城市、县人民政府城乡规划主管部门不得在建设用地规划许可证中，擅自改变作为国有土地使用权出让合同组成部分的规划条件。

第四十一条　在乡、村庄规划区内进行乡镇企业、公共设施和公益事业建设的，建设单位或者个人应当向乡、镇人民政府提出申请，由乡、镇人民政府报城市、县人民政府城乡规划主管部门核发乡村建设规划许可证。

在乡、村庄规划区内使用原有宅基地进行农村村民住宅建设的规划管理办法，由省、自治区、直辖市制定。

在乡、村庄规划区内进行乡镇企业、乡村公共设施和公益事业建设以及农村村民住宅建设，不得占用农用地；确需占用农用地的，应当依照《中华人民共和国土地管理法》有关规定办理农用地转用审批手续后，由城市、县人民政府城乡规划主管部门核发乡村建设规划许可证。

建设单位或者个人在取得乡村建设规划许可证后，方可办理用地审批手续。

第六十四条　未取得建设工程规划许可证或者未按照建设工程规划许可证的规定进行建设的，由县级以上地方人民政府城乡规划主管部门责令停止建设；尚可采取改正措施消除对规划实施的影响的，限期改正，处建设工程造价百分之五以上百分之十以下的罚款；无法采取改正措施消除影响的，限期拆除，不能拆除的，没收实物或者违法收入，可以并处建设工程造价百分之十以下的罚款。

第六十五条　在乡、村庄规划区内未依法取得乡村建设规划许可证或者未按照乡村建设规划许可证的规定进行建设的，由乡、镇人民政府责令停止建设、限期改正；逾期不改正的，可以拆除。

2. 违反土地管理法的建坟行为的处理。根据土地管理法的规定，违反土地利用规划、违反土地用途、未经批准违法建造等行为都是违法的，应责令恢复原状、处以罚款、责令拆除、强制拆除等处理。对违法建坟的处理尤其如此，如《土地管理法》第74条规定："违反本法规定，占用耕地建窑、建坟或者擅自在耕地上建房、挖沙、采石、采矿、取土等，破坏种植条件的，或者因开发土地造成土地荒漠化、盐渍化的，由县级以上人民政府土地行政主管部门责令限期改正或者治理，可以并处罚款；构成犯罪的，依法追究刑事责任。"

附录:《中华人民共和国土地管理法》的相关条文

第四条　国家实行土地用途管制制度。国家编制土地利用总体规划，规定土地用途，将土地分为农用地、建设用地和未利用地。严格限制农用地转为建设用地，控制建设用地总量，对耕地实行特殊保护。

前款所称农用地是指直接用于农业生产的土地，包括耕地、林地、草地、农田水利用地、养殖水面等；建设用地是指建造建筑物、构筑物的土地，包括城乡住宅和公共设施用地、工业用地、交通水利设施用地、旅游用地、军事设施用地等；未利用地是指农用地和建议用地以外的土地。

使用土地的单位和个人必须严格按照土地利用总体规划确定的用途使用土地。

第四十三条　任何单位和个人进行建设，需要使用土地的，必须依法申请使用国有土地；但是，兴办乡镇企业和村民建设住宅经依法批准使用本集体经济组织农民集体所有的土地的，或者乡（镇）村公共设施和公益事业建设经依法批准使用农民集体所有的土地的除外。

第六十一条　乡（镇）村公共设施、公益事业建设，需要使用土地的，经乡（镇）人民政府审核，向县级以上地方人民政府土地行政主管部门提出申请，按照省、自治区、直辖市规定的批准权限由县级以上地方人民政府批准；其中，涉及占用农用地的，依照本法第四十四条的规定办理审批手续。

第七十三条 买卖或者以其他形式非法转让土地的，由县级以上人民政府土地行政主管部门没收违法所得；对违反土地利用总体规划擅自将农用地改为建设用地的，限期拆除在非法转让的土地上新建的建筑物和其他设施，恢复土地原状，对不符合土地利用总体规划的，没收在非法转让的土地上新建的建筑物和其他设施；可以并处罚款；对直接负责的主管人员和其他直接责任人员，依法给予行政处分；构成犯罪的，依法追究刑事责任。

第七十四条 违反本法规定，占用耕地建窑、建坟或者擅自在耕地上建房、挖沙、采石、采矿、取土等，破坏种植条件的，或者因开发土地造成土地荒漠化、盐渍化的，由县级以上人民政府土地行政主管部门责令限期改正或者治理，可以并处罚款；构成犯罪的，依法追究刑事责任。

第六十六条 县级以上人民政府土地行政主管部门对违反土地管理法律、法规的行为进行监督检查。

第七十一条 县级以上人民政府土地行政主管部门在监督检查工作中发现土地违法行为构成犯罪的，应当将案件移送有关机关，依法追究刑事责任。尚不构成犯罪的，应当依法给予行政处罚。

第七十二条 依照本法规定应该给予行政处罚，而有关土地行政主管部门不给予行政处罚的，上级人民政府土地行政主管部门有权责令有关土地行政主管部门作出行政处罚决定或者直接给予行政处罚，并给予有关土地行政主管部门的负责人行政处分。

（三）《殡葬管理条例》施行前建造的老坟的处理

在国家对建坟没有进行规范时建造的坟墓的处理，不能适用《殡葬管理条例》对于新建坟的规范。这些老坟包括以下几种情况：

1. 清代及以前的古墓受《文物保护法》和《刑法》的保护。1982年11月9日通过的《中华人民共和国文物保护法》第31条第2款明确规定："私自挖掘古文化遗址、古墓葬的，以盗窃罪论处。"1987年11月27日最高人民法院、最高人民检察院《关于办理盗窃、盗掘、非法经营和走私文物的案件具体应用法律的若干问题的解释》第二部分规定：

（1）清代和清代以前的古墓葬、古遗址，受国家保护；辛亥革命以后，与著名历史事件有关的名人墓葬、遗址和纪念地，也视同古墓葬、古遗址，受国家保护。

（2）私自挖掘古墓葬、古文化遗址的，以盗窃罪论处。处理这类案件，不以被盗掘的古墓葬、古遗址是否已被确定为重点文物保护单位为限，但对于盗掘已被确定为重点文物保护单位的古墓葬、古遗址（包括国家级、省级和县级）的，应从重处罚。

（3）对盗掘中窃取文物和破坏文物的，均应以盗窃罪论处，根据被盗、被毁文物所应评定的级别等情节予以处罚。

（4）盗掘古墓葬、古遗址，以盗窃罪论处的案件，在量刑幅度上，可以参照盗窃馆藏文物的量刑标准，予以处罚。

（5）盗窃古墓葬、古遗址，虽未窃取到文物，但情节严重的，也应以盗窃罪处罚；如在盗掘古墓葬、古遗址时，破坏了经鉴定属于不能移动的珍贵文物的，应依法从重处罚。

全国人大常委会在1991年颁布了《关于惩治盗掘古文化遗址、古墓葬犯罪的补充规定》。规定："盗掘具有历史、艺术、科学价值的古文化遗址、古墓葬的，处3年以上10年以下有期徒刑，可以并处罚金；情节较轻的，处3年以下有期徒刑或者拘役，可以并处罚金；有下列情形之一的，处10年以上有期徒刑、无期徒刑或者死刑，并处罚金或者没收财产：（1）盗掘确定为全国重点文物保护单位和省级文物保护单位的古文化遗址、古墓葬的；（2）盗掘古文化遗址、古墓葬集团的首要分子；（3）多次盗掘古文化遗址、古墓葬的；（4）盗掘古文化遗址、古墓葬，并盗窃珍贵文物或者造成珍贵文物严重破坏的。盗掘古文化遗址、古墓葬所盗窃的文物，一律予以追缴。"

《刑法》第328条规定了盗掘古文化遗址、盗掘古墓葬罪：盗掘具有历史、艺术、科学价值的古文化遗址、古墓葬的，处3年以上10年以下有期徒刑，并处罚金；情节较轻的，处3年以下有期徒刑、拘役或者管制，并处罚金；有下列情形之一的，处10年以上有期徒刑、无期徒刑或者死刑，并处罚金或者没收财产。

《刑法》的规定对保护的古墓葬进行了“具有历史、艺术、科学价值”的限定，但没有具体的判断标准；另外，1987 年 11 月 27 日最高人民法院、最高人民检察院《关于办理盗窃、盗掘、非法经营和走私文物的案件具体应用法律的若干问题的解释》仍为有效解释；此外，在对《刑法》进行解释时，要考虑法律规范的历史渊源，现行《刑法》的规定来源于 1982 年 11 月 9 日通过的《中华人民共和国文物保护法》第 31 条第 2 款：“私自挖掘古文化遗址、古墓葬的，以盗窃罪论处。”其并没有强调“具有历史、艺术、科学价值”。实际上具有历史价值可以包含非常宽泛的含义，某种意义上讲，所有古墓都与历史相连接，都是国家历史的组成部分，都有保护的必要。

2. 辛亥革命以后，与著名历史事件有关的名人墓葬、遗址和纪念地，也视同古墓葬、古遗址，受国家保护。

3.《殡葬管理条例》第十条规定禁止建造坟墓地区的老坟，具有历史、艺术、科学价值的墓地予以保留。

4.《殡葬管理条例》第十条规定禁止建造坟墓地区的一般性老坟，应当限期迁移或者深埋，不留坟头。

5.《殡葬管理条例》第十条规定禁止建造坟墓地区以外的地方建造的老坟，一般不作强制处理。如果因征地建设或公益事业需要迁移的，包括《殡葬管理条例》第十条规定禁止建造坟墓地区的一般性老坟，应当限期迁移的，应由政府提供免费的公益性墓地供死者近亲属将死者遗骨或骨灰迁移。具体操作办法是：政府建设或确定用于埋葬遗骨的公益性墓地或骨灰堂；以政府的名义发布迁坟通告；对拟迁区域内的坟墓进行登记，确定坟墓权利人；对城市规划区范围内的坟墓，规定自行迁移的时间；对自愿迁移但不选择政府提供的墓地或骨灰堂的权利人，给予适当补偿；对逾期不申请登记的坟墓，按无主坟处理，由政府进行迁移或深埋，并建立档案，记载原坟墓的地点、方位和去向；对有权利人但拒不迁移的，由政府组织有关部门按《城乡规划法》的规定，强制迁移或做深埋处理。对拒绝、妨碍执法人员依法执行公务的，由公安机关依照《中华人民共和国治安管理处罚法》的有关规定处罚；构成犯罪的，移交司法机关依法追究刑事责任。

那么，为什么对《殡葬管理条例》施行前后的坟墓采取不同的处置措施呢？这跟行政法是否具有溯及力密切相关。法律溯及力，又称法律溯及既往的效力，是指新的法律颁布后，对其生效以前所发生的事件和行为是否适用的问题。如果适用，新的法律就具有溯及力；如果不适用，新的法律就没有溯及力。从保护公民的权利和自由出发，法不溯及既往已成为绝大多数国家所采用的一个基本原则，也是衡量是否是法治社会的重要标准。

我国《刑法》第12条明确规定了“从旧兼从轻”即不溯及既往的原则。行政法没有行政法法典，没有统一规定溯及力问题，行政法理论认为行政法一般没有溯及力。

1989年1月23日《最高人民法院关于行政案件受理问题的复函》（法［行］函［1989］11号）指出：“人民法院审理行政案件，由于新的行政法规取代旧的行政法规，旧法规没有规定当事人不服行政机关的处罚和其他处理决定可以向人民法院起诉，新法规规定可以向人民法院起诉。如果当事人的行为发生在新法规实施之前，行政机关的处罚或处理决定又在新法规实施之后，当事人不服行政机关的处罚或处理决定，在法定诉讼时效内向人民法院起诉的，按照新的程序法规范生效之后必须遵循的原则，为保护公民、组织的诉权，人民法院应当受理。”

2000年3月15日通过的《立法法》第84条规定：“法律、行政法规、地方性法规、自治条例和单行条例、规章不溯及既往，但为了更好地保护公民、法人和其他组织的权利和利益而作的特别规定除外。”因此，行政法具有溯及力的条件是：①实体上是“为了更好地保护公民、法人和其他组织的权利和利益”；②程序上有明确的“特别规定”。行政立法原则上不得溯及既往，当然新颁布的后法如果是授益性的，可以溯及既往；当后法是负担性的，则不得溯及既往，如果案件的要件事实在规范性法律文件施行时已经终结没有连续或继续，该规范性法律文件即不得对该案件适用。公民对原法律秩序的信赖应予保护。

2004年5月18日，最高人民法院印发《关于审理行政案件适用法律规范问题的座谈会纪要》（法［2004］96号）对行政法的溯及力问题作出了相关规定。其中第三项规定：“关于新旧法律规范的适用规则。根据行政审判中的普遍认识和做法，行政相对人的行为发生在新法施行以前，具体行政行为作出在新法施行以后，人民法院审查具体行政行为的合法性时，实体问题适用旧法规定，程序问题适用新法规定，但下列情形除外：（一）法律、法规或规章另有规定的；（二）适用新法对保护行政相对人的合法权益更为有利的；（三）按照具体行政行为的性质应当适用新法的实体规定的。”

可以看出，涉及行政相对人实体权利的法律适用，我国行政法以不溯及既往为原则，采取“从旧兼从轻”的原则。因此，如果坟墓是在1997年7月21日《殡葬管理条例》施行前建设的，在此前的法律没有禁止的情况下，在当时并不违法。因此，对这种原来法律所不禁止的行为，在新法施行后进行处理时，必须充分注意对当事人权益的尊重和保护；对1997年7月21日《殡葬管理条例》施行后的建坟行为，此时则应以《殡葬管理条例》为依据进行评价和处置。当然，如果《土地管理法》、《城市规划法》、《城乡规划法》等法律对建设行为进行了规范的，也以其施行前后区别对待的原则即按行政法不溯及既往的原则进行评价和处理。

附录1：民政部办公厅关于回民公墓选址问题的复函（厅办函[1998] 131号1998年8月3日）

黑龙江省民政厅：

你厅《关于回民公墓选址是否应由民政部门办理的请示》（黑民函[1998] 1号）收悉。经研究，现答复如下：回族人民群众是信奉伊斯兰教的少数民族之一，其丧葬习俗是实行土葬，且有一套严格的丧葬程序。根据《殡葬管理条例》第六条“尊重少数民族的丧葬习俗；自愿改革丧葬习俗的，他人不得干涉”的规定，为了尊重回族人民群众的丧葬习俗，允许他们去世后在指定地点实行土葬。回民公墓作为一种专门为回族人民群众服务的设施，因涉及民族习俗等问题，目前尚未纳入民政部门管理，全国大部分地区是由民族事务管理部门负责建设和管理的。

附录2：民政部社会福利和社会事务司关于华侨遗体运回国安葬有关事宜的复函（民福事字[1998]第9号1998年9月22日）

我国殡葬管理工作的方针是积极地、有步骤地实行火葬、改革土葬，节约殡葬用地，革除丧葬陋俗，提倡文明节简办丧事，我国还有火葬区和土葬区的划分。经过多年的努力，目前在一些地区实行火葬已达到普及，只是在那些暂不具备实行火葬的地区，允许土葬。

（一）在华侨较多的省（区、市）以及一些大城市，如上海、广州等地，有专为华侨遗体或骨灰安葬的华侨公墓。但由于承受能力有限，因而对接收遗体安置的对象有一些限制条件。

（二）如果其祖籍地为火葬区，且没有华侨公墓，则其遗体运回后只能是自行埋葬。这一方面会对当地群众产生不良影响，另一方面会对当地殡葬管理工作产生不利影响。如有的群众提出“过去我们同在这里生活，如今他们（华侨）可以在这里土葬，而我们为什么必须实行火葬”在这种情况下，华侨遗体不宜运回祖籍地安葬。

（三）在实行火葬的地区。国家提倡以骨灰寄存的方式以及其他不占或者少占地方的方式处理骨灰。一些地区根据需要建设安置骨灰用的骨灰堂、骨灰塔、骨灰墙等设施，海外华侨也可以选择将骨灰运回祖籍地安葬的形式，这既符合现代文明社会对遗体处理的新潮流，也能达到“叶落归根”的愿望。将骨灰运回祖籍地安葬，审批手续亦很简便。

（四）如果华侨祖籍地目前仍属于土葬区，则允许华侨回祖籍地安葬，并依照国际遗体运输的有关规定和当地民政及侨务部门对华侨回国安葬事宜所作的具体规定和程序办理。

附录3：国务院侨务办公室、民政部关于华侨修复祖墓问题的通知（[84] 侨政会字042号1984年7月23日）

为了满足广大华侨“寻根问祖”的愿望，照顾他们思祖怀乡的感情，对他们提出修复祖墓的要求，原则上应予同意。为此，特作如下通知：

一、华侨要求修复祖墓，应向当地侨务或民政部门申请，报同级人民政府批准。

二、原墓址现已为耕地的，如要求修复，应迁移到公墓或当地政府指定的荒山、荒地。

三、华侨修祖墓一般应在原规模和范围内，不要扩大。

四、对华侨要求修复祖墓所需建筑材料照国家牌价予以供应，不准趁机勒索。

五、本通知适用于处理外籍华人、港澳同胞、台湾同胞要求修复祖墓的问题。

附录4：民政部、国务院侨办、国务院港澳办、国务院台办、国家民委、国家文物局关于特殊坟墓处理问题的通知［民发(2000) 93号2000年4月17日］

一、对国务院《殡葬管理条例》第十条第一款规定区域内现有的革命烈士墓、知名人士墓和古墓葬，凡是被列入国家级、省级、市（县）级重点烈士纪念建筑物保护单位和文物保护单位的，应就地做好原墓地的保护和管理工作。未被列入重点而散葬的烈士墓，经报请当地同级人民政府批准后，可将遗骨火化，将骨灰安放或安葬在当地的烈士陵园或公墓；未列入文物保护单位的知名人士墓迁入当地公墓；已普查登记的古墓葬应予保留并加以保护，平整坟墓过程中，如发现文物应立即报告当地文物行政管理部门，按照国家保护文物的有关法规妥善处理。

二、对国务院《殡葬管理条例》第十条第一款规定区域内散葬的回民墓地，原则上迁入当地的回民公墓。如没有回民公墓，当地民族工作部门要协调建立回民公墓，在回民公墓未建立前，按国务院《殡葬管理条例》第十条第二款规定办理。第十条第一款规定区域内现有的华侨和港澳台同胞墓地，原则上迁入当地的公墓（包括华侨公墓）。对一些重要的知名爱国人士、台湾重要上层人士的坟墓以及重点侨务工作对象的祖墓，原则上予以保留，具体对象宜从严把握，必须由省侨办和主管港澳事务的部门（对台办）提出名单，报省、自治区、直辖市人民政府批准。对被保留的坟墓，1985年2月8日国务院《关于殡葬管理的暂行规定》发布后建造和修复的，超出面积、扩大规模的部分要予以清理。

四、华侨、外籍华人和港澳台同胞的范围要严格掌握，由省级有关主管部门负责认定。处理上述问题时，华侨、外籍华人、港澳台同胞的配偶、父母、祖父母等直系亲属可参照对华侨、外籍华人、港澳台同胞的政策处理。

附录5：国务院侨务办公室关于转发广东省处理涉及华侨祖坟和保护重点侨务对象祖墓工作有关问题意见的通知（侨内发[2003] 167号，2003年11月24日）

关于处理涉及华侨祖坟和保护重点侨务对象祖墓工作有关问题的意见的通知（粤府办 [2003] 81号2003年10月27日）

（二）按照“服从国家经济建设需要和新旧坟区别对待”的原则，调整清坟范围。

1. 国务院《殡葬管理条例》颁布前的坟墓视为旧坟，《殡葬管理条例》颁布后的坟墓视为新坟。对新坟，不管在什么地方，都要一律予以清理。旧坟的清理重点是“三道两区”（铁道、国道、省道公路两侧及城市周边区域、风景名胜区）内有碍观瞻和基本建设、工业、教育、科技、经济开发区、交通、水利建设等需要征用土地的坟墓。

2. 对国家《殡葬管理条例》规定的四类地区（耕地、林地；城市公园、风景名胜区和文物保护区；水库及河流堤坝附近和水源保护区；铁路、公路干线两侧）出现有坟墓，除受国家保护的具有历史、艺术、科学价值的墓地予以保留外，应当限期迁移或者深埋，不留坟头。

3. 对“三道两区”外的旧坟处理，省不再作统一规定。

附录6：民政部办公厅关于北京市兴办佛教墓地请示的复函（民办函 [2002] 27号2002年2月15日）

宗教寺庙兴办殡葬服务设施，解决宗教人士死亡后遗体火化、骨灰安置问题，事关殡葬改革和国家宗教政策，需要认真研究。鉴于目前有关法规尚无明确规定，建议暂不批建佛教墓地，待与国务院宗教局、国家民委共同研究，制定相关政策、法规后，再行办理。

（四）非法炒卖墓地的处理

我国对于墓地的租赁有明确的规定，墓地只能租赁给公民用作安葬自己已故的亲人，必须凭死亡证明书才能购买，而且墓地不得转让，因此，预售墓位、倒卖墓位为法律所禁止。如果属于犯罪行为，"购墓者"的购墓款只能通过办案追赃或刑事附带民事的途径追偿，追回多少就是多少，政府及主管机关没有赔偿或补偿的责任；如果不构成刑事案件，则应通过民事诉讼主张自己的权利。当然，如果各方当事人愿意自己协商处理，或由人民调解组织调解，或由政府有关机关支持的行政调解，都是可以的。

总之，对于购买预售、炒卖墓位的公民而言，损失只能由违法犯罪的组织和个人负责，资金已被挥霍或损失而导致不能追回的部分只能由非法购买墓位的当事人自负，政府及民政部门并不因所谓监管职能而承担赔偿的责任，除非政府及民政部门自己是需要承担赔偿责任的当事人。

附录1：民政部关于进一步加强公墓管理的紧急通知（民电［2001］185号2001年12月21日）摘录

对仍在进行违规销售的，应立即勒令停止。凡存在不实宣传、未能严格凭死亡证或火化证销售墓穴和骨灰存放格位等现象的经营性公墓，要责令停业整顿，限期改正，经验收合格后，重新履行开业审批手续。对违反规定，对外出售墓穴和骨灰格位的公益性公墓，要责令停止营销活动，已售墓穴和骨灰格位按非法转让处理，没收所得。凡是因炒买炒卖、诱骗群众而引发群众性上访闹事的，民政部门要及时报告当地政府领导，通报有关部门，组成政府处理协调机构，采取财产保全等必要的司法措施，制订妥善的处理方案，做好处理工作。

附录2：民政部关于禁止利用骨灰存放设施进行不正当营销活动的通知（民电［1997］231号1997年12月21日）摘录

各地民政部门要加强对公墓（塔陵园）的管理，防止不正当营销现象的继续发生。骨灰存放设施不是一般的商品，要根据当事人提供的死亡者的证明，办理购买和使用手续，公墓（塔陵园）不得预售、传销和炒买炒卖；购买者不得私自转让、买卖。公墓（塔陵园）原则上不在异地设立办事处或销售点，确有必要的，必须经异地省级民政部门的批准，并接受当地民政部门的管理。

附录3：民政部关于贯彻执行《殡葬管理条例》中几个具体问题的解释（民事发［1998］10号1998年9月16日）

一、关于不得擅自兴建殡葬设施问题《条例》第二章第九条第一款规定："任何单位和个人未经批准，不得擅自兴建殡葬设施。"这一规定是指：兴建冠以殡仪馆、火葬场、骨灰堂、公墓、殡仪服务站等名称的单位，必须经民政部门审批；不直接冠以殡葬设施名称但从事殡葬服务项目的，该项目也必须经民政部门审批。

二、关于骨灰堂性质问题《条例》中所称"骨灰堂"，是指乡村公益性骨灰存放设施，而骨灰塔陵园等设施属公墓范畴，应纳入公墓的管理，严格控制其发展。

三、关于公墓审批问题按照《条例》第二章第七条规定和《国务院办公厅转发民政部关于进一步加强公墓管理意见的通知》（以下简称《通知》）要求，各地要制订公墓建设规划，经省、自治区、直辖市人民政府审批后，报民政部备案，在民政部同意前，暂停批建新公墓（含骨灰塔陵园等设施）。在民政部同意备案后，按照《条例》第二章第八条规定的审批权限和公墓规划审批。

四、关于公墓墓穴占地面积和使用年限问题《条例》第二章第十一条规定："严格限制公墓墓穴占地面积和使用年限。"这一规定是指按《通知》要求，埋葬骨灰的单人、双人合葬墓占地面积不得超过1平方米，埋葬遗体的单人墓占地面积不得超过4平方米，双人合葬墓不得超过6平方米；墓穴（含骨灰堂骨灰存放格位）原则上以20年为一个使用周期。

五、关于强制执行范围问题《条例》第五章第二十条规定："将应火化的遗体土葬或者在公墓和农村公益性墓地以外的其他地方埋葬遗体、建造坟墓的，由民政部门责令限期改正，拒不改正的，可以强制执行”。规定是指（一）在火葬区将应当火化的遗体进行土葬的；（二）在火葬区的公墓和公益性墓地以外埋葬骨灰并修建坟墓的；（三）在土葬改革区公墓和公益性墓地以外埋葬遗体并修建坟墓的。对于上述行为，由民政部门责令限期改正；拒不改正的，可以强制执行。

二、公益性墓地的监管

按照《殡葬管理条例》的规定，公墓只有两种：城市经营性公墓、农村公益性墓地。当前，乱埋乱葬等问题依然比较突出，迫切需要加强对农村墓地建设的管理和监督。

殡葬改革在广大农村举步维艰，封建迷信、大操大办、乱埋乱葬等问题普遍存在，有的地方还较严重。

（一）农村墓地建设存在的主要问题

1.乱埋乱葬，非法占用耕地建坟的现象日趋严重。随着农村土地承包经营权的物权化、农业税的全面取消、农业奖补政策的全面落实和农村林权制度的改革，农村土地价值凸显，村级集体已基本无机动的土地资源。土地承包后，农村群众认为“咱老百姓死了，自家人埋在自家田地天经地义”。在山区和丘陵区，农民死亡后基本上葬在自留山、自留地内，其墓地以村民小组或以家族为单位自然形成。在平原区，农民死亡后，大都葬在以村民小组或以家族为单位形成的墓地内。但目前许多平原区原有的自发形成的传统墓地基本用完，因此，这些地方的农民死亡后一般葬在沟港渠堤旁或自家房前屋后或承包的田间地头。

由于受传统观念和迷信思想的影响，相当部分农民群众认为坟头越大、墓碑越高、占地越多，便是对祖宗、对逝者的一种最好的孝敬和追思，超面积建大坟的现象日趋增多。有的地方出现骨灰二次装棺土葬现象，有的家庭为了显阔，建一个墓地少则几千上万，多则耗资十万、几十万，所占面积甚至比普通民宅还大。“死人与活人争地”的现象愈演愈烈，耕地短缺的矛盾更加突出。

2. 缺乏公共投入，墓地建设乱象丛生。国务院《殡葬管理条例》第七条规定：各省、自治区、直辖市人民政府民政部门制定殡葬设施规划，但是多数地方政府并没有将城乡公墓建设纳入地方总体规划之中，对于如何建公墓、建什么样的公墓以及建成后怎样管理，缺乏具体的指导和规制，造成公益性公墓在选址、建设、墓型和占地面积等问题上莫衷一是。

由于政府对农村公墓建设重视不够，一方面不能有效推动殡葬改革的观念深入人心。当前，建设和使用公益性公墓的意义和作用还不广为人知，农民群众对殡葬文化的发展变革缺乏深层的理解。殡葬改革提倡的厚养薄葬、树文明新风的初衷难以得到有效落实。另一方面，村民“死有所葬”的问题尚未引起各级政府的高度关注，用于殡葬改革和殡葬基础设施建设的资金严重不足。农村公益性公墓建设尚未纳入民生工程，未列入各级新农村建设规划，政府在农村公益性公墓建设上投入少，多数地方没有任何投入，广大农民在“葬”的问题上还没有很好地得到公共服务。有的城乡接合部农民土地被征收，死亡后无地可葬，导致他们以村民小组或村（社区）或家族为单位到周边丘陵、山区乡镇购买墓地。

3. 非法经营，公益性墓地成为牟利的工具。农村公益性墓地只能用于安葬本村死亡的村民，但在城郊农村，未经县级民政部门批准的非法公墓不同程度地存在于全国各地；还有的经过审批的农村公益性公墓，非法对外开展经营性售墓活动，公益性公墓成了一些地方少数人谋取暴利的工具。

（二）政府在农村墓地建设方面的主要职责

加强农村公益性公墓建设的规划、投入、管理和监督，是推动农村殡葬改革的根本举措，可以由此破除丧葬陋习、节约土地资源、倡导殡葬新风，可以维护群众殡葬权益，可以规制殡葬行为、维护殡葬秩序。主要是明确政府及有关部门的责任。

1. 统筹规划的职责。深化农村殡葬改革是政府的职责所在。随着新农村建设的进一步深入，土地流转速度加快，农村居民安葬难问题会越来越突出，农民群众迫切需要政府兴建农村公益性公墓。同时，兴建公益性公墓是新农村建设的一项重要内容，通过公益性公墓的建设，达到规范安葬秩序、根除乱埋乱葬、改善生态环境、促进农村经济社会的协调有序发展的目的。

各级地方人民政府应按《殡葬管理条例》的要求，把农村公益性骨灰放置设施建设纳入当地经济和社会发展总体规划，并制定殡葬设施建设专门规划，根据本地死亡人口的情况和所处地理环境的实际，对农村公益性墓地和骨灰存放设施建设的数量、地点、投入、管理等进行统筹规划，以满足群众“死有所葬”的合理需求。

2. 加大投入的职责。农村墓地建设关系到广大农民群众的切身利益。当前，由于村级经济普遍比较薄弱，农民群众的生活尚不富裕，自身承担公墓建设和管理费用确实比较困难。因此，各级党委、政府应当将农村公益性公墓建设列入新农村建设规划，纳入民生工程，逐年加大财政投入，切实解决广大农民丧葬难的问题。

公益性公墓建设要以乡镇或村兴建为主，也可以多村联建。投入应由各级政府、村集体或社会捐赠等多方筹措，但要严格限制以获利为目的的社会资本的投入，因为资本逐利的本性容易导致公益性演变为经营性。要对墓穴占地面积、使用年限作出明确规定，既要体现绿色、生态、环保理念，又要满足群众文明祭祀需求，使广大农民群众能够接受。

在建设公益性公墓的同时，可以建设骨灰堂作为村民骨灰存放设施。骨灰堂，占地少，可以多村联办或乡镇集中兴建，既节省建设经费，又能方便群众。特别是对一些不宜建公墓或确实没有合适地方建公墓的乡村，不失为一种好的选择，可以作为今后骨灰安葬的发展方向。

3. 规范管理的职责。应制定农村公益性墓地管理办法，对公墓的建设与管理作出明确规定，各地按照办法抓好落实，确保公益性公墓建设、管理与使用逐步规范有序发展。乡镇政府与县、市民政部门要切实加强监管，建立完善的监督机制，充分发挥管理服务功能。要坚持公益原则，不得变相营利，不得承包经营，县、市、区民政部门对农村公益性公墓要进行定期、不定期每年检查，发现问题及时整改。

4. 监督查处的职责。农村墓地监管的职责，主要包括几个方面：（1）对未经县级民政部门审批的所谓公益性公墓，由县级民政部门取缔；开展了经营活动的，工商行政管理机关进行行政处罚，非法经营情节达到非法经营罪标准的由公安机关作为刑事案件立案侦查，依法追究刑事责任；(2) 对经过县级民政部门审批的公益性公墓对外经营的，由县级民政部门责令停止非法经营，工商行政管理机关进行行政处罚，非法经营情节达到非法经营罪标准的由公安机关作为刑事案件立案侦查，依法追究刑事责任；(3) 在政府通过了公益性公墓建设规划并组织建设了公益性公墓的条件下，对不按规划规定、在公益性公墓以外建坟墓的，由县级民政部门或乡镇人民政府责令死者近亲属自行纠正；对拒不自行纠正的，县级民政部门或乡镇人民政府可以由自己（有法律设定强制执行的情况下）或申请人民法院强制执行（无法律设定强制执行的情况下），将非法建设的坟墓予以拆毁，恢复原状；(4) 对《殡葬管理条例》施行前建设的老坟，如果是建在农用地、公路、铁路两侧、自然保护区、风景名胜区、水源保护区等禁止建坟的地区，要限期死者近亲属迁移，对拒不迁移或超过迁移期限不迁移的，可以依照《行政强制法》的规定，强制迁移或深埋不留坟头；(5) 对非法占用农用地建设坟墓、公墓的，由土地管理部门、林业管理部门根据土地管理法律法规进行查处，非法占用耕地、林地达到非法占用农用地罪犯罪标准的，由公安机关作为刑事案件立案侦查，依法追究刑事责任；(6) 对在城乡规划区内非法建造的坟墓，由城市、县、乡（镇）人民政府或规划主管部门或城市综合执法部门依法处理，直至依法强制拆除；(7) 对不履行法定监管职责的单位及其责任领导、责任人员，由其上级机关、监察机关依法督促其履行法定职责；对失职、渎职的，依法追究其行政责任，给予行政处分；情节严重构成渎职罪的，依法追究刑事责任。

三、公墓经营许可的行政法规制

对公墓经营进行政府许可是世界通例。公墓经营许可是政府机关的行为，对申请人能否取得相关经营的资格或者说能否取得相关民事行为能力具有决定性意义，在申请人与许可机关之间不存在财产或人身等民事关系，两者之间形成行政法律关系。对于经营性公墓的许可而言，只有正确把握其性质特征，才能正确理解和实施好相关许可及监督管理行为。

（一）公墓经营许可的性质

行政许可是典型的行政行为。“行政行为”是德国行政法学鼻祖奥托·迈耶提出的重要概念（他认为：行政行为是指行政机关运用公共权力，对具体行政事务适用法律作出决定的单方行为），也是行政法立法、行政、司法、理论界运用的通行概念，虽然对其含义有多种主张，但行政主体、行使公共权力、产生法律后果是其共同的特征。

（1）行为主体是行政机关或授权的组织。从国家职能分工（西方国家是三权分立）的角度看，立法机关、司法机关不能成为行政行为的主体，它们的职能是立法和司法而非行政；从公共权力与社会自治的分野角度，企业、事业单位、社会组织和公民个人也不是行政行为的主体。作为行政行为的主体必须是行政机关或法律授权的组织。

（2）行为内容是行使公共权力。所谓公共权力，是指国家机关或授权组织以国家名义实施维护公共秩序、增进公共利益的权力，包括立法权、行政权、司法权，从政治经济学角度看，就是统治阶级以国家名义对社会进行统治的权力。行政机关或授权组织行使行政职权，履行公共管理、公共服务职能，这样的行为才是行政行为；行政机关或授权组织以民事主体身份实施的民事行为，如购买办公用品、公务用车缴纳高速公路通行费、办公楼建设的发包等行为，就不是行政行为。

（3）行为后果是产生法律效果。所谓法律效果是指行政行为一旦生效，即在行政主体与相对人之间产生行政法上的权利义务关系，这种行政法律关系一经形成，就受到行政法的调整和规范，行政主体和相对人以及与此相关的第三人都要正确行使相关权利、正确履行相关义务，否则就要承担相应行政法律责任直至刑事责任。

公墓经营的行政许可符合行政行为的特征。第一，许可主体是民政机关，无论是省级民政机关还是民政部或县级民政机关，都是国家行政机关，且由《殡葬管理条例》赋予的法定职责，符合行政行为的主体要件；第二，公墓经营许可是民政机关对申请经营公墓的单位或公民的申请进行审查，符合法定条件的给予许可，不符合法定条件的，不予许可，审查权和许可权都属于国家公共管理职能，符合行政行为的内容要件；第三，给予或不予许可产生的后果是法律后果，对相对人而言，要么取得经营公墓的资格和民事行为能力，要么不解除经营公墓的禁止，许可与否，对当事人而言，在民事和行政等法律上的权利义务存在显著的不同，符合行政行为的效力要件。

1. 公墓经营许可是具体行政行为。行政行为以适用对象是否特定和其确立的规则能否被反复适用为标准，可以区分为抽象行政行为和具体行政行为。作为行政法“母国”的法国和法治程度较高的美国，从学理到实践都坚持这一划分。我国行政法学和行政立法也把具体行政行为作为一个核心概念进行运用。抽象行政行为是指行政机关制定和发布具有普遍约束力的规范性文件的行为，如制定行政法规、规章，发布普遍性约束力的命令，制定规范性文件等行为；具体行政行为是指将具有普遍约束力的行政法律、法规、规章或其他规范性文件适用于特定事件或特定对象而作出的处理决定。抽象行政行为和具体行政行为的划分，不仅在行政诉讼的受案范围上具有重要意义，而且由于两者的内容显然不同，对其规范的法律也就呈现不同的特点：抽象行政行为具有普遍约束力，对众多相对人的权利义务影响大，因此其做出要受《宪法》、《立法法》、《行政规章制定条例》等的约束，更加强调政治性、民主性；具体行政行为是将法律法规规章和规范性文件适用于具体事件、具体对象的活动，主要由单行法律法规和行政程序法对其规范，更加强调执行性、效率性。

最高人民法院在关于执行《中华人民共和国行政诉讼法》若干问题的解释（试行）中对具体行政行为的定义是“具体行政行为是指国家行政机关和行政机关工作人员、法律法规授权的组织、行政机关委托的组织或者个人在行政管理活动中行使行政职权，针对特定的公民、法人或者其他组织，就特定的具体事项，做出的有关该公民、法人或者其他组织权利义务的单方面行为。”从这一定义看，具体行政行为具有以下特征：第一，行为主体是行政主体（即国家行政机关或法律、法规授权的组织）；第二，行为是在行政管理活动中行使职权的行为；第三，行为内容是针对特定人、就特定的具体事项作出行政决定；第四，是单方面的行为（即行政主体依自己一方的意思表示、无须征得相对人的同意就可以做出产生一定法律后果的行为）；第五，行为直接涉及公民、法人或者其他组织的权利义务，也就是说，行政行为生效后，作为相对人的公民、法人或者其他组织将失去某种权利或者承担某项义务或者赋予、增加某种权利或者减少、取消某种义务。

公墓许可作为国家行政机关的行政行为具有上述五个特征。我国《殡葬管理条例》第 8 条规定：“建设殡仪馆、火葬场，由县级人民政府和设区的市、自治州人民政府的民政部门提出方案，报本级人民政府审批；建设殡仪服务站、骨灰堂，由县级人民政府和设区的市、自治州人民政府的民政部门审批；建设公墓，经县级人民政府和设区的市、自治州人民政府的民政部门审核同意后，报省、自治区、直辖市人民政府民政部门审批。利用外资建设殡葬设施，经省、自治区、直辖市人民政府民政部门审核同意后，报国务院民政部门审批。农村为村民设置公益性墓地经乡级人民政府审核同意后，报县级人民政府民政部门审批。”这些行为主体都是行政机关；公墓经营许可是国家行政机关对公墓设立和运行进行管理和监督的措施，是依法行使行政职权的行为；民政机关作出是否许可的决定指向特定的申请人；许可机关根据当事人的申请但是否许可并不需申请人同意而是由登记机关单方作出意思表示；许可是否作出，对申请人民事和行政法律关系上的权利义务产生直接影响，产生特定权利和义务。因此，公墓经营许可符合具体行政行为的特征。

2. 公墓经营许可是羁束行政行为。行政行为根据法律约束的程度和行政主体主观意志作用的程度分为羁束行政行为和裁量行政行为。羁束行政行为是指行政法规范对行政行为的规定具体明确，行政主体对法律的适用没有灵活性，行政主体依据法律的明确规定作出的行政行为；裁量行政行为是指行政法规范对行政行为的作出规定了可供行政主体选择适用的措施或幅度，行政主体可以根据具体情况灵活作出行政决定的行政行为。

殡葬管理法规并没有赋予民政机关选择适用的幅度或措施，只要当事人的申请符合殡葬法规的要求和要件的，必须予以许可；对不符合殡葬法规的申请，则不能予以许可。因此，公墓经营许可是羁束行政行为，民政机关没有自由裁量权。羁束行政行为与裁量行政行为的划分具有重要意义，羁束行政行为对行政主体而言就是要严格执行法律规范不走样，对其评价、监督的标准就是合法性；裁量行政行为首先要求其合法，即在法律规范规定的选择范围内实施，其次要求其合理、适当、正当。从行政诉讼角度，一般只审查行政行为的合法性，对行政行为的合理性一般不加审查，但对显失公正的也可进行审查，如我国《行政诉讼法》第54条第（四）项规定“行政处罚显失公正的，可以判决变更”。法国行政法院发展的“行政均衡原则”、德国行政法上的“比例原则”等对行政自由裁量权的规制的范围更加广泛，不仅限于行政处罚。显然，许可机关不能以自由裁量作为自己行为规避合法性监督或质疑的理由或借口。

3. 公墓经营许可是要式行政行为。行政行为根据法律是否有法定形式要求分为要式行政行为和非要式行政行为。要式行政行为是指法律规范对行政行为的形式和方式作出了具体明确的规定、行政主体应按法定的形式和方式作出的行政行为；非要式行政行为是指法律规范对行政行为作出的方式没有明确具体的规定、行政主体可以采取适当方式实施的行政行为。在法治政府建设的大背景下，行政行为一般应为要式行政行为，只有在法律尚未调整的领域或法治化较低的领域，非要式行政行为才能暂时存在，当法律调整进一步完善、法治化程度进一步提升，非要式行政行为的范围将一步步缩小。

公墓经营许可显然是要式行政行为，民政机关履行许可审查职责的结果要以符合法律规定的形式体现出来，如要素齐全的公墓经营许可证等，不允许以口头形式、证明形式、通知形式等非法定的形式作出许可行为。

4. 公墓经营许可是授益行政行为。行政行为根据对相对人权益产生影响的不同分为授益行政行为和侵益行政行为。授益行政行为是指授予相对人权利或赋予相对人利益的行政行为，如民政机关发给最低生活补助费的行为；侵益行政行为是指剥夺相对人权利或赋予其义务的行政行为，如行政处罚、行政征收、行政强制等。

经营公墓对于公民和组织而言，是禁止的行为，如果申请人得到许可机关的许可，就取得了经营公墓的资格，享有相应的民事行为能力。因此，这些相对于一般公民或组织而言，属于权益的获得，因此，公墓经营许可是授益行政行为。

行政许可是具体行政行为，因而就要受到关于具体行政行为的行政法基本原理、基本原则、法律规范的调整和制约，这就基本要涉及行政法的主要领域。针对公墓经营许可的实际，笔者认为主要涉及行政行为的生效条件、行政行为的效力内容、行政行为信赖保护、行政行为的合法性标准、行政行为的司法监督和纪律监督等重要问题。

（二）公墓经营许可的合法标准

行政行为必须合法才能得到肯定性评价，这是法治国家建设和法治行政的必然要求。关于行政行为的合法性标准问题，主要有形式合法和实质合法两种主张，本书不作展开。行政行为合法是指符合法律规范或者符合法律原则或者符合法律原理，但合法的最直接的依据还是明确具体的法律规范，这是最没有歧义、最没有争议的标准，当没有法律规范的情况下才存在适用法律原则的问题，至于法律原理的适用则因其抽象性往往存在分歧和争议而不易成为行政执法和司法实践的依据，特别是成文法国家更是如此。由此我国的具体行政行为的合法标准更应该从实定法角度进行考察，具体讲应从《行政诉讼法》、《行政复议法》关于维持判决或维持决定的肯定性条款和撤销判决或撤销决定的否定性条款两个方面加以明确。

《行政诉讼法》第五十四条　人民法院经过审理，根据不同情况，分别作出以下判决：

（一）具体行政行为证据确凿，适用法律、法规正确，符合法定程序的，判决维持。

（二）具体行政行为有下列情形之一的，判决撤销或者部分撤销，并可以判决被告重新作出具体行政行为：

1. 主要证据不足的；

2. 适用法律、法规错误的；

3. 违反法定程序的；

4. 超越职权的；

5. 滥用职权的。

（三）被告不履行或者拖延履行法定职责的，判决其在一定期限内履行。

（四）行政处罚显失公正的，可以判决变更。

《行政复议法》第二十八条　行政复议机关负责法制工作的机构应当对被申请人作出的具体行政行为进行审查，提出意见，经行政复议机关的负责人同意或者集体讨论通过后，按照下列规定作出行政复议决定：

（一）具体行政行为认定事实清楚，证据确凿，适用依据正确，程序合法，内容适当的，决定维持。

（二）被申请人不履行法定职责的，决定其在一定期限内履行。

（三）具体行政行为有下列情形之一的，决定撤销、变更或者确认该具体行政行为违法；决定撤销或者确认该具体行政行为违法的，可以责令被申请人在一定期限内重新做出具体行政行为：

1. 主要事实不清、证据不足的；

2. 适用依据错误的；

3. 违反法定程序的；

4. 超越或者滥用职权的；

5. 具体行政行为明显不当的。

（四）被申请人不按照本法第23条的规定提出书面答复、提交当初作出具体行政行为的证据、依据和其他有关材料的，视为该具体行政行为没有证据、依据，决定撤销该具体行政行为。

行政复议机关责令被申请人重新做出具体行政行为的，被申请人不得以同一的事实和理由做出与原具体行政行为相同或者基本相同的具体行政行为。

由此对行政行为合法标准可以归纳为：

1. 主体合法。做出行政行为的应是行政机关或法律授权的组织；行为主体以自己名义为行政行为；行为主体应具有法定的职权（职能管辖权）；行政主体应具有层级管辖权；行为主体应有地域管辖权；实施行政行为的人员要有合法公职身份和法定资格；合议制行政机关做出行政行为必须依据法律、法规的规定经符合法定合议制会议的形式讨论作出决定；实施具体行政行为的公职人员遵行回避制度，不存在有法应当回避的情形；调查取证、举行听证、现场决定等行为时执行公务人员应亮明身份、出示证件。

我国《殡葬管理条例》第3条规定：国务院民政部门负责全国的殡葬管理工作。县级以上地方人民政府民政部门负责本行政区域内的殡葬管理工作。

第 8 条规定：建设殡仪馆、火葬场，由县级人民政府和设区的市、自治区、直辖市人民政府的民政部门提出方案，报本级人民政府审批；建设殡仪服务站、骨灰堂，由县级人民政府和设区的市、自治州人民政府的民政部门审批；建设公墓，经县级人民政府和设区的市、自治州人民政府的民政部门审核同意后，报省、自治区、直辖市人民政府民政部门审批。

利用外资建设殡葬设施，经省、自治区、直辖市人民政府民政部门审核同意后，报国务院民政部门审批。

农村为村民设置公益性墓地，经乡级人民政府审核同意后，报县级人民政府民政部门审批。

因此，县级以上人民政府、民政部门按《殡葬管理条例》规定的不同的殡葬设施的审批权限，分别履行行政许可职责，有关行政许可的主体是法定的。只有相关级别的人民政府或民政机关设施对应的行政许可，主体才是合法的。

2. 内容合法。具体行政行为的内容就是设定、变更、消灭、确认行政相对人的权利义务，内容合法是具体行政行为合法的实质性因素，其要求简言之，就是“以事实为依据，以法律为准绳”。行政行为要认定事实清楚，证据确凿，这就要求行政主体必须先调查取证、后处理决定，如《行政处罚法》第 30 规定：“公民、法人或者其他组织违反行政管理秩序的行为，依法应当给予行政处罚的，行政机关必须查明事实；违法事实不清的，不得给予行政处罚。”因此我国《行政诉讼法》、《行政复议法》均规定在行政诉讼、行政复议过程中，原行政机关不得自行调查取证；行政决定的内容必须明确，不仅行政主体的执行者，而且行政相对人对行政内容所规定的权利、义务都能清楚地准确一致地认知，模糊的、易产生歧义的行政决定的合法性存在瑕疵；行政决定必须内容适当，能实际可行，如果规定相对人在不可能的时限内或以不可能的方式履行义务或附加不可能实现的条件等，该行政决定不具有合法性；必须适用法律、法规或规范性文件等依据正确，在可适用的法律、法规或规章矛盾时要适用效力更高的上位法、特别法、新法的规定，且应注意法不溯及既往；适用法律时应引用具体条款，不能只笼统地表述“依据某法的规定”。

在内容合法中，在侵益性行政行为如行政处罚的决定中，应明确表述相对人对行为不服提起行政复议或行政诉讼的期间和受理机关，这是相对人的法律救济权利，虽然一般在法律中有明确规定，但在具体行政行为中仍应作为必不可少的内容。如《行政处罚法》第 39 条第（五）项规定行政处罚决定书应当载明不服行政处罚决定、申请行政复议或者提起行政诉讼的途径和期限。

例如公墓经营许可的内容合法，要求许可机关严格按照《殡葬管理条例》等法规的规定实施许可。

不得许可在《殡葬管理条例》第 10 条规定的禁止的区域建造经营性或公益性公墓。《殡葬管理条例》第 10 条：禁止在下列地区建造坟墓：（一）耕地、林地；（二）城市公园、风景名胜区和文物保护区；（三）水库及河流堤坝附近和水源保护区；（四）铁路、公路主干线两侧。

2011 年 6 月 24 日，一些媒体报道了海南省临高县违法征林地建公墓的事件，涉及临高县东英镇灵山村集体林地 500 亩，没有林业部门征用林地的许可，该县林业局只批准了 20 亩的采伐许可。[①]这一案例中如果民政部门进行了许可，则该许可内容违法；建设单位也是违法建设。

不得许可公墓墓穴占地面积超过规定。《殡葬管理条例》第 11 条：严格限制公墓墓穴占地面积和使用年限。按照规划允许土葬或者允许埋葬骨灰的，埋葬遗体或者埋葬骨灰的墓穴占地面积和使用年限，由省、自治区、直辖市人民政府按照节约土地、不占耕地的原则规定。国务院办公厅转发民政部《关于进一步加强公墓管理意见》的通知（国办发［1998］25 号 1998 年 5 月 19 日）规定：要严格限制墓穴占地面积。今后埋葬骨灰的单人墓或者双人墓占地面积不得超过 1 平方米，埋葬遗体的单人墓占地面积不得超过 4 平方米，双人合葬墓不得超过 6 平方米。

不得许可公墓建设违反《殡葬管理条例》第 9 条规定的墓地。《殡葬管理条例》第 9 条：任何单位和个人未经批准，不得擅自兴建殡葬设施。

农村的公益性墓地不得对村民以外的其他人员提供墓穴用地。

禁止建立或者恢复宗族墓地。

3. 程序合法。行政行为合法的程序要件，要求行政行为的程序和形式符

①参见《京华时报》2011 年 6 月 24 日《海南临高县违法征林地建公墓》一文的报道。

合法律规定，即行政主体作出意思表示，必须做到意思的形成过程无瑕疵，意思的表示形式无瑕疵。这就要求行政行为既要遵循法定的行政程序，又要遵循理所当然的正当的行政程序。行政行为不仅要按法定的步骤、顺序、时限实施，还要按照正当法律程序原则，遵循回避、听证、公开等自然正义的要求，即使这些要求并没有规定在规范性文件之中。

我国《行政处罚法》关于行政处罚决定的程序的原则要求体现在该法第31条和第32条。第31条规定："行政机关在作出行政处罚决定之前，应当告知当事人作出行政处罚决定的事实、理由及依据，并告知当事人依法享有的权利。"第32条规定："当事人有权进行陈述和申辩。行政机关必须充分听取当事人的意见，对当事人提出的事实、理由和证据，应当进行复核；当事人提出的事实、理由或者证据成立的，行政机关应当采纳。行政机关不得因当事人申辩而加重处罚。"

行政行为要经过一系列的程序环节作出，当行政行为的作出欠缺其中的某个要件或违反其中的某个环节的法律规定，这时，对该行政行为的效力的判断不能一概而论。如果该程序环节是以保护行政相对人的权益的角度为立法的目的和宗旨，则欠缺或违法的应导致行政行为的无效；如果该程序对行政相对人的保护的力度较弱，则并不能因此认定该行政行为无效。

日本学者南博方认为"违反了重要的程序（为了保护相对人权利的程序等），被认为会对行政行为的实体性结果带来明显的影响时，违反该程序的行为无效。未经听证程序而作出的行政行为，因为我们不能说即使赋予了听证机会也不存在得出不同结论的可能性，所以该行政行为应当理解为无效"。"行政行为在未经审议会（咨询机关）的咨询而作出的情况下，以及虽然经过了咨询，但在该审议会的审理、决定（答复）的过程中存在重大的违反法规等情形时，经过该程序而作出的处分构成违法，因而难免会被撤销。"①

公墓经营许可的程序合法，具有重要的意义，对于实现保障公开、公平、公正审批经营性公墓的申请和通过严格审批对公墓经营进行有效监管，都是必要的。

建设经营性公墓的报批程序。《殡葬管理条例》第8条规定：建设公墓，

① [日]南博方著：《行政法》，杨建顺译，中国人民大学出版社2009年8月第1版，第60页。

经县级人民政府和设区的市、自治州人民政府的民政部门审核同意后，报省、自治区、直辖市人民政府民政部门审批。因此，建设经营性公墓的报批程序是：①县级人民政府审核同意；②设区的市、自治州人民政府的民政部门审核同意；③省、自治区、直辖市人民政府民政部门审批。因此，经营性公墓的许可属于多层级纵向联合许可。

建设经营性公墓的程序条件。国务院办公厅转发的民政部《公墓管理办法》（1992 年）规定，建设经营性公墓要有土地部门的审查意见。

4. 形式合法。从广义的角度讲，形式合法包含在程序合法的要求之中，但从狭义角度看，形式合法有其独特的含义。行政行为必须是行政主体以适当方式将其意思表示表达出来以对行政相对人的权利义务形成影响，从而形成行政法律关系。一般而言，行政行为应以口头或书面形式作出，尤其应以书面形式作出。

我国关于抽象行政行为特别是行政法规和行政规章制定的程序、形式等通过《立法法》《行政法规制定程序条例》《规章制定程序条例》等法律、法规、规章进行了明确规定，违反这些规定的抽象行政行为是违法的，虽然其主要是形式违法，不必然导致其无效，但有权机关可以责令或要求制定机关予以纠正。

具体行政行为中，各种证件表现比较广泛，如许可证、登记证、执照、合格证等，这些证件必须形式合法、要件齐全，如字迹清晰、印刷规范、行政主体的名称规范、加盖印章、注明行为作出的年月日、文号编号规范准确等。如果证照要件存在瑕疵，当可以进行补正且对行政相对人合法权益不产生实质性影响时，可以进行补正而不影响证照的效力。至于口头形式，受到严格的限制，一般只适用于紧急情况和轻微的侵益性行政行为，如对轻微违法行为的口头警告等。

默示形式一般都只构成行政不作为，当有关事项是行政机关的法定职责时，不作为将被认定为违法，需要承担相应责任。

公墓经营许可的法定形式，毫无疑问是书面形式，即公墓经营许可证；撤销许可的则应有撤销的书面决定，不得在原证件上签署“撤销”或“注销”作为撤销决定的形式。

（三）公墓经营许可制度的完善

我国关于经营性公墓的许可的具体规定较少，只有原则规定。亟待对经营性公墓的行政许可的实体条件、程序条件、决定主体、监管责任等方面进行具体规范。具体讲：

1．要有公墓建设的总体规划的制定的具体规定。

2．要有公墓用地的性质、面积、地点的具体规定。

3．要有公墓用地规划的民意调查、听证、专家论证等制度规定。

4．要有县、市、省级政府及有关机关层级许可的权限、责任的规定。

5．要有对许可决定的主体、程序及申请人的救济途径的规定。

6．要有对许可后的公墓的监管主体、措施、分工及救济的规定。

7．要有县、市、省政府及有关机关失职渎职的责任规定。

附录1：民政部、国家土地管理局关于清理整顿非法经营性公墓的通知（民事发［1995］8号1995年3月23日）

一、未经民政部批准吸收外资兴办的经营性公墓和未经各省（自治区、直辖市）民政厅（局）批准的经营性公墓，以及虽经民政部门批准但未经土地管理部门依法办理用地审批手续的经营性公墓和对外出售墓穴的公益性公墓，均视为非法经营性公墓。

二、对非法经营性公墓的处理办法：（一）对违反土地管理法规非法兴建的经营性公墓，由当地民政部门配合土地管理部门依法予以处罚。（二）对确认的非法经营性公墓，分别由民政部、省级民政部门会同同级土地管理部门予以取缔，责令经营单位恢复地貌、退还非法占用的土地，限期迁移已葬遗体（骨灰），所需经费由建墓单位承担，避免激化矛盾。确需保留的，在清理整顿之后，按国家有关规定补办手续。（三）对利用建公墓搞封建迷信活动的，由公安机关按照《中华人民共和国治安处罚条例》的规定予以处罚。（四）公益性公墓对外出售墓穴的，其用地按非法转让处理，由殡葬主管部门配合土地管理部门责令其停业整顿，并没收非法所得。

三、建立健全经营性公墓报批制度。各省（自治区、直辖市）民政厅（局）要按照经营性公墓由国家殡葬事业单位独家兴建的原则，严格依据当地土地利用、城市建设和发展总体规划，把好兴建经营性公墓的审批关和兴建合资公墓的申报关。经批准的公墓单位按照有关规定，持民政部门的批件，到县级土地管理和工商行政管理部门分别办理土地使用权出让和营业执照等有关手续，使用集体所有的土地兴建经营性公墓的，其土地必须征用为国有后，以土地使用权出让方式供地。

附录2：国务院办公厅转发民政部《关于进一步加强公墓管理意见》的通知（国办发［1998］25号1998年5月19日）

指出：建国40多年来，我国殡葬改革取得了可喜的成绩，但在公墓建设和管理中也存在着一些不容忽视的问题，如一些地方乱批乱建公墓，浪费土地资源，破坏生态环境和借办丧事之机大搞封建迷信活动；有的公墓（塔／陵园）单位利用墓穴和骨灰存放格位进行传销和炒买炒卖等不正当营销活动，损害了群众的利益，引发出一些不安定因素。这些问题严重地影响了殡葬改革和社会主义两个文明建设。

各省、自治区、直辖市人民政府要组织民政、公安、土地、工商等有关部门，集中一段时间开展清理整顿公墓的工作。

（一）清理整顿的范围

1. 未经省、自治区、直辖市民政厅（局）批准兴建的公墓和未经民政部或国家批准立项的吸收外资（含港、澳、台）合资兴建的公墓，即为非法公墓。

2. 虽经批准建立，但在公墓内修建封建迷信设施、搞非法营销活动或未经验收擅自经营的公墓单位。

3. 出售墓穴和骨灰存放格位，从事营销活动的公益性公墓。

（二）清理整顿的措施

1. 对在国家禁止建墓区域内兴建的非法公墓，必须取缔，所占的土地由土地管理部门依法处理。地方人民政府要根据具体情况研究切实可行的措施，妥善解决有关问题。

2.对建在荒山瘠地、埋葬数量少的非法公墓，由当地政府责令兴建公墓的单位负责将已葬墓穴迁葬至合法公墓内；对埋葬数量较大，一时难以迁葬的，要责令其停止出售墓穴，兴建公墓的单位要在限期内搞好绿化美化，接受政府殡葬管理部门管理，或提供公墓养护费及绿化费，移交殡葬管理部门管理。待墓穴使用周期满后，将墓穴迁出，恢复地貌。

对当地确实需要，又不违背公墓建设规划的非法公墓，兴建公墓的单位要按规定补办审批手续，接受政府殡葬管理部门的管理。

4.对利用墓穴和骨灰存放格位进行传销和炒买炒卖等不正当营销活动的，要采取措施坚决制止，同时要依据有关规定进行处罚。

5.对违规出售墓穴和骨灰存放格位，从事营销活动的公益性公墓，要责令其停止营销活动，出售墓穴和骨灰存放格位，按非法转让行为处理。

6.对《殡葬管理条例》发布以后未经批准建立的非法公墓，按《殡葬管理条例》第18条处理。

暂不具备火葬条件的地区，遗体公墓须科学规划，选址在荒山瘠地，严禁占用耕地、林地；火化区的公墓是现阶段处理骨灰的过渡形式，不是我国殡葬改革的方向，因此，要严格限制其发展。

要严格限制墓穴占地面积。今后埋葬骨灰的单人墓或者双人墓占地面积不得超过1平方米，埋葬遗体的单人墓占地面积不得超过4平方米，双人合葬墓不得超过6平方米；今后墓地和骨灰存放格位的使用年限原则上以20年为一个周期。

在公墓内，严禁构建封建迷信设施和从事封建迷信活动；严禁修建宗族墓地和修建活人墓。

要凭用户出具的火化证明（火葬区）或死亡证明（土葬改革区），提供或出售墓穴和骨灰存放格位，使用规范的安葬、安放凭证，建立严格的销售、登记制度，严禁传销和炒买炒卖；要保护群众的正当权益。

地方各级人民政府和各有关部门要从国家的整体利益出发，提高对加强公墓管理工作重要性的认识，切实加强领导，把清理整顿公墓工作摆上重要的议事日程。

四、日本关于殡葬经营的许可

《日本有关坟墓、埋葬的法律》[①]第10条规定：希望经营墓地、骨灰存放处以及火葬场者，必须得到都、道、府知事的批准后方可进行经营活动。希望变更已经建设的墓地、骨灰存放处以及火葬场设施者，或者希望废止墓地、骨灰存放处以及火葬场者，也必须根据前款的规定得到批准后方可进行。

第11条规定：作为城市规划事业已经建立的墓地或者火葬场，希望对其建立、变更或者废止的时候，可以认为根据城市规划法（1968年制定的法律第100号）第59条的规定已经得到了认可或者被承认，它已经得到了批准。依据土地规划管理法（1954年制定的法律第119号）的规定进行的土地规划管理事业，或者依据大城市住宅以及促进住宅地供应特别措施法的规定实施的住宅街道整备事业，除了适用于前款的情况以外，在其他的情况下都可以认定该事业已经被承认，获得了批准。

第14条规定：根据第八条的规定，墓地管理者如果没有收到埋葬许可证、改葬许可证或者火葬许可证，不得允许进行尸体埋葬或者骨灰埋葬。根据第八条的规定，骨灰存放处的管理者如果没有收到火葬许可证或者改葬许可证，不得收藏骨灰。根据第八条的规定，火葬场的管理者如果没有收到火葬许可证或者改葬许可证，不得进行火葬活动。

第20条规定：触犯以下各项情况之一者，处以六个月以下的劳动改造或者5000日元以下的罚款。1. 违反第十条规定者；2. 违反第19条规定令者。

第25条规定：本法律生效前实施的违法行为，仍然根据从前的案例进行的判决。

第26条规定：在本法律实施前，根据以前的规定已经得到了都、道、府

① 《日本有关坟墓、埋葬的法律》的内容参见靳尔刚主编的《国外殡葬法规汇编》，中国社会出版社2003年8月第1版，第83—91页。

知事的批准而对墓地、骨灰或者火葬场进行经营者，可以根据本法律的规定认定其资格为已经分别获得了许可。

第 27 条规定：根据以前法令的规定进行骨灰存放经营活动不需要都、道、府知事批准的地区，在实施本法律之前希望进行骨灰存放经营活动者，在本法律实施后仍然希望继续进行经营的，在本法律实施 3 个月以内，必须根据第 10 条的规定向都、道、府知事提出经营许可申请。在此申请是否被批准的决定作出之前，根据本条规定可以认为许可已经得到批准。

第 28 条规定：在本法律实施以前，根据以前的法律规定已经市、街道、村长处得到的埋葬、改葬或者火葬许可证以及此类的许可证，根据本法律的规定可以认定此为已经生效的许可证。

关于墓地经营许可的程序和条件，日本《公墓法》概论[①]的解释是：

（一）墓地的经营主体

原则上，墓地的经营主体应该是地方公共团体（都、道、府、县以及市、街道、村），即使在难以操作的情况下，至少也必须是公益法人（财团法人）以及宗教法人等来实施。另外，以营利为目的股份公司之类的法人是不允许进行墓地经营的（1965 年 4 月 5 日卫生环境保护省环卫第 8058 号通知）。希望经营墓地、骨灰盒存放场或者火葬场的人员，必须取得都、道、府、县知事（行政长官）的批准（《墓地埋葬法》第 10 条第 1 项）方可实施。这里所谓的“经营”，是指设立、管理、运营墓地等行为。相对于通常使用的“企业经营”等语言的含义来说要宽一些，可以认为它是一种任何人在得到批准后，都可以进行的墓地经营活动。

可是，实际情况却是只有极有限的范围内才能够被允许进行墓地经营。为什么呢？由于墓地是安放遗体而带有宗教性质的一种特殊设施，所以墓地的经营必须确保一定公益性和连续性这一前提。上面所述，为了确保墓地管理的连续性，又要健全墓地经营的管理，墓地的经营一定应该是公益性事业而不应该过度追求营利。从这些因素出发，目前墓地仅仅允许地方自治体、

① 日本《公墓法》概论关于墓地经营许可的程序和条件的有关解释内容参见靳尔刚主编的《国外殡葬法规汇编》，中国社会出版社 2003 年 8 月第 1 版，第 108—131 页。

宗教法人、公益法人这三者来进行经营。

1. 公益法人作为经营主体。根据民法规定，由公益法人进行墓地经营的情况下，由于必须确保经营的连续性，所以把必须有充分的财政实力作保证的财团法人作为批准的原则。另外，即使是在以地方公共团体与民间共同出资的所谓的第三类方式进行经营申请的情况下，也要以是否为有实力的财团法人作为批准的原则。

2. 宗教法人作为经营主体。在宗教法人进行墓地经营的情况下，寺庙范围内的墓地包含在自己的寺庙内、进行各种宗教仪式而被使用的土地也属于寺庙，所以墓地的经营是作为寺院固有的宗教活动而被认可的。另外，由宗教法人进行墓地经营的过程中，任何宗教派别的信徒都被接纳，进行宗教仪式的墓地当然也会与宗教活动有关系。但是它仍然被认为是宗教法人所进行的公益事业之一而被批准和认可。为此，在宗教法人的有关规定当中，必须明确规定是否进行墓地经营活动，而且在会计业务上也必须把宗教法人进行墓地经营的收支情况作为特别部分，独立而明确地加以区分。另外，当墓地的经营没有满足宗教的设立条件，而仅仅是以墓地经营为目的时，其宗教法人是不允许成立的。以宗教法人为幌子，实际上是由股份公司操纵进行经营的情况也时有发生，这种情况应该是被严格限制的。如果仅仅是借用宗教法人的名字，而营利团体才是经营主体的话，墓地经营的申请则有可能不被批准。

（二）墓地设立的手续

在墓地埋葬法中，所谓的“墓地”，是指取得都、道、府、县知事（行政长官）批准，设立坟墓的区域。法律中规定“希望进行墓地、骨灰盒存放场或者火葬场经营的人员，必须取得都、道、府、县知事（行政长官）的批准后方可经营”（《墓地埋葬法》第10条第1项）。这里的“坟墓”是指埋葬遗体或者埋葬遗骨的设施。

1. 都、道、府、县知事（行政长官）的批准。墓地的经营必须根据是否具有高度的公益性质，同时也必须对各个地方的地理条件以及各地风俗来综合判断才是合情合理的。作为地方公共团体的事务，都、道、府、县知事

（行政长官）充分考虑公共福利的基础上判断是否给予批准。取得知事（行政长官）批准的手续应该根据各个都、道、府、县的具体条例来确定。

例如，在东京都制定的“构成墓地等设施的设备及其管理条例”中，就有如下的规定。首先，“希望进行墓地等经营的人员，必须根据东京都的规定提交申请书，然后取得都、道、府、县知事（行政长官）的批准后方可实施”（同条例第3条第1项）。在这种情况下，“知事（行政长官）审查是否批准申请时，可以从公共卫生和其他公共福利的方面综合考虑后，还可附加其他必要的批准申请条件”（同条例第3条第3项）。此外，在办理设立墓地的手续时，附加了以下的一些限制条件（同条例第5条）。①从河川、海洋或者湖泊到墓地的距离必须保持在20米以上；②从住宅、学校、幼儿园、医院、办公室、商店以及这些建筑物的用地到墓地的距离必须保持在100米以上；③必须是不会污染饮用水且干燥的地点。

2．墓地构成设备的基准。墓地的构成设备必设以下的基准（同条例第6条）①在墓地的边界，必须设置屏障或者以密布的矮树作为隔离物；②必须设置由沥青、混凝土、石头等坚硬材料构成的、幅度超过1米以上的人行通道；③必须设置适当的排水通路，以便使雨水或污水不会停滞积留，其排水通路必须与下水道或河川直通。

3．申请被否决的具体例子。都、道、府、县知事（行政长官）必须在充分考虑国民的宗教感、公共卫生和其他公共福利等方面的因素后审查是否给予批准。从公共福利等方面的因素出发，认为不应该批准的情况也曾经发生过。这主要是考虑到申请地点的附近有结核病院，担心批准后会对结核病患者的心理造成不良影响（1954年10月7日卫生环境保护省环卫100号司法解释）。

4．禁止土葬的墓地。都、道、府、县在当地的条例中可以规定禁止设立土葬的墓地。因此，有些都、道、府、县在条例中规定了禁止土葬这一措施。东京都政府制定的《有关构成墓地等的设备及其管理基准的条例》中第13条中规定，东京都知事（行政长官）可以决定禁止土葬的区域，城市中心理所当然是被禁止的。

5．墓地的废止。希望废止墓地的人员必须取得都、道、府、县知事（行政长官）的批准后方可实施（《墓地埋葬法》第10条第2项），这个废止的许可手续应该是在被埋葬的遗体或者被埋葬的遗骨改葬行为全部完成后进行(1969年7月7日卫生环境保护省环卫9093号司法解释)。

(三)骨灰盒存放场的设立手续

希望进行骨灰盒存放场经营的人,必须取得都、道、府、县(行政长官)的批准后方可经营(《墓地埋葬法》第10条第1项)。为了设立骨灰盒存放场,必须满足三个要件:①接受他人的委托;②收藏遗骨;③隶属于都、道、府、县知事(行政长官)批准权力范围的设施。这里所指的"收藏骨灰"中的"收藏"的意思,是指除了埋葬之外所有的遗骨保留方法。

经营许可的申请手续。申请书中记载的事项根据地方自治体的不同而有所不同,但是一般来说必须包括:①申请人的住址等;②骨灰盒存放场以及附近位置的简图;③骨灰盒存放场的建筑用地及其建筑物的图纸;④其他的都、道、府、县知事(行政长官)所规定的事项。

骨灰盒存放场的设立场所、组成设备。不同的地方自治体对有关骨灰盒存放场的设立场所、组成设备都会有一些详细的规定。作为参考,下面我们介绍一下东京都的有关条例。

骨灰盒存放场的场所必须遵循以下的原则设立(《关于构成墓地等设备及其管理基准的条例》第7条):①必须在寺院、教会或者火葬场的建筑用地内进行。不过,在由地方公共团体或公益法人设立骨灰盒存放场的情况下,不受此限。②骨灰盒存放场的周围,必须是能够确保适当空地的土地。

骨灰盒存放场的组成设备必须符合以下的标准:

①外壁以及屋顶必须是耐火结构;

②地板采用混凝土、瓷砖、石头等坚固的材料砌筑;

③骨灰盒存放场的设备采用不可燃材料。不过,在骨灰盒存放场不使用明火的条件下不受此限;

④必须设置必要的换气设备;

⑤出入口以及窗户上必须设置防火设施;

⑥出入口以及骨灰存放装置必须是能够加锁的构造。不过,出入骨灰存放地点的人员仅仅是骨灰盒存放场的管理人员时,不受此限。

（四）在租借的土地上设立墓地

希望在租借的土地上设置新的墓地，这种行为能够得到批准吗？

1. 租借的土地与设立墓地的批准。在《墓地埋葬法》中，并没有规定墓地的经营者必须是土地所有人。因此，只要是可以作为墓地来使用，即使是租借的土地也可以获得经营批准。例如，利用租借的国有山林申请墓地经营的，也可以被批准。

2. 土地租借的性质。利用这种租借进行墓地经营的行为尽管也会得到批准，但是墓地的使用权与普通的使用权不同，它必须具备永久性、固定性、排他性等条件。因此，如果墓地的土地使用权不稳定，土地所有人在任何时候都可以要求返还的情况发生的话，这种使用权应该是不适当的。

3. 与土地所有人签订合同时需要注意的地方。在与土地所有人（假定他已经决定租借此土地）签订租借合同时，请注意以下几点。①合同书一定要采用规范的形式进行交接手续，特别是在合同书中一定要明确记载此合同是为了经营墓地而租借土地的合同。例如，一定要记载诸如“土地租借人承诺，土地承租人由于获得知事（行政长官）的批准，根据《墓地埋葬法》的规定，本人租借此土地给土地承租人用于进行墓地的经营活动。另外，土地租借人承认土地承租人可以给予第三人以永久使用权”之类的内容。②对于承租人来说，在登记有关租借土地的内容时，与其说把土地租借权利登记为债权，不如把地上权利的物权登记为债权更加有用。

（五）墓地的变更

1. 墓地区域的变更。希望变更墓地区域的人必须取得都、道、府、县知事（行政长官）的批准后方可实施（《墓地埋葬法》第10条第2项）。墓地的扩大相当于“墓地区域的变更”，所以希望扩大墓地的时候有必要取得都、道、府、县知事（行政长官）的批准。

2. 变更许可证明书的申请手续。希望变更墓地区域的人必须在申请书上记载规则所规定的事项后提交此申请书，然后必须取得都、道、府、县知事

（行政长官）批准后方可实施（例如，东京都的《关于构成墓地等设备及其管理基准的条例》第3条第2项）。在这个申请书中，必须记载：①申请人的住址、姓名；②墓地以及其附近的简图；③其他以及知事规定的事项后方可提交。

3. 取得附近居民的同意。在这个申请书中，通常需要附加以下的文件：

①墓地附近的简图；

②墓地建筑用地的图纸；

③申请理由书；

④在寺庙以及教会申请批准的情况下，寺庙长老或者宗教长老的联合署名；

⑤相邻土地的所有人以及使用人的承诺书；

⑥在建筑用地是租借的情况下，土地所有人的承诺书；

⑦是农民土地的情况下，农民土地委员会的承诺书；

⑧土地登记明细簿；

⑨在登记者是宗教法人的情况下，有关规定的打印件；

⑩由市、街道、村经营的情况下，议会（人民代表委员会）决议书的附件誊本。

其中，需要准备相邻土地的所有人以及使用人的承诺书这一点是从尊重公共卫生以及其他公共福利和国民的宗教感情出发而考虑的。从这一宗旨出发，相邻土地的所有人以及使用人的承诺书是不可缺少的，所以如果附近的居民反对此种行为时，需要与其进行耐心的沟通后方可经营。

（六）墓地转移

1. 墓地转移的手续。转移墓地包括废止以前的墓地、重新申请墓地经营以及变更以前的墓地区域这两种情况。不论上述哪一种情况，都必须取得都、道、府、县知事（行政长官）的批准后方可实施（《墓地埋葬法》第10条）。另外，把埋葬的遗体转移到其他坟墓，或者把埋葬、收藏的遗骨转移到其他坟墓的情况，尽管也可以认定它是一种改葬的行为（《墓地埋葬法》第2条第3项），但是伴随着墓地转移而进行的改葬，根据卫生环境省的法令规定，必须取得都、道、府、县知事（行政长官）的批准后方可实施（同第5

条）。

2. 改葬的手续。改葬必须根据卫生环境省的规定申请获得许可后方可进行，在实施规则第2条、第3条中规定了办理手续的有关事项。据此，希望改葬行为获得市、街道、村的首长批准者，必须将下面①～⑦的事项记载在申请书上，外加能够证明埋葬或者收藏骨灰这一事实的墓地管理者证明书，然后把此申请书提交给市、街道、村的首长。①死亡人的籍贯、姓名以及性别；②死亡年月日；③埋葬或者火葬的地点；④埋葬或者火葬的年月日；⑤改葬的理由；⑥改葬的地点；⑦申请者的住址、姓名、与死亡人的关系以及申请者与墓地或者骨灰收藏委托者的关系。

（七）无主墓地的整理

由于在山冈上的墓地大部分都是处于无主的状态，希望在此地修建一座没有边界的如来佛塔，所以必须把这些无主的坟墓进行改葬、合祀，整理一下该处墓地。请教一下有关的手续。

1. 无主坟墓的改葬手续。所谓无主坟墓，是指理应祭奠被埋葬死者的亲属已经不存在的坟墓。有关无主坟墓的改葬手续在实施规则的第3条中已经明确记载。在进行无主坟墓的改葬手续时，以前曾经严格规定必须在两种以上的日报上刊登三次以上的公告、且需要花费一定的手续费用。采用这种方式实施起来也非常困难，因此在刚刚制定完成的新规则中，修改为采用联合署名后进行公告的方式来完成此类手续的办理。

2. 修改后规则的摘要。随着家族形态以及家族意识的变化，无主坟墓持续增加。在这种情况下，从前的手续很复杂而且未必会有实际效果，所以它受到来自各个方面的批评。而被修改后，本实施规则正是适应了这种实际情况。根据新规则的规定，为了将无主坟墓进行改葬，必须经过以下手续方可实施：

①必须把无主坟墓的墓地使用者、死者的亲属以及与无主坟墓有利害关系的人员在本公告揭示的次日起一年之内可以提出认领无主坟墓的声明、死亡人的籍贯、姓名等这些规则的宗旨刊登在官方出版的报纸上。

②把①的内容写在路牌上，并把它设置在无主坟墓附近易于看到的位置

上，必须放置至少一年。

③将下面所示a～d的事项用书面形式填写，然后把记有死亡人籍贯、住址、姓名的改葬申请书向市、街道、村的首长提出。

a. 墓地的相片以及位置图；

b. 记载有①②规定的期限内没有人提出认领申请的书面报告；

c. ①的官方报纸打印件和②的路牌相片；

d. 其他市、街道、村的首长认为有必要提交的文件。

在官方报纸和路牌上记载的内容请参照以下形式。

无主坟墓的改葬公告

由于＿＿＿＿＿＿＿＿的缘故，现决定对无主坟墓进行改葬。墓地使用者等、死者的亲属以及与无主坟墓等有利害关系的人，必须在本公告揭示的次日起一年之内提出认领申请。

另外，在法定期限之内没有提出认领申请的，将按照无主坟墓进行改葬处理，敬请周知。

＿＿＿年＿＿＿月＿＿＿日

1. 坟墓所在地福冈县福冈市＿＿＿区＿＿＿
2. 坟墓的名称＿＿＿＿＿＿＿＿＿＿＿＿
3. 死亡人的籍贯以及姓名＿＿＿县＿＿＿市＿＿＿街＿＿＿号
4. 改葬的实施者＿＿＿＿＿＿＿＿

五、加拿大魁北克省《埋葬法案》对坟墓的规制

加拿大魁北克省《埋葬法案》[①]第3条规定：“除非是法律允许，否则，任何埋葬都不能在合法建立的公墓之外的地点进行。”第8条规定：“关于死于传染病的尸体，除了政府规定的条款之外，任何死于亚细亚霍乱、斑疹伤寒症、天花，白喉、猩红热、炭疽的尸体，都不能被埋葬在教堂或礼拜堂中，也不能被安放在公共灵堂中。任何死于上述列举的传染病的尸体都必须

①该法案有关内容参见靳尔刚主编的《国外殡葬法规汇编》，中国社会出版社2003年8月第1版，第593—599页。

从死亡地直接转移到公墓中。”第10条规定：“在公墓之外的任何地方都不能建造公共灵堂。”第16条关于“挖掘令申请”规定：“(1) 在申请书上应该附有宣誓书，并将其提交给高级法庭的法官，法官可以是在任的或休假的，说明挖掘埋葬在任何教堂、礼拜堂或公墓的一具或多具尸体的目的：是出于要修建、修理或出售此教堂、礼拜堂或公墓；或是出于要在另一处教堂、礼拜堂或公墓内重新埋葬这些尸体；还是出于要重新修建或修复已经被开棺的墓穴或棺材。并且，要说明挖掘之后，将尸体停放在教堂、礼拜堂或公墓中的何处，这样法官才能根据请求，下达挖掘令或允许挖掘尸体。(2) 盖有高级法庭印章并由法庭办事人员签字的挖掘令，具有足够的法律效力，才能令教堂、礼拜堂或公墓的管理者或监护人许可这种挖掘。(3) 在获取法官的挖掘条令或许可之前，在本条款的规定下，对于任何罗马天主教堂、礼拜堂或公墓，挖掘申请人必须出示已经获取的，由教区所在地的高级神职机构出具的许可证明。(4) 一旦挖掘的尸体是死于条款8中所列举的任何一种传染病，挖掘申请人必须出示由健康和社会服务部出具的许可证明，并且，只有在申请人遵照了该部门的规定，采取了必要的保护公众健康的措施，才能颁发挖掘令。(5) 在没有获取上述法官许可的情况下，在任何教堂、礼拜堂或公墓内都不能执行挖掘工作。(6) 每道挖掘令，或由法官许可授权的尸体发掘，都应该正式通知验尸官。”第17条规定：“无论是在任何教区，或由任何有资格的宗教团体，决定将旧的公墓搬迁到新的公墓地址时，任何高级法庭的在任的或休假的法官，在收到旧公墓所在教区牧师、传教士和教会执事或全体教徒的大多数人的请愿时，可以颁发挖掘许可证，将所有的或任何埋葬在旧公墓中的尸体转移到新的公墓中。”第18条规定：“教区牧师、牧师、传教士、此教区或团体的教会执事，如果是在上述的情况下，应该对所有从旧公墓中迁出的尸体进行注册登记，尽可能详细地将迁出的死者姓名及迁出申请人的姓名登记清楚；或者要说明尸体的迁出是按照教士、牧师、传教士和本教堂教会执事或全体教徒申请的挖掘令而执行的。”第21条规定了违反上述规定的处罚措施：“(1) 任何违反条款3到14和16到20的人，或辅助犯罪的人，都将被处以不超过300美元的罚款。”

加拿大安大略省《墓地法案》[1]一方面明确规定遗体必须埋葬在经批准

---

①靳尔刚主编：《国外殡葬法规汇编》，中国社会出版社2003年8月第1版，第448—520页。

建立的墓地里；另一方面，明确规定了埋葬在未经批准的墓地的遗体的处置原则（移入合法墓地）和处置程序（人性化）。该法将未经批准的埋葬称为“埋葬地点”，即“指埋有人类遗体、但未经本法案或者本法案之前的法规批准或同意成为墓地的土地”。该法第 68 条规定：除非以下情况，任何人不得侵扰或者命令侵扰埋葬地点或与遗体有关的物品。a．受验尸官的命令；b．按有关的埋葬地点处置协议进行。

该法第 69 条规定：“任何人发现或者知道一个埋葬地点，应立即通知警察或验尸官。”也就是说，即使是土地的所有权人或使用权人，对未经批准埋葬在自己土地上的遗体也不能自行处理，而必须向相关公务人员报告。

该法第 70 条规定在对未经批准的埋葬进行处置前必须进行调查：(1) 登记员可以命令埋葬被发现的土地所有者进行调查，确定埋葬的来源。(2) 如果是出于调查埋葬的性质和来源而在调查过程中对墓地造成侵扰，条款 68 不适用。(3) 进行调查的人在调查过程中应保持墓地造成最小的侵扰。(4) 如果登记员认为子条款（1）下的调查会对土地所有者造成过分的经济负担，则应由登记员进行调查工作。

该法第 72 条规定了通知和仲裁程序：(1) 登记员在宣布埋葬地点为未经批准的土著人墓地或未经批准的墓地时，应当将声明通知给规定的人或者人群。(2) 接到子条款（1）下通知的所有人应当进行谈判以便达成埋葬地点处置协议。(3) 如果在规定的时间内没有达成处置协议，登记员应当将此事送交仲裁。(4) 根据子条款（3）的规定，如果登记员认为有合理的前景可达成协议，可以将此事推迟仲裁。

该法第 73 条规定：仲裁解决方案中指明的人均有机会全面参加仲裁过程，无论其是否参加仲裁，都受仲裁方案的约束。

该法第 74 条则进一步明确规定了未经批准的埋葬遗体的处理原则：(1) 发现不正当埋葬的土地所有者应当保证将所发现的遗体埋葬在墓地中。(2) 适用于本条款下埋葬遗体的墓地所有者不能收取高于规定数额的埋葬费用。

对于处置未经批准的埋葬的处理，该法通过附件一进行了详细规定，附录如下。

《墓地法案》附件一《安大略法规 133/92　埋葬地点》[①]

定义

1. 在本法规中，“土著人”指加拿大的印第安人、因纽特人和麦第斯人；“第一国民政府”指《印第安法案》(加拿大) 中定义的“帮群”政府；“代表”，当被用于指称关于其遗体被埋葬的一个人时，指

a. 在未经批准的埋葬中 (a) 指被葬人的后裔，或 (b) 如果没有活着的后裔则指被葬人所属教区的一位代表，因为埋葬地证明被葬人与该代表相关，或者

b. 在未经批准的土著人的埋葬中，代表指愿意承担代表责任的最近的第一国民政府或其他土著人社区，其成员与被葬人有文化上的归属。

埋葬地点调查

2. (1) 如果在法案第 70 条的规定下达了调查埋葬地点的命令，那么执行该调查的人应在调查开始 5 天之内，告知登记员遗体的可能的文化来源。

(2) 在完成调查时，调查者将给登记员提供一个最后的书面报告，包含下列内容：

a. 判定遗体被葬人以及作出判断的基础的可能文化来源或宗教归属；

b. 埋葬地点的边界描述；

c. 遗体埋葬的风格和方式的细节；

d. 按照调查者的观点，来自埋葬地点的一部分的任何物品的描述；

e. 埋葬地点是否是按照文化特性出自明显的埋葬遗体的目的建造的，以及得出该观点的基础；

f. 关于准备地点处置协议的信息。

处理埋葬地点的程序

3. 如果验尸官宣布被发现的遗体不怀疑有任何虚假，埋葬地点

---

①靳尔刚主编：《国外殡葬法规汇编》，中国社会出版社 2003 年 8 月第 1 版，第 494—497 页。

被发现的土地所有者应当采取一切必要措施保护埋葬地点、遗体和任何物品，直到按照本法案和法规作出最终处置决定。

4. 发现不正当埋葬的土地所有者应当

(1) 保证遗体埋葬与被发现土地位于属于同一城市或一相邻城市墓地上；或者

(2) 将该土地变为墓地。

5. 本法案条款 74 (2) 目的下墓地所有者可以收取的最高规定限额是 500 加元或者申报的购买安葬权和开启或结束服务的最低价格，二者中取较少的一个。

6. (1) 在宣布埋葬地点为未经批准的墓地前一个月，登记员应当在埋葬被发现的城市里的普遍发行的报纸上发布声明通知。

(2) 通知应当一周发布一次，连续发布两周。

(3) 发布的通知应当要求墓地上被葬遗体的人的代表在第二次发布通知后两周内联系登记员。

7. (1) 为了本法案条款 72 (1) 的目的，应当将声明通知下列人，宣布埋葬地点为未经批准的土著人的墓地或未经批准的墓地：

a. 墓地所在地的土地所有者。

b. 墓地上每一被葬遗体的人的代表。

(2) 如果子条款 (1) 下通知作出后两周内没有代表联系登记的，未经批准墓地的所在土地的所有者应当：

a. 保证遗体埋葬与被发现土地位于属于同一城市或一相邻城市墓地上；或者

b. 将该土地变为墓地。

8. 除非未经批准墓地或未经批准土著人墓地上被葬人的代表同意，否则任何人不得：

a. 将遗体或与之相关的物品移走，或

b. 对遗体或与之相关的物品进行科学研究。

9. (1) 如果埋葬地点被发现的土地的所有者将该地点变为墓地，所有者应当保证该墓地的安葬权不被出售。

(2) 如果埋葬地点被发现的土地所有者将该地点变为墓地，所有者免予本法案条款3（1）a本法案条款3（2）和（3）的约束。

仲裁

10．本法案条款72(3)目的下的规定时间是谈判开始后一个月。

11．(1)参加仲裁的各方是：

a．埋葬地点所在的土地所有者；

b．埋葬地点上被发现遗体的人的代表。

(2)本法案条款72（3）下登记员提请仲裁的事情应当被提交仲裁委员会，或者应各方的请求，提交给由主管人指定的、由各方选择的一批仲裁员中选出的某一位仲裁员。

(3)仲裁委员会应由以下成员构成：

a．土地所有者指定的一个成员；

b．代表指定的一个成员；

c．子条款(5)下指定的一个成员。

(4)在作出地点处置协议期限期满后5天内，a、b以及子条款(3)中提到的成员的名字应当被提供给登记员。

(5)a、b以及子条款(3)中提到的成员应当在他们自己的指派之后5天内指定另外一名成员作为仲裁委员会的主席。

(6)如果在规定的时间里没有指定一名成员，主管人将从各方选择的仲裁员名单中作出指派。

(7)参加仲裁的一方不能挑选另一方指派到仲裁委员会的成员。

(8)本部分中提供的所有时间均可以在各方作出书面同意的情况下展期。

12．仲裁中的听证应当在仲裁委员会主席或仲裁员被指定后两周内举行。

13．(1)仲裁员和仲裁委员会应当：

a．检查埋葬地点；

b．指派专家证实埋葬地点上的遗体以及任何物品，并向仲裁员仲裁委员会作出报告；

c．在各方之间分派仲裁费用。

(2)仲裁员或仲裁委员会不应当下令将遗体或相关物品从埋葬

地移走作科学研究。

(3) 仲裁判决可以包括条款14中列出的不包括在地点处置协议的任何事情。

地点处置协议

14. 关于未经批准土著人墓地或未经批准墓地的地点处置协议应包含以下内容：

(1) 遗体埋葬墓地位置的法律描述以及——如果适用——声明遗体将被保留在其被埋葬的地方；

(2) 如果适用，遗体被挖掘和重新埋葬的方式和方法；

(3) 如果适用，挖掘和重新埋葬的时间范围；

(4) 关于遗体重新埋葬墓地的未来维护的条款；

(5) 执行协议的费用的分配；

(6) 协议各方同意的其他事项。

世界各国对殡葬服务的经营都实行许可制度。重视对公众利益的维护是各国殡葬服务经营许可的基本原则。是否许可，考虑的首要因素就是该申请是否符合公众利益，因此，有的国家规定听证是许可审批的必经程序。英美法系国家的殡葬经营许可的规定，包括了对申请许可的主体范围，许可取得的条件和程序，许可证的检查、更新、延续或撤销，经营规则与监督机制等广泛的内容。其许可分为四类：殡仪馆经营许可、墓地经营许可、火葬场经营许可、遗体运输服务许可。德国等大陆法系国家，一般只有火葬场经营和墓地经营两种许可。

本章结语：坟墓的建造是对死者尸体进行处置的重要方式，但由于其涉及社会公共利益，因此，世界多数国家对坟墓的建造都进行行政规制。我国对坟墓的建造，通过划定禁止建坟的区域、经营性公墓的许可、农村公益性墓地的审批等制度进行规范，是殡葬行政法制建设的重要内容。当然，我国规制坟墓的法律是不完善的，有待加强。

第八章
殡葬的行政法调整（管理篇）

在“殡葬事物的法律性质”一章中，笔者已对尸体、骨灰、坟墓所承载的价值进行了分析，认为尸体、骨灰、坟墓是逝者近亲属的精神利益和社会公共利益的共同承载体，并在殡葬的民法调整的第三章、第四章中，深入分析了对逝者近亲属的精神利益进行民法调整和保护的理论、司法和实践。那么无论是公民的精神利益还是社会公共利益，作为公法的行政法都有进行保护的责任和功能。

一、行政法在殡葬方面的职能

（一）关于行政法律关系

法律是调整社会关系的工具。每一个部门法都有其特定的调整对象。行政法调整的对象是国家行政关系。所谓行政关系，是指国家行政机关履行其职能过程中发生的各种社会关系的总称，是现代国家最基本和最重要的社会关系之一。

行政机关的职能是多方面的，行政关系也是多种多样的。现阶段，我国政府的主要职能是统筹规划、依法管理、执行政策、提供服务、实行监督。根据这些职能，行政关系可以有不同的分类，如就关系当事人来说，行政关系包括行政机关同其他国家机关的关系，国家行政机关之间的关系，国家行政机关同它的工作人员的关系，行政机关同社会组织、团体之间的关系，国家行政机关及其工作人员同公民，外国人和无国籍人之间的关系等；就关系的内容来说，行政关系包括命令与服从的关系、服务与被服务的关系以及监督关系等。从行政关系的主体的范围角度，行政关系分为内部行政关系（行政机关之间的关系和行政机关与工作人员的关系）和外部行政关系。

行政法的调整对象是行政关系，行政关系由行政法的调整就成为行政法律关系，行政法律关系是行政法调整的结果。未经行政法规范调整的行政关系不是行政法律关系，而是一种事实。从理论上讲，在依法行政的原则下，全部行政关系都应受到行政法的调整而成为行政法律关系，不存在不受法律规范的行政关系。但是由于现实行政关系的极端复杂性和法律的滞后性，无论资本主义国家还是社会主义国家，都存在没有被法律所规范的行政关系。在法律尚不完备的情况下更是如此。虽然我国中国特色社会主义法律体系已经形成，但由于国家行政活动的复杂性、广泛性和多变性，总是不断有新的行政关系产生而行政法尚未对其进行调整，而通常由政策加以调整。因此，随着国家行政职能的发展变化，不断完善行政法制仍然是我国法治政府建设的重要任务。

在一般情况下，国家行政机关是各类行政法律关系必要的主体，参加各类行政法律关系是国家行政机关不可放弃的职权。因此，行政法律关系中履行行政职能的行政机关被称为行政主体，相对应的公民或组织称为行政相对人。现代行政法并不仅是维护行政权力的法，行政法的作用，是把行政活动纳入法治轨道，形成法治行政，既规范公民和社会组织的行为，也规范行政机关的行为。因此，行政法律关系的当事人，不论是国家行政机关，还是公民个人或社会组织，依法享有权利和承担义务，都是权利的主体。他们在行政关系上可以有主动和被动之分，但居于主动地位者并非只享有权利不承担义务，居于被动地位者并非只承担义务不享有权利。

行政法律关系的客体是指行政法律关系主体的权利、义务所指向的对象，包括物、精神财富、行为、人身四类。物，是指可以作为行政法律关系对象的、能够为人们所控制、具有经济价值的物或其他物质财富，作为行政法律关系客体的物是由不同的行政法规范分别规定；精神财富，是指行政法律关系主体从事智力活动所取得的成果，如著作权、专利权、商标权、发现权以及不属于专利权范围的科技成果权、发明权等；行为，是指行政法律关系主体的行为，包括作为和不作为：作为又称积极的行为，即要求去从事一定的行为，不作为又称消极的行为，指对一定行为的抑止；人身，是指公民的名誉权等与人身相联的非物质财富成为行政法律关系的客体。

行政法律关系的内容是指主体所享有的权利义务的总和。每一个具体的行政法律关系都是由主体双方的权利义务构成的。行政法律关系主体的权利、义务是指行政法所确认并加以保护的权利、义务。由于行政法律关系主体的不同、行政层次的不同等因素，行政法上的权利、义务可以区分为不同的种类。由于行政领域极为广泛，行政法律规范极为众多，要具体详尽地罗列行政法上的权利、义务是相当困难的。可以通过学理上的一般性概括，对行政法律关系主体的权利、义务进行把握。

（二）行政机关的权利、义务

行政机关的义务，又称行政机关的职责。国家行政机关有权对社会各组织、企事业单位和公民的活动进行必要的组织、指挥、监督、协调等。社会组织、企事业单位和公民有服从行政机关实施行政管理的义务；而国家行政机关在其管理活动中也有遵守法律、依法行政的义务。社会组织、企事业单位和公民有监督国家行政机关遵守法律、依法行政的权利。国家行政机关作为行政法律关系中最重要的行政主体，它可以以多种身份参加行政法律关系。

1. 以主权者身份同相对一方当事人发生直接的权利义务关系，主要以命令和服从关系形式表现，如税务机关命令缴纳拖欠税款而产生的法律关系。

2. 以服务者的身份同相对一方当事人发生的直接的权利义务关系，主要以服务和被服务关系形式出现，如国家外贸机关进出口贸易服务为国内企业提供必要的信息；公民因公务或私务出国，由外交部或外交部授权的地方外事部门颁发护照。

3. 以指导者身份同相对一方当事人发生的指导与被指导的法律关系。如国家经济管理机关提出的指导性计划对企业经营活动提供指导。再如法律规定城市街道办事处、派出所对居民委和人民调解委员会实行指导。

4. 以授权者身份同相对一方当事人发生的授权与被授权的法律关系。如国家行政机关授权其下级行政机关、社会团体、群众性自治组织或公民从事某项行政行为。

5. 以平等者身份同相对一方当事人发生协作的权利义务关系，如行政合同所产生的权利义务关系。

就国家行政机关具有的公共权力（国家行政机关具有国家强制力的权力）而言，主要有行政立法权、决定权、命令权、执法权、监督权等。

1. **行政立法权**。国家行政机关根据《宪法》和法律拥有制定和发布行政法律规范的权力。

2. **行政决定权**。即国家行政机关依法对行政管理中的具体事务的决定权。

3. **行政命令权**。即国家行政机关发布命令，依法要求特定的人或不特定的人为一定行为或不为一定行为，命令相对一方当事人必须依法服从。

4. **行政执法权**。即国家行政机关及其公务员根据法律规定或上级的决定、命令具体执法的行为，这是国家行政机关及其公务员具体适用法律、法规的行为。法律应保障国家行政机关独立行使行政执法权。为了保障行政执法的实施，法律还赋予行政机关行政强制权、行政处罚权等权力。行政强制权，即在行政管理中，遇法定义务人不履行义务或其他场合，行政机关可以依法采取强制措施保证义务履行，维护法律秩序。行政处罚权，即主管行政机关对其管辖范围内当事人违反有关法律规范的行为，依法对其实施处罚。

5. **行政监督权**。行政机关对其行政执法活动的检查和监督。如国务院有权监督全国所有行政机关的行政管理活动，各部委、国务院直属机构对省、自治区、直辖市业务部门的业务监督等。此外还有审计监督、人事监督等。这也是行政执法权的重要补充。

行政法律关系中的权利义务涉及社会公共利益，其权利、义务之间具有渗透性的特点，对于国家行政机关来说，权力就是国家行政机关及其公务员依法行使行政管理职能，既是其权利又是其义务。我国行政机关在行政法上的义务主要有：

1. **执行法律、依法办事的义务**。我国所有国家机关都有为人民服务的义务。行政机关负有执行法律的义务。一切行政机关在行政管理活动中都必须依法办事。

3. **2. 保护公民和组织的合法权益、依法服务的义务。**保护公民、组织的合法权益，积极高效地为人民服务也是行政机关的义务。行政机关不仅保护社会秩序，保障社会安全，对公民、社会团体的合法权益免遭侵犯提供了保障，而且对于公民、法人、社会团体的请求，有依法受理并予以确认、许可、救济的义务。此外，国家行政机关还有组织经济文化建设和发展社会公益事业，提供高水平的社会服务，进行环境的综合整治等义务。行政机关必须为政清廉、公正、勤勉地为公民和组织服务。

3. 承担法律责任、依法接受监督的义务。行政机关应纠正自身不当、违法的行政行为；依法参加行政复议、行政诉讼；对违法行为对行政相对人造成损害的，应给予赔偿；对合法行为影响公民或组织合法权益的，应给予补偿。行政机关有接受相对方当事人申诉、控告、检举、监督等方面的义务。《宪法》规定："由于国家机关和国家工作人员侵犯公民权利而受到损失的人，有依照法律规定取得赔偿的权利。"《民法通则》规定："国家机关或国家机关工作人员在执行职务中，侵犯公民、法人的合法权利造成损失的，应当承担民事责任。"《行政诉讼法》规定：公民和组织认为国家行政机关和公务员在行使行政权力时所作的具体行政行为违法，从而侵犯其合法权益时有权向人民法院提起诉讼；被诉的行政机关是被告，被告负有主要的举证责任；因行政机关或公务员违法的具体行政行为侵犯公民、组织的合法权益造成损失的，由该行政机关承担赔偿责任。另外，国家行政机关因执行法律或公共利益的需要不得不使某些公民或组织遭受一定经济损失时，行政机关还有依法给予一定补偿的义务。

（三）行政法调整殡葬社会关系的职能

从上述分析看，行政法律既保护公民个人合法权益，也保护社会公共利益。行政法在调整殡葬社会关系时，对遗体、骨灰、坟墓等进行调整，主要体现为两个方面的职能：一是保护职能，即对侵害遗体、骨灰、坟墓的行为人课以行政责任；二是管理职能，即对违反殡葬管理法规的行为进行规范和处理的行政行为。同时赋予当事人对行政机关在履行行政管理职能的过程中，认为其侵害其亲人遗体、骨灰的行政行为赋予其行政申诉、复议或行政诉讼的权利。对在以上两个方面失职或渎职的公职人员给以行政处分，也是调整殡葬法律关系的重要内容。

1. **保护职能**。2005年8月28日十届全国人大常委会第十七次会议通过、2006年3月1日起施行的《中华人民共和国治安管理法》第四节“妨害社会管理的行为和处罚”第65条规定：故意破坏、污损他人坟墓或者毁坏、丢弃他人尸骨、骨灰的，处5日以上10日以下拘留；情节严重的，处10日以上15日以下拘留，可以并处1000元以下罚款。这一法律同样将妨害死者尸骨、骨灰、坟墓的行为归入到妨害社会管理的一类违法行为之中，是从保护社会公共利益的角度进行规定的。

西方法律对尸体、骨灰的保护更加严密、细致。如法国《有关死亡证明文件的法规》第426-7条规定：

根据乡镇法典第R.361-15条的规定。只有死者最亲近的亲属才能提出进行尸体挖掘的申请，并且这一亲属应出具合法的个人状况证明、住所证明以及提出这一申请的资格证明。

由挖掘所在地的乡镇政府开具允许挖掘证明，如果在巴黎，警察局长开具这一挖掘证明。在进行挖掘时，必须有一名亲属在场或有一名家庭正式委派的代表在场。如果他们不在场，不得进行挖掘。

作为说明以及供法院进行参考，如果出现冲突情况时，最亲近亲的优先顺序如下：未分开的（分居、离异）配偶、死者的孩子、死者的双亲（父亲和母亲）、死者的兄弟和姐妹。①

《荷兰尸体殡葬法》的规定更加全面具体，不仅规定应该怎么做、禁止怎么做，还明确规定违反这些规定的处罚措施。该法第十一条规定：如果没有获得民政局公务员发放的书面许可证，则不能对尸体进行埋葬或火化。该许可证是免费发放的。这种许可证表格必须由内务大臣确定。②

第29条规定：1. 如果有关坟墓是有专用权利，只有在预先征得了坟墓专用权利拥有者的同意之后，以及在征得了尸体埋葬在其管辖区域内的市长的同意之后，才能对尸体进行挖掘。否则，任何尸体都不能被挖掘。该市长则

①靳尔刚主编：《国外殡葬法规汇编》，中国社会出版社2003年8月第1版，第142—143页。

②靳尔刚主编：《国外殡葬法规汇编》，中国社会出版社2003年8月第1版，第4页。

必须事先听取本地区的人民健康检查官的意见。2. 市长必须把发放许可证与关于医生监督和尸体的运输和用途的必要规定联系起来。3. 如果获得了管辖挖掘尸体地点的司法部门官员的书面许可，可以对一个被挖掘出来的尸体进行火化，但条件是相关申请必须是由第十八条里所指的人士提出来的。本法第二章第一、二、三节用于火化。

第 30 条规定，上述第二十九条不适用于为了刑法调查而根据司法部门领导机构命令进行的挖掘。这主要是出于公共利益的考虑。

第 31 条第 2 款规定：清理坟墓必须根据墓地主人的指令进行，并且必须在最近一次使用该坟墓安葬尸体 10 年后进行。如果该坟墓是具有专用权利的，必须预先征得权利拥有者的同意。墓地主人必须至少提前两个月向有关的地区人民健康检查官通知其清理坟墓的打算。该检查官可以决定清理，但必须在医生的监督下进行。[①]

荷兰的法律规定表明：埋葬或火化尸体必须有民政机关的书面许可；埋葬尸体必须在许可的墓地里；禁止对尸体的挖掘，除非刑事调查的需要或相关权利人的同意及市长的批准。

2. 管理职能。在对尸体、骨灰进行保护的同时，对于公民对死亡亲人尸体、骨灰的处置进行必要的限制，是社会公共利益的必然要求。因此，我国的行政法规和行政规章都有相应的规范。如《殡葬管理条例》第 14 条规定：办理丧事活动，不得妨害公共秩序、危害公共安全，不得侵害他人的合法权益。第 15 条规定：在允许土葬的地区，禁止在公墓和农村的公益性墓地以外的其他任何地方埋葬遗体、建造坟墓。第 16 条规定：火化机、运尸车、尸体冷藏柜等殡葬设备，必须符合国家规定的技术标准。禁止制造、销售不符合国家技术标准的殡葬设备。第 17 条规定：禁止制造、销售封建迷信的丧葬用品。禁止在实行火葬的地区出售棺材等土葬用品。

《殡葬管理条例》还对违反上述规定的行为规定了行政处罚或行政强制。如《殡葬管理条例》第 20 条规定：将应当火化的遗体土葬，或者在公墓和农村的公益性墓地以外的其他地方埋葬遗体、建造坟墓的，由民政部门责令限期改正；拒不改正的，可以强制执行。第 21 条规定：办理丧事活动妨害

①靳尔刚主编：《国外殡葬法规汇编》，中国社会出版社 2003 年 8 月第 1 版，第 8 页。

公共秩序、危害公共安全、侵害他人合法权益的，由民政部门予以制止；构成违反治安管理行为的，由公安机关依法给予治安管理处罚；构成犯罪的，依法追究刑事责任。第22条规定：制造、销售不符合国家技术标准的殡葬设备的，由民政部门会同工商行政管理部门责令停止制造、销售，可以并处制造、销售金额1倍以上3倍以下的罚款。

行政处罚、行政强制、行政监督等是行政机关进行殡葬行政管理、履行殡葬行政职能的主要方式。

二、行政处罚及其规制

行政机关在履行保护职能和管理职能中，一个重要的法定方式就是对违法行为进行行政处罚。那么在实施行政处罚时，必须遵守《行政处罚法》的规定。

1996年10月1日实施的《行政处罚法》是一部保障公民、组织权利，维护行政机关合法处罚权威的重要法律，对行政处罚的原则、设置、种类、程序、执行、监督等方面作出了明确规定，因此，根据《治安管理处罚法》的规定，对侵害遗体、骨灰或坟墓等行为实施行政处罚；根据《殡葬管理条例》的规定，对违法殡葬活动实施行政处罚时，必须严格遵守《行政处罚法》的规定。

（一）行政处罚的基本原则

1. 保障与监督相统一的原则。《行政处罚》第1条规定："为了规范行政处罚的设定和实施，保障和监督行政机关有效实施行政管理，维护公共利益和社会秩序，保护公民、法人或者其他组织的合法权益，根据《宪法》，制定本法。"因此，《行政处罚法》既保证行政机关有效行政处罚的实施，又对行政机关的处罚行为进行监督和制约，是控权论和效率论的统一。

2. 处罚法定原则。《行政处罚法》第3条规定："公民、法人或者其他组织违反行政管理秩序的行为，应当给予行政处罚的，依照本法由法律、法规或者规章规定，并由行政机关依照本法规定的程序实施。没有法定依据或者不遵守法定程序的，行政处罚无效。”因此，行政处罚的主体法定、种类法定、内容法定、程序法定、方式法定，行政机关只有严格按照法律、法规、规章的规定实施行政处罚，才能得到合法性评价，否则就可能因违法而被宣告无效或予以撤销。

3. 公开公正原则。《行政处罚法》第 4 条规定：“行政处罚遵循公正、公开的原则。设定和实施行政处罚必须以事实为依据，与违法行为的事实、性质、情节以及社会危害程度相当。对违法行为给予行政处罚的规定必须公布；未经公布的，不得作为行政处罚的依据。”因此，行政处罚的设定要公正，不能出自于部门利益而设定行政处罚；实施要公正，违法程度与处罚轻重相适应；同样的违法行为给予同样的处罚，情节不同的违法行为给予不同处罚；处罚的依据、事实和结果要公开。

4. 处罚与教育相结合原则。《行政处罚法》第 5 条规定：“实施行政处罚，纠正违法行为，应当坚持处罚与教育相结合，教育公民、法人或者其他组织自觉守法。”第 23 条进一步规定，“行政机关实施行政处罚时，应当责令当事人改正或者限期改正违法行为”。这就是说，如果当事人纠正了自己的违法行为，则行政机关不应再对其处罚。

5. 救济原则。《行政处罚法》第 6 条规定：“公民、法人或者其他组织对行政机关所给予的行政处罚，享有陈述权、申辩权；对行政处罚不服的，有权依法申请行政复议或者提起行政诉讼。公民、法人或者其他组织因行政机关违法给予行政处罚受到损害的，有权依法提出赔偿要求。”

对行政行为进行复议监督或行政诉讼监督，可以有效防止行政机关滥用行政权力、危害公民或组织的合法权益。当相对人认为行政机关的处罚行为违法时，《行政诉讼法》《行政复议法》《行政处罚法》都赋予当事人提请行政复议或行政诉讼的权利，这样可以对确实违法的行政行为及时予以纠正。

6. 责任原则。《行政处罚法》第 7 条规定：“公民、法人或者其他组织因违法受到行政处罚，其违法行为对他人造成损害的，应当依法承担民事责任。违法行为构成犯罪的，应当依法追究刑事责任，不得以行政处罚代替刑事处罚。”

这就是说公民、法人或者其他组织的违法行为可以依法要求其承担民事责任、行政责任或者刑事责任，这些不同法律责任不能互相代替，而是可以并存。第 22 条规定："违法行为构成犯罪的，行政机关必须将案件移送司法机关，依法追究刑事责任。"第 61 条进一步规定："行政机关为牟取本单位私利，对应当依法移交司法机关追究刑事责任的不移交，以行政处罚代替刑罚，由上级行政机关或者有关部门责令纠正；拒不纠正的，对直接负责的主管人员给予行政处分；徇私舞弊、包庇纵容违法行为的，比照《刑法》第 188 条的规定追究刑事责任。"我国行政处罚实行一事不能给予两次罚款的原则，但是，如果当事人的行为既违反行政法应给予行政处罚，又违反民事法律应承担民事责任，或触犯刑律应承担刑事责任，则不能以承担了其中一种责任为由拒绝承担其他法律责任，也不能以一种责任的承担代替其他责任的承担，特别是不能"以罚代刑"，使犯罪分子逃脱刑法的制裁。

我国《侵权责任法》第 4 条规定："侵权人因同一行为应当承担行政责任或者刑事责任的，不影响依法承担侵权责任。""因同一行为应当承担侵权责任和行政责任、刑事责任，侵权人的财产不足以支付的，先承担侵权责任。"

（二）行政处罚的种类和设定

1. 行政处罚的种类。根据《行政处罚法》，行政处罚的种类由法律规定，行政机关不得在法定的行政处罚种类之外另设行政处罚。《行政处罚法》第 8 条规定"行政处罚的种类：（一）警告；（二）罚款；（三）没收违法所得、没收非法财物；（四）责令停产停业；（五）暂扣或者吊销许可证、暂扣或者吊销执照；（六）行政拘留；（七）法律、行政法规规定的其他行政处罚。"

2. 行政处罚的设定。《行政处罚法》第 9 条规定：法律可以设定各种行政处罚。限制人身自由的行政处罚只能由法律设定。

第 10 条　行政法规可以设定除限制人身自由以外的行政处罚。

法律对违法行为已经作出行政处罚规定，行政法规需要作出具体规定的，必须在法律规定的给予行政处罚的行为、种类和幅度的范围内规定。

第 11 条　地方性法规可以设定除限制人身自由、吊销企业营业执照以外的行政处罚。

法律、行政法规对违法行为已经作出行政处罚规定，地方性法规需要作出具体规定的，必须在法律、行政法规规定的给予行政处罚的行为、种类和幅度的范围内规定。

第12条　国务院部、委员会制定的规章可以在法律、行政法规规定的给予行政处罚的行为、种类和幅度的范围内作出具体规定。

尚未制定法律、行政法规的，前款规定的国务院部、委员会制定的规章对违反行政管理秩序的行为，可以设定警告或者一定数量罚款的行政处罚。罚款的限额由国务院规定。

国务院可以授权具有行政处罚权的直属机构依照本条第一款、第二款的规定，规定行政处罚。

第13条　省、自治区、直辖市人民政府和省、自治区人民政府所在地的市人民政府以及经国务院批准的较大的市人民政府制定的规章可以在法律、法规规定的给予行政处罚的行为、种类和幅度的范围内作出具体规定。

尚未制定法律、法规的，前款规定的人民政府制定的规章对违反行政管理秩序的行为，可以设定警告或者一定数量罚款的行政处罚。罚款的限额由省、自治区、直辖市人民代表大会常务委员会规定。

第十四条　除本法第9条、第10条、第11条、第12条以及第13条的规定外，其他规范性文件不得设定行政处罚。

（三）行政处罚的实施机关和管辖

1. 行政处罚的实施机关。关于职权法定原则。《行政处罚法》第15条规定：行政处罚由具有行政处罚权的行政机关在法定职权范围内实施。

关于相对集中行政处罚权。《行政处罚法》第16条规定：国务院或者经国务院授权的省、自治区、直辖市人民政府可以决定一个行政机关行使有关行政机关的行政处罚权，但限制人身自由的行政处罚权只能由公安机关行使。

关于行政处罚主体的多样化。《行政处罚法》第17条规定：法律、法规授权的具有管理公共事务职能的组织可以在法定授权范围内实施行政处罚。

第18条　行政机关依照法律、法规或者规章的规定，可以在其法定权限内委托符合本法第19条规定条件的组织实施行政处罚。行政机关不得委托其他组织或者个人实施行政处罚。

委托行政机关对受委托的组织实施行政处罚的行为应当负责监督，并对该行为的后果承担法律责任。

受委托组织在委托范围内，以委托行政机关名义实施行政处罚；不得再委托其他任何组织或者个人实施行政处罚。

第19条　受委托组织必须符合以下条件：

（一）依法成立的管理公共事务的事业组织；

（二）具有熟悉有关法律、法规、规章和业务的工作人员；

（三）对违法行为需要进行技术检查或者技术鉴定的，应当有条件组织进行相应的技术检查或者技术鉴定。

2. 行政处罚的管辖。第20条规定：行政处罚由违法行为发生地的县级以上地方人民政府具有行政处罚权的行政机关管辖。法律、行政法规另有规定的除外。

（四）行政处罚的法律适用原则

1. 一事不两罚。第24条规定："对当事人的同一个违法行为，不得给予两次以上罚款的行政处罚。"但是这一条款不能理解为一个违法行为只能给予罚款或其他处罚而不能同时实施罚款及其他处罚，我国法律特别是特别行政法很多条款都规定对一些严重的违法行为可以给以多种行政处罚；也不能理解为给予罚款就不能承担民事赔偿责任或刑事责任。这一条款只是要求行政机关不能对同一违法行为实施两次以上的罚款。

2. 责任能力原则。第25条规定："不满十四周岁的人有违法行为的，不予行政处罚，责令监护人加以管教；已满十四周岁不满十八周岁的人有违法行为的，从轻或者减轻行政处罚。"

第26条规定："精神病人在不能辨认或者不能控制自己行为时有违法行为的，不予行政处罚，但应当责令其监护人严加看管和治疗。间歇性精神病人在精神正常时有违法行为的，应当给予行政处罚。"

3. 宽严相济原则。第27条规定：当事人有下列情形之一的，应当依法从轻或者减轻行政处罚：

（一）主动消除或者减轻违法行为危害后果的；

（二）受他人胁迫有违法行为的；

（三）配合行政机关查处违法行为有立功表现的；

（四）其他依法从轻或者减轻行政处罚的。

违法行为轻微并及时纠正，没有造成危害后果的，不予行政处罚。

4. 责任抵消原则。第 28 条规定：违法行为构成犯罪，人民法院判处拘役或者有期徒刑时，行政机关已经给予当事人行政拘留的，应当依法折抵相应刑期。

违法行为构成犯罪，人民法院判处罚金时，行政机关已经给予当事人罚款的，应当折抵相应罚金。

5. 超时失效原则。第 29 条规定：违法行为在二年内未被发现的，不再给予行政处罚。法律另有规定的除外。

前款规定的期限，从违法行为发生之日起计算；违法行为有连续或者继续状态的，从行为终了之日起计算。

（五）行政处罚的决定程序

1. 处罚程序的原则

以事实为依据原则。第 30 条规定：公民、法人或者其他组织违反行政管理秩序的行为，依法应当给予行政处罚的，行政机关必须查明事实；违法事实不清的，不得给予行政处罚。

告知义务原则。第 31 条规定：行政机关在作出行政处罚决定之前，应当告知当事人作出行政处罚决定的事实、理由及依据，并告知当事人依法享有的权利。

保障当事人陈述和申辩权原则。第 32 条规定：当事人有权进行陈述和申辩。行政机关必须充分听取当事人的意见，对当事人提出的事实、理由和证据，应当进行复核；当事人提出的事实、理由或者证据成立的，行政机关应当采纳。行政机关不得因当事人申辩而加重处罚。

第 41 条规定：行政机关及其执法人员在作出行政处罚决定之前，不依照本法第 31 条、第 32 条的规定向当事人告知给予行政处罚的事实、理由和依据，或者拒绝听取当事人的陈述、申辩，行政处罚决定不能成立；当事人放弃陈述或者申辩权利的除外。

2. 简易程序

条件。第33条规定，违法事实确凿并有法定依据，对公民处以五十元以下、对法人或者其他组织处以一千元以下罚款或者警告的行政处罚的，可以当场作出行政处罚决定。当事人应当依照本法第46条、第47条、第48条的规定履行行政处罚决定。

程序。第34条规定，执法人员当场作出行政处罚决定的，应当向当事人出示执法身份证件，填写预定格式、编有号码的行政处罚决定书。行政处罚决定书应当当场交付当事人。

前款规定的行政处罚决定书应当载明当事人的违法行为、行政处罚依据、罚款数额、时间、地点以及行政机关名称，并由执法人员签名或者盖章。

执法人员当场作出的行政处罚决定，必须报所属行政机关备案。

救济。第35条规定，当事人对当场作出的行政处罚决定不服的，可以依法申请行政复议或者提起行政诉讼。

3. 一般程序

(1) 调查取证。第36条规定，除本法第33条规定的可以当场作出的行政处罚外，行政机关发现公民、法人或者其他组织有依法应当给予行政处罚的行为的，必须全面、客观、公正地调查，收集有关证据；必要时，依照法律、法规的规定，可以进行检查。

第37条规定，行政机关在调查或者进行检查时，执法人员不得少于两人，并应当向当事人或者有关人员出示证件。当事人或者有关人员应当如实回答询问，并协助调查或者检查，不得阻挠。询问或者检查应当制作笔录。

行政机关在收集证据时，可以采取抽样取证的方法；在证据可能灭失或者以后难以取得的情况下，经行政机关负责人批准，可以先行登记保存，并应当在七日内及时作出处理决定，在此期间，当事人或者有关人员不得销毁或者转移证据。

执法人员与当事人有直接利害关系的，应当回避。

(2) 区别处理。第38条规定，调查终结，行政机关负责人应当对调查结果进行审查，根据不同情况，分别作出如下决定：

（一）确有应受行政处罚的违法行为的，根据情节轻重及具体情况，作出行政处罚决定；

（二）违法行为轻微，依法可以不予行政处罚的，不予行政处罚；

（三）违法事实不能成立的，不得给予行政处罚；

（四）违法行为已构成犯罪的，移送司法机关。

对情节复杂或者重大违法行为给予较重的行政处罚，行政机关的负责人应当集体讨论决定。

（3）法定形式。第39条规定，行政机关依照本法第38条的规定给予行政处罚，应当制作行政处罚决定书。行政处罚决定书应当载明下列事项：

（一）当事人的姓名或者名称、地址；

（二）违反法律、法规或者规章的事实和证据；

（三）行政处罚的种类和依据；

（四）行政处罚的履行方式和期限；

（五）不服行政处罚决定，申请行政复议或者提起行政诉讼的途径和期限；

（六）作出行政处罚决定的行政机关名称和作出决定的日期。

行政处罚决定书必须盖有作出行政处罚决定的行政机关的印章。

（4）送达生效。第40条规定，行政处罚决定书应当在宣告后当场交付当事人；当事人不在场的，行政机关应当在七日内依照《民事诉讼法》的有关规定，将行政处罚决定书送达当事人。

4. 听证程序

第42条规定，行政机关作出责令停产停业、吊销许可证或者执照、较大数额罚款等行政处罚决定之前，应当告知当事人有要求举行听证的权利；当事人要求听证的，行政机关应当组织听证。当事人不承担行政机关组织听证的费用。听证依照以下程序组织：

（一）当事人要求听证的，应当在行政机关告知后三日内提出；

（二）行政机关应当在听证的七日前，通知当事人举行听证的时间、地点；

（三）除涉及国家秘密、商业秘密或者个人隐私外，听证公开举行；

（四）听证由行政机关指定的非本案调查人员主持。当事人认为主持人与本案有直接利害关系的，有权申请回避；

（五）当事人可以亲自参加听证，也可以委托一至两人代理；

（六）举行听证时，调查人员提出当事人违法的事实、证据和行政处罚建议。当事人进行申辩和质证；

（七）听证应当制作笔录。笔录应当交当事人审核无误后签字或者盖章。

当事人对限制人身自由的行政处罚有异议的，依照治安管理处罚条例有关规定执行。

（六）行政处罚的执行

第44条规定，行政处罚决定依法作出后，当事人应当在行政处罚决定的期限内，予以履行。

第45条规定，当事人对行政处罚决定不服申请行政复议或者提起行政诉讼的，行政处罚不停止执行，法律另有规定的除外。这一规定的理论依据是行政行为具有公定力和确定力，在没有被有权机关撤销前被特定是有效的，当事人不能以其违法或无效为由拒绝履行处罚决定确定的义务。

第51条规定，当事人逾期不履行行政处罚决定的，作出行政处罚决定的行政机关可以采取下列措施：

（一）到期不缴纳罚款的，每日按罚款数额的百分之三加处罚款；

（二）根据法律规定，将查封、扣押的财物拍卖或者将冻结的存款划拨抵缴罚款；

（三）申请人民法院强制执行。

第52条规定，当事人确有经济困难，需要延期或者分期缴纳罚款的，经当事人申请和行政机关批准，可以暂缓或者分期缴纳。

第53条规定，除依法应当予以销毁的物品外，依法没收的非法财物必须按照国家规定公开拍卖或者按照国家有关规定处理。

罚款、没收违法所得或者没收非法财物拍卖的款项，必须全部上缴国库，任何行政机关或者个人不得以任何形式截留、私分或者变相私分；财政部门不得以任何形式向作出行政处罚决定的行政机关返还罚款、没收的违法所得或者返还没收非法财物的拍卖款项。

（七）行政处罚的监督与纠错

1. 行政处罚的监督。第54条规定，行政机关应当建立健全对行政处罚的监督制度。县级以上人民政府应当加强对行政处罚的监督检查。

公民、法人或者其他组织对行政机关作出的行政处罚，有权申诉或者检举；行政机关应当认真审查，发现行政处罚有错误的，应当主动改正。

2. 行政处罚的改正。第55条规定，行政机关实施行政处罚，有下列情形之一的，由上级行政机关或者有关部门责令改正，可以对直接负责的主管人员和其他直接责任人员依法给予行政处分：

（一）没有法定的行政处罚依据的；

（二）擅自改变行政处罚种类、幅度的；

（三）违反法定的行政处罚程序的；

（四）违反本法第18条关于委托处罚的规定的。

3. 行政处罚的财经纪律。第56条规定，行政机关对当事人进行处罚不使用罚款、没收财物单据或者使用非法定部门制发的罚款、没收财物单据的，当事人有权拒绝处罚，并有权予以检举。上级行政机关或者有关部门对使用的非法单据予以收缴销毁，对直接负责的主管人员和其他直接责任人员依法给予行政处分。

第57条　行政机关违反本法第46条的规定自行收缴罚款的，财政部门违反本法第53条的规定向行政机关返还罚款或者拍卖款项的，由上级行政机关或者有关部门责令改正，对直接负责的主管人员和其他直接责任人员依法给予行政处分。

第58条　行政机关将罚款、没收的违法所得或者财物截留、私分或者变相私分的，由财政部门或者有关部门予以追缴，对直接负责的主管人员和其他直接责任人员依法给予行政处分；情节严重构成犯罪的，依法追究刑事责任。

执法人员利用职务上的便利，索取或者收受他人财物、收缴罚款据为己有，构成犯罪的，依法追究刑事责任；情节轻微不构成犯罪的，依法给予行政处分。

4.行政处罚的国家赔偿。第59条，行政机关使用或者损毁扣押的财物，对当事人造成损失的，应当依法予以赔偿，对直接负责的主管人员和其他直接责任人员依法给予行政处分。

第60条，行政机关违法实行检查措施或者执行措施，给公民人身或者财产造成损害、给法人或者其他组织造成损失的，应当依法予以赔偿，对直接负责的主管人员和其他直接责任人员依法给予行政处分；情节严重构成犯罪的，依法追究刑事责任。

5.行政处罚的刑事监督。第61条，行政机关为牟取本单位私利，对应当依法移交司法机关追究刑事责任的不移交，以行政处罚代替刑罚，由上级行政机关或者有关部门责令纠正；拒不纠正的，对直接负责的主管人员给予行政处分；徇私舞弊、包庇纵容违法行为的，比照《刑法》第188条的规定追究刑事责任。

第62条，执法人员玩忽职守，对应当予以制止和处罚的违法行为不予制止、处罚，致使公民、法人或者其他组织的合法权益、公共利益和社会秩序遭受损害的，对直接负责的主管人员和其他直接责任人员依法给予行政处分；情节严重构成犯罪的，依法追究刑事责任。

三、行政强制及其规制

行政强制制度涉及行政管理的效率，也涉及对公民的人身权和财产权的处分或者限制。因此，依法规范行政强制权，既是依法行政的需要，也是维护公民合法权益的需要。由于没有统一的法律规范，一些行政机关在执法过程中，既存在对某些严重违法行为因缺乏强制手段处理不力的情况，也存在行政强制手段滥用的情况。主要问题是：(1) 哪些机关可以设定行政强制措施，不明确；(2) 行政强制措施的具体形式繁多，同一行政强制措施有多种表述，缺乏规范；(3) 有些没有强制权的行政机关自行实施强制措施，甚至授权、委托其他组织实施行政强制措施；(4) 缺乏程序性规定，有些行政机关在采取强制措施时随意性较大，对公民、法人或者其他组织的合法权益造成侵害；(5) 行政机关履行行政管理职责时，缺少必要的手段，致使一些严重违法行为得不到有效处理。[①]

案例：孟津县民政局扣押骨灰案一审[②]

《大河报》报道：日前，孟津县人民法院对备受关注的该县“骨灰游街”案作出一审宣判，被告孟津县民政局被认定执法行为中存在不当，法院支持了原告的部分诉求。

去年8月31日、12月21日，本报曾对此案进行过两次报道，引起众人关注。去年11月初，死者子女贾学强等人向孟津县人民法院提出行政诉讼，要求被告孟津县民政局立即返还扣押近一年的其父亲的骨灰；原告在诉状中还向被告提出了重新安葬骨灰和精神赔偿的经济要求。今年1月底，孟津县人民法院对此案作出了一审判决。判决认为，被告孟津县民政局扣留死者骨灰（的行为），没有法律依据，限被告三日内归还原告。原告的经济赔偿要求没被支持，目前，原告已提出上诉。

针对这些问题，2011年6月30日第十一届全国人民代表大会常务委员会第二十一次会议通过了《中华人民共和国行政强制法》，以推进依法行政，维护公民权益，既赋予行政机关必要的强制手段，保障行政机关依法履行职责，维护公共利益和公共秩序，又对行政强制行为进行规范，避免和防止权力的滥用，保护公民、法人和其他组织的合法权益。《行政强制法》自2012年1月1日起施行。

（一）民政机关可以实施的行政强制行为

对于违法建坟、违法土葬的行为，能否实施强制执行措施？1997年7月21日施行的《殡葬管理条例》第20条规定：“将应当火化的遗体土葬，或者在公墓和农村的公益性墓地以外的其他地方埋葬遗体、建造坟墓的，由民政

①参见全国人大常委会法制工作委员会副主任信春鹰2005年12月24日在第十届全国人民代表大会常务委员会第十九次会议上关于《中华人民共和国行政强制法（草案）》的说明。

②案例来源：人民网·河南视窗·新闻2006年2月6日，记者朱顺忠的报道。

部门责令限期改正；拒不改正的，可以强制执行。”

附录1：民政部对《殡葬管理条例》有关条款解释的函（民事函［1998］133号，1998年6月18日）

四川省民政厅：

你厅《关于解释国务院〈殡葬管理条例〉有关条款的请示》（川民政［1998］38号）收悉。根据《国务院办公厅关于行政法规解释权限和程序问题的通知》（国办发［1993］112号）第二条的规定，现答复如下:《殡葬管理条例》第五章第二十条规定“将应当火化的遗体土葬，或者在公墓和农村的公益性墓地以外的其他地方埋葬遗体、建造坟墓的，由民政部门责令限期改正：拒不改正的，可以强制执行。”是指：（一）在火葬区将应当火化的遗体进行土葬的；（二）在火葬区的公墓和公益性墓地以外埋葬骨灰并修建坟墓的；（三）在土葬改革区公墓和公益性墓地以外埋葬遗体并修建坟墓的。

对于上述行为，由民政部门责令限期改正：拒不改正的，可以强制执行。民政部关于贯彻执行《殡葬管理条例》中几个具体问题的解释（民事发［1998］110号1998年9月16日）在“关于强制执行范围问题”中重申了上述解释。此后，民政部再次重申了上述解释。

附录2：2004年11月2日，民政部办公厅关于认定强行火化土葬遗体是否合法的复函（民办函［2004］225号）

山东省民政厅：

你厅《关于认定强行火化土葬遗体是否合法的函》（鲁民函［2004］214号）收悉。经研究，现答复如下：你厅对《殡葬管理条例》第二十条中“强制执行”的理解无误，强制火化是对违规土葬拒不改正的当事人采取的一种行政强制措施，执法主体是地方民政部门。但在推行殡葬改革工作的过程中，应当指导基层民政部门注重宣传，耐心细致地做好思想工作，对群众以说服教育为主，避免简单粗暴，激化矛盾。

因此，对于非法建坟埋尸的行为，在国务院《殡葬管理条例》施行后即1997年7月21日以后，民政部门可以强制执行尸体火化、坟墓平毁的措施。

案例：李瑞镇政府处理骨灰案[①]

2008年春节期间，外出打工多年的长宁县铜鼓乡龙群村村民胡荣富回到家中，得知继母周友珍已于2007年2月15日（农历2006年腊月二十八）去世并由翠屏区李端镇政府将尸体火化的消息后十分悲痛。

近日，当胡荣富与姐姐胡荣珍一起来到李端镇政府索要母亲的骨灰时，却被李端镇民政办工作人员告知，骨灰已被作为肥料处理掉了。死者亲生女儿胡荣珍愤怒发问：我母亲的骨灰怎么能作为肥料处理呢？周友珍老人生前是李端镇新和（音）村3社的五保老人，一直由当地政府供养。其亲生女儿胡荣珍多年前远嫁长宁县井江乡广建村，继子胡荣富住在长宁县铜鼓乡龙群村，两年前外出打工没有回家。2004年，已经78岁高龄的周友珍老人失去自理能力，女儿胡荣珍将其接到长宁井江乡自己家中供养。2007年2月15日（农历腊月二十八），周友珍老人去世，其女儿、女婿按农村风俗将其土葬在长宁井江乡境内。2007年4月，李端镇政府、新和村委会和翠屏区殡管所十多人赶到周友珍墓地，将周友珍尸体起出火化。此后，胡荣珍一直未与李端镇政府联系。

2008年春节前夕，周友珍的继子胡荣富从攀枝花打工回来，向姐姐问起继母的情况，才得知老人已于1年前过世。悲痛之余，胡荣富为自己多年来未与母亲联系深感自责，遂问起母亲安葬在何处，准备前往拜祭。胡荣珍这才告诉弟弟说：自从母亲尸骨被起走后，她也一直不知道母亲的骨灰在什么地方，估计还在李端镇政府。春节过后，胡荣珍姐弟俩多次前往李端镇新和村询问母亲骨灰的下落，村、社干部均表示不知情，让姐弟二人直接到镇政府查找。

①案例来源：http://www.ybxww.com/2008-03-19，甘科报道《亲生女儿愤怒发问：我妈的骨灰哪儿去了？》。

当胡荣珍、胡荣富姐弟二人找到李端镇民政办询问母亲骨灰下落。被民政办工作人员李斌告知：由于胡荣珍等亲属没有在规定的七日之内领取骨灰，周友珍的骨灰早已被作为肥料处理掉了。民政办的说法让胡荣珍等人无法接受。胡荣珍称，她和丈夫均系文盲，对于国家的殡葬管理制度并不知情，在此之前也没有人对她进行过宣传。李端镇政府和民政办在起尸时并没有征得她的同意，是在对其进行约束后强行将母亲尸骨起走的。起尸人员没有通知她要在七日内领取骨灰，运走尸体时也没有和她办理任何交接手续。

胡荣富说：母亲去世，作为子女，他和姐姐感到十分悲痛。此次回家本想把继母的骨灰迎回安葬，以便日后祭祀缅怀。但如今母亲的骨灰居然被作为肥料进行处置，这让他无法接受，他希望李端镇民政办给个说法。然而让他更加不满的是，他和姐姐从上午一直等到下午，李端镇方面并没有给出令人满意的答复。

据李端镇政府有关负责人和民政办工作人员介绍，按《四川省殡葬管理条例》的有关规定：长宁县是葬殡改革区，公民去世后可以火化也可以土葬；但翠屏区是火化区，凡户籍在翠屏区范围内的公民去世后，一律应予火化。周友珍老人去世后，其子女将其土葬的行为，违反《四川省殡葬管理条例》。在老人去世当天，李端镇民政办专门派人前往长宁井江乡向胡荣珍宣传殡葬政策，但胡荣珍置之不理，强行将母亲土葬。

2007 年 4 月，翠屏区殡葬管理所对胡荣珍违反《四川省殡葬管理条例》的行为给予了 1500 元经济处罚。同时，由李端镇政府、民政办和翠屏区殡葬管理所人员组成的执法队伍赶到长宁，在井江乡民政部门的配合下，依法将周友珍尸骨起出火化。在此过程中，执法人员书面告知胡荣珍，要在七个工作日内到翠屏区殡葬管理所领取骨灰，否则将作为无主骨灰处理。一位不愿透露姓名的李端镇民政办工作人员称，周友珍去世当天，李端镇民政办工作人员便上门做了宣传工作，并向胡荣珍发出了《火化通知书》；胡荣珍将母亲强行土葬后，民政办又向其送达了《行政处罚告知书》；再后来又送去了《行政处罚决定书》；最后向胡荣珍下发了《强行起尸火化通知书》。民政办另一工作人员肯定地告诉记者:“当时确实书面通知了胡荣珍，并由胡荣珍在通知书上签了字、按了手印。”

民政办的说法遭到胡荣珍的当场反驳。胡荣珍称，起尸前后均没有任何人通知她要在规定时间内领取骨灰。与此同时，胡荣珍强烈要求李端镇民政办拿出有自己签字、按手印的文书。随后，李端民政办工作人员开始翻箱倒柜寻找证据，不过直至当日下午6时，有胡荣珍签字和手印的文书并未找到。民政办工作人员解释说：可能是刚刚完成的机构改革导致部分资料遗失，该文书一时无法找到。镇政府和民政办工作人员称:“一旦找到该证据，立即与记者联系。”但直至记者发稿时止，李端镇政府和民政办仍未与记者联系。

在周友珍骨灰遗失一事中，李端镇政府和民政办是否存在过错？是否需要承担相应责任？四川戎星律师事务所律师李建认为：周友珍生前系翠屏区辖区内村民，户籍所在地为火化区。按照《四川省殡葬管理条例》的规定，应该火化安葬。其亲属不顾劝阻将其土葬的行为违反了国家规定，依法应该强行起尸火化。但火化后，当地政府和民政部门应该将骨灰妥善交由死者亲属保管。如果亲属拒领骨灰，民政部门或殡葬管理所可以依法进行处置。倘若民政部门和殡葬管理所没有证据表明自己已经尽到了告知或送达义务，导致骨灰灭失的，相关部门应该承担相应责任。李建律师建议死者家属向法院提起诉讼，要求在此事中担责的相关职能部门给予精神损害赔偿。

本案例中，李端镇政府有权实施强制火化的强制执行行为，其问题在于，没有严格依照法律程序办事，其执法档案管理混乱，不能用充分有效证据证明自身行为的合法性。

（二）民政机关可以实施的行政强制行为的性质

《行政强制法》第2条规定：本法所称行政强制，包括行政强制措施和行政强制执行。

1. 关于行政强制措施。《行政强制法》第2条第2款规定：行政强制措施，是指行政机关在行政管理过程中，为制止违法行为、防止证据损毁、避免危害发生、控制危险扩大等情形，依法对公民的人身自由实施暂时性限制，或者对公民、法人或者其他组织的财物实施暂时性控制的行为。

可以从以下几个方面理解行政强制措施：

(1) 行政强制措施是一类具体行政行为，不能理解为物理意义上的手段和方法。

(2) 行政强制措施是一类暂时性控制措施，"不是对当事人人身、财产权利的最终处分。暂时性控制是行政强制措施依附性特点的体现，行政强制措施并不是对当事人人身、财产权利的剥夺，而只是暂时限制。如没收是对当事人财产权利的剥夺，但查封、扣押并不改变财产的所有权"。剥夺和限制有时难以区分，如限制人身自由，剥夺也是限制，限制也是剥夺，这时要划清行政强制措施概念，应当从时间入手，行政强制措施限制人身、财产权利的时间相对要短得多，这也体现了暂时性的特点。这个特点在立法时也得到了遵循，规定行政强制措施的期限不能太长。

(3) 行政强制措施是为了便于行政决定的作出或者行政目的的实现，不能作为制裁手段。制止违法行为、防止证据损毁、避免危害发生、控制危险扩大是实施行政强制措施的前提，由此可以看出，行政强制措施要么是为维护行政秩序，将"场面控制住"，对违法行为予以当场制止，避免危害发生和控制危险扩大。此时行政强制措施作为物理性措施并没有制裁性；要么是为了防止证据毁损，对证据采取保全措施，以便之后作出行政决定。在实践中，要防止两种倾向，一是将行政强制措施作为逼迫当事人履行罚款等行政决定的手段，这与行政强制措施的特点不符。根据法律规定，行政机关有行政强制执行权的，可以依法采取强制执行手段；二是行政强制措施没有制裁性，体现为期限较短，行政机关不能久扣、久封不决，将行政强制措施当成行政处罚。[①]

(4) 行政强制措施的种类：(一) 限制公民人身自由；(二) 查封场所、设施或者财物；(三) 扣押财物；(四) 冻结存款、汇款；(五) 其他行政强制措

①乔晓阳主编，全国人大常委会法制工作委员会行政法室编著：《中华人民共和国行政强制法解读》，中国法制出版社2011年7月第1版，第11页。

施。（《行政强制法》第九条）

需要指出的是，制止违法行为、防止证据损毁、避免危害发生、控制危险扩大四类情形主要是为揭示行政强制措施的特点。也为设定行政强制措施提供指引，而不是普遍授权，不能作为实施的直接依据，并不能直接依据本条规定而实施行政强制措施。行政机关实施行政强制措施，必须依据本法有关设定权的规定有单行法依据。[①]

2. 关于行政强制执行。《行政强制法》第2条第3款规定：行政强制执行，是指行政机关或者行政机关申请人民法院，对不履行行政决定的公民、法人或者其他组织，依法强制履行义务的行为。

（1）行政强制执行的前提是存在一个生效的行政决定，是执行行政决定的行为，目的是保障行政决定内容得到实现。

（2）行政强制执行的效果是对当事人人身、财产权利的剥夺，但这种处分来自于作为执行基础的原行政决定而不是来源于行政强制执行。

（3）我国行政强制执行包括两种形式：行政机关自行强制执行和申请人民法院强制执行。其中申请人民法院强制执行主要由法院来执行，但并不妨碍在《行政强制法》中将其归入广义的行政强制执行概念中，适用行政强制执行的基本原则，以及规定具体申请和受理程序，至于如何执行则适用《行政诉讼法》《民事诉讼法》中有关强制执行的规定。

（4）行政强制执行的具体方式包括三类：执行罚、代履行和直接强制执行。《行政强制法》第12条　行政强制执行的方式：

（一）加处罚款或者滞纳金；

（二）划拨存款、汇款；

（三）拍卖或者依法处理查封、扣押的场所、设施或者财物；

（四）排除妨碍、恢复原状；

（五）代履行；

（六）其他强制执行方式。

3. 关于行政强制措施与行政强制执行的区别。行政强制措施是在行政决定作出前行政机关所采取的强制手段。如行政执法人员在执法过程中发现违

①乔晓阳主编，全国人大常委会法制工作委员会行政法室编著：《中华人民共和国行政强制法解读》，中国法制出版社2011年7月第1版，第11页。

法行为，可以将违法行为涉及的财物进行查封、扣押，行政机关实施查封、扣押要交付查封、扣押决定书。这时向当事人交付查封、扣押决定书主要是为了证明查封、扣押的事实存在，行政机关还需要根据情况作出处罚决定或者处理决定。一般情况下，查封、扣押发生在行政机关作出处罚决定或者处理决定之前。而行政强制执行是在行政决定作出后，为了执行该行政决定所采取的强制手段，如对违法行为人处以罚款，当事人逾期拒不缴纳罚款，行政机关或者人民法院就可以依法从该违法行为人的银行账户上划拨相应的款项。

行政强制措施都是暂时性的，查封、扣押的期限不得超过30日；情况复杂的，经行政机关负责人批准，可以延长30日，法律、行政法规对期限另有规定的除外。而行政强制执行是终局性的，如执行罚款，将从当事人那里执行的罚款上缴国库，即执行终结，除非行政决定被撤销或者执行错误，该罚款不会回转。

从这些《行政强制法》的规定和上述分析看，对违法土葬、建坟的行为的强制火化、强制拆除，不符合行政强制措施的特征，而符合行政强制执行的特征。而行政强制执行，根据《行政强制法》第13条，“行政强制执行由法律设定”。“法律没有规定行政机关强制执行的，作出行政决定的行政机关应当申请人民法院强制执行。”的规定，国务院《殡葬管理条例》设立的行政强制执行与此相抵触。因此，《行政强制法》实施后，民政机关无权自己实施强制执行。

（三）民政机关实施行政强制行为的种类

根据《行政强制法》的规定，行政强制执行可以由行政机关自己直接实施，《行政强制法》第34条规定：行政机关依法作出行政决定后，当事人在行政机关决定的期限内不履行义务的，具有行政强制执行权的行政机关依照本章规定强制执行；也可申请人民法院实施。第53条规定：当事人在法定期限内不申请行政复议或者提起行政诉讼，又不履行行政决定的，没有行政强制执行权的行政机关可以自期限届满之日起3个月内，依照本章规定申请人民法院强制执行。

对非法建坟埋尸的行为的处理，涉及两个违法行为，一是在禁止建坟的地点建坟；一是将应当火化的尸体不予火化而土葬。因此，对这类违法行为的处理就包括两个方面：对非法建坟的处理；对不火化尸体的处理。

1. 关于非法建坟的处理。《行政强制法》第四十四条规定：对违法的建筑物、构筑物、设施等需要强制拆除的，应当由行政机关予以公告，限期当事人自行拆除。当事人在法定期限内不申请行政复议或者提起行政诉讼，又不拆除的，行政机关可以依法强制拆除。

为了实现合理的区域功能区划，形成合理的建筑布局，依法保护国有土地使用权，保障群众的根本利益，对于违法建筑物、构筑物和设施，需要依法强制拆除，恢复法律秩序和行政管理秩序。同时，鉴于建筑物、构筑物和设施一旦拆除很难恢复，因此决定和实施强制拆除必须谨慎，依法实施。

当事人逾期拒不拆除的，应当启动强制拆除程序予以依法强制拆除。这里的依法是依照法律。强制拆除属于典型的直接强制执行，应当遵循行政强制法第十三条关于行政强制执行由法律设定的规定：规章及其他规范性文件不得设定行政机关自行强制拆除；已经设定的，应当及时清理；不及时清理的，为无效设定。[①]如果法律没有明确规定由行政机关自行强制拆除的，行政机关应当申请法院强制拆除。

2. 对非法土葬的处理。《殡葬管理条例》规定，在火化区，公民死亡后应当进行火化，禁止将尸体装棺土葬。对此类行为，民政机关可以责令当事人即死者近亲属限期自行实施火化并可以处以罚款，但《行政强制法》施行后即2012年1月1日后民政机关不能自己强制执行，而必须申请人民法院强制执行。

（四）行政强制执行的程序

在法律赋予民政机关强制执行权的情况下，民政机关应严格按照《行政强制法》规定的程序实施行政强制执行行为。

①乔晓阳主编，全国人大常委会法制工作委员会行政法室编著：《中华人民共和国行政强制法解读》，中国法制出版社2011年7月第1版，第147页。

附录:《行政强制法》关于行政机关自己实施的强制执行的程序条款

第三十五条　行政机关作出强制执行决定前，应当事先催告当事人履行义务。催告应当以书面形式作出，并载明下列事项：

（一）履行义务的期限；

（二）履行义务的方式；

（三）涉及金钱给付的，应当有明确的金额和给付方式；

（四）当事人依法享有的陈述权和申辩权。

第三十六条　当事人收到催告书后有权进行陈述和申辩。行政机关应当充分听取当事人的意见，对当事人提出的事实、理由和证据，应当进行记录、复核。当事人提出的事实、理由或者证据成立的，行政机关应当采纳。

第三十七条　经催告，当事人逾期仍不履行行政决定，且无正当理由的，行政机关可以作出强制执行决定。强制执行决定应当以书面形式作出，并载明下列事项：

（一）当事人的姓名或者名称、地址；

（二）强制执行的理由和依据；

（三）强制执行的方式和时间；

（四）申请行政复议或者提起行政诉讼的途径和期限；

（五）行政机关的名称、印章和日期。在催告期间，对有证据证明有转移或者隐匿财物迹象的，行政机关可以作出立即强制执行决定。

第三十八条　催告书、行政强制执行决定书应当直接送达当事人。当事人拒绝接收或者无法直接送达当事人的，应当依照《中华人民共和国民事诉讼法》的有关规定送达。

第四十三条　行政机关不得在夜间或者法定节假日实施行政强制执行。但是，情况紧急的除外。行政机关不得对居民生活采取停止供水、供电、供热、供燃气等方式迫使当事人履行相关行政决定。

第四十四条　对违法的建筑物、构筑物、设施等需要强制拆除的，应当由行政机关予以公告，限期当事人自行拆除，当事人在法定期限内不申请行政复议或者提起行政诉讼，又不拆除的，行政机关可以依法强制拆除。

第五十条　行政机关依法作出要求当事人履行排除妨碍、恢复原状等义务的行政决定，当事人逾期不履行，经催告仍不履行，其后果已经或者将危害交通安全、造成环境污染或者破坏自然资源的，行政机关可以代履行，或者委托没有利害关系的第三人代履行。

第五十一条　代履行应当遵守下列规定：

（一）代履行前送达决定书，代履行决定书应当载明当事人的姓名或者名称、地址，代履行的理由和依据、方式和时间、标的、费用预算以及代履行人；

（二）代履行三日前，催告当事人履行，当事人履行的，停止代履行；

（三）代履行时，作出决定的行政机关应当派员到场监督；

（四）代履行完毕，行政机关到场监督的工作人员、代履行人和当事人或者见证人应当在执行文书上签名或者盖章。

代履行的费用按照成本合理确定，由当事人承担。但是法律另有规定的除外。

代履行不得采用暴力、胁迫以及其他非法方式。

第五十四条　行政机关申请人民法院强制执行前，应当催告当事人履行义务。催告书送达十日后当事人仍未履行义务的，行政机关可以向所在地有管辖权的人民法院申请强制执行；执行对象是不动产的，向不动产所在地有管辖权的人民法院申请强制执行。

第五十五条　行政机关向人民法院申请强制执行，应当提供下列材料：

（一）强制执行申请书；

（二）行政决定书及作出决定的事实、理由和依据；

（三）当事人的意见及行政机关催告情况；

（四）申请强制执行标的情况；

（五）法律、行政法规规定的其他材料。

强制执行申请书应当由行政机关负责人签名，加盖行政机关的印章，并注明日期。

（五）民政机关行政强制的监督

民政机关实施行政强制，与实施行政处罚或其他具体行政行为一样，必须受到相应的制约和监督，防止权力的滥用。对此，《行政强制法》进行了相应规定。

附录：《行政强制法》关于行政机关实施行政强制的监督制约条款

第八条　公民、法人或者其他组织对行政机关实施行政强制，享有陈述权、申辩权；有权依法申请行政复议或者提起行政诉讼；因行政机关违法实施行政强制受到损害的，有权依法要求赔偿。

公民、法人或者其他组织因人民法院在强制执行中有违法行为或者扩大强制执行范围受到损害的，有权依法要求赔偿。

第六十一条　行政机关实施行政强制，有下列情形之一的，由上级行政机关或者有关部门责令改正，对直接负责的主管人员和其他直接责任人员依法给予处分。

（一）没有法律、法规依据的；

（二）改变行政强制对象、条件、方式的；

（三）违反法定程序实施行政强制的；

（四）违反本法规定，在夜间或者法定节假日实施行政强制执行的；

（五）对居民生活采取停止供水、供电、供热、供燃气等方式迫使当事人履行相关行政决定的。

（六）有其他违法实施行政强制情形的。

四、违法行政行为的监督

（一）行政行为的撤销主体

日本学者南博方认为撤销属于行政权力，因此，他将违法行政行为的纠正主体称为“撤销权者”。他认为“处分厅即使在没有有关撤销权的明文规定的情况下，也具有撤销权。监督厅如果没有有关撤销权的明文规定，便不具有撤销权，而只能命令处分厅撤销其行为。通说认为，在撤销权者中，还应加入审查厅及法院。但是，由于争讼撤销和职权撤销的主体、程序、性质和效果都不同，所以，将两者并列论述是不适当的”。①

如果作出行政行为的原行政主体对自己所作行政行为予以撤销，即为行政行为的依职权撤销。“行政厅依职权解除具有原始性瑕疵的行政行为的效力，称为依职权撤销。这里所说的瑕疵，包括违法的瑕疵和不当的瑕疵两种类型。”②

在行政行为有效作出之后，如果有权主体发现其违法或者不当，按照依法行政的原则应该对其进行纠正直至将其予以撤销。如前述，对于疏忽失误错误、明显轻微违法、一般轻微违法的纠正应由原行政行为实施者自行纠正，这不存在分歧；那么对可撤销行政行为和无效行政行为的纠正，情况就复杂多了，对这两类违法性程度较高的违法行政行为的处理，有的需要宣告无效，有的需要确认违法，有的需要予以撤销，而撤销是对两类严重违法行政行为进行纠正的主要方式。撤销权的主体一般是行政机关和人民法院，一般而言，立法机关不会直接撤销行政机关的具体行政行为。相应地，就有五种撤销方式：一是职权撤销，也就是作出行政行为的原行政机关依据职权，以行政行为成立之初存在瑕疵为理由，使其失去效力；二是职能监督撤销，即职能监督机关依法撤销被监督机关的行政行为；三是上级监督撤销，即上级机关依层级监督权撤销下级行政主体的行政行为；四是复议撤销，也就是

①②［日］南博方：《行政法》，杨建顺译，中国人民大学出版社 2009 年 8 月第 1 版，第 59 页。

根据行政相对人对行政行为不服的申请，行政复议机关作出复议决定使行政行为失去效力；五是诉讼撤销，即相对人行政行为向法院提起行政诉讼、法院经审理认为行政行为违法而予以撤销。前四种主体都是行政主体，其撤销是行政撤销；后一种主体是人民法院，其撤销是诉讼撤销。

行政撤销的主体一般是作出行政行为的行政主体，而享有指挥监督权的上级行政机关是否有权加以撤销，则存在两种观点。肯定说认为事后纠正下级行政机关违法的行政行为，当然包含于享有监督权的行政主体。①与此相对，否定说认为，撤销的效果不限于行政内部，而及于国民，监督的行政主体加以撤销实际上是一种代执行，如果没有明文规定享有撤销权，就不能命令下级行政机关撤销其行政行为。②

笔者认为，为了保持行政法制的统一和谐，上级行政机关和职能监督行政机关有权责令下级行政机关和被监督的行政机关撤销或变更行政行为。但是，如果没有法律明文规定，上级行政机关和监督行政机关则不能直接对下级机关和被监督机关的行政行为予以撤销；如果有法律明文规定职能监督机关、上级监督机关、行政复议机关可以直接撤销的，则这些机关可以直接撤销，也可以责令原行政主体自己撤销。

因此，从我国现行行政法制体系看，在行政体系内行使撤销权的主体有以下四类。

1. 作出行政行为的行政主体。此时的撤销即为学界所称职权撤销，具体讲存在三种情形：

(1) 主动撤销。即行政主体发现自己作出的行政行为严重违法而依职权予以撤销。这里的违法既包括行政机关自己没有认真履责而形成的违法，也包括相对人采取隐瞒、欺骗等手段使行政主体所实施行政行为在认定事实和适用法律上违法。如《公司登记管理条例》第 68 条规定："虚报注册资本，取得公司登记的，由公司登记机关责令改正，处以虚报注册资本金额 5% 以上 15% 以下的罚款；情节严重的，撤销公司登记或者吊销营业执照。"第 69

① [日] 柳濑良干:《行政法教科书》(再订版)，有斐阁 1969 年版，第 37 页。转引自王贵松:《行政信赖保护论》，山东人民出版社 2007 年 1 月第 1 版，第 130 页。

② [日] 远藤博也、阿部泰隆编:《讲义行政法 I(总论)》，青林书院新社 1984 年版，第 213—214 页。转引自王贵松:《行政信赖保护论》，山东人民出版社 2007 年 1 月第 1 版，第 130 页。

条规定，“提交虚假材料或者采取其他欺诈手段隐瞒重要事实，取得公司登记的，由公司登记机关责令改正，处以5万元以上50万元以下的罚款；情节严重的，撤销公司登记或者吊销营业执照”。

《律师法》第9条规定，“有下列情形之一的，由省、自治区、直辖市人民政府司法行政部门撤销准予执业的决定，并注销被准予执业人员的律师执业证书：(一) 申请人以欺诈、贿赂等不正当手段取得律师执业证书的；(二) 对不符合本法规定条件的申请人准予执业的”。

《社会团体登记管理条例》第32条规定，“社会团体在申请登记时弄虚作假，骗取登记的，或者自取得《社会团体法人登记证书》之日起1年内未开展活动的，由登记管理机关予以撤销登记”。

《民办非企业单位登记管理暂行条例》第24条规定，“民办非企业单位在申请登记时弄虚作假，骗取登记的，或者业务主管单位撤销批准的，由登记管理机关予以撤销登记”。

(2) 依申诉撤销。即行政相对人对行政行为提出其违法要求撤销的申诉，行政主体认为确有错误而予以撤销；我国《宪法》第41条规定，“对公民的申诉、控告或者检举，有关国家机关必须查清事实、负责处理”。

(3) 上级机关或监督机关责令撤销。即上级机关或监督机关发现行政行为实施机关的行政行为违法而依监督权命令其改正，行政行为实施机关予以撤销或变更。

如《行政许可法》第71条规定：“违反本法第十七条规定设定的行政许可，有关机关应当责令设定该行政许可的机关改正，或者依法予以撤销。”第72条规定：“行政机关及其工作人员违反本法的规定，有下列情形之一的，由其上级行政机关或者监察机关责令改正；情节严重的，对直接负责的主管人员和其他直接责任人员依法给予行政处分：(一) 对符合法定条件的行政许可申请不予受理的；(二) 不在办公场所公示依法应当公示的材料的；(三) 在受理、审查、决定行政许可过程中，未向申请人、利害关系人履行法定告知义务的；(四) 申请人提交的申请材料不齐全、不符合法定形式，不一次告知申请人必须补正的全部内容的；(五) 未依法说明不受理行政许可申请或者不予行政许可的理由的；(六) 依法应当举行听证而不举行听证的。”

第74条规定：“行政机关实施行政许可，有下列情形之一的，由其上级行政机关或者监察机关责令改正，对直接负责的主管人员和其他直接责任人员依法给予行政处分；构成犯罪的，依法追究刑事责任：（一）对不符合法定条件的申请人准予行政许可或者超越法定职权作出准予行政许可决定的；（二）对符合法定条件的申请人不予行政许可或者不在法定期限内作出准予行政许可决定的；（三）依法应当根据招标、拍卖结果或者考试成绩择优作出准予行政许可决定，未经招标、拍卖或者考试，或者不根据招标、拍卖结果或者考试成绩择优作出准予行政许可决定的。”

再如《行政处罚法》第55条规定：“行政机关实施行政处罚，有下列情形之一的，由上级行政机关或者有关部门责令改正，可以对直接负责的主管人员和其他直接责任人员依法给予行政处分：（一）没有法定的行政处罚依据的；（二）擅自改变行政处罚种类、幅度的；（三）违反法定的行政处罚程序的；（四）违反本法第18条关于委托处罚的规定的。”

又如《信息公开条例》第35条规定：“行政机关违反本条例的规定，有下列情形之一的，由监察机关、上一级行政机关责令改正；情节严重的，对行政机关直接负责的主管人员和其他直接责任人员依法给予处分；构成犯罪的，依法追究刑事责任：（一）不依法履行政府信息公开义务的；（二）不及时更新公开的政府信息内容、政府信息公开指南和政府信息公开目录的；（三）违反规定收取费用的；（四）通过其他组织、个人以有偿服务方式提供政府信息的；（五）公开不应当公开的政府信息的；（六）违反本条例规定的其他行为”。

《行政强制法》第61条　行政机关实施行政强制，有下列情形之一的，由上级行政机关或者有关部门责令改正，对直接负责的主管人员和其他直接责任人员依法给予处分：（一）没有法律、法规依据的；（二）改变行政强制对象、条件、方式的；（三）违反法定程序实施行政强制的；（四）违反本法规定，在夜间或者法定节假日实施行政强制执行的；（五）对居民生活采取停止供水、供电、供热、供燃气等方式迫使当事人履行行政决定的；（六）有其他违法实施行政强制情形的。

2. 上级行政机关。我国的上级行政机关包括两种情形：如果行政机关是政府部门，则其上级机关包括本级人民政府和上级政府对应部门；如果行政机关是人民政府，则其上级机关是上级人民政府。关于现代行政法治赋予上级机关的监督权问题，日本学者南博方认为是“为了防止国家意志的不统一”，并对监督权的内容进行了阐述：

“各行政机关的纵向关系，由上级机关对下级机关的监督权联结。所谓监督，是指在上级机关和下级机关之间存在不同意见时，承认上级机关的意志具有权威性的方法。其内容如下：(1) 监视权。这是指听取下级机关的报告，检查账簿文件以及到实地视察工作等的权能。监视是监督的准备行为。(2) 训令权。这是指对下级机关行使权限事前进行指示及承认的权能，亦称为指挥权。训令权是监督权的本体。(3) 撤销权、停止权。这是指撤销或者停止下级机关所采取的措施的事后监督的权能。监视权和训令权，只要存在有关监督权的规定，就可以根据该规定来行使。但是这种撤销权和停止权，由于其行使将会导致上级机关对下级机关本来拥有的撤销权和停止权的代位行使，并且，会给国民的权利义务带来直接的影响，所以，仅有关于监督权的规定还不够，还必须有关于行使撤销权和停止权的宗旨的特别的明文规定。只有在这种情况下，才能够行使撤销权和停止权。”①

我国现行的行政法律体制与南博方所述基本相同，即上级行政机关更多的监督形式是责令行政主体纠正（如上述），也可以直接行使撤销权，此时要有法律的明确规定。

如《宪法》第89条第（十三）、（十四）项规定，国务院有权改变或者撤销国务院各部门和下级人民政府不适当的决定、命令、指示和规章；《宪法》第108条规定，县级以上地方各级人民政府有权改变或者撤销所属各工作部门和下级人民政府不适当的决定。

《立法法》第88条第（三）项规定，“国务院有权改变或者撤销不适当的部门规章和地方政府规章”；第（六）项规定，“省、自治区的人民政府有权改变或者撤销下一级人民政府制定的不适当的规章。”

又如《行政许可法》第69条规定，上级机关可以撤销下级机关违法的行政许可；第74条规定：“行政机关实施行政许可，有下列情形之一的，由其上级行政机关或者监察机关责令改正，对直接负责的主管人员和其他直接责任人员依法给予行政处分；构成犯罪的，依法追究刑事责任：（一）对不符

①［日］南博方：《行政法》，杨建顺译，中国人民大学出版社2009年8月第1版，第16—17页。

合法定条件的申请人准予行政许可或者超越法定职权作出准予行政许可决定的；（二）对符合法定条件的申请人不予行政许可或者不在法定期限内作出准予行政许可决定的；（三）依法应当根据招标、拍卖结果或者考试成绩择优作出准予行政许可决定，未经招标、拍卖或者考试，或者不根据招标、拍卖结果或者考试成绩择优作出准予行政许可决定的。”

《煤炭生产许可证管理办法》第15条规定：“国务院煤炭工业主管部门发现省、市、自治区人民政府煤炭工业主管部门颁发煤炭生产许可证不适当的，应当及时予以纠正或者吊销。”

《行政监察法》第40条规定：“上一级监察机关认为下一级监察机关的监察决定不适当的，可以责成下一级监察机关予以变更或者撤销，必要时也可以直接作出变更或者撤销的决定。”

3．行政监督机关。我国行政监督机关主要是指专门监督机关（如监察机关、审计机关）和职能监督机关（如财政机关、人事机关）等。如上述，一般而言，专门监督机关对行政行为的监督方式是责令行为主体改正而不是直接变更或撤销行政行为。如《审计法》第35条规定，“审计机关认为被审计单位所执行上级主管部门有关财政收支、财务收支的规定与法律、行政法规相抵触的，应当建议有关主管部门纠正；有关主管部门不予纠正的，审计机关应当提请有权处理机关依法处理。”但是也不能一概而论，如《行政监察法》第38条规定，“监察机关对受理的不服主管行政机关行政处分决定的申诉，经复查认为原决定不适当的，可以建议原决定机关予以变更或者撤销；监察机关在职权范围内，也可以直接作出变更或者撤销的决定”。

职能监督机关主要是对行政机关的内部行政行为进行监督，既可以采取责令被监督机关改正的方式，也可以对违法行政行为直接予以撤销或变更，如《公务员法》第101条规定，“对有下列违反本法规定情形的，由县级以上领导机关或者公务员主管部门按照管理权限，区别不同情况，分别予以责令纠正或者宣布无效”。

4．行政复议机关。行政复议机关包括具体行政行为的上级机关和本级人民政府。《行政复议法》赋予复议机关撤销、变更被申请机关具体行政行为的权力，该法第28条第（三）项规定复议机关：“具体行政行为有下列情形之一的，决定撤销、变更或者确认该具体行政行为违法；决定撤销或者确认该具体行政行为违法的，可以责令被申请人在一定期限内重新作出具体行政行为：1. 主要事实不清、证据不足的；2. 适用依据错误的；3. 违反法定程序的；4. 超越或者滥用职权的；5. 具体行政行为明显不当的。”第（四）项规定，“被申请人不按照本法第二十三条的规定提出书面答复、提交当初作出具体行政行为的证据、依据和其他有关材料的，视为该具体行政行为没有证据、依据，决定撤销该具体行政行为”。

（二）我国关于撤销行政行为的法律规范

我国关于撤销行政行为的具体规定见于具体法律中。

从《行政诉讼法》角度看行政行为的可撤销性。我国《行政诉讼法》第51条规定：“人民法院对行政案件宣告判决或者作出裁定前，原告申请撤诉的，或者被告改变其所作的具体行政行为，原告同意并申请撤诉的，是否准许，由人民法院裁定。”

最高人民法院关于执行《行政诉讼法》若干问题的解释第50条规定：“被告在一审期间改变具体行政行为的，应当书面告知人民法院。原告和第三人对改变后的行为不服提起诉讼的，人民法院应当就改变后的具体行政行为进行审理。被告改变原具体行政行为，原告不撤诉，人民法院经审查认为原具体行政行为违法的，应当作出确认其违法的判决；认为原具体行政行为合法的，应当判决驳回原告的诉讼请求。原告起诉被告不作为，在诉讼中被告作出具体行政行为，原告不撤诉的，参照上述规定执行。”

从这一规定看，行政机关存在改变其所作的具体行政行为的可能性，且人民法院对其改变的行为不持否定态度。

《行政处罚法》关于撤销的规定。《行政处罚法》第55条规定：“行政机关实施行政处罚，有下列情形之一的，由上级行政机关或者有关部门责令改正，可以对直接负责的主管人员和其他直接责任人员依法给予行政处分：（一）没有法定的行政处罚依据的；（二）擅自改变行政处罚种类、幅度的；（三）违反法定的行政处罚程序的；（四）违反本法第18条关于委托处罚规定的。”

这一规定表明，一方面，上级行政机关有权责令下级行政机关改变违法的行政处罚行为；另一方面，可以推导出行政机关发现自己的行政处罚违法时，有进行纠正的义务，正是这一义务的存在，上级机关才能责令其改变处罚行为。

《行政许可法》关于撤销的规定。《行政许可法》第 69 条规定："有下列情形之一的，作出行政许可决定的行政机关或者其上级行政机关，根据利害关系人的请求或者依据职权，可以撤销行政许可：（一）行政机关工作人员滥用职权、玩忽职守作出准予行政许可决定的；（二）超越法定职权作出准予行政许可决定的；（三）违反法定程序作出准予行政许可决定的；（四）对不具备申请资格或者不符合法定条件的申请人准予行政许可的；（五）依法可以撤销行政许可的其他情形。""被许可人以欺骗、贿赂等不正当手段取得行政许可的，应当予以撤销。""依照前两款的规定撤销行政许可，可能对公共利益造成损害的，不予撤销。""依照本条第一款的规定撤销行政许可，对被许可人的合法权益造成重大损害的，行政机关应当依法给予赔偿。依照本条第二款的规定撤销行政许可的，被许可人基于行政许可取得的利益不受保护。"

因此，《行政许可法》对行政许可行为的实施机关规定了撤销违法许可的义务。

《行政复议法》的规定。《行政复议法》第 1 条规定："为了防止和纠正违法的或者不当的具体行政行为，保护公民、法人和其他组织的合法权益，保障和监督行政机关依法行使职权，根据《宪法》，制定本法。"

第 4 条规定："行政复议机关履行行政复议职责，应当遵循合法、公开、公正、及时、便民的原则，坚持有错必纠，保障法律、法规的正确实施。"

《行政复议法实施条例》第 39 条规定："行政复议期间被申请人改变原具体行政行为的，不影响行政复议案件的审理，但是，申请人依法撤回行政复议申请的除外。"

从这些规定可以看出，当具体行政行为违法或者不当，如果行为机关能主动自己加以纠正的话，一旦进入复议程序，复议机关是会支持的，因为复议的目的就是纠错。

（三）作为行政处罚的撤销

在我国立法及实务中，撤销常常被用作行政处罚。如《宗教活动场所管理条例》第2条第2款规定，“设立宗教活动场所，必须进行登记”，第14条规定，“宗教活动场所违反本条例规定的，县级以上人民政府宗教事务管理部门可以根据情节轻重，给予警告、停止活动、撤销登记的处罚”，这里的撤销登记不是因为登记存在违法问题，而是合法登记后进行违法活动，这种撤销不同于原行政行为作出时违法而被撤销的情形，其只对撤销后发生法律效果而不溯及既往。

再如《公司法》第214条规定，“利用公司名义从事危害国家安全、社会公共利益的严重违法行为的，吊销营业执照”；《公司登记管理条例》第68条、第69条、第72条、第73条、第76条、第77条、第79条等条款规定对违反公司法和工商管理规定的公司吊销其营业执照，实际上是对违法行为的行政处罚，不是对登记违法的纠正措施。

又如《律师法》第49条规定，律师有列举的情节严重的违法行为的，由省、自治区、直辖市人民政府司法行政部门吊销其律师执业证书；第50条规定，律师事务所有所列举的违法行为、情节特别严重的，由省、自治区、直辖市人民政府司法行政部门吊销其律师事务所执业证书。

《道路交通安全法》第88条明确规定，吊销当事人的机动车驾驶证是对道路交通安全违法行为的行政处罚的一种。

那么作为行政处罚的撤销就要受到行政处罚法和专门法律的规范，并作为一个具体行政行为在主体、内容、程序、形式、救济等方面受到行政合法性原则、行政合理性原则的约束，在其违法时可能受到被撤销的处理。

（四）违法行政行为的法律责任

行政行为违法可能承担民事责任、行政责任或刑事责任。

1. 民事责任。《民法通则》第121条规定：国家机关或者国家机关工作人员在执行职务中，侵犯公民、法人合法权益造成损害的，应承担民事责任。但1995年《国家赔偿法》实施后，国家机关的侵权责任以国家赔偿责任为主要方式，司法实践中基本不再适用《民法通则》第121条而适用《国家赔偿法》。

《国家赔偿法》于1994年5月12日由全国人大常委会通过、1995年1月1日实施；2010年4月29日全国人大常委会进行修改，修改后的《国家赔偿法》于2011年12月1日施行。

关于行政机关侵权赔偿问题，《国家赔偿法》第2条作出了明确规定：国家机关和国家机关工作人员行使职权，有本法规定的侵犯公民、法人和其他组织合法权益的情形，造成损害的，受害人有依照本法取得国家赔偿的权利。

本法规定的赔偿义务机关，应当依照本法及时履行赔偿义务。

关于赔偿义务机关，《国家赔偿法》第7条规定：行政机关及其工作人员行使行政职权侵犯公民、法人和其他组织的合法权益造成损害的，该行政机关为赔偿义务机关。

两个以上行政机关共同行使行政职权时侵犯公民、法人和其他组织的合法权益造成损害的，共同行使行政职权的行政机关为共同赔偿义务机关。

法律、法规授权的组织在行使授予的行政权力时侵犯公民、法人和其他组织的合法权益造成损害的，被授权的组织为赔偿义务机关。

受行政机关委托的组织或者个人在行使受委托的行政权力时侵犯公民、法人和其他组织的合法权益造成损害的，委托的行政机关为赔偿义务机关。

赔偿义务机关被撤销的，继续行使其职权的行政机关为赔偿义务机关；没有继续行使其行政职权的行政机关的，撤销该赔偿义务机关的行政机关为赔偿义务机关。

关于应当赔偿的情形，《国家赔偿法》第4条规定：行政机关及其工作人员行使行政职权时有下列侵犯财产权情形之一的，受害人有取得赔偿的权利：

（一）违法实施罚款、吊销许可证和执照、责令停产停业、没收财物等行政处罚的；

（二）违法对财产采取查封、扣押、冻结等行政强制措施的；

（三）违法征收、征用财产的；

（四）造成财产损害的其他违法行为。

关于不予国家赔偿的情形，《国家赔偿法》第五条规定：属于下列情形之一的，国家不承担赔偿责任：

（一）行政机关工作人员与行使职权无关的个人行为；

（二）因公民、法人和其他组织自己的行为致使损害发生的；

（三）法律规定的其他情形。

2. 行政责任。主要有行政处分、责令撤销、直接撤销、国家赔偿等责任方式。

（1）《行政处罚法》的规定。第55条　行政机关实施行政处罚，有下列情形之一的，由上级行政机关或者有关部门责令改正，可以对直接负责的主管人员和其他直接责任人员依法给予行政处分：

（一）没有法定的行政处罚依据的；

（二）擅自改变行政处罚种类、幅度的；

（三）违反法定的行政处罚程序的；

（四）违反本法第18条关于委托处罚的规定的。

第56条　行政机关对当事人进行处罚不使用罚款、没收财物单据或者使用非法定部门制发的罚款、没收财物单据的，当事人有权拒绝处罚，并有权予以检举。上级行政机关或者有关部门对使用的非法单据予以收缴销毁，对直接负责的主管人员和其他直接责任人员依法给予行政处分。

第57条　行政机关违反本法第46条的规定自行收缴罚款的，财政部门违反本法第五十三条的规定向行政机关返还罚款或者拍卖款项的，由上级行政机关或者有关部门责令改正，对直接负责的主管人员和其他直接责任人员依法给予行政处分。

第58条　行政机关将罚款、没收的违法所得或者财物截留、私分或者变相私分的，由财政部门或者有关部门予以追缴，对直接负责的主管人员和其他直接责任人员依法给予行政处分；情节严重构成犯罪的，依法追究刑事责任。

执法人员利用职务上的便利，索取或者收受他人财物、收缴罚款据为己有，构成犯罪的，依法追究刑事责任；情节轻微不构成犯罪的，依法给予行政处分。

第 59 条　行政机关使用或者损毁扣押的财物，对当事人造成损失的，应当依法予以赔偿，对直接负责的主管人员和其他直接责任人员依法给予行政处分。

第 60 条　行政机关违法实行检查措施或者执行措施，给公民人身或者财产造成损害、给法人或者其他组织造成损失的，应当依法予以赔偿，对直接负责的主管人员和其他直接责任人员依法给予行政处分；情节严重构成犯罪的，依法追究刑事责任。

第 61 条　行政机关为牟取本单位私利，对应当依法移交司法机关追究刑事责任的不移交，以行政处罚代替刑罚，由上级行政机关或者有关部门责令纠正；拒不纠正的，对直接负责的主管人员给予行政处分；徇私舞弊、包庇纵容违法行为的，比照刑法第一百八十八条的规定追究刑事责任。

第 62 条　执法人员玩忽职守，对应当予以制止和处罚的违法行为不予制止、处罚，致使公民、法人或者其他组织的合法权益、公共利益和社会秩序遭受损害的，对直接负责的主管人员和其他直接责任人员依法给予行政处分；情节严重构成犯罪的，依法追究刑事责任。

(2)《行政许可法》的规定。第 71 条　违反本法第 17 条规定设定的行政许可，有关机关应当责令设定该行政许可的机关改正，或者依法予以撤销。

第 72 条　行政机关及其工作人员违反本法的规定，有下列情形之一的，由其上级行政机关或者监察机关责令改正；情节严重的，对直接负责的主管人员和其他直接责任人员依法给予行政处分：

（一）对符合法定条件的行政许可申请不予受理的；

（二）不在办公场所公示依法应当公示的材料的；

（三）在受理、审查、决定行政许可过程中，未向申请人、利害关系人履行法定告知义务的；

（四）申请人提交的申请材料不齐全、不符合法定形式，不一次告知申请人必须补正的全部内容的；

（五）未依法说明不受理行政许可申请或者不予行政许可的理由的；

（六）依法应当举行听证而不举行听证的。

第 73 条　行政机关工作人员办理行政许可、实施监督检查，索取或者收受他人财物或者谋取其他利益，构成犯罪的，依法追究刑事责任；尚不构成犯罪的，依法给予行政处分。

第74条　行政机关实施行政许可，有下列情形之一的，由其上级行政机关或者监察机关责令改正，对直接负责的主管人员和其他直接责任人员依法给予行政处分；构成犯罪的，依法追究刑事责任：

（一）对不符合法定条件的申请人准予行政许可或者超越法定职权作出准予行政许可决定的；

（二）对符合法定条件的申请人不予行政许可或者不在法定期限内作出准予行政许可决定的；

（三）依法应当根据招标、拍卖结果或者考试成绩择优作出准予行政许可决定，未经招标、拍卖或者考试，或者不根据招标、拍卖结果或者考试成绩择优作出准予行政许可决定的。

第75条　行政机关实施行政许可，擅自收费或者不按照法定项目和标准收费的，由其上级行政机关或者监察机关责令退还非法收取的费用；对直接负责的主管人员和其他直接责任人员依法给予行政处分。

截留、挪用、私分或者变相私分实施行政许可依法收取的费用的，予以追缴；对直接负责的主管人员和其他直接责任人员依法给予行政处分；构成犯罪的，依法追究刑事责任。

第76条　行政机关违法实施行政许可，给当事人的合法权益造成损害的，应当依照《国家赔偿法》的规定给予赔偿。

第77条　行政机关不依法履行监督职责或者监督不力，造成严重后果的，由其上级行政机关或者监察机关责令改正，对直接负责的主管人员和其他直接责任人员依法给予行政处分；构成犯罪的，依法追究刑事责任。

(3)《行政强制法》的规定。第61条　行政机关实施行政强制，有下列情形之一的，由上级行政机关或者有关部门责令改正，对直接负责的主管人员和其他直接责任人员依法给予处分：（一）没有法律、法规依据的；（二）改变行政强制对象、条件、方式的；（三）违反法定程序实施行政强制的；（四）违反本法规定，在夜间或者法定节假日实施行政强制执行的；（五）对居民生活采取停止供水、供电、供热、供燃气等方式迫使当事人履行有关行政决定的；（六）有其他违法实施行政强制情形的。

第62条　违反本法规定，行政机关有下列情形之一的，由上级行政机关或者有关部门责令改正，对直接负责的主管人员和其他直接责任人员依法给予处分：(一）扩大查封、扣押、冻结范围的；(二）使用或者损毁查封、扣押场所、设施或者财物的；(三）在查封、扣押法定期间不作出处理决定或者未依法及时解除查封、扣押的；(四）在冻结存款、汇款法定期间不作出处理决定或者未依法及时解除冻结的。

第63条　行政机关将查封、扣押的财物或者划拨的存款、汇款以及拍卖和依法处理所得的款项，截留、私分或者变相私分的，由财政部门或者有关部门予以追缴，对直接负责的主管人员和其他直接责任人员依法给予记大过、降级、撤职或者开除的处分。

行政机关工作人员利用职务上的便利，将查封、扣押的场所、设施或者财物据为己有的，由上级行政机关或者有关部门责令改正，依法给予记大过、降级、撤职或者开除的处分。

第64条　行政机关及其工作人员利用行政强制权为单位或者个人谋取利益的，由上级行政机关或者有关部门责令改正，对直接负责的主管人员和其他直接责任人员依法给予处分。

第65条　违反本法规定，金融机构有下列行为之一的，由金融业监督管理机构责令改正，对直接负责的主管人员和其他直接责任人员依法给予处分：(一）在冻结前向当事人泄露信息的；(二）对应当立即冻结、划拨的存款、汇款不冻结或者不划拨，致使存款、汇款转移的；(三）将不应当冻结、划拨的存款、汇款予以冻结或者划拨的；(四）未及时解除冻结存款、汇款的。

第66条　违反本法规定，金融机构将款项划入国库或者财政专户以外的其他账户的，由金融业监督管理机构责令改正，并处以违法划拨款项二倍的罚款；对直接负责的主管人员和其他直接责任人员依法给予处分。

违反本法规定，行政机关、人民法院指令金融机构将款项划入国库或者财政专户以外的其他账户的，对直接负责的主管人员和其他直接责任人员依法给予处分。

3. 刑事责任。如《行政处罚法》第58条、第60条、第61条、第62条的规定；《行政许可法》第77条的规定“行政机关不依法履行监督职责或者监督不力，造成严重后果的……构成犯罪的，依法追究刑事责任”。《行政强制法》第68条规定“违反本法规定，构成犯罪的，依法追究刑事责任”。

（五）行政行为的撤回及失效

行政行为的撤回，德国理论和立法上都称为“废止”，日本则称之为“撤回”，“所谓行政行为的依职权撤回（或者废止），是指行政厅以事后情况变化为理由，解除成立对并无瑕疵的行政行为。在法令上，多称其为‘撤销’”①。

行政行为的撤回或废止，一般是指合法成立的行政行为因情势变更或公益需要而由行政主体将其效力予以终止的行政行为。

1. 德国行政程序法关于行政行为废止的规定。 德国的有关规定主要是其《联邦行政程序法》第49条。

附录：第49条（合法行政行为的废止）

1. 合法、非授益性的行政行为，即使在获得确定力之后，仍可全部或部分以对将来的效力废止，除非废止后即须重新作出同样内容的行政行为或出于其他原因而不容许废止。

2. 合法、授益性的行政行为，即使在获得确定力之后，在下列情况下仅可全部或部分以对将来的效力废止：

(1) 法规容许或行政行为保留该废止；

(2) 行政行为附负担，受益人没有或未在为其定出的期限内履行该负担；

(3) 行政机关如基于事后发生的事实，即有不作出该行政行为的正当性，且不废止该行政行为就会危害公益；

(4) 行政机关如基于法规的修改，即具有不作出该行政行为的正当性，但限于受益人尚未使用所提供的优惠，或基于该行政行为而尚未受领给付的情况，且不废止即会危害公益；

(5) 为避免或消除对公共福利的严重不利。在此准用第48条第

①［日］南博方：《行政法》，杨建顺译，中国人民大学出版社2009年8月第1版，第61页。

4款的规定。

3. 合法的行政行为，为某一特定目的提供一次性或定期金钱给付或可分物给付，或者构成这类给付的前提的，即使在获得确定力之后，也可以具有溯及力的全部或部分废止：

(1) 只要给付未在提供之后立即用于行政行为确定的目的，或者不再用于该目的；

(2) 行政行为附负担，受益人没有或未在为其定出的期限内履行该负担。在此准用第48条第4款的规定。

4. 拟废止的行政行为在废止生效时丧失其效力，除非行政机关定出另一较迟的时刻。

5. 已确定的行政行为，由第3条所列的主管行政机关决定其废止。拟废止的行政行为由另一行政机关作出的，亦同。

6. 废止第2款第3至5项授益性行政行为时，应相对人申请，行政机关须对相对人因信赖行政行为的确定力而遭受的财产不利作出补偿，但以其信赖需要保护为限。在此准用第48条第3款第3至5句的规定。对补偿的争议，由普通法院管辖处理。

与其第48条相比，对合法行政行为的废止，第49条更加重视对相对人的信赖利益的保护。

2. 日本学者南博方关于行政行为的撤回的论述。关于行政行为撤回的理由，或者说为什么行政主体可以对合法的行政行为予以撤回，南博方论述得很清楚："从前，行政行为的撤回可以自由进行的原则，长期以来起着支配作用。但是，最近出现了如下批评：有人根据行政的法律适合性的原理，主张只要没有法律的明文根据，就不容许行政行为的撤回；有人则认为，在社会性法治国家里，依存于授益性行政行为的受益者的信赖，应当高度地予以保护，因此，行政行为的撤回不是自由的。现在，至少在授益性行政行为的撤回问题上，已不能说撤回自由的原则仍起着支配作用了。撤回的可能性越来越受到严格的限制。但是，行政必须符合公益，适应情势的变化而作出调整。有时候可能出现这样的情况，即处分时是合法的行为，但由于事后行为基础的丧失（相对方的法令违反、命令违反、显著的情况变更等），使得该行为变成有瑕疵的行为。况且，对撤回还赋予了进行争讼的法手段。依此看来，认为只要没有法律的根据就绝对不能撤回的观点未免过于严格。立足于撤回自由的原则，同时谋求其与相对方的信赖保护的协调，来考虑可否撤回的问题，才是适宜的做法。"①

关于撤回权主体。"行政行为的撤回，只有处分厅才能实施。监督厅虽然可以命令处分厅予以撤回，但是，只要法律上没有特别的规定，就不具有撤回权。"②

关于行政行为的依职权撤回。"所谓行政行为的依职权撤回（或者废止)，是指行政厅以事后情况变化为理由，解除成立对并无瑕疵的行政行为。在法令上，多称其为'撤销'。"

关于允许撤回的情形。"允许撤回行政行为的情形如下：(1) 侵益性行政行为的撤回，原则上是自由的。但是，撤回权的行使必须限定在裁量的界限内。并且，法律上明文规定或者暗示规定不允许撤回时，便不能撤回。(2) 授益性行政行为的撤回，原则上是不允许的。但是，在法律规定允许撤回，或者行政行为中保留了撤回权（撤回权的保留）的情况下，则可以撤回。当然，撤回权的行使必须限定在裁量的界限内。(3) 对行政行为附加了负担，受益者在一定期限内不履行该负担时，或者存在应当归责于受益者方面的事由的情况下，可以撤回。在这种情况下，撤回权的行使同样必须限定在裁量的界限内。(4) 因情况的变化，行政行为的继续存在已不再适合于事实关系，而且，不予以撤回被认为是具有严重危害公益之危险的情况下，可以撤回。在这种情况下，受益者因对行政行为的信赖而蒙受的损失应当给予补偿。(5) 因法令的改废，授益性行政行为不再适合于法令时，也不能当然地撤回该行政行为。只有在受益者还未获得给付，或者还未享受到受给内容时，并且，不撤回被认为是具有危害公益之危险的情况下，才可以撤回。"③

关于撤回的程序。"行政行为的撤回属于《行政程序法》上所说的不利处分时，对于应当成为处分名义人的人，必须采取为了意见陈述所必要的程序(听证或者辩明机会的赋予)。"④

①② [日] 南博方：《行政法》，杨建顺译，中国人民大学出版社 2009 年 8 月第 1 版，第 62 页。
③④ [日] 南博方：《行政法》，杨建顺译，中国人民大学出版社 2009 年 8 月第 1 版，第 63 页。

关于撤回的效果。“原则上，撤回只面向未来发生其效果。但是，例外地被赋予溯及效力的撤回也是存在的，例如，蓝色申报的承认之撤销，以及荣典的授予之撤销等。”[①]“实施了与原行政行为相抵触的行政行为，或者变更了原行政行为，有时会被视为原行政行为的全部或者一部分被撤回了。”[②]

3. 我国关于行政行为撤回的规定。从上述立法和理论的主张看，行政行为的撤销和行政行为的撤回具有明显的区别，正如日本学者南博方所言：“依职权撤销和依职权撤回的主体都是处分厅，并且，无论是依职权撤销，还是依职权撤回，都属于行政厅的裁量，因此，依职权撤销也有面向未来发生效力的情况，依职权撤回也有发生溯及效力的情况。所以，依职权撤销和依职权撤回的根本区别在于，撤销是以行政行为的原始性瑕疵为理由的，而撤回则是以事后情况变化为理由的。”[③]

行政行为的撤回是指行政行为作出时合法有效，但随后出现的客观情况的重大变化或所依据的法律发生变化，而对行政行为予以废止的行政行为，该废止行政行为不溯及既往。我国对行政行为的撤回也在一些法律中进行了明确规定。

如《行政许可法》第 8 条规定：“公民、法人或者其他组织取得的行政许可受法律保护，行政机关不得擅自改变已经生效的行政许可。”“行政许可所依据的法律、法规、规章修改或者废止，或者准予行政许可所依据的客观情况发生重大变化的，为了公共利益的需要，行政机关可以依法变更或者撤回已经生效的行政许可。由此给公民、法人或者其他组织造成财产损失的，行政机关应当依法给予赔偿。”

国务院法制办 2004 年 8 月 24 日对《关于在行政许可法实施前行政机关是否有权撤回行政许可的请示》的复函（国法秘函［226］）指出，“一、根据法不溯既往的原则，行政许可法关于撤回行政许可的规定，不适用于行政许可法实施前作出的具体行政行为”。“二、根据行政许可法的规定，撤回行政许可的适用前提是相对人已经取得的行政许可合法，而且必须是为了公共利益的需要。适用情形包括：1. 行政许可依据的法律、法规、规章修改或者废

---

①［日］南博方：《行政法》，杨建顺译，中国人民大学出版社 2009 年 8 月第 1 版，第 61—64 页。

②［日］南博方：《行政法》，杨建顺译，中国人民大学出版社 2009 年 8 月第 1 版，第 64 页。

③［日］南博方：《行政法》，杨建顺译，中国人民大学出版社 2009 年 8 月第 1 版，第 61—62 页。

止；2. 行政许可依据的客观情况发生重大变化。撤回行政许可对公民、法人或者其他组织造成财产损失的，作出撤回行政许可决定的行政机关应当依法予以补偿。”因此，行政许可法对行政许可行为的实施机关规定了依法撤回的权力。

4. 行政行为效力消灭的其他情形。行政行为的效力因撤销、撤回等行政行为而消灭，也可因特定事实的出现而消灭，此时其效力属于“自然终结”。

（1）新行政行为导致效力的消灭。如责令停止违法建设房屋的具体行政行为的效力，因其后作出的拆除决定而消灭。

（2）标的物的灭失而效力消灭。如责令向公安机关上缴私藏的炸药的行政决定的效力因炸药发生爆炸灭失而消灭。当然公安机关可以对当事人进行行政处罚，但那是一个新的行政行为。

（3）相对人的死亡（或终结）而效力消灭。如对违反治安处罚法行为的当事人进行拘留15天的行政处罚决定的效力因当事人死亡而效力消灭；再如对某公司颁发的许可证的效力因该公司的注销工商登记而消灭。

（4）权利主体长期放弃权利而效力消灭。日本学者我妻荣认为，权利失效是指权利主体长期不行使权利，使相对人已产生权利主体永远不会再行使权利的信赖后，如果权利主体再行使权利，根据诚信原则可认为是不诚实的迟疑时，那么相对人得为抗辩，权力主体即无法主张其权利。①

日本学者南博方认为，“撤销权者相当长时期不行使撤销权，其结果使得相对方产生信赖，以为其不再会被撤销，相对方基于该信赖而采取了某种准备活动或者行为的情况下，依所谓失效（失权）的法理，不得再行使撤销权”②。

●●●●●●

本章结语：在殡葬的行政调整中，对殡葬类机构设置、殡葬事务的经营等的许可，要严格遵守《行政许可法》的规定；对违反殡葬行政法律、法规的行为进行处罚，要严格遵守《行政处罚法》的规定；对行政处罚的强制执

①叶必丰：《行政法学》，武汉大学出版社2003年2月修订版，第206页。

②［日］南博方：《行政法》，杨建顺译，中国人民大学出版社2009年8月第1版，第60—61页。

行，要严格遵守《行政强制法》的规定；对违法的行政行为，要依法追究行政责任或刑事责任。本章就是结合殡葬行政管理执法的实际，对相关殡葬管理执法行为及其监督进行阐述，有助于殡葬行政职能机关依法行使殡葬管理、执法的职能。

第九章

殡葬的刑法调整

殡葬所涉及的尸体、骨灰、坟墓等特殊物，既存载着死者近亲属的特殊精神利益，又是维护公序良俗和社会公共利益的重要载体。因此，古今中外法律都对严重侵害殡葬社会关系的行为规定为犯罪，对殡葬社会关系进行刑法调整。

一、殡葬刑法调整的沿革

世界上不少国家和地区如日本、法国、西班牙、韩国、巴西、格陵兰在《刑法》中均有故意损坏、侮辱尸体、遗骨、侵害坟墓、尸体等犯罪行为的规定。我国台湾地区“刑法”中除规定侵害尸体罪外，还规定了侵害尸骨或殓物罪。

凌辱尸体罪是比较古老的轻罪，美国《模范刑法典》对此作了规定。凌辱尸体罪（mistreatment of corpse）就是行为人用明知会伤害有直接管辖权的亲属的情感的方式来对待尸体的行为。所谓伤害情感的方式，是指为了私利而出卖尸体，遗弃尸体不予处理，埋葬之后无故又挖开坟墓，等等。如果在是否伤害亲属情感问题上有争议，判别标准是当时当地的礼仪习惯和道德观念。这个罪是故意罪，疏忽过失不构成本罪。只能由对尸体无直接管辖权的人实行。不过，有些州的法典关于此罪没有这一限定。[1]

[1] 储槐植：《美国刑法》，北京大学出版社 2005 年 2 月第 3 版，第 201 页。

我国古代法律也十分重视对人之尸体的保护，除严禁“发冢”外，对于不因发冢而残害尸体的行为也予以严惩。如《唐律》“残害死尸”条规定：“诸残害死尸及弃尸水中者，各减斗杀罪一等”。明清律中对损害尸体、坟墓的行为规定得更详细，处罚更严。[①]

儒家所倡导的“君为臣纲，父为子纲，夫为妻纲”是我国历史上维护封建专制制度的精神支柱和制定封建法律的一个根本原则。凡是违反“三纲五常”，均被认为触犯了封建统治阶级的根本利益，均被列为十恶不赦之大罪，予以重点打击。

汉律规定，盗窃皇帝的舆服御物及陵园器物，皆属“大逆不道”，不但犯罪者本人处死，父母、妻子，同产无少长皆弃市。汉律规定，妻子夫死未葬而嫁，处死刑。

唐律将与殡葬有关的几类犯罪规定为“十恶”大罪，具体规定在“十恶”条的二、五、六、七款上。即：

二曰谋大逆，是指“谋毁宗庙、山陵及宫阙”。《疏义》解释说：“此条之人，干纪犯顺，违道悖德，逆莫大焉，故曰‘大逆’，”他们认为，死去的皇帝的陵庙神圣不可侵犯，违者与谋反处以同样的惩罚。《唐律·贼盗律》：“诸盗大祀神御之物者，流二千五百里。”相对于汉律主犯一律处死；父母、兄弟、同产无少长皆弃市；盗高庙座前玉环大逆论死的规定，唐律对谋反大逆分别以情节及危害后果规定不同刑罚，但惩罚仍然严厉。

五曰不道，主要是指杀无死罪者或杀人后而肢解的行为。注云：“谓杀一家非死罪三人，及肢解人，造畜蛊毒、厌魅”。

六曰大不敬。唐律对于惩处侵犯专制君主的人身及尊严的“大不敬”行为的法律规定得相当完备。例如，大祀不合规定、盗窃皇帝的“八宝”、攻击皇帝、不执行皇帝命令等，都是大不敬的犯罪行为，都要受到最严厉的惩处。其中《唐律疏议·职制律》：“诸大祀不预申期及不颁所司者，杖六十；以故废事者，徒二年半。”

七曰不孝。就是子女不能善事父母。注云：“谓告言诅骂祖父母、父母，及祖父母父母在，别籍异财，若供养有缺。居父母丧，身自嫁娶，若作乐释

①高铭暄、马克昌主编：《中国刑法解释》（下），中国社会科学出版社2005年8月第1版。第2084页、2085页、2086页。

服从吉，闻祖父母、父母丧，匿不举哀，诈称祖父母、父母死。”

儒家一向主张以孝治天下，他们认为，父亲对儿子有绝对的统治权。儿子必须绝对服从父亲。他们把“父为子纲”视为三纲的基础。实际上是利用族权来维护封建政权。儒家以孝为中心，把它贯穿于君臣、父子、夫妻关系之间，全体臣民都必须遵行孝道。

唐律“一准乎礼”、“父为子纲”在法律上反映得最全面、最具体。凡属违犯“善事父母”者均构成不孝罪。《唐律疏议·职制律》：“诸闻父母若失之丧，匿不举哀者，流二千里，丧制未终，释服从吉，若忘哀作乐，徒三年，杂戏，徒一年。”《唐律疏议·户婚律》：“诸居父母及夫丧而嫁娶者，徒三年，妾减三等。”

唐高宗仪凤元年（676），左威卫大将军权善才、右监门中郎将范怀义误砍了昭陵（唐太宗陵）的一株柏树，唐高宗大怒，命令将二人处死。狄仁杰却上奏为二人辩护，认为他们按律罪不当死。高宗声色俱厉地说：“他们置我于不孝之地，必须处死。”狄仁杰却神色自若地申诉：“犯不至死而致之死，何哉？今误伐一柏，杀二臣，后世谓陛下为何如主？”唐高宗冷静下来后，觉得狄仁杰说得有理，二人遂被免死。①误砍了昭陵一株柏树，就要被处以死刑，可见唐朝对陵墓保护的重视程度。

由于礼法结合的唐律吸收了历代封建王朝的统治经验和法律原则，为封建统治者提供了一部治国安邦的法典，因而成为宋、元、明、清各代法律的蓝本。就法律思想来说，唐以后各代封建王朝，都是以这种以礼入律、礼法结合思想作为正统法律思想的。《四库全书提要》：“唐律一准于礼，得古今之平，故宋世多采用之，元时断狱多皆每引为据，明洪武初命儒臣，同刑官进讲唐律，后命刘惟谦等详定明律，其篇目一准于唐。”②

如前述，族田在缓和阶级矛盾、维护封建伦理、稳定封建秩序方面起到了重要作用，因此，宋以后的封建王朝对族田都用法律明令加以保护。宋元祐六年闰八月十二日“刑部言，墓田及田内林木土石不许典卖及非理毁伐，违者杖一百”。元祐七年十一月五日诏：“余官及民庶愿以田宅充奉祖宗飨祀之费者亦听，官给公据，改正税籍，不许子孙分割典卖，止供祀，有余均赡

①参见《新唐书·列传第四十·狄仁杰》。

②杨鹤皋主编：《中国法律思想史》，北京大学出版社1988年10月第1版，第351页。

本族。”[①]明律更加严格，规定：族姓子孙有违禁投献及典卖祖坟山地者“向发边卫永远充军”。[②]清律基本沿袭明律：“凡子孙盗卖祖遗祀产至五十亩者，照投献捏卖祖坟山地例，发边远充军；不及前数，及盗卖义田，应照盗卖官田律治罪”；“知情谋买之人，各与犯人同罪，房产收回”。[③]乾隆二十一年(1756)，对盗卖族田案例遂再次加以审定：“凡子孙盗卖祖遗祀产至五十亩以上者，照投献捏卖祖坟山地例，发边远充军。不及前数及盗卖义田，应照盗卖官田律治罪。”[④]

清朝适用凌迟酷刑的范围明显扩大。明律中有关凌迟的律和例共计十三条，清律除全部承袭之外，还陆续增加了劫囚、发冢、谋杀人、杀一家三人、威逼人致死、殴伤业师、殴祖父母、父母、狱囚脱监以及谋杀本夫等九条十三罪。凌迟罪犯在行刑前如自然死亡，仍须戮尸。

我国1979年《刑法》并无关于侵害尸体犯罪的规定。国务院侨务办公室、公安部、最高人民检察院、最高人民法院、民政部关于制止和惩处盗掘华侨祖墓的违法犯罪活动的联合通知（[84]侨政会字第039号1984年8月13日）指出：“海外侨胞和港、澳、台同胞基于思祖怀乡的感情，一向对祖墓特别重视。许多侨胞漂洋过海，千里迢迢回到祖国寻根问祖，祭扫祖先坟墓。盗掘华侨祖墓的行为，严重损伤了华侨对祖国的感情，在国内外造成了极坏的影响，应采取必要措施，坚决制止盗墓活动，依法严厉惩处盗墓分子。”要求：一、对华侨祖墓应予保护，任何单位或个人不得私自挖掘、拆毁，非经县以上人民政府批准不得迁移。二、盗掘坟墓是违法行为，各地公安机关应制止和查处。对盗掘华侨祖墓的，应严肃处理。三、对盗掘坟墓窃获少量财物或情节显著轻微的，由公安机关根据《治安管理处罚条例》以盗窃行为加重处罚；对盗掘坟墓获财物数额较大的应依照《刑法》的有关规定

① 《宋会要稿》《食货》卷61，《民产杂录》。转引自李文治、江太新：《中国家法宗族制和族田义庄》，社会科学文献出版社2000年4月第1版，第223页。

② 《明律》卷5，《户律·盗卖田宅》。转引自李文治、江太新：《中国家法宗族制和族田义庄》，社会科学文献出版社2000年4月第1版，第223页。

③ 《大清律例增修统纂集成》卷9，《盗卖田宅》。转引自李文治、江太新：《中国家法宗族制和族田义庄》，社会科学文献出版社2000年4月第1版，第223页。

④ 《大清会典事例》卷575，《户律·盗卖田宅》。转引自李文治、江太新：《中国家法宗族制和族田义庄》，社会科学文献出版社2000年4月第1版，第223—224页。

以盗窃罪论处；对二人以上共同进行盗墓犯罪活动的，其首要分子及教唆者应依法从重惩处。

但由于没有对毁坏坟墓行为的定罪条款，对盗掘坟墓的只能以盗窃罪定罪，不能很好地保护坟墓、惩治侵害坟墓的行为。

鉴于当行为人对尸体的侵害达到比较严重的程度时，基于尸体对公民人格性利益和维护社会公序良俗的重要性，就需要对尸体所承载的利益进行相应的刑法保护，我国 1997 年修订《刑法》时，在妨害社会管理秩序一章中的第 302 条规定了盗窃、侮辱尸体罪。

二、《刑法》盗窃、侮辱尸体罪的适用

我国现行《刑法》第 302 条规定：盗窃、侮辱尸体的，处三年以下有期徒刑、拘役或管制。即盗窃、侮辱尸体罪。对盗窃、侮辱保存较为完好的遗体的行为按 302 条定罪处罚当无问题，但对盗窃、侮辱尸骨、骨灰是否适用存在分歧。这里主要涉及如何正确理解罪刑法定原则、如何正确理解第 302 条的立法目的对尸体作出正确解释的问题。

我国 1979 年《刑法》没有明确规定罪刑法定原则，而在其第 79 条规定了类推制度，即对刑法分则没有规定的具有社会危害性的行为比照最相类似的行为定罪处罚。虽然存在类推制度，但在 1997 年《刑法》之前，我国刑法基本上实行了罪刑法定原则，刑法关于犯罪的概念、罪与非罪、此罪与彼罪的界限、犯罪构成的一般要件和具体犯罪构成要件以及法定刑等立法内容都体现了罪刑法定原则。只不过由于当时存在类推制度，《刑法》对罪刑法定原则的认可、重视和贯彻的程度低一些。1997 年 3 月修订刑法，从完善刑事法治、保障人权的需要出发，明文规定了罪刑法定原则，并废止类推，成为我国《刑法》发展的一个重要标志。修订的《刑法》第 3 条规定："法律明文规定为犯罪行为的，依照法律定罪处刑；法律没有明文规定为犯罪行为的，不得定罪处刑。"这一原则的价值内涵和内在要求，在整部法典中得到了较为全面、系统的体现。修订的《刑法》实现了犯罪的法定化和刑罚的法定化。犯罪的法定化具体表现为：明确规定了犯罪的概念；明确规定了犯罪构成的共同要件；目前规定了各种具体犯罪的构成要件。刑罚的法定化具体表现为：

明确规定了刑罚的种类；明确规定了量刑的原则和各种刑罚制度；明确规定了各种具体犯罪的法定刑罚。

（一）侮辱尸骨是否以侮辱尸体罪处以刑罚

在司法实践中，对身体腐烂后形成的尸骨进行侮辱的行为，是否按照侮辱尸体罪适用《刑法》第302条的规定呢？

侮辱尸体罪是指直接对尸体实施凌辱行为，如损毁、分割尸体，奸污、猥亵女尸，抛尸野外、尸体示众、尸体裸露等。本罪属于《刑法》第六章妨碍社会管理秩序罪，其侵犯的法益是社会公共秩序。应该说，尸体与尸骨是有区别的，尸体是指人死后的躯体，尸骨则是尸体腐烂后剩下的骨头，虽然从词义看侮辱尸体罪条文中没有尸骨的表述，但一般认为，尸骨是尸体的重要组成部分，且正常情况下，尸体经过一段时间必然转变为尸骨，因此将尸骨解释成尸体，没有超出我国人民群众对尸体的理解范围。卫生部、科技部、公安部、民政部、司法部、商务部、海关总署、国家工商总局、国家质检总局2006年5月12日通过、2006年7月3日公布、2006年8月1日起施行的《尸体出入境和尸体处理的管理规定》（以下简称《尸体管理规定》）第二条对"尸体"的含义和范围进行了规定"本规定所称尸体，是指人去世后的遗体及其标本（含人体器官组织、人体骨骼及其标本）"，明确了骨骼属于尸体的范畴。因此，对侮辱尸骨的行为按《刑法》第302条定罪处罚并不认为违反罪刑法定原则。

案例：张某侮辱尸骨案[①]

张某与同村村民赵某因宅基地纠纷而心生仇恨。为了报复赵某，张某与2008年2月的一天深夜，将赵某已故父亲的尸骨从墓地里刨出，散乱弃于赵某的院外，并在赵某家院墙外写上"占人地者，下场如此"。第二天，引来众多村民围观议论。

对于张某行为的性质，有两种意见：第一种意见认为，张某将

①案例来源：罗真、张天健：《如何认定侮辱罪中的"公然"》，中国法院网，发布时间：2008-10-15　16:37:51。

赵某已故父亲的尸骨从墓地里刨出，散乱弃于赵某的院外的行为，触犯了《刑法》第302条的规定，已构成侮辱尸体罪。第二种意见认为，张某虽然有侮辱尸体的行为，但其目的是为了败坏赵某名誉，并且情节严重，触犯《刑法》第246条的规定，已构成侮辱罪。

虽然有两种不同意见，但这两种不同意见都认为张某的行为属于侮辱尸体的犯罪行为。其分歧并不在于这一行为是否是侮辱尸体，而是在于是成立侮辱尸体罪还是侮辱罪，也就是张某的行为是否同时触犯了侮辱尸体罪和侮辱罪，是否成立牵连犯。这两种不同意见都认为张某的行为属于侮辱尸体的犯罪行为。

笔者以为，张某的行为同时触犯了侮辱尸体罪和侮辱罪，成立牵连犯。牵连犯处罚原则上应从一重处罚，当手段行为与目的行为刑罚相同时，以目的行为定罪处罚。侮辱尸体罪与侮辱罪最高刑罚均为三年有期徒刑，则应以目的行为即侮辱罪定罪处罚。理由如下：

第一，张某的行为触犯侮辱尸体罪。侮辱尸体罪是指直接对尸体实施凌辱行为，如损毁尸体、分割尸体、奸污女尸、抠摸尸体阴部、使尸体裸露、将尸体扔至公共场所等。本罪属于《刑法》第六章妨碍社会管理秩序罪，其侵犯的法益是社会公共秩序。本案中，张某将赵某已故父亲的尸骨从墓地里刨出，散乱弃之于赵某的院外，其行为已触犯侮辱尸体罪。尽管从词义上讲，尸体与尸骨是有区别的，尸体是指人或动物死后的躯体，尸骨则是尸体腐烂后剩下的骨头，而侮辱尸体罪只是将尸体作为犯罪对象，没有把与尸体有关的尸骨、遗发、骨灰规定为犯罪对象，但笔者认为，尸骨是尸体的重要组成部分，从实质上看，这种行为的性质和社会危害性与侮辱尸体的行为无异；从法律解释上说，将尸骨解释成尸体，没有超出一般成年人的正常认识；《尸体管理规定》已将人体骨骼规定为尸体的范畴。因此，对侮辱尸骨的行为认定为侮辱尸体罪符合罪刑法定原则。

第二，张某的行为触犯侮辱罪。侮辱罪（《刑法》第246条）是指“使用暴力或其他方法，公然败坏他人名誉，情节严重的行为。”《刑法》通说认为，侮辱罪的基本特征：1.客观上使用暴力或其他方法，公然败坏他人名誉，即必须有败坏他人名誉的侮辱行为、侮辱行为必须公然进行、侮辱对象必须是特定的人。2. 主观上只能是故意，即行为人明知自己的侮辱行为会造成败坏他人名誉的危害结果，并且希望或者放任这种结果的发生。3. 根据《刑法》规定，只有情节严重的侮辱行为才构成本罪。

关于侮辱罪的“名誉”的理解。侮辱罪的客体是公民的名誉。所谓名誉，有三种含义：一是外部的名誉（社会的名誉），指社会对人的价值评判；二是内部的名誉。指客观存在的人的内部价值或真实价值；三是主观的名誉（名誉感情），是指本人对自己所具有的价值意识、感情。①通说认为，由于外部力量不能对内部的名誉产生影响，因此内部名誉不是刑法保护的对象。②同时，精神病人、年幼无知之人也是侮辱、诽谤罪保护的对象，然而这些人很难说对自己有什么名誉感情，故主观的名誉应当排除在侮辱罪、诽谤罪之外，否则侮辱、诽谤精神病人、年幼无知之人将不能成立侮辱、诽谤罪（既然其没有名誉感情，就难以认定存在法益侵害）。因此，在我国，作为侮辱罪客体要件的名誉仅指外部的名誉。③

所谓外部名誉，简单地说即为他人的名声，即社会对人的积极性的价值评判，不名誉（即坏名声）不在诽谤罪的保护范围。④至于社会对人的价值评判与本人的真实价值是否一致，不对本罪产生影响，即与真实价值不一致的假定的名誉以及受过高评价的名誉，也是本条保护的对象。⑤

关于“公然败坏他人名誉”的“公然”的理解。侮辱罪侵犯的法益是他人的外部名誉，故侮辱行为必须公然进行，仅在私下场合、不为他人所知，被害人的外部名誉——其他公民对被害人的看法或者价值评判——就会受到败坏。所谓“公然”，是指当着第三者甚至多人的面，或者利用可以使不特定人或多数人听到、看到的方式，对他人进行侮辱。“公然的本质是将有损他人名誉的事实予以公开，而不是指行为人侮辱他人的自然举动时时刻刻公开进行。”“所以‘公然’并不要求被害人在场。被害人是否在场对于成立侮

---

①②参见张朗楷：《刑法学》（上），法律出版社 1997 年版，第 726—727 页。转引自高铭暄、马克昌主编：《中国刑法解释》（下卷），中国社会科学出版社 2005 年 8 月第 1 版，第 1692 页。

③④高铭暄、马克昌主编：《中国刑法解释》（下卷），中国社会科学出版社 2005 年 8 月第 1 版，第 1692 页。

⑤参见张明楷：《外国刑法纲要》，清华大学出版社 1999 年版，第 556 页。转引自高铭暄、马克昌主编：《中国刑法解释》（下卷），中国社会科学出版社 2005 年 8 月第 1 版，第 1692 页。

辱罪并不重要；因为即使被害人不在场，侮辱行为也同样能够严重败坏被害人的名誉。”[①]因此，即使在夜间偷偷摸摸地张贴有损他人名誉的大字报，也属于“公然”侮辱他人，因为大字报将在白天为众多的人看到。因此，这里的“公然”并不在于行动的公然，而在于事实的公然，也就是说行为的实际结果是公然的。

行为的公然与结果的公然均构成对公民名誉权的侵犯，但实质上都是结果的“公然”。因此，侮辱罪中的“公然”应当既包括行为的公然，更为关键的是结果的公然。行为的公然，是指侮辱行为在一定公开的场合实施，可能或实际为不特定人所知悉。结果的公然，是指尽管侮辱行为并不为人知晓，但其行为的结果在一定公开范围内为人知悉。

从本案来看，张某为了报复赵某，通过将赵某已故父亲的尸骨从墓地里刨出，散乱弃于赵某的院外，并在赵某家院墙外写上“占人地者，下场如此”等方式，以达到公然侮辱赵某的目的，并且情节十分严重。因为在中国人的传统观念里，祖坟被刨是任何人所不能容忍的事，会使生者名誉及精神受到严重损害。本案中张某实施的侮辱行为是在深夜进行的，无人知晓，但其结果却为众人所知。

关于犯罪行为公开的理解。我们在理解作为犯罪的“行为”时，要注意与人的自然意义上的举动区分开来。刑法意义上的行为是危害行为与危害结果的辩证统一体，并非仅仅指举动本身。《刑法》第6条第三款规定：“犯罪的行为或者结果有一项发生在中华人民共和国领域内的就认为是在中华人民共和国领域内犯罪。”《刑事诉讼法》第二十四条规定：刑事案件由犯罪地人民法院管辖。 最高人民法院关于执行《中华人民共和国刑事诉讼法》若干问题的解释 （1998年9月2日法释［1998］23号）第二条规定：犯罪地是指犯罪行为发生地。以非法占有为目的的财产犯罪，犯罪地包括犯罪行为发生地和犯罪分子实际取得财产的犯罪结果发生地。这些规定表明，犯罪行为地包括行为实施地和犯罪结果发生地，是一个时空统一的概念。从这个意义上讲，犯罪结果的公开意味着犯罪行为的公开。

因此，张某虽然是在深夜实施的上述行为，实施侮辱行为时是秘密进行

①高铭暄、马克昌主编：《中国刑法解释》（下卷），中国社会科学出版社2005年8月第1版，第1692页。

的，但其行为的结果已经引来众多村民围观议论，符合结果的公然，已触犯侮辱罪。

因此，张某的行为同时触犯了侮辱尸体罪和侮辱罪，成立牵连犯，应以目的行为即侮辱罪定罪处罚。

（二）侮辱骨灰是否适用《刑法》第302条

侮辱尸骨适用侮辱尸体罪争议不大，那么侮辱骨灰是不是犯罪呢？目前存在比较大的争议。一种观点认为，按照我国罪行法定原则，在《刑法》上没有规定侮辱骨灰为犯罪的情况下，不能认定为犯罪；另一种观点认为，骨灰跟尸体在本质上是一样的，是寄托人们哀思的载体，应当以盗窃、侮辱尸体罪论处。因此争议的关键是骨灰与尸体是否具有《刑法》上的同质性，也就是对尸体解释问题。

关于尸体的内涵和外延，有几种不同的观点：有的认为尸体应当是已死之人的完整躯体，尸体腐烂形成的尸骨不是尸体；有的认为，尸体并不限于躯体完整，尸体的一部分也是尸体，但尸骨不是尸体；有的认为尸体既包括躯体也包括尸骨。[①]有人认为，“从本罪的立法旨趣而言，本罪是为了保护社会习俗对死者的宗教感情从而保护社会公共秩序而制定，”“由于现代丧葬制度和风俗习惯的变化、演进，对于盗窃、侮辱骨灰的行为，也可以以本罪论处。”[②]

如前述，笔者认为，骨灰跟尸体在本质上是一样的，是寄托人们哀思的载体，也是社会祭祀文化、丧葬风俗的载体，对于盗窃、侮辱骨灰的行为应当以盗窃、侮辱尸体罪追究刑事责任。

案例1：赵某挖坟墓撒骨灰案[③]

2003年5月，辽宁省兴城市郭家镇李某去世，亲人按照规定

---

①高铭暄、马克昌主编：《中国刑法解释》（下卷），中国社会科学出版社2005年8月第1版，第2085页。

②高铭暄、马克昌主编：《中国刑法解释》（下卷），中国社会科学出版社2005年8月第1版，第2086页。

③冯玉兴：《男子挖他人坟墓抛撒骨灰 法律盲区判无罪惹争议》，http://news.qq.com/ 2005年8月12日，00:26，QQ首页《新闻频道》社会与法。

对尸体进行了火化，后李家人一致决定把骨灰埋在村附近一块林地内，李家找人刻下碑文，骨灰正式下葬。事隔不久，当李家人再次去上坟时却惊愕地发现，李某的墓碑倒了，坟堆被扒平，下葬的骨灰盒不见了。李家人愤怒不已，当即向公安机关报了案。

兴城市公安局接到报案后很快侦破了此案。原来李家人所选坟地的树林已经被赵某承包，赵某上山护林看到没经自己同意，他人坟地就建在自家林地里，一气之下拿起工具把坟土扒开，挖出了骨灰盒。由于不认识李家人，也不知道怎么处理骨灰盒，赵某索性把骨灰扬了后随手将骨灰盒丢弃。

兴城警方以侮辱尸体罪向兴城市人民检察院提请逮捕赵某。检察机关接到申请后开始对案件进行审查，检察官发现，根据最高人民检察院关于“骨灰”不属于《刑法》第302条规定的“尸体”的司法解释，认为赵某行为不构成侮辱尸体罪，决定对赵某不予批捕。李家人不服，申诉到兴城市和葫芦岛市人民检察院，经过审查，两级检察机关均认为此案不符合立案复查的条件，于是作出了维持不批捕的决定。李家再次申诉到辽宁省人民检察院，省人民检察院也作出了维持不批捕的决定。最后李家又到最高人民检察院进行咨询，得到的答复仍然是不应该批捕。

检察机关不予批捕的决定虽然宣布了赵某无罪，但却在当地引发广泛争议。一方面，人民群众不理解：这样严重伤害死者亲人亲情的行为为什么还不是犯罪？一方面，众多法律界人士也不认同：这种“掘墓扬灰”的行为与侮辱尸体行为一样，破坏民族习惯和善良传统，危害公共秩序，有伤社会风化，却不作为犯罪追究，违反公平原则。

案例2：骨灰失踪亲人哭断肠　挖坟是否算侮辱罪[①]

2006年2月27日早上8时许，得到邻居通知的邹某跑到父亲坟前一看，两个月前垒的坟被挖开了，小坟包的泥全被挖到了外

①案例来源：四川新闻网　http://www.newssc.org　2006-02-28　14:59:33，作者：向勤。

面，坟内的骨灰罐不见了，坟底的砖也露了出来。邹某的亲人也闻讯赶来，一个个趴在坟前痛哭，邹某的老母亲跌跌撞撞地赶来，一见到被挖开的坟就晕厥过去。“爸跑哪里去了？骨灰罐在哪里？”邹某急晕了。“快看池塘边上，好像是骨灰。”一位眼尖的村民喊道。果然，在坟包旁的池塘边上散落着一些灰白色的块状物，隐约见到一块白布沉在池塘里。“那块白布就是包骨灰罐的！”邹某说。村民们赶紧找来一个小型抽水机，从上午9时开始抽水，11时许，原本积有1米多深水的池塘渐渐露出了底，那块白布露出来了。中午12时许，一个橘红色的骨灰罐呈现出来，骨灰罐已经碎裂了，骨灰散落在池塘底。村民们赶紧下到池塘，将能捡的骨灰全部捡起来。下午1时许，捡起的骨灰装满了一只小簸箕，湿漉漉的还在滴水。家人又赶紧找来一台风扇，对着簸箕内的骨灰持续吹，要将骨灰吹干了才能下葬。下午3时，一家人怀着悲痛的心情重新将父亲下葬。邹家怀着悲痛、气愤的心情向龙潭寺派出所报了警。

警方能否立案？是立刑事案件还是立治安案件？如果立刑事案件以什么罪名立案？一种观点认为，在《刑法》上并没有盗窃、侮辱骨灰这个罪名，不能认定犯罪；另一种观点认为，目前我国绝大部分地区实行了火葬，因此尸体不复存在，寄托人们哀思的就是骨灰，从这个意义上来讲，骨灰跟尸体在本质上是一样的，应当以盗窃、侮辱尸体罪论处。

对于这些问题的回答，仍然首先需要对骨灰的性质、骨灰与尸体的关系、尸体是否包括骨灰等基本问题进行分析、得出结论，才能加以解决；从方法论的角度看，基本思路是：首先，从行为的社会危害性进行判断其是否可能属于犯罪行为，毫无疑问，案例中的挖坟、损毁骨灰的行为具有严重的社会危害性，应属于犯罪行为；其次，该行为的特征与刑法规定的犯罪侵害的客体的分类进行对应，这一行为对应并非侵犯公民财产权的犯罪，虽然建造坟墓、从新下葬具有财产损失，但行为所侵害的客体，从主客观统一的犯罪观的角度看，并非是这些财产损失，而是对坟墓进行破坏、对骨灰进行侮辱，而这种犯罪行为所对应的客体应是公序良俗，即社会公共秩序，因此，该行为属于危害公共管理秩序罪的范畴；第三，根据行为的特点与具体犯罪种类的构成要件对应，按照罪行法定原则，定罪处罚；第四，如果该行为的非典型性导致不能一目了然地将其归入某项罪名之中，就应以科学的方法对相关罪名进行解释，准确把握罪名的内涵，从立法目的、语词与内容的统一等角度将极端丰富、千差万别的现实行为表现与有限的法条对应起来，惩治犯罪、保护人民；第五，经过这些步骤，仍不能对具有严重社会危害性的行为定罪的，就要考虑对现行《刑法》进行修订，规定相应的罪名，以实现《刑法》的功能。

（三）盗窃骨灰是否应以盗窃尸体罪定罪处罚

现实生活中，除了侮辱骨灰的行为外，盗窃骨灰的行为也时有发生，对盗窃骨灰行为的性质争议更大。尤其是最高人民检察院研究室的一个答复，对司法实践的影响非常大。

附录：最高人民检察院研究室 2002 年 9 月 18 日《关于盗窃骨灰行为如何处理问题的答复》（[2002] 高检研发第 14 号）

吉林省人民检察院法律政策研究室：

你院《关于对盗窃骨灰行为可否比照盗窃尸体罪定性问题的请示》（吉检发请字 [2002] 1 号，收悉。经研究，我们认为，“骨灰”不属于刑法第三百零二条规定的“尸体”。对于盗窃骨灰的行为不能以刑法第三百零二条的规定追究刑事责任。

这一准司法解释明确将骨灰排除在尸体之外，但没有说明理由，实际上对骨灰与尸体的联系与区别没有作出任何解释。正是这一准司法解释成为处理骨灰案件的法律依据。

案例：王某盗取骨灰案[①]

刘某之父于 1952 年入赘改姓名到刘家生活，后因病去世。刘某打算将其父与其先前去世的母亲合葬，刘父的侄子王某却要求将

①案例来源：《对一起私取骨灰侵权案件的法理分析》，圣才学习网，2010-05-24，16:04。

刘父在原籍安葬，双方因此发生纠纷，王某愤而拒绝参加刘父的葬礼。刘某将其与其母合葬的当天晚上，王某竟到该坟地扒坟，撕毁盖棺布，将刘父的骨灰挖出并带回家供放，把棺材和陪葬的衣物置于墓地周围，刘某闻讯后痛不欲生，多方打听方得知系王某所为，且该骨灰现在王某家供放，王某拒绝归还骨灰。刘某诉至法院，请求判令王某将骨灰按原状放回墓地，赔偿其精神损失2000元。

关于被告行为的性质，有几种不同意见：有的认为王某的行为侵犯了死者的名誉权，应承担侵权民事责任；有的认为王某的行为侵害了刘某对其父骨灰的埋葬、管理权，造成刘某精神痛苦，应承担侵权民事责任；有的认为应定盗窃罪，理由是公民生前的身体为有体物，死后其尸体亦为有体物，属于继承人应享有的遗产，而王某以秘密窃取的方式取走骨灰并占为己有，虽然难以确定该骨灰的价格，但侵犯的标的特殊，应认定为情节严重，符合盗窃罪的构成要件。

关于能否构成盗窃罪。盗窃罪侵犯的是公私财产权，而骨灰并不具备民法上“物”的构成要件，骨灰的价值在于逝者亲人特殊情感的寄托，而不在于其物质价值，并不能成为财产权的标的，因此不能成立盗窃罪。

王某的行为包括两个行为：一是盗窃刘父的骨灰；二是扒坟、撕毁盖棺布、把棺材和陪葬的衣物置于墓地周围，对刘母的骨灰的侮辱。其行为是否构成盗窃、侮辱尸体罪的关键是：骨灰是否属于《刑法》第302条尸体的范围。

关于尸体的含义，有多种解释。狭义的解释只包括人死后较短时期内仍然保持人体外形的遗体；中义的解释还包括尸体腐烂后的骨骼即尸骨，如卫生部、科技部、公安部、民政部、司法部、商务部、海关总署、国家工商总局、国家质检总局2006年5月12日通过、2006年7月3日公布、2006年8月1日起施行的《尸体出入境和尸体处理的管理规定》第二条对“尸体”的含义和范围的规定；广义的解释包括尸体火化后的骨灰。怎样解释才是合适的呢？这要从《刑法》第302条所要保护的客体的性质入手去把握（如本文前述），也可以从一国法律体系的内在逻辑来切入。我国治安管理法就是一个很好的切入点。

我国治安管理法是对全国人大常委会1986年通过、1994年修改的《中华人民共和国治安管理处罚条例》进行修改完善而进行的重要立法活动，2005年8月28日十届全国人大常委会第十七次会议通过，2006年3月1日起施行。现实生活中，故意破坏、污损他人坟墓或者毁坏、丢弃他人尸骨、骨灰的行为时有发生，这些行为人就是以对承载人们对亲人特殊情感的尸骨、骨灰进行破坏达到伤害他人情感、泄愤报复、侮辱死者人格的目的，同时严重损害公序良俗，而原治安管理处罚条例中并没有相关规定。在立法的调研论证阶段，来自多个方面的意见要求对这类行为进行处罚。因此，在随后通过的治安管理法中对此进行了明确规定。

附录:《中华人民共和国治安管理法》第六十五条

有下列行为之一的，处五日以上十日以下拘留；情节严重的，处十日以上十五日以下拘留，可以并处一千元以下罚款：

（一）故意破坏、污损他人坟墓或者毁坏、丢弃他人尸骨、骨灰的；

（二）在公共场所停放尸体或者因停放尸体影响他人正常生活、工作秩序，不听劝阻的。

在这部法律中，尸骨与骨灰就是一个同位概念，给予了同等的保护，如果尸骨与骨灰所承载的功能不同，法律是不会对它们同样对待的，这是由法律应具备的内在统一性所决定的。

因此，在《刑法》未修改前，应尽快出台正式司法解释，明确规定“骨灰”属于《刑法》第302条规定的“尸体”的范围，以适应保护公民骨灰精神利益和社会公共利益、打击侵害骨灰犯罪行为的需要。笔者认为在没有司法解释或刑法修改的情况下，将骨灰认定属于《刑法》第302条中的尸体范围，与其立法目的是一致的，也能得到火化区绝大多数群众的认可。因此，笔者认为王某的行为构成盗窃尸体罪。理由是王某主观上具有犯罪故意，客观上秘密窃取死者的骨灰，损害死者的尊严，伤害死者亲属的感情，在当地造成恶劣的社会影响，可以盗窃尸体罪通过法定程序追究其刑事责任。

王某的行为同时构成侮辱尸体罪。王某盗取骨灰的目的并非是要贬低刘父的人格，而是认为将该骨灰迁至死者祖坟处更能使死者的灵魂得到安息，不具备侵害逝者刘父名誉的主观故意，且社会公众对此事的一般看法也是认为王某的行为不会使刘父人格的社会评价降低。但王某的行为对刘母的骨灰却产生了侮辱的后果，因此，刘某的行为同时构成了侮辱尸体罪。

由于刑法及相关司法解释没有把骨灰解释为尸体的范畴，在这样的情况下，王某很容易逃脱刑法的惩罚，果真如此就太不公平了。笔者认为，即使把骨灰排除在尸体的范围之外，在现行《刑法》的架构内，仍然可以对王某追究刑事责任，即按侮辱罪。《刑法》第 246 条规定了侮辱罪：以暴力或者其他方法公然侮辱他人，情节严重的，处三年以下有期徒刑、拘役、管制或者剥夺政治权利。前款罪，告诉的才处理，但是严重危害社会秩序和国家利益的除外。笔者认为王某的行为属于“公然侮辱他人”，这里侮辱的不仅是死者刘母的名誉（不是名誉权），而且是刘某本人的名誉。作为名誉的内容的价值，并不只限于人的行为或人格、伦理上的价值，也包括政治上、社会上、学术上、艺术上的能力，以及身体的素质、精神的特质、职业、身份、血统等在社会生活中的价值在内。[①]如前述，刘某对其死去的亲人的尸体、骨灰、坟墓具有精神性人身利益，刘某与其父、母的身份关系，并不因父母已死而消失，社会因此对刘某维护父母墓葬、名誉有着正常的期待，如果刘某的行为不符合社会的正常期待，其社会评价必然降低。王某的行为使得社会对刘某的评价降低，如不孝（不维护父母墓葬）、无能（没有能力维护父母墓葬）、无情（对生身父母无感恩之情）等。因此，王某的行为构成侮辱当无疑问；且王某的行为（掘坟抛物）显然达到严重的程度，严重损害公序良俗，不需受害人告诉，公安机关就应立案侦查，追究王某的刑事责任。

关于民事侵权的救济。至于说对死者亲属埋葬、管理权利的侵犯可以通过刑事附带民事的方式加以保护。

①参见甘雨沛、何鹏：《外国刑法学》（下册），北京大学出版社 1985 年版，第 919 页。转引自高铭暄、马克昌主编：《中国刑法解释》（下卷），中国社会科学出版社 2005 年 8 月第 1 版，第 1692 页。

（四）盗窃骨灰勒索财物的定罪处罚

尸体、骨灰不具有，法律也不允许其具有经济价值，但是由于尸体、骨灰对死者近亲属具有特殊的精神价值，因此，一些不法分子丧心病狂地打起了尸体，特别是骨灰的主意，干出种种侵害死者近亲属精神利益的犯罪勾当。

近年来，盗窃骨灰然后进行敲诈的案件时有发生，那么，对这样的行为是定盗窃罪或是盗窃尸体罪或是敲诈勒索罪，需要进一步分析。

关于是否构成盗窃罪。本文前述，骨灰不属于民法意义上的物，其不具有物质价值，骨灰是人格权的客体，体现的是逝者人格权的延续和逝者亲人特殊情感的寄托，具有的是精神价值。而盗窃罪侵害的是公私财物的所有权。因此，盗窃骨灰并不构成盗窃罪。

关于能否构成盗窃尸体罪。盗窃骨灰然后敲诈，是由两个行为组成，盗窃骨灰是一个行为，是为勒索财物做准备，勒索财物是目的行为。那么这一行为既触犯了盗窃尸体罪，又触犯了敲诈勒索罪，这就有一个如何定罪处罚的问题。如果为了勒索财物而盗窃骨灰，但在盗窃骨灰完成后没有实施勒索行为就案发，那么不能认定是敲诈勒索罪的预备犯，因为盗窃骨灰的行为已经完成，笔者认为在把骨灰解释为尸体的范围的情况下，应定盗窃尸体罪。如果敲诈勒索未遂，也不能定敲诈勒索罪的未遂犯，仍应定盗窃尸体罪。两种情况下，敲诈勒索的犯罪目的和行为应作为从重量刑的酌定情节。

如果把骨灰解释为尸体或没有对盗窃骨灰的行为规定为犯罪，那么对于仅仅盗窃骨灰而不进行敲诈的行为是无法定罪处罚的。

案例：执法队长盗墓案[①]

2010年4月底，某市破获一起盗墓案。两名嫌犯一人是该市民政局办公室副主任、殡葬事业管理处主任兼该市某区殡葬执法大队大队长，另一人是该市市区经营性墓地某陵园副总经理，动机疑因

①参见廖世杰等报道《执法队长盗墓案暗藏殡葬乱象》，网易，2010－07－09，05:30:00。

农村公益性墓地违规竞争而采取报复行为。5月7日，两墓地失窃的骨灰找到。

记者调查发现，这起蹊跷盗墓案的背后，是该市愈演愈烈的殡葬乱象——农村公墓违法对外经营参与竞争；作为市区唯一有权面向社会经营的某陵园，自从承包给私人经营就一直饱受乱收费、管理混乱、以罚代管等非议。

“执法队长盗墓案是殡葬行业逐利集中爆发的必然结果。”当地民政系统人士说。有网友在多家网络论坛针对此案发帖，帖文称，2006年12月开始，茅某取得了作为该市区唯一有权面向社会经营的某陵园（包括殡仪馆）的承包经营权后，为牟取暴利，控制群众带走亲人骨灰，擅自抬高收费价格，增收各项服务费，群众因收费高带走亲人骨灰而起冲突的事时有发生。同时，导致群众办丧事都舍近取远，拉到外县火化，也由于某陵园公墓价格过高，群众不得已只好选择市郊农村公墓。“看到别人生意火了，老板茅某及手下决定联手盗墓敲诈。”

对于帖子中的指责，6月11日下午，茅某在接受记者采访时，再三声明“这是不符合客观实际的传闻”。茅某说，他及陵园方面对盗墓事件的发生自始至终都一无所知。办案民警向记者证实：“根据我们目前获得的证据，还没有发现茅某涉案。”

由于我国《刑法》第3条规定了罪刑法定原则，在骨灰没有明确规定在尸体的范围之内前，在现有法律条件下，对仅仅盗窃骨灰的行为（如案例中执法队长的行为）不能定罪处罚；而对盗窃骨灰后进行敲诈的行为，在司法实践中，一般以敲诈勒索罪定罪处罚。《刑法》第247条 敲诈勒索公私财物，数额较大的，处3年以下有期徒刑、拘役或者管制；数额巨大或者有其他严重情节的，处3年以上10年以下有期徒刑。关于“数额较大”、“数额巨大”巨大的标准，最高人民法院有明确规定。

附录：最高人民法院关于敲诈勒索罪数额认定标准问题的规定（法释［2000］11号，2001年5月18日起施行）

根据《刑法》第247条的规定，现对敲诈勒索罪数额认定标准规定如下：

一、敲诈勒索公私财物"数额较大"，以1000元至3000元为起点；

二、敲诈勒索公私财物"数额巨大"，以1万元至3万元为起点。

各省、自治区、直辖市高级人民法院可以根据本地区实际情况，在上述数额幅度内，研究确定本地区执行的敲诈勒索罪"数额较大"、"数额巨大"的具体数额标准，并报最高人民法院备案。

显然，盗窃骨灰后进行敲诈属于情节严重的行为，即使敲诈数额没有达到"数额巨大"的标准，亦应处3年以上10年以下有期徒刑。

1. 盗窃骨灰敲诈死者近亲属

犯罪分子往往直接针对死者近亲属对逝去亲人的感情这一天理人伦下手，盗到骨灰，然后敲诈死者近亲属。

案例1：盗取骨灰盒敲诈10万元①

2010年8月4日，酒泉钢铁公司干部杨某报案称有人发短信要求自己给指定账户打入10万元，换回在一墓地里"丢失"的他父亲的骨灰盒。

甘肃省嘉峪关市警方迅速将犯罪嫌疑人锁定为无业人员张某，并在酒钢附近将正在发送敲诈短信的张某抓获，从附近一变压器房中将被盗骨灰盒取回。

据张某交代，因其与杨某结怨，遂于8月3日凌晨利用夜色掩护，潜入墓地盗走杨某父亲的骨灰盒进行报复，继而实施敲诈。犯罪嫌疑人张某被刑事拘留。

①案例来源：法制网，发布时间：2010-08-19，07:32:28。

案例 2："破烂王"盗挖骨灰盒敲诈死者亲属[①]

案情：41 岁的被告人韩某系山东省梁山县农民。1992 年 6 月曾因犯盗窃罪、诈骗罪、脱逃罪被山东省梁山县人民法院判处有期徒刑十三年，2001 年 1 月被假释。

自 2005 年 12 月 24 日至 2007 年 1 月 21 日，韩某白天以收破烂为借口，尾随送葬队伍摸清坟墓位置，待夜深人静，孤身一人把坟墓挖开将骨灰盒盗走，再对死者亲属进行敲诈勒索，先后在山东、江苏等地作案八起，盗挖骨灰盒，然后以信件或发手机短信的方式向其家人索要人民币，合计价值 41000 元，得款 25000 元。

判决：法院审理后认为，被告人韩某以非法占有为目的，采取盗挖骨灰盒进行要挟的方法，多次索取他人钱财，数额巨大，其行为已构成敲诈勒索罪。同时，被告人韩某在刑罚执行完毕后，五年内再次故意犯罪，且应当被判处有期徒刑以上之刑罚，系累犯。4 月 30 日，沛县人民法院根据被告人韩某的犯罪事实、犯罪性质、情节和对于社会的危害程度，依法作出一审判决：被告人韩某犯敲诈勒索罪，判处有期徒刑六年零六个月；判处被告人韩某赔偿四个附带民事诉讼原告人损失 8000 元。

案例 3：盗窃骨灰盒留下联系方式　敲诈未成反被判刑[②]

案情：被告人肖某系湖北省天门市多祥镇某村村民，2009 年 1 月 31 日晚，肖某将本村村民杨某某祖母的骨灰盒盗走，并在墓地留下了电话号码及银行账号，向杨家索要现金 5000 元。次日，杨家发现骨灰盒被盗后即与被告人肖某联系，肖某在电话里进行敲诈。杨家无奈，被迫将现金 1800 元汇到被告人肖某指定的账户上。2009 年 2 月 6 日至 12 日间，被告人肖某故技重演，先后又将六户村民家属的骨灰盒盗窃，以同样的方法欲敲诈现金 22000 元未遂。

判决：湖北省仙桃市人民法院审理认为，被告人肖某以非法占有为目的，采取盗窃他人亲属骨灰盒的方法，强行索取他人财物，

①案例来源：中国法院网，作者：慈延年　王帅，发布时间：2007-05-02，10:00:57。
②案例来源：中国法院网，作者：张芳等，发布时间：2009-07-02，14:44:31。

数额巨大，其行为已构成敲诈勒索罪。肖某已经着手实行犯罪，由于其意志以外的原因，强行索取他人现金22000元未能得逞，系犯罪未遂，可以比照既遂犯减轻处罚，遂判处被告人肖某有期徒刑一年六个月。

案例4：盗窃老板父亲骨灰 敲诈勒索领刑4年[①]

案情：2008年10月17日，季某伙同他人密谋采用盗窃王老板父亲骨灰的方法向王索要钱财。次日晚，季某等人撬窗进入启东市某安息堂，将王老板父亲的骨灰盒窃走，藏于附近。当月19日中午，季某拨打了王老板的电话，向王索要6万元，并将同伙的银行卡号发送给王，要求汇款至该账户，以此作为归还王父骨灰的条件。当日下午，王老板向该银行卡汇入5000元，季某取出后挥霍一空。第二天，季某再次拨打王老板的电话，要其将余款汇至先前的银行卡上。当日下午，王老板再次汇款2.5万元，并取回了其父亲的骨灰盒。得款后，季某等人又向王老板索要余款3万元，后因案发而未能得逞。

判决：江苏省启东市人民法院认为，被告人季某结伙他人以非法占有为目的，以威胁的手段敲诈他人财物，数额巨大，其行为已触犯刑律，构成敲诈勒索罪，依法应当追究刑事责任。判处其有期徒刑四年。

案例5：刨坟地盗寿盒 3犯勒索6000元被判刑[②]

案情：今年24岁的陈某系安徽省宿州市人，与老乡张某几年前来丹阳打工，后来结识了江苏泗阳的史某，三人经常在一起玩。一次三人听人说起网上有报道称有人偷了骨灰盒，向死者家人敲诈了20万元，遂认为这也是一条致富的捷径。三人一拍即合。

今年5月19日13时许，经过10多天的预谋和踩点，三人到丹阳云阳镇某村集体坟地，将蒯某岳母的骨灰盒挖出，在墓碑上留下

①案例来源：中国法院网，作者：陈凯，发布时间：2009-04-07，15:02:46。

②案例来源：中国法院网，作者：张智慧、严晓玲，发布时间：2009-09-08，14:44:08。

为实施敲诈特地以虚构的名字办理的手机号，要求死者家人与该号联系，蒯某为找到骨灰盒联系了该号码，三人不接电话而是以短信的方式要求蒯某将钱汇至以虚构的名字办理的邮政储蓄银行卡上，后蒯某为了息事宁人，先后分两次按照三人的要求汇出了6000元。

判决：2009年9月8日上午，江苏省丹阳市人民法院当庭作出判决，三名盗窃骨灰盒的案犯构成敲诈勒索罪，分别被判处有期徒刑六个月至一年六个月不等的刑罚。

案例6：浙江一男子寻求报复　挖邻居父亲骨灰盒敲诈8万元[①]

案情：2007年11月8日至11月14日期间，被告人吴某听信风水先生说邻居家地里种的树挡了风水，因换地不成怀恨在心，挖了被害人沈某父亲的骨灰盒并以扔掉为要挟，多次打电话、发短信向被害人沈某敲诈80000元，于同年11月14日发出最后一条敲诈短信后即被公安机关抓获。

判决：浙江省桐乡法院审理后认为，被告人吴某以非法占有为目的，采用要挟等手段，敲诈勒索他人现金80000元，数额巨大，其行为已构成敲诈勒索罪。被告人的犯罪行为因意志以外的原因未能得逞，属犯罪未遂，被告人归案后认罪态度较好，且得到被害人的谅解，依法以被告人吴某犯敲诈勒索罪，判处有期徒刑一年，缓刑一年。

案例7：豪华葬礼招贼惦记　浙江一死者家属被敲诈2.8万[②]

案情：四川青年罗某原本在浙江省永嘉桥下镇以开摩的为生。去年7月份的一天，当其在招揽生意时，看到一队由奔驰、宝马等名车组成的豪华丧葬队，吹吹打打在其身边经过，特别引人注目。他看后突发奇想，如果将骨灰盒盗走敲诈个几万块钱肯定没问题。于是，罗某便尾随送葬队伍，摸清了墓穴地点，到了晚上，其携带挖掘工具将骨灰盒偷走，并留下了自己的联系方式。成功敲诈了28000元后，逃回了自己四川老家避风头。

①案例来源：中国法院网，作者：柴燕菲等，发布时间：2008-04-23，11:49:05。
②案例来源：中国法院网，作者：袁爽、咏法，发布时间：2009-02-03，11:58:31。

据罗某交代，其用同样的方法先后三次盗取他人骨灰，总共敲诈勒索45000元。另外，为了安全起见，其专门买了用于敲诈的手机号码，用过之后就扔掉了，银行卡是用捡到的他人身份证在邮政局办的。但自以为万无一失的罗某最终没能逃过法律的制裁。

判决：浙江省永嘉县人民法院以敲诈勒索罪判处盗墓贼罗某有期徒刑八年，并责令其退还所得赃款45000元。

老人去世后，家境殷实的子孙为其举行豪华的送葬仪式，本想以此来减轻失去亲人的痛苦，但没想到却遭来盗墓贼的惦记。

2. 盗窃骨灰敲诈墓园

墓园是安葬骨灰的公共场所，一些犯罪分子注意到如果骨灰被盗，死者近亲属肯定要找墓园的麻烦，同时也会影响墓园的名声从而影响墓园的经营，因此盗窃骨灰然后敲诈墓园。

案例1：男子盗挖墓地4个骨灰盒　诈骗陵园经理60万[①]

案情：2007年11月5日20时许，被告人谢某某窜至乌鲁木齐市某公墓，翻墙进入园区盗窃骨灰盒4个，藏匿在其女友侯某某弟弟家的地下室，被告人谢某某指使侯某某办理了两张移动电话卡、一张建设银行卡。后被告人谢某某多次给公墓的经理打电话进行恐吓，敲诈现金60万元，让其将钱打入自己在建行的指定账号内。由于被害人向公安机关报案，被告人谢某某被抓获。

判决：2009年2月15日，新疆兵团五家渠垦区法院认为，被告人谢某某无视国家法律，以非法占有为目的，采取盗窃骨灰盒对被害人进行威胁、要挟的方法，敲诈勒索60万元，数额巨大，其行为已构成敲诈勒索罪。被告人谢某某在实施犯罪过程中因被害人报案而被抓获，犯罪未能得逞，属犯罪未遂，对于未遂犯可以比照既遂犯从轻处罚，且其在案发后能够如实供述犯罪事实，庭审中自愿认罪，依法亦可酌情从轻处罚。综合上述情节对被告人谢某某减

①案例来源：中国法院网，作者：崔建民、张伟森、甘卫东，发布时间：2009-02-16，14:08:43。

轻处罚。依法判决被告人谢某某犯敲诈勒索罪，判处有期徒刑二年。

案例 2：网民看新闻受"启发"偷骨灰敲诈墓园被判 4 年[①]

案情：被告人杨某现年 31 岁，云南省大理市人。2006 年 6 月杨某在家中上网时，看到省外某罪犯偷盗公墓内骨灰盒敲诈勒索公墓管理方的新闻报道后，遂起贼心，两次从大理到昆明踩点。2006 年 7 月 19 日深夜，杨某摸进某公墓内盗窃了两个骨灰盒，并藏在墓地后山的水沟中。第二天，杨某购买了两个手机卡后，多次打电话给墓地管理方，要求管理方用 8 万元赎回被盗的骨灰盒，否则即把骨灰撒在公路上并通知家属。在敲诈过程中，杨某被公安机关抓获。

判决：昆明市西山区人民法院经审理后认为，被告人杨某以非法占有为目的，采用威胁、要挟的方法，敲诈勒索公私财物，数额巨大，其行为已构成敲诈勒索罪，故依法判处其有期徒刑四年。

案例 3：男子为发财打死人主意　盗骨灰盒敲诈公墓[②]

案情：现年 20 岁的孟某系山东省夏津县夏津镇人。2007 年 3 月底的一天，孟某在河南省新乡市大街上看到一张某公墓发放的宣传单时，想起自己曾在网上看到过有人用盗取骨灰的方法向死者亲属敲诈钱财 20 万的事，于是突发奇想：自己何不也用此方法，弄些钱花花呢？孟某从地图上找到了墓地的位置，并赶赴目的地查看地形。

3 月 30 日晚，孟某趁着夜色窜至墓地，在墓地西北挖掘出一个骨灰盒，在离墓地不远处找个地方埋葬起来。次日上午 8 时，孟某用公用电话找墓地领导人，索要 10000 元。此后，孟某又多次给公墓打电话追要钱款，并将款减少到 8000 元。公墓向公安机关报案，2007 年 4 月 2 日下午，被告人到辉县市孟庄镇取款时被公安机关抓获。

判决：2007 年 5 月 23 日，河南省辉县市人民法院以敲诈勒索罪

①案例来源：中国法院网，作者：李文华、魏文静，发布时间：2007-06-15，15:05:27。
②案例来源：中国法院网，作者：吴京宇、王新恒，发布时间：2007-05-23，15:39:53。

（未遂）判处被告人孟某有期徒刑六个月。

3. 盗窃骨灰敲诈殡仪馆

我国大部分地方实行尸体火化的政策，死者遗体火化后安葬前，死者近亲属一般将亲人骨灰寄存在殡仪馆。一些犯罪分子出自上述第（二）种情形的考虑，敲诈殡仪馆。

案例：盗骨灰盒挖墓穴　二贼敲诈陵园[①]

案情：2007年2月12日17时，被告人王甲携带编织袋、洋铲等作案工具，窜至武夷山市某陵园，将一处墓穴里面的骨灰盒盗出，装入编织袋内扔到武夷山市区西门的一水沟里。随后将一写有银行账号和户名的字条扔到陵园的停车棚内，以备敲诈。被告人王乙根据王甲的安排，利用王甲提供的IC卡多次用同一个IC卡电话拨打到陵园，要求根据字条上的账号和户名存入6000元，并扬言威胁。2月13日16时，王乙再次拨打电话催促陵园存款时，被当场抓获。4月3日，王甲被抓获归案。

判决：2007年7月9日，福建省武夷山市人民法院对被告人王甲、王乙盗取骨灰盒敲诈勒索陵园一案作出判决，以敲诈勒索罪（未遂）分别判处一年零六个月和十个月有期徒刑。

4. 盗窃骨灰敲诈主管机关

现实生活中，还有一些犯罪分子梦想盗窃骨灰后敲诈殡葬主管机关。

案例：四男子盗挖骨灰盒敲诈民政局　钱未拿到反落法网[②]

案情：法院经审理查明，被告人汤某曾与被告人徐某提过采用盗窃骨灰盒的方式敲诈他人钱财的想法，被告人徐某遂找到被告人徐某某及被告人朱某，四人一起商量后即乘车来到永修县城。当晚8时许，四被告人带着事先准备好的作案工具，乘一辆出租车来到永

---

①案例来源：中国法院网，作者：余宝兴，发布时间：2007-07-10，17:23:09。
②案例来源：中国法院网，作者：蔡文婷，发布时间：2008-05-04，17:39:48。

修县公墓管理所墓地。被告人汤某用纸和笔记下被盗墓主的名字，其余三被告人则撬开墓盖盗得骨灰盒三个，并将其藏匿在附近。

2007年9月29日上午，朱某则拨打114查询到了永修县民政局的电话，汤某遂打电话给民政局工作人员熊某某，采用威胁、要挟的方法迫使民政局交付现金5万元。此后，汤某又多次打电话催民政局付钱。经熊某某多次交涉，四被告人最后同意民政局交付现金1万元。此后民政局向公安机关报案。与此同时，公墓管理所的工作人员在墓地附近找到了骨灰盒。当天下午5时许，被告人汤某、徐某、徐某某、朱某被公安机关抓获。

判决：2008年5月4日，江西省永修县人民法院认为，被告人汤某、徐某、徐某某、朱某以非法占有为目的，采用威胁、要挟的方法，迫使民政局交付1万元，数额较大，其行为均已构成敲诈勒索罪，公诉机关指控的罪名成立。四被告人已实行了盗窃骨灰盒及打电话要挟民政局付钱的行为，但因民政局报案而未得逞，系犯罪未遂，均可比照既遂犯从轻处罚。以敲诈勒索罪判处被告人汤某有期徒刑十个月，判处被告人徐某、徐某某、朱某均为有期徒刑八个月。

三、殡葬方面非法经营罪的主要情形

（一）非法经营罪简述

公民或组织的合法经营是有利于社会发展的，非法经营则违反有关规定，破坏国家的宏观或微观的经济管理，不利于社会经济的发展；有的非法经营严重危及人民群众的身心健康或者平稳安定的社会秩序。因此，《刑法》规定非法经营为犯罪。1979年《刑法》第117条规定的投机倒把罪将非法经营行为包含其中，1997年《刑法》把投机倒把罪分解细化，有关内容单独规定，形成了关于非法经营罪的规定。

《刑法》第225条　违反国家规定，有下列非法经营行为之一，扰乱市场秩序，情节严重的，处五年以下有期徒刑或者拘役，并处或者单处违法所得一倍以上五倍以下罚金；情节特别严重的，处五年以上有期徒刑，并处违法所得一倍以上五倍以下罚金或者没收财产：

（一）未经许可经营法律、行政法规规定的专营、专卖物品或者其他限制买卖的物品的；

（二）买卖进出口许可证、进出口原产地证明以及其他法律、行政法规规定的经营许可证或者批准文件的；

（三）未经国家有关主管部门批准。非法经营证券、期货或者保险业务的；

（四）在国家规定的交易场所以外非法买卖外汇，扰乱市场秩序的；

（五）其他严重扰乱市场秩序的非法经营行为。

本罪的客体是国家的专管、专营制度。国家对某些经营活动实施许可证制度，不经国家批准，公民或组织不得擅自实施此类经营行为。另外，国家对某些行业或者物资实施专营制度，只能由国家经营，其他行为主体不得擅自经营。

本罪在客观方面表现为行为人违反国家规定，进行有关非法经营活动，扰乱市场秩序，情节严重的行为。所谓违反国家规定，是指违反全国人民代表大会及其常务委员会制定的法律、国务院颁布的行政法规、决定、命令关于对部分物品实行专卖、专营，对部分经营活动实施许可证制度、审批制度等管理措施的规定。《行政许可法》规定可以由国务院部委、局或省、市、自治区或较大的市设置的行政许可项目的有关事项，部委规章、地方法规、地方政府规章的相应规定也应视为国家规定。

其一，未经许可经营法律、行政法规规定的专营、专卖物品或者其他限制买卖的物品的行为。即未经许可经营法律、行政法规明确规定只能由专门机构经营的物品，如食盐、烟草、药品等，这些物品，必须经国家有关主管部门批准并发给经营许可证后方能经营。

其二，买卖进出口许可证、进出口原产地证明以及其他法律、行政法规规定的经营许可证或者批准文件的。为维护市场经济有序和规范发展，国家对某些生产经营活动实行许可证制度或审批管理制度。

其三，未经国家有关主管部门批准，非法经营证券、期货或者保险业务的行为。

其四，在国家规定的交易场所以外非法买卖外汇，扰乱市场秩序的行为。

其五，其他严重扰乱市场秩序的非法经营行为。这是除上述三项对非法经营行为的列举以外，《刑法》所作的概括性规定。现实的社会经济生活是十分复杂的，根据政治经济形势的变化，国家对经营活动进行管理的政策和具体措施不断进行调整。同时，国家对经营活动的管理体现在各行各业，《刑法》无法对非法经营活动的所有行为方式进行完整的列举。因此，除《刑法》其他条文已经规定的以外，凡是严重扰乱市场秩序的经营行为都属于本罪规定的范围。构成犯罪的非法经营行为应具备下列特征：

（1）必须具有行政违法性。即违反国家法律、行政法规的禁止性或者限制性规定，未经有关部门批准或者超出有关部门批准的范围进行经营活动。主要是未经许可、批准的经营行为；取得许可、批准但违反法律、法规及许可、批准经营的范围、方式进行经营的行为。

（2）必须是严重扰乱市场秩序的行为。具有达到犯罪程度的社会危害性，即非法经营罪是情节犯，除了非法经营行为外，还要求达到情节严重的危害程度。所谓非法经营“情节严重”，一般是指行为人进行非法经营活动的非法经营额或者非法获利数额巨大。

《最高人民检察院、公安部关于经济犯罪案件追诉标准的规定》（2001年4月18日公发［2001］11号）第70条规定：非法经营案（《刑法》第225条）从事其他非法经营活动，涉嫌下列情形之一的，应予追诉：1. 个人非法经营数额在5万元以上，或者违法所得数额在1万元以上的；2. 单位非法经营数额在50万元以上，或者违法所得数额在10万元以上的。这只是情节严重的数额标准。如果有其他严重情节，虽然数额低于上述追诉标准，如多次进行非法经营活动，或者由于非法经营受过有关部门处理但不思悔改、继续进行非法经营，或者造成国家、集体、公民的利益遭受严重损失，给国家政治、经济造成不利影响，在国际上产生不良影响等，也可以以非法经营罪定罪量刑。

（二）倒卖墓位、骨灰格位可构成非法经营罪

我国对于墓地的租赁有明确的规定，墓地只能租赁给公民用作安葬自己已故的亲人，必须凭死亡证明才能购买，而且墓地不得转让，因此，预售墓位、倒卖墓位为法律所禁止。同时，对于购买预售、炒卖墓位的公民而言，损失只能由违法犯罪的组织和个人负责，资金已被挥霍或损失而导致不能追回的部分只能由非法购买墓位的当事人自负，政府及民政部门并不因所谓监管职能而承担赔偿的责任，除非政府及民政部门自己是当事人。

墓位、骨灰格位等只能向已死亡的公民的近亲属出租，不得转让；如公民只能为自己死亡的近亲属租赁墓位或骨灰格位；进行经营性公墓或骨灰格位的对外经营，必须经过省级民政机关的批准许可。

案例1：定安福园炒卖墓地案

海南省定安县近年来刮起的一股炒墓穴之风，炒出了一场另类悲剧：有人为此患上了精神病，一些家庭因为墓穴而破碎。海南省政法委一名官员表示，事件明显属于非法集资。

高红利造就一批“墓民”。据新华社报道，从2001年开始，海南泰天实业有限公司与海南省定安县民政局合作开发定安福园，经营墓穴。许以6%的提成在当地招聘人员推销墓穴。

退休公务员李女士应聘当上了墓穴推销员。她在笔记中写道：宣讲人员称，定安福园的墓穴是“原始股”，升值空间很大。该公司的墓穴既可以使用，也可以作为投资。购买“投资型”墓穴期满两年后，由公司按原价回收，再按销售价格的20%加付增值红利，扣除应上缴国家的税费，其余全部回报给客户。

当时的定安县民政局局长王某常到泰天公司“上班”，经常给员工们宣讲墓穴的投资前景。泰天公司董事长邢某还担任着海南省慈善总会的副会长。正是“政府投资项目”的背景和20%的红利，造就了一批“墓民”，墓穴推销员和他们的亲友们纷纷拿出家中多年的积蓄购买最低售价数千元、最高达5万余元的墓穴“原始股”。

如今活人被墓穴“套牢”。据了解，定安福园迄今卖出坟墓穴位约6000个，金额达数千万元。其中绝大部分墓穴是没有具体位置的“编码”。民政部多次重申“只有持死亡、丧葬证明才能购买墓穴”的规定在这里完全成了一句空话。

泰天公司2004年后出售的“投资型”墓穴先后到期，大批购买墓穴的市民到泰天公司要求返还本金和“红利”，期待着投资变现。然而遭遇到的却不仅是红利无望，连本金都有去无回。公司董事长邢某要么避而不见，要么见了面就以“公司现在没钱”、“公司正在想办法，需要再等一段时间”等搪塞。

从已初步统计的109人投资情况看，他们共购买了529个“投资型”墓穴，合计金额577.89万元。其中最多一人买了31个不选位墓穴，金额49.4万元。一位曾在泰天公司工作过的人士说，已统计的109人只是当地“墓民”的一部分，公司还招徕不少岛外人士购买了“投资型”墓穴。

关于墓位、骨灰格位的经营问题，1985年国务院就制定了《关于殡葬管理的暂行规定》进行了规定，其第六条规定“禁止出租、转让、买卖墓地或墓穴”。1997年国务院《殡葬管理条例》第八条规定：建设殡仪馆、火葬场，由县级人民政府和设区的市、自治州人民政府的民政部门提出方案，报本级人民政府审批；建设殡仪服务站、骨灰堂，由县级人民政府和设区的市、自治州人民政府的民政部门审批；建设公墓，经县级人民政府和设区的市人民政府的民政部门同意后，报省、自治区、直辖市人民政府民政部门审批。第九条规定：“任何单位和个人未经批准，不得擅自兴建殡葬设施”“农村的公益性墓地不得对村民以外的其他人员提供墓穴用地。”1998年5月19日国务院办公厅转发民政部《关于进一步加强公墓管理意见》的通知（国办发[1998]25号）指出：“有的公墓（塔陵园）单位利用墓穴和骨灰存放格位进行传销和炒买炒卖等不正当营销活动，损害了群众的利益，引发出一些不安定因素。”“要合理确定墓穴和骨灰存放格位的价格明码标价；要凭用户出具的火化证明（火葬区）或死亡证明（土葬改革区），提供或出售墓穴和骨灰存放格位，使用规范的安葬、安放凭证，建立严格的销售、登记制度，严禁传销和炒买炒卖。”此外，一些部规章多次重申禁止墓位、骨灰格位的传销和炒买炒卖。

附录1：1997年12月21日民政部关于禁止利用骨灰存放设施进行不正当营销活动的通知（民电［1997］231号）

指出：各地民政部门要加强对公墓（塔陵园）的管理，防止不正当营销现象的继续发生。骨灰存放设施不是一般的商品，要根据当事人提供的死亡者的证明，办理购买和使用手续，公墓（塔陵园）不得预售、传销和炒买炒卖；购买者不得私自转让、买卖。公墓（塔陵园）原则上不在异地设立办事处或销售点，确有必要的，必须经异地省级民政部门的批准，并接受当地民政部门的管理。

附录2：2001年12月21日民政部关于进一步加强公墓管理的紧急通知（民电［2001］185号）

指出：对仍在进行违规销售的，应立即勒令停止。凡存在不实宣传、未能严格凭死亡证或火化证销售墓穴和骨灰存放格位等现象的经营性公墓，要责令停业整顿，限期改正，经验收合格后，重新履行开业审批手续。对违反规定，对外出售墓穴和骨灰格位的公益性公墓，要责令停止营销活动，已售墓穴和骨灰格位按非法转让处理，没收所得。凡是因炒买炒卖、诱骗群众而引发群众性上访闹事的，民政部门要及时报告当地政府领导，通报有关部门，组成政府处理协调机构，采取财产保全等必要的司法措施，制定妥善的处理方案，做好处理工作。

附录3：1998年5月19日国务院办公厅转发民政部《关于进一步加强公墓管理意见》的通知（国办发［1998］25号）

建国40多年来，我国殡葬改革取得了可喜的成绩，但在公墓建设和管理中也存在着一些不容忽视的问题，如一些地方乱批乱建公墓，浪费土地资源，破坏生态环境和借办丧事之机大搞封建迷信活动；有的公墓（塔陵园）单位利用墓穴和骨灰存放格位进行传销和炒买炒卖等不正当营销活动，损害了群众的利益，引发出一些不安定因素。这些问题严重地影响了殡葬改革和社会主义两个文明建设。

各省、自治区、直辖市人民政府要组织民政、公安、土地、工商等有关部门，集中一段时间开展清理整顿公墓的工作。

（一）清理整顿的范围

1. 未经省、自治区、直辖市民政厅（局）批准兴建的公墓和未经民政部或国家批准立项的吸收外资（含港、澳、台）合资兴建的公墓，即为非法公墓。

2. 虽经批准建立，但在公墓内修建封建迷信设施、搞非法营销活动或未经验收擅自经营的公墓单位。

3. 出售墓穴和骨灰存放格位，从事营销活动的公益性公墓。

（二）清理整顿的措施

1. 对在国家禁止建墓区域内兴建的非法公墓，必须取缔，所占的土地由土地管理部门依法处理。地方人民政府要根据具体情况研究切实可行的措施，妥善解决有关问题。

2. 对建在荒山瘠地、埋葬数量少的非法公墓，由当地政府责令兴建公墓的单位负责将已葬墓穴迁葬至合法公墓内；对埋葬数量较大，一时难以迁葬的，要责令其停止出售墓穴，兴建公墓的单位要在限期内搞好绿化美化，接受政府殡葬管理部门管理，或提供公墓养护费及绿化费，移交殡葬管理部门管理。待墓穴使用周期满后，将墓穴迁出，恢复地貌。

对当地确实需要，又不违背公墓建设规划的非法公墓，兴建公墓的单位要按规定补办审批手续，接受政府殡葬管理部门的管理。

4. 对利用墓穴和骨灰存放格位进行传销和炒买炒卖等不正当营销活动的，要采取措施坚决制止，同时要依据有关规定进行处罚。

5. 对违反规定出售墓穴和骨灰存放格位，从事营销活动的公益性公墓，要责令其停止营销活动，出售墓穴和骨灰存放格位的，按非法转让行为处理。

6. 对《殡葬管理条例》发布以后未经批准建立的非法公墓，按《殡葬管理条例》第十八条处理。

暂不具备火葬条件的地区，遗体公墓须科学规划，选址在荒山瘠地，严禁占用耕地、林地；火化区的公墓是现阶段处理骨灰的过渡形式，不是我国殡葬改革的方向，因此，要严格限制其发展。

要严格限制墓穴占地面积。今后埋葬骨灰的单人墓或者双人墓占地面积不得超过1平方米，埋葬遗体的单人墓占地面积不得超过4平方米，双人合葬墓不得超过6平方米；今后墓地和骨灰存放格位的使用年限原则上以20年为一个周期。

在公墓内，严禁构建封建迷信设施和从事封建迷信活动；严禁修建宗族墓地和修建活人墓。

要凭用户出具的火化证明（火葬区）或死亡证明（土葬改革区），提供或出售墓穴和骨灰存放格位，使用规范的安葬、安放凭证，建立严格的销售、登记制度，严禁传销和炒买炒卖；要保护群众的正当权益。

地方各级人民政府和各有关部门要从国家的整体利益出发，提高对加强公墓管理工作重要性的认识，切实加强领导，把清理整顿公墓工作摆上重要的议事日程。

这些行政法规和部门规章的明确规定表明，炒买炒卖墓位或骨灰格位的行为具有严重的行政违法性。如果这些行为达到“情节严重”的程度，就可以追究行为人的刑事责任。其中，对单位犯此罪的，要按《刑法》第231条的规定定罪处罚。《刑法》第231条：单位犯本节第221条至第230条规定之罪的，对单位判处罚金，并对其直接负责的主管人员和其他直接责任人员，依照本节各条的规定处罚。

案例2：十三陵天堂别墅陵园非法经营案[①]

案情：2001年7月，修女士在朋友的介绍下来到十三陵天堂别墅陵园，参观之后，她为这里的气势而心动。“介绍人给我们讲解这个陵园是按照皇家古建设计，红墙、朱柱、黄瓦都是皇家专用，陵

①参见新华网2007年3月5日，10:39:28，报道《十三陵非法墓园折射殡葬乱局》，来源：《民主与法制时报》。

园由神路、天王殿、大雄宝殿、东西配殿组成，乍一看，真以为是皇帝的陵园。”修女士说。

十三陵天堂别墅是一所经过民政部门批准设立的合法陵园。“买墓穴要上万，我们买不起，但介绍人说这里也出售墙上的骨灰停放位，最便宜的5500元一个，两年后就可以转让，购买人也可以回卖给公司，在这里买‘阴宅’，升值空间大。”修女士说。

修女士对这个说法将信将疑，经咨询，十三陵天堂别墅是一所经过民政部门批准设立的合法陵园，其上级单位是北京市昌平区民政局。公司代表还给修女士看了合同书和律师见证书，修女士于是深信不疑。

“我们当时就想，民政局管理的单位还能骗人吗？我也不是为了安葬亲人，就是为了投资。花5500块钱买一个，过两年赚个几千块钱，是个难得的机会。”修女士满心喜悦地购买了一块阴宅，她还介绍3个朋友也参加了这种投资，其中有个朋友一口气买了4块。

两年过去后，“阴宅投资”再无下文。修女士每次打电话要求公司回购自己买的骨灰停放位，公司都告诉她，要求回购的人很多，目前要排队等着。“第一次问，他们说收购到了第80号；第二次问，竟然收购到第60号了，这不明显就是诓骗吗？”修女士既生气也无奈。“都说房地产市场利润大，我们听信朋友的介绍，买不起生前的住房，干脆就投资‘阴宅’。结果养老钱也赔进去了。”修女士的语气中带着后悔。

处理：2006年7月28日，昌平区法院公开宣判了这起轰动京城的“北京十三陵天堂别墅非法经营案”。该公司法定代表人姜瑜在内的9人被以非法经营罪处以有期徒刑3年6个月到拘役6个月缓刑1年不等的刑罚。北京十三陵天堂别墅也被判处罚金3000万元。这起案件涉及千余名受害者，非法牟利达到3000余万元。

修女士说：“前几个月我们又在清算小组那儿登记。我也不知道这笔钱什么时候能还，我都不敢面对我的朋友，谁能想到合法的陵园也会出事。”

（三）未经许可经营公墓的行为可构成非法经营罪

在殡葬事务方面，除上述非法炒买炒卖墓位或骨灰格位的非法经营行为外，非法经营还必须在未经省级民政机关的许可进行墓地或骨灰塔陵的经营，其表现形式有：经批准的农村公益性公墓非法向本村以外公民出售墓穴；没有任何批准手续非法进行墓地经营等。

关于公墓经营的审批许可问题，民政部关于贯彻执行《殡葬管理条例》中几个具体问题的解释（民事发［1998］10号 1998年9月16日）进一步明确规定：

一、关于不得擅自兴建殡葬设施问题。《条例》第二章第九条第一款规定："任何单位和个人未经批准，不得擅自兴建殡葬设施。"这一规定是指：兴建冠以殡仪馆、火葬场、骨灰堂、公墓、殡仪服务站等名称的单位，必须经民政部门审批；不直接冠以殡葬设施名称但从事殡葬服务项目的，该项目也必须经民政部门审批。

二、关于骨灰堂性质问题。《条例》中所称"骨灰堂"，是指乡村公益性骨灰存放设施，而骨灰塔陵园等设施属公墓范畴，应纳入公墓的管理，严格控制其发展。

三、关于公墓审批问题。按照《条例》第二章第七条规定和《国务院办公厅转发民政部关于进一步加强公墓管理意见的通知》（以下简称《通知》）要求，各地要制订公墓建设规划，经省、自治区、直辖市人民政府审批后，报民政部备案，在民政部同意前，暂停批建新公墓（含骨灰塔陵园等设施）。在民政部同意备案后，按照《条例》第二章第八条规定的审批权限和公墓规划审批。

四、关于公墓墓穴占地面积和使用年限问题。《条例》第二章第十一条规定："严格限制公墓墓穴占地面积和使用年限。"这一规定是指按《通知》要求，埋葬骨灰的单人、双人合葬墓占地面积不得超过1平方米，埋葬遗体的单人墓占地面积不得超过4平方米，双人合葬墓不得超过6平方米；墓穴（含骨灰堂骨灰存放格位）原则上以20年为一个使用周期。

关于对公墓的审批问题，民政部、国家土地管理局关于清理整顿非法经营性公墓的通知（民事发［1995］8号1995年3月23日）进一步规定“建立健全经营性公墓报批制度。各省（自治区、直辖市）民政厅（局）要按照经营性公墓由国家殡葬事业单位独家兴建的原则，严格依据当地土地利用、城市建设和发展总体规划，把好兴建经营性公墓的审批关和兴建合资公墓的申报关。经批准的公墓单位按照有关规定，持民政部门的批件，到县级土地管理和工商行政管理部门分别办理土地使用权出让和营业执照等有关手续，使用集体所有的土地兴建经营性公墓的，其土地必须征用为国有后，以土地使用权出让方式供地”。

关于非法公墓的定义和范围，民政部、国家土地管理局关于清理整顿非法经营性公墓的通知（民事发［1995］8号1995年3月23日）规定“未经民政部批准吸收外资兴办的经营性公墓和未经各省（自治区、直辖市）民政厅（局）批准的经营性公墓，以及虽经民政部门批准但未经土地管理部门依法办理用地审批手续的经营性公墓和对外出售墓穴的公益性公墓，均视为非法经营性公墓”。

关于非法公墓的处理，民政部、国家土地管理局关于清理整顿非法经营性公墓的通知（民事发［1995］8号1995年3月23日）规定：对非法经营性公墓的处理办法：（一）对违反土地管理法规非法兴建的经营性公墓，由当地民政部门配合土地管理部门依法予以处罚。（二）对确认的非法经营性公墓，分别由民政部、省级民政部门会同同级土地管理部门予以取缔，责令经营单位恢复地貌、退还非法占用的土地，限期迁移已葬遗体（骨灰），所需经费由建墓单位承担，避免激化矛盾。确需保留的，在清理整顿之后，按国家有关规定补办手续。（三）对利用建公墓搞封建迷信活动的，由公安机关按照《中华人民共和国治安处罚条例》的规定予以处罚。（四）公益性公墓对外出售墓穴的，其用地按非法转让处理，由殡葬主管部门配合土地管理部门责令其停业整顿，并没收非法所得。

从上述行政法规、部规章的规定看，经批准的农村公益性公墓非法向本村以外公民出售墓位和没有任何批准手续非法进行墓地经营的行为都违反行政法，具有行政违法性，符合非法经营罪的行为特征；如果再达到情节严重的程度，则构成非法经营罪。

（四）对遗骨进行商业化利用构成非法经营罪

《尸体管理规定》第8条规定：严禁进行尸体买卖，严禁利用尸体进行商业性活动。而《尸体管理规定》第二条对“尸体”的含义和范围进行了规定：“本规定所称尸体，是指人去世后的遗体及其标本（含人体器官组织、人体骨骼及其标本）”。因此，对尸体、遗骨等进行商业化利用是行政规章明确禁止的行为，如果进行了相关活动，可以由工商行政管理机关按非法经营进行行政处罚；情节严重、达到非法经营罪的起刑标准的，以非法经营罪追究刑事责任。

案例：全国首例非法经营人头骨案一审宣判

案情：2008年5月，一封来自美国联邦调查局驻京办的通报寄到了公安部，其中称，美国联邦调查局发现，从北京通过EMS全球邮政特快专递寄送至美国的邮包中，有无名人类头骨，请公安部协助调查相关情况。

公安部随即将此通报转给了北京市公安局刑事侦查总队。很快，根据美国联邦调查局提供的包裹邮件编号，侦查员找到了负责邮寄此邮包的国际快递公司。据该公司经理反映，寄此包裹的是一名张姓男子。从2007年11月至2008年4月间，该男子通过该快递公司多次向美、英、法等国家大量寄运包裹，多数寄往美国。寄运时，该男子使用同等规格的包装箱，并自称所寄物品为玩具和塑料模型。

2008年5月30日，该男子再次向美国邮寄3件包裹时，进入警方视线。2008年6月3日，他被公安机关抓获。经查，该男子并不姓张，而是姓丁，是一名44岁的美籍华裔博士，是北京一家信息咨询公司的顾问。当日，民警当场从丁某欲寄往美国的包裹中，起获20个人类头颅骨。而后，经过对丁某所住别墅的车库进行搜查，侦查员又发现人类头颅骨1100余个。经鉴定，均为近代自然人头骨。

丁某的朋友在证言中说，2004年夏，有境外人员向丁某询问是否有人类头颅骨。这之后，丁某便从潘家园旧货市场购买了多个人类头颅骨，有些雕花，有些未加工。

对于未加工的部分人类头颅骨，丁某用消毒液清洗上面的泥土和污秽物后，交与他人雕刻图案。后来，因潘家园市场的摊主货不够，摊主便介绍丁某和两个青海农民认识。此后，丁某又定期从两个农民手中收购人头骨，并将其中一部分寄往美国。

一系列调查取证后，检方于今年5月将丁某公诉至法院。指控称，2006年8月至2008年2月，丁某先后以80元到160元不等的单价，从两个青海省农民手中收购共计1300余个人类头骨。其间，他通过互联网非法向境外出售200余个，卖出价为每个150美元左右，经营数额共计1.9万余美元，折合13万余元。

辩论：检方认为，丁某违反国家规定，以营利为目的非法经营人类头骨，严重扰乱市场秩序，数额巨大，情节特别严重，应以非法经营罪追究其刑事责任。

法院一审开庭审理此案时，丁某否认控罪。他说，自己是出于个人爱好收购人类头骨。进行雕刻后，他用于个人收藏或赠送他人，而绝非检察机关指控的为谋取非法利益。

丁某的这一辩解被检方当庭反驳。检方出具鉴定结论称，丁某的笔记本电脑中存有人类头骨照片万余张，电脑使用者曾将部分照片上传至“易趣网”网店，并以竞拍形式与境外的买方交易。交易成功后，买家会通过西联汇款方式付款，并会在网络上留下“很棒的东西，很好的价格”等留言。此外，检方出具笔录称，丁某被抓后，曾多次供述自己将收购的人类头骨销往了境外。

对此，丁某解释说，他曾把电脑外借他人使用，检方没有证据证明就是他在“易趣网”交易。对于西联汇款，他说是自己的前妻支付给孩子的教育费用，与销售人类头骨无关。

除了收集人类头骨的目的外，此案涉及的罪名也是庭审时争论的焦点。丁某的辩护律师赵某指出，无论丁某是否存在出售人类头骨的行为，依法均不构成非法经营罪。

赵某说，检方指控丁某构成非法经营罪的法律依据，主要是2006年8月1日由卫生部、公安部等9部门公布实施的《尸体出入境和尸体处理的管理规定》，其中规定“严禁进行尸体买卖，严禁利用尸体进行商业活动”。但他指出，我国《刑法》关于非法经营罪的规定为：“违反国家规定，有下列非法经营行为之一，扰乱市场秩序，情节严重的……非法经营行为。”赵某认为，《尸体出入境和尸体处理的管理规定》只是部门规章性质，不属于上述法条中的“国家规定”，不能用来定罪量刑。此外，他指出，人类头骨不属于国民经济序列产品名录中的商品，在国内也不具有商业价值，没有市场。“那么，人类头骨的买卖到底扰乱了什么市场秩序呢？”

对此，检方在庭审时答辩，《尸体出入境和尸体处理的管理规定》在全国范围内适用、不违背国家法律、是国务院下属部门制定的，因此应认定其为“国家规定”。

判决：2009年9月21日，市一中院一审判决采信了检方指控。法院认为，丁某违反国家规定，将大量人类头骨等尸体遗骸作为商品进行经营的行为，不仅亵渎死者，有悖人伦，伤害社会风化，还严重扰乱了市场秩序，其行为已构成非法经营罪，且非法经营数量特别巨大，造成严重社会危害后果，犯罪情节特别严重。法院一审判处丁某有期徒刑8年，罚金30万元，驱逐出境。

此外，向丁某出售人类头骨的两个青海省农民，也被法院以相同罪名各判处有期徒刑5年。

判决后，丁某提起上诉。他的律师在上诉状中称，此案所涉人类头骨，经过鉴定均是“近代”自然人头骨，并非现代，且此案没有任何一个事实上的被害人，更谈不上什么恶劣社会影响。

“收集人类头骨的行为，伤害社会风化，那应是道德范畴，应以道德约束，而不应该上升到法律惩处。”赵某认为，一审判决道德入罪，他请求二审法院予以撤销，改判丁某无罪。

虽然没有看到二审结果的报道，但可以预见的是，被告人的上诉被二审法院支持的可能性不大。其上诉理由认为“没有被害人”不能成立，虽然可能不能确定这些死去的人是否有仍然活着的近亲属，从而不能认定被告人的行为对其近亲属的精神伤害，但是，被告人的行为对社会公序良俗的伤害是明显的；同时，非法经营罪所侵害的是国家对经营行为的管理，并非具体的对被害人的侵害，也可以认为，被害人就是国家。同时其上诉理由认为被告人的行为“伤害社会风化，那应是道德范畴，应以道德约束”也是不成立的，我国有关部门规章明确规定了尸体的范围、明确禁止尸体的商业化，因此被告人的行为不仅严重背离传统伦理道德，而且对明确禁止的对象进行商业运作，与那些非法经营烟草等与伦理关系不大的行为相比，属于非法经营罪中情节严重的情形，理应予以严惩。如果没有销售行为，被告人的行为则构成侮辱尸体罪，也是需要承担刑事责任的。

（五）虚构信息买卖骨灰配阴婚的性质

案例：无名骨灰诈骗案[①]

案情：2003 年，靳家二儿子在江苏省的建筑工地打工时出了意外，不幸死亡，儿子 33 岁，早已成婚，还留有一个孩子，但是，老靳觉得儿媳妇迟早会再嫁，于是，老靳便背着儿媳妇，产生了给儿子配阴婚的想法。一年后，在给儿子上坟的时候，他们认识了专做墓地推销的刘某，刘某答应为靳家打听配阴婚的消息，并主动联系上了张政，即敦化坊村里的阴阳先生。

通过张政的介绍，得知山西省寿阳县白云乡的一个名叫“李秀琴”的年轻女子得了急病，刚死。经过联系，2006 年 8 月 10 日，女方的叔叔、婶婶抱着“李秀琴”的骨灰来到太原，和靳老夫妇见了面。

女子年方 20，又是大学生，靳老夫妇一听就动了心，这时，女方家又向他们出示了孩子的骨灰和死亡证明，这让老两口放了心。于是，当着介绍人面，靳老太马上掏出了 6000 块钱给了女方，女方家也把骨灰给了靳老太。这时，女方家叔叔讲，就像买东西一样，

①案例来源：云南电视网，发布时间：2007-02-27，16:23:19。

咱们一手交钱一手交货，以后谁也不认识谁，互不干涉。

女方断交绝情的话让靳老太接受不了，夫妻俩决定按照死亡证明上的地址去看个究竟。结果是，这个白云乡2001年已经就没有了，合并到其他乡里面了；那个村里也没有这个事，没有这么个人。显然，有人利用他们配阴婚的荒唐心理，诈骗了他们6000块钱，回到太原后，2006年9月10日，靳老太到派出所报了案。

警方迅速展开调查。得知卖骨灰的这个人叫王运青，是寿阳人，曾经在龙山火葬场工作，也就是前面靳老太买的“儿媳”“李秀琴”的“叔叔”。

警方在调查中还得知王运青这两天正在洽谈另一笔骨灰生意，于是警方迅速展开布控和抓捕工作，9月23日3时50分，民警抓住了王云清和牛建爱（女，40岁，山西省太谷人，在诈骗案中扮演死者的亲属）。通过对王运青和牛建爱的审查，得知每次作案所使用的骨灰是由王运清的儿子提供。5时许，民警直接来到龙山殡仪馆，抓获骨灰的主要提供者、王运清的儿子王军。同时将其他涉案人员一并抓获归案，即王军（男，19岁，山西省寿阳人，为王运青提供无名骨灰）、陈忠（男，31岁，山西省榆次人，为王运青联系买主）、张政（男，68岁，山西省太原杏花岭敦化坊人，为王运青联系买主）、郭仙桃（女，43岁，山西省太原市晋源区金胜乡西寨人，在诈骗案中扮演死者的亲属）。

据六名犯罪嫌疑人交代，两年时间里，王运青卖过五次骨灰，共计诈骗金额两万余元。王运青以前在龙山火葬场做吹鼓手，曾经把一个无名尸体的骨灰给卖了，没有事，尝到了甜头，觉得卖骨灰要比辛苦的吹吹打打挣得多，于是干起了买卖无名骨灰的勾当。随着找王云青配阴婚的人越来越多，他认识了很多在社会上给人配阴婚的介绍人，并把他们发展成了自己的下线。为了方便弄到骨灰，他把儿子安排到龙山火葬场当吹鼓手，为自己提供骨灰。王军在这一年多的时间里，总共提供了25次以上的骨灰，都是王军利用上班期间从火葬场偷来的，至于这些骨灰到底是男是女，王军也不知道。

有了骨灰，还需要给这些无名骨灰伪造一个合法的身份。于是，王运青把从墓地里捡来的照片进行放大，在卖骨灰时，给死者起上名字，并贴上照片，为了更好地骗人，王运青还私刻了六枚公章，伪造了假的介绍信和死亡证明。接着王运青和他的两个情妇扮演死者的家属，以得到男方家属的信任。做好这一切后，王运青将买主带到火葬场等提前安排好的地方，配合介绍人和做托儿的情妇的演戏，就这样，一个精心编织的骗人大网就形成了。

这一行为既有诈骗的特点，又非法买卖骨灰，应如何定罪处刑呢？笔者认为应定非法经营罪。这一行为的基本特征是骨灰的买卖、虚构骨灰的信息只是为了促成买卖成功的一个因素。如果行为人没有虚构骨灰信息，是不是买卖骨灰就是合法的？因此，该行为的主要特征是买卖骨灰。目前我国的确没有禁止买卖骨灰的行政法律或法规，但骨灰的人身性决定了它不能成为买卖的标的物。我国《尸体管理规定》第二条对“尸体”的含义和范围进行了规定：“本规定所称尸体，是指人去世后的遗体及其标本（含人体器官组织、人体骨骼及其标本）”。没有把骨灰明确包括其中，但骨灰的法律性质与尸体、尸骨相同（见本书第二章的论述），同样属于不可流通物。《合同法》第七条规定了合法与公序良俗原则：当事人订立、履行合同，应当遵守法律、行政法规，尊重社会公德，不得扰乱社会经济秩序，损害社会公共利益。将骨灰进行买卖显然违反社会公德，也是对社会公共利益的侵害，达到情节严重的程度的，构成非法经营罪。

四、殡葬方面的其他犯罪类型

（一）故意损毁骨灰的性质

案例：纵火烧骨灰盒　乾县殡仪馆原馆长被判刑[①]

案情：被告人屈某 1984 年从部队转业到地方工作后，取得了组

①案例来源：中国法院网，发布时间：2007-01-09，13:56:27，作者：周鹏，来源：新华网－《西安晚报》。

织和领导的信任，于1986年被指派为乾县殡仪馆临时馆长。2006年，已59岁的屈某，因嫌自己的职称级别未达到心愿，遂对上级心生怨恨，同年4月5日晚，屈某携带准备好的油毛巾，趁天黑溜至骨灰纪念堂南墙外，将毛巾点燃，从窗户扔进骨灰纪念堂内的骨灰盒架上，致使38个骨灰盒被烧坏。事件发生后，数户丧主遭受心灵创伤，多次寻找主管部门要求赔偿，并讨要说法。

判决：乾县人民法院公开审理了此案，屈某以故意毁坏财物罪被依法判处5年有期徒刑，并附带赔偿损毁财物总值36036元。

这一案例中，对屈某以故意毁坏财物罪定罪处罚，是否妥当？骨灰盒有价值，这不存在问题，但这里最大的损害并非对骨灰盒的损坏，而是对死者近亲属精神利益的损害，所以“事件发生后，数户丧主遭受心灵创伤，多次寻找主管部门要求赔偿，并讨要说法”。这种故意损毁骨灰的行为，具有较大的社会危害性，应作为犯罪加以规定。现行《刑法》只有第302条盗窃、侮辱尸体罪，没有关于故意损毁骨灰的罪名，应该说在对骨灰的刑法保护方面存在漏洞，需要加以完善。

（二）非法占用农用地建坟墓可构成非法占用农用地罪

《中华人民共和国土地管理法》将土地分为农用地、建设用地和未利用地，法律严格限制农用地转为建设用地。农用地包括耕地、林地、草地等。非法占用农用地达到一定程度的，可以构成非法占用农用地罪，至于非法占用农用地具体用于干什么不影响犯罪构成。2011年7月15日，北京市西城区检察院提起了北京市首起非法占用农用地案。

案例1：张某非法占用农用地案[①]

2011年7月15日，北京市西城区检察院提起了北京市首起非法占用农用地案。2006年4月3日，怀柔区镇南关村村主任张某与

① 《京华时报》2011年7月16日09版，记者王鹏昊报道《非法占用农用地首追刑责》。

桥梓镇峪口村村主任签订了《土地承包合同》，承包了50亩山坡林地，期限50年，每年租金1.5万元。随后，张某非法改变农用地的用途，建设了39栋别墅。2008年6月，林业部门下发停建通知，但张某未停止建设；随后国家林业局野生动植物刑事物证鉴定中心鉴定确认该工程造成32.1亩林地种植条件被严重毁坏，使该地域生态平衡功能大为减弱。2009年6月，林业部门再次下发处罚决定书，但张某仍没有停止施工。2010年5月，林业部门将此案移送至市公安局森林公安分局。

案例2：李某违法建设别墅被强制拆除案①

前些年，李某承租了位于怀柔区桥梓镇与渤海镇交界处的100余亩林地和工矿用地，在未取得任何手续和许可证的情况下，私自建设别墅群，对林地和山地造成破坏，改变了土地的使用性质属于违章建筑。2009年发现违建后，国土局曾立案对其处罚，要求其停工停售，限期拆除，但李某仍有蒙混过关的侥幸心理，不予理会。2011年7月13日—14日，怀柔区查违办牵头，联合公安、城管、国土等相关部门进行联合执法，对别墅群共46栋别墅采取强制拆除的措施，并由李某恢复林地和山地的原貌。相关部门还会对其进行处罚，购房业主受到的损失由李某进行支付和赔偿。

显然，如果违法占用耕地建造坟墓，情节严重的应构成犯罪（非法占用耕地罪）。最高人民法院《关于审理破坏土地资源刑事案件具体应用法律若干问题的解释》（法释［2000］14号，2000年6月22日起施行）第3条：违反土地管理法规，非法占用耕地改作他用，数量较大，造成耕地大量毁坏的，依照《刑法》第324条的规定，以非法占用耕地罪定罪处罚：

（一）非法占用耕地“数量较大”，是指非法占用基本农田5亩以上或者非法占用基本农田以外的耕地10亩以上。

（二）非法占用耕地“造成耕地大量毁坏”，是指行为人非法占用耕地建

①《京华时报》2011年7月14日A16版，记者李靖等报道《怀柔强拆违建别墅群》。

窑、建坟、建房、挖沙、采石、采矿、取土、堆放固体废弃物或者进行其他非农业建设，造成基本农田 5 亩以上或者基本农田以外的耕地 10 亩以上种植条件严重毁坏或者严重污染。

2001 年 8 月 3 日《刑法修正案（二）》将非法占用耕地罪修改为非法占用农用地罪："违反土地管理法规，非法占用耕地、林地等农用地，改变被占用土地用途，数量较大，造成耕地、林地等农用地大量毁坏的，处 5 年以下有期徒刑或者拘役，并处或者单处罚金。"因此，不仅非法占用耕地，而且非法占用林地、草地等农用地建坟的行为，达到数量较大的程度的，都构成非法占有农用地罪。

（三）不执行传染病防治法可构成危害公共卫生罪

传染病是由病原性细菌、病毒、立克次体和原虫引起的，能在人间、动物间或者人与动物间相互传播的一类疾病。传染病具有传染性、流行性和反复性等特点，发病率高，是危害人民身体健康、威胁人民生命安全最严重的因素之一。每次传染病暴发、流行，特别是鼠疫、霍乱等烈性传染病暴发、流行，都会夺走无数人宝贵的生命，而国家、社会以及个人因此所遭受的各种直接或间接经济损失更是无法计算。传染病威胁的对象是整个社会，法律规制预防传染病的流行与传播是必要的。一方面，国家制定行政法律和法规、规章来对相关行为进行调整和规制；另一方面，《刑法》设置妨害传染病防治罪，对违反国家制度的行为予以刑事责任的追究，以预防、控制和消除传染病的发生和流行，保障社会公共卫生的安全。

1. 妨害传染病防治罪。1989 年 2 月 2 日全国人大常委会通过的《中华人民共和国传染病防治法》第 37 条规定："有本法第 35 条所列行为之一，引起甲类传染病传播或者有传播严重危险的，比照刑法第 187 条的规定追究刑事责任。"即比照"违反国境卫生检疫罪"的规定处罚。1997 年修订的《刑法》第 330 条规定："违反传染病防治法的规定，有下列情形之一，引起甲类传染病传播或者有传播严重危险的，处 3 年以下有期徒刑或者拘役；后果特别严重的，处 3 年以上 7 年以下有期徒刑。"其第一款第（四）项规定的情形是"拒绝执行卫生防疫机构依照传染病防治法提出的预防、控制措施的"。基本沿用了《中华人民共和国传染病防治法》第 35 条、第 37 条的规定。但增加了第二款。

第二款规定："单位犯前款罪的，对单位判处罚金；对其直接负责的主管人员和其他直接责任人员，依照前款的规定处罚。"

2. 妨害国境卫生检疫罪。第 332 条规定："违反国境卫生检疫规定，引起检疫传染病传播或者有传播严重危险的，处 3 年以下有期徒刑或者拘役，并处或者单处罚金。""单位犯前款罪的，对单位判处罚金；对其直接负责的主管人员和其他直接责任人员，依照前款的规定处罚。"

妨害传染病防治罪、妨害国境卫生检疫罪所侵犯的是国家对公共卫生的管理制度。国家建立、维护传染病防治的正常管理秩序，最终目的是为了预防、控制和消除传染病，从而保障广大人民的生命安全和身体健康。两罪的直接表现是对传染病防治管理制度的侵害，但在实质意义上，它们主要造成了对公共卫生的重大威胁或危害。但国家建立的对传染病防治的管理制度是保障公共卫生的重要闸门，上述两罪首当其冲所侵犯的正是国家的管理制度，从而冲击了国家防治传染病的主要闸门，导致传染病的流行的重大威胁或危害。

因此，在殡葬方面，如果对患或可能患传染病特别是甲类传染病的人死去后对尸体的处理，违反相关规定进行运输、停放、举行告别仪式、器官移植、土葬、出入境等造成传染病的传播或造成传播危险的，构成犯罪。

（四）盗掘古墓葬罪

《刑法》第 328 条规定了盗掘古文化遗址、盗掘古墓葬罪：盗掘具有历史、艺术、科学价值的古文化遗址、古墓葬的，处 3 年以上 10 年以下有期徒刑，并处罚金；情节较轻的，处 3 年以下有期徒刑、拘役或者管制，并处罚金；有下列情形之一的，处 10 年以上有期徒刑、无期徒刑或者死刑，并处罚金或者没收财产：

（一）盗掘确定为全国重点文物保护单位和省级文物保护单位的古文化遗址、古墓葬的；

（二）盗掘古文化遗址、古墓葬集团的首要分子；

（三）多次盗掘古文化遗址、古墓葬的；

（四）盗掘古文化遗址、古墓葬，并盗窃珍贵文物或者造成珍贵文物严重破坏的。

我国是历史悠久的文明古国，是世界上保存文物最多的国家之一，古文化遗址、古墓葬遍布中华大地，反映了中华民族上下五千年绵延不绝的生存、斗争、发展的历史，从不同的侧面和领域揭示了社会发展的历史轨迹，体现了我国祖先的思想道德和科学文化水平，是联结过去、现在和未来的历史文化纽带，具有重要的历史、艺术和科学价值，是全民族珍贵的文化遗产。保护这些古文化遗址、古墓葬，对于促进中华民族和社会主义祖国的兴旺、繁荣、昌盛，有着非常重要的意义。这些珍贵宝藏，不可再生，无法复制，一旦受损则无可挽回，盗掘古文化遗址、古墓葬的违法犯罪活动危害极为严重。

新中国成立后，党和政府十分重视对古文化遗址、古墓葬的保护。1950年《刑法大纲草案》第110条："破坏、盗卖有关历史、文化之古迹、古物，或未经政府允许擅自发掘古墓或其他埋藏古物之处所者，处3年以下监禁。组织领导多人犯前项之罪者，处1年以上5年以下监禁。"可惜的是该草案没有上升为法律，但党和国家保护古墓葬的态度是鲜明的。

1979年《刑法》没有对盗掘古文化遗址、古墓葬的行为作为独立的犯罪加以规定。对于发生的盗掘古墓葬行为，实践中一般是按照《刑法》第174条规定的破坏珍贵文物、名胜古迹罪进行定罪处罚。针对性不强，没有向社会发出保护古文化遗址、古墓葬的强烈信号。

1982年11月9日通过的《中华人民共和国文物保护法》第31条第2款明确规定："私自挖掘古文化遗址、古墓葬的，以盗窃罪论处。"新中国第一次明确规定盗挖古文化遗址、古墓葬的行为是犯罪。但这一规定"以盗窃罪论处"并不能科学概定"盗挖古文化遗址、古墓葬"犯罪的特征。

1984年8月13日最高人民法院、最高人民检察院、国务院侨务办公室、公安部、民政部发布的《关于制止和惩处盗掘华侨祖墓的违法犯罪活动的联合通知》第5条规定：对盗掘坟墓（指华侨祖墓）窃获少量财物或者情节显著轻微的，由公安机关根据《治安管理处罚条例》以盗窃行为加重处罚；对盗掘坟墓获财物数量较大的，应依照《刑法》的有关规定以盗窃罪论处；对两人以上共同进行盗墓犯罪活动的，其首要分子及教唆者应依法从重惩处。

同年11月2日，最高人民法院、最高人民检察院《关于当前办理盗窃案件中具体应用法律的若干问题的解答》第7条第（四）项规定：盗掘墓葬，窃取了较大数额的财物，情节严重的，应以盗窃罪论处。窃取了少量财物或情节显著轻微的，由公安机关酌情予以治安处罚。

1987年11月27日最高人民法院、最高人民检察院《关于办理盗窃、盗掘、非法经营和走私文物的案件具体应用法律的若干问题的解释》第2部分规定：

（1）清代和清代以前的古墓葬、古遗址，受国家保护；辛亥革命以后，与著名历史事件有关的名人墓葬、遗址和纪念地，也视同古墓葬、古遗址，受国家保护。

（2）私自挖掘古墓葬、古文化遗址的，以盗窃罪论处。处理这类案件，不以被盗掘的古墓葬、古遗址是否已被确定为重点文物保护单位为限，但对于盗掘已被确定为重点文物保护单位的古墓葬、古遗址（包括国家级、省级和县级）的，应从重处罚。

（3）对盗掘中窃取文物和破坏文物的，均应以盗窃罪论处，根据被盗、被毁文物所应评定的级别等情节予以处罚。

（4）盗掘古墓葬、古遗址，以盗窃罪论处的案件，在量刑幅度上，可以参照盗窃馆藏文物的量刑标准，予以处罚。

（5）盗窃古墓葬、古遗址，虽未窃取到文物，但情节严重的，也应以盗窃罪处罚；如在盗掘古墓葬、古遗址时，破坏了经鉴定属于不能移动的珍贵文物的，应依法从重处罚。

全国人大常委会在1991年颁布了《关于惩治盗掘古文化遗址、古墓葬犯罪的补充规定》。规定："盗掘具有历史、艺术、科学价值的古文化遗址、古墓葬的，处3年以上10年以下有期徒刑，可以并处罚金；情节较轻的，处3年以下有期徒刑或者拘役，可以并处罚金；有下列情形之一的，处10年以上有期徒刑、无期徒刑或者死刑，并处罚金或者没收财产：（1）盗掘确定为全国重点文物保护单位和省级文物保护单位的古文化遗址、古墓葬的；（2）盗掘古文化遗址、古墓葬集团的首要分子；（3）多次盗掘古文化遗址、古墓葬的；（4）盗掘古文化遗址、古墓葬，并盗窃珍贵文物或者造成珍贵文物严重破坏的。盗掘古文化遗址、古墓葬所盗窃的文物，一律予以追缴。"盗掘古文化遗址、古墓葬罪自此成为独立的新罪名，结束了以盗窃罪论处的历史。

1997年《刑法》第328条第1款基本上沿用了这个补充规定。

这里的盗掘并不限于犯罪分子采用了自认为不使文物主管部门发觉的方法的暗中发掘。《文物保护法》对古文化遗址、古墓的发掘有严格的审批程序，行为人未经批准而挖掘，即为盗掘，是指未经国家文物主管部门批准的私自非法挖掘行为，其行为方式可以是秘密的，也可以是公开的甚至是明火执仗的；可以是人工挖掘，也可以是动用大型机械进行；可以是个人实施，也可以是多人共同实施。采用何种方式只对量刑有意义，对本罪成立没有影响。另外，对非法挖掘古文化遗址、古墓是否以窃取文物或财物为目的，不影响本罪的构成，只要是对古文化遗址、古墓进行非法挖掘，就构成本罪。

这里的古墓葬是指：(1) 清代和清代以前的古墓葬、古遗址；(2) 辛亥革命以后，与著名历史事件有关的名人墓葬、遗址和纪念地。遗憾的是《刑法》对墓葬的保护只限于古墓葬，而且主要是从文物保护的角度进行立法，实际上对古墓葬的保护不仅在于保护其文物，而且在于维护社会公德，保护中华民族的传统文化不受盗掘坟墓行为的侵害。从这个意义上讲，对当今的坟墓亦有给予刑法保护的需要。建议对损害坟墓的行为规定为犯罪，予以严惩。

五、殡葬行政管理和执法中的渎职罪

国家机关工作人员渎职的主要表现是滥用职权、玩忽职守、徇私舞弊，《刑法》规定了多个罪名。《刑法》第397条规定：国家机关工作人员滥用职权或者玩忽职守，致使公共财产、国家和人民利益遭受重大损失的，处3年以下有期徒刑或者拘役；情节特别严重的，处3年以上7年以下有期徒刑。本法另有规定的，依照规定。

国家机关工作人员徇私舞弊的，处5年以下有期徒刑或者拘役；情节特别严重的，处5年以上10年以下有期徒刑，本法另有规定的，依照规定。

这里规定了两个罪名：滥用职权罪、玩忽职守罪。两者在构成要件上存在一些区别。另外，与殡葬管理执法密切相关的还有徇私舞弊不移交案件罪（《刑法》第402条）和非法批准征用、占用土地罪（《刑法》第410条）等犯罪。

（一）滥用职权罪

所谓滥用是指“胡乱地、过度地使用”；[①]所谓职权，即职务上的权力，对于国家工作人员来说，其职务上的权力即是国家权力。滥用职权主要包括以下情形：

1. 故意不正当地行使自己职务范围内的职责权力，对有关事项作出不符合法律、法规规定的决定或处理。国家赋予国家机关工作人员管理各项国家事务的权力，同时也必然要求他们必须正当地行使自己职务范围以内的权力，具体说，就是要严格依法办事，保证处理问题的合法性和正确性。但是，有的国家机关工作人员却反其道而行之，明知在自己职权范围内处理的事项不符合法律、法规规定条件的，不应当批准、决定或者予以办理，却故意作出批准、决定或者予以办理。从《刑法》规定看，滥用职权犯罪多种多样，例如工商管理机关工作人员徇私舞弊，对明知公司设立、登记申请不符合法律规定条件，而予以批准或者登记；土地管理机关工作人员违反土地管理法规，滥用职权，非法批准征用、占用土地，或者非法低价出让国有土地使用权，等等。上述类型的滥用职权具有如下特点：①行为人处理的事项性质都是其本人职权范围内有权处理的事项，具有形式上的合法性；②由于其所作出的处理不符合有关法律、法规的规定，使其处理结果具有实质的非法性。如果国家机关工作人员滥用职权实施与上述类型相同的行为，而《刑法》上没有另行规定的，则可以构成滥用职权罪。

2. 超越行为人职务权限，处理了其无权处理事项。对于一切国家机关及其工作人员来说，国家赋予其一定的职权，也必须规定其一定的权力范围，不能允许侵越其他机关和其他工作人员的权限，在本人权限范围之外处理事项，否则必然引起混乱，助长腐败，使国家和人民利益遭受重大损失。超越职权是滥用职权的重要表现形式，一是超越职能管辖权，如工商机关实施应由公安机关实施的行政拘留。二是超越地域管辖权，如甲地民政机关对于应由乙地民政机关登记的结婚申请予以受理并登记。三是超越层级职权，如应

① 《新华汉语词典》，商务印书馆国际有限公司 2004 年 5 月第 1 版，第 730 页。

由省级民政机关许可的经营性公墓的审批，市级机关越权进行许可；省级民政机关受理应由县级民政机关受理的国内婚姻登记。四是违反决策程序，如应由领导班子集体讨论决定的事项，个人擅自作出决定等。

3. 故意不履行自己的职责，表现为职务上的不作为。如国家机关的工作人员对于公民或者单位申请批准的某种事项，本应及时办理，但因为索贿未成，虽然明知不予办理会给申请人造成严重损失，却故意拖着不办，希望或者放任危害后果发生，也是一种对职权的滥用。国家机关工作人员都应当按照国家法律、法规和部门规章对他们所确定的职权、职责范围以及办事程序的规定，办理公务。具体来说，就是凡是符合法律、法规和政策规定，又是在本人职权、职责范围内的事，应当积极依法予以办理；对于不符合法律、法规和政策规定，不应当予以办理的事，坚决不予办理，这都是正确行使或运用职权的具体表现。反过来说，对于那些明知不合规定、不应当办理的事，却故意利用自己的职权或者超越职权予以办理，或者明知是应当依法予以办理的事，故意不予办理，都是不正确行使职权，亦即滥用职权的具体表现。

关于立案标准。最高人民检察院在1999年8月3日颁发《关于人民检察院直接受理立案侦查案件立案标准的规定（试行)》规定:“滥用职权罪是指国家机关工作人员超越职权，违法决定、处理其无权决定、处理的事项，或者违反规定处理公务，致使公共财产、国家和人民利益遭受重大损失的行为。”“涉嫌下列情形之一的，应予立案：

1. 造成死亡一人以上，或者重伤二人以上，或者轻伤五人以上的；
2. 造成直接经济损失20万元以上的；
3. 造成有关公司、企业等单位停产、严重亏损、破产的；
4. 严重损害国家声誉，或者造成恶劣社会影响的；
5. 其他致使公共财产、国家和人民利益遭受重大损失的情形；
6. 徇私舞弊，具有上述情形之一的。”

这一解释规定了滥用职权“致使公共财产、国家和人民利益造成重大损失”的标准。

最高人民检察院关于印发《人民检察院直接受理立案侦查的渎职侵权重特大案件标准（试行)》的通知（高检发［2001］13号，2002年1月1日起施行）规定滥用职权案的重、特大案件标准：

（一）重大案件

1. 致人死亡2人以上，或者重伤5人以上，或者轻伤10人以上的；

2. 造成直接经济损失50万元以上的。

（二）特大案件

1. 致人死亡5人以上，或者重伤10人以上，或者轻伤20人以上的；

2. 造成直接经济损失100万元以上的。

（二）玩忽职守罪

玩忽职守罪是指行为人基于对工作不负责任的心理态度，不履行职责和不正确履行职责。

1. 不履行职责。行为人擅离职守和在岗不履行职责，而完全不履行其应当履行的职责的事实成为危害结果发生的决定性原因。其客观表现形式为不作为。例如，已发现隐患或有重大事故预兆，却麻木不仁、心存侥幸，不及时采取有效措施；对于有关部门或个人提出的消除不安全因素的合理建议，不予理睬和研究；发现下属工作人员违反规章制度，不制止、不纠正；对于执行法律或规章制度情况，应检查而不检查、放任不管，等等，都是典型的不作为。

2. 不正确履行职责。行为人不是完全不履行职责，而是形式上具有履行职责的行动，但却没有按职责要求做到位，以致造成严重后果。就其履行职责不完全而言，具有不作为因素，但是，毕竟与完全不履行职责的行为存在明显差别。例如，在管理工作中，由于主观主义、自以为是，擅自违反规章制度或者原定方案；在经济工作中，违反法律、法规规定，不调查、不研究，盲目批准或者决定重大工程项目上马；在基建工作中，没有设计、擅自同意施工，盲目蛮干，等等。这些行为造成重大损失而构成的玩忽职守罪，表现为作为方式。

3. 立案标准。根据《刑法》第397条的规定：国家机关工作人员，滥用职权、玩忽职守要达到“致使公共财产、国家和人民利益遭受重大损失”的程度或后果，才构成犯罪。

最高人民检察院在1999年8月3日颁发《关于人民检察院直接受理立案侦查案件立案标准的规定（试行）》规定："玩忽职守罪是指国家机关工作人员严重不负责任，不履行或者不认真履行职责，致使公共财产、国家和人民利益遭受重大损失的行为。""涉嫌下列情形之一的，应予立案：

1. 造成死亡1人以上，或者重伤3人以上，或者轻伤10人以上的；

2. 造成直接经济损失30万元以上，或者直接经济损失不满30万元，但间接经济损失超过100万元的；

3. 徇私舞弊，造成直接经济损失20万元以上的；

4. 造成有关公司、企业等单位停产、严重亏损、破产的；

5. 严重损害国家声誉，或者造成恶劣社会影响的；

6. 海关、外汇管理部门的工作人员严重不负责任，造成巨额外汇被骗或者逃汇的；

7. 其他致使公共财产、国家和人民利益遭受重大损失的情形；

8. 徇私舞弊，具有上述情形之一的。"

这一解释规定了玩忽职守"致使公共财产、国家和人民利益造成重大损失"的标准。

最高人民检察院关于印发《人民检察院直接受理立案侦查的渎职侵权重特大案件标准（试行）》的通知（高检发［2001］13号，2002年1月1日起施行）规定玩忽职守案的重、特大案件标准：

（一）重大案件

1. 致人死亡3人以上，或者重伤10人以上，或者轻伤15人以上的；

2. 造成直接经济损失100万元以上的。

（二）特大案件

1. 致人死亡7人以上，或者重伤15人以上，或者轻伤30人以上的；

2. 造成直接经济损失200万元以上的。

（三）徇私舞弊不移交案件罪

《刑法》第402条规定：行政执法人员徇私舞弊，对依法应当移交司法机关追究刑事责任的不移交，情节严重的，处3年以下有期徒刑或者拘役；造成严重后果的，处3年以上7年以下有期徒刑。

徇私舞弊不移交刑事案件罪，是指行政机关的行政执法人员，徇私情、私利，伪造材料，隐瞒情况，弄虚作假，对依法应当移交司法机关追究刑事责任的刑事案件，不移交司法机关处理，情节严重的行为。本罪是对原《刑法》的补充、完善。

1979年《刑法》第188条规定："司法工作人员徇私舞弊，对明知是无罪的人而使他受追诉、对明知是有罪的人而故意包庇不使他受追诉，或者故意颠倒黑白作枉法裁判的，处五年以上有期徒刑。"该条只规定了司法人员的徇私舞弊罪，但没有规定行政执法人员徇私舞弊不移交刑事案件罪。1997年《刑法》对此以第402条作出了明确规定。

1. 关于"徇私舞弊"。"徇私"是指"为了私情而做不合法的事"[①]；"舞弊"是指"欺骗""用欺骗的方式做违法违纪的事"[②]，如伪造材料、隐瞒情况、弄虚作假等。最高人民检察院《关于人民检察院直接受理立案侦查案件立案标准的规定（试行）》规定："舞弊"为：伪造材料、隐瞒情况、弄虚作假。

2. 关于"不移交"。本罪中的"移交"，是指行政执法人员在处理行政违法案件时，根据我国法律，认为违法人的行为涉嫌犯罪，将案件交由司法机关处理的行为。"不移交"是指行政执法人员对已经涉嫌犯罪的案件不交给司法机关处理的行为。但是，下级行政执法机关将案件交给上级行政执法机关处理的行为、行政执法机关不将本单位工作人员的犯罪行为报告司法机关，不是这里的"不移交"。

1996年10月施行的《中华人民共和国行政处罚法》第61条规定："行政机关为牟取本单位私利，对应当依法移交司法机关追究刑事责任的不移交，以行政处罚代替刑罚，由上级行政机关或者有关部门责令纠正；拒不纠正的，对直接负责的主管人员给予行政处分；徇私舞弊、包庇纵容违法行为的，比照《刑法》第188条的规定追究刑事责任。"

《行政执法机关移送涉嫌犯罪案件的规定》（2001年7月9日国务院令第310号公布）

---

① 《新华汉语词典》，商务印书馆国际有限公司2004年5月第1版，第1386页。

② 《新华汉语词典》，商务印书馆国际有限公司2004年5月第1版，第1290页。

第2条　本规定所称行政执法机关，是指依照法律、法规或者规章的规定，对破坏社会主义市场经济秩序、妨害社会管理秩序以及其他违法行为具有行政处罚权的行政机关，以及法律、法规授权的具有管理公共事务职能、在法定授权范围内实施行政处罚的组织。

第3条　行政执法机关在依法查处违法行为过程中，发现违法事实涉及的金额、违法事实的情节、违法事实造成的后果等，根据《刑法》关于破坏社会主义市场经济秩序罪、妨害社会管理秩序罪等罪的规定和最高人民法院、最高人民检察院关于破坏社会主义市场经济秩序罪、妨害社会管理秩序罪等罪的司法解释以及最高人民检察院、公安部关于经济犯罪案件的追诉标准等规定，涉嫌构成犯罪，依法需要追究刑事责任的，必须依照本规定向公安机关移送。

第18条　行政执法机关在依法查处违法行为过程中，发现贪污贿赂、国家工作人员渎职或者国家机关工作人员利用职权侵犯公民人身权利和民主权利等违法行为，涉嫌构成犯罪的，应当比照本规定及时将案件移送人民检察院。

第16条　行政执法机关违反本规定，逾期不将案件移送公安机关的，由本级或者上级人民政府，或者实行垂直管理的上级行政执法机关，责令限期移送，并对其正职负责人或者主持工作的负责人根据情节轻重，给予记过以上的行政处分；构成犯罪的，依法追究刑事责任。

行政执法机关违反本规定，对应当向公安机关移送的案件不移送，或者以行政处罚代替移送的，由本级或者上级人民政府，或者实行垂直管理的上级行政执法机关，责令限期移送，并对其正职负责人或者主持工作的负责人根据情节轻重，给予记过以上的行政处分；构成犯罪的，依法追究刑事责任。

对本条第一款、第二款所列行为直接负责的主管人员和其他直接责任人员，分别比照前两款的规定给予行政处分；构成犯罪的，依法追究刑事责任。

第17条　公安机关违反本规定，不接受行政执法机关移送的涉嫌犯罪案件，或者逾期不作出立案或者不予立案的决定的，除由人民检察院依法实施立案监督外，由本级或者上级人民政府责令改正，对其正职负责人根据情节轻重，给予记过以上的行政处分；构成犯罪的，依法追究刑事责任。

对前款所列行为直接负责的主管人员和其他直接责任人员，比照前款的规定给予行政处分；构成犯罪的，依法追究刑事责任。

3. 关于立案标准。最高人民检察院在1999年8月3日颁发《关于人民检察院直接受理立案侦查案件立案标准的规定（试行）》规定："徇私舞弊不移交刑事案件罪是指行政执法人员，徇私情、私利，伪造材料，隐瞒情况，弄虚作假，对依法应当移交司法机关追究刑事责任的刑事案件，不移交司法机关处理，情节严重的行为。""涉嫌下列情形之一的，应予立案：

1. 对依法可能判处3年以上有期徒刑、无期徒刑、死刑的犯罪案件不移交的；

2. 3次以上不移交犯罪案件，或者1次不移交犯罪案件涉及3名以上犯罪嫌疑人的；

3. 司法机关发现并提出意见后，无正当理由仍然不予移交的；

4. 以罚代刑，放纵犯罪嫌疑人，致使犯罪嫌疑人继续进行违法犯罪活动的；

5. 行政执法部门主管领导阻止移交的；

6. 隐瞒、毁灭证据，伪造材料，改变刑事案件性质的；

7. 直接负责的主管人员和其他直接责任人员为牟取本单位私利而不移交刑事案件，情节严重的；

8. 其他情节严重的情形。"

最高人民检察院关于印发《人民检察院直接受理立案侦查的渎职侵权重特大案件标准（试行）》的通知（高检发［2001］13号，2002年1月1日起施行）规定徇私舞弊不移交刑事案件案的重、特大案件标准：

（一）重大案件

1. 对犯罪嫌疑人依法可能判处5年以上10年以下有期徒刑的重大刑事案件不移交的；

2. 5次以上不移交犯罪案件，或者1次不移交犯罪案件涉及5名以上犯罪嫌疑人的；

3. 以罚代刑，放纵犯罪嫌疑人，致使犯罪嫌疑人继续进行刑事犯罪的。

（二）特大案件

1. 对犯罪嫌疑人依法可能判处10年以上有期徒刑、无期徒刑、死刑的特别重大刑事案件不移交的；

2. 7次以上不移交犯罪案件，或者1次不移交犯罪案件涉及7名以上犯罪嫌疑人的；

3. 以罚代刑，放纵犯罪嫌疑人，致使犯罪嫌疑人继续进行严重刑事犯罪的。

在行政管理执法工作中，对发现、查处的非法占地建坟、非法经营殡葬等构成犯罪的行为，应当移送司法机关处理；不移送、达到起刑标准的，构成徇私舞弊不移交刑事案件罪。

（四）非法批准征用、占用土地罪

《刑法》第410条规定：国家机关工作人员徇私舞弊，违反土地管理法规，滥用职权，非法批准征用、占用土地，或者非法低价出让国有土地使用权，情节严重的，处3年以下有期徒刑或者拘役；致使国家或者集体利益遭受特别重大损失的，处3年以上7年以下有期徒刑。

最高人民检察院在1999年8月3日颁发《关于人民检察院直接受理立案侦查案件立案标准的规定（试行）》规定：（十九）非法批准征用、占用土地案（第410条）非法批准征用、占用土地罪是指国家机关工作人员徇私舞弊，违反土地管理法规，滥用职权，非法批准征用、占用土地，情节严重的行为。涉嫌下列情形之一的，应予立案：

1. 一次性非法批准征用、占用基本农田0.67公顷（10亩）以上，或者其他耕地2公顷（30亩）以上，或者其他土地3.33公顷（50亩）以上的；

2. 12个月内非法批准征用、占用土地累计达到上述标准的；

3. 非法批准征用、占用土地数量虽未达到上述标准，但接近上述标准且导致被非法批准征用、占用的土地或者植被遭到严重破坏，或者造成有关单位、个人直接经济损失20万元以上的；

4. 非法批准征用、占用土地，影响群众生产、生活，引起纠纷，造成恶劣影响或者其他严重后果的。

最高人民检察院关于印发《人民检察院直接受理立案侦查的渎职侵权重特大案件标准（试行）》的通知（高检发［2001］13号，2002年1月1日起施行）规定非法批准征用、占用土地案的重、特大案件标准：

（一）重大案件

1. 非法批准征用、占用基本农田 20 亩以上的；

2. 非法批准征用、占用基本农田以外的耕地 60 亩以上的；

3. 非法批准征用、占用其他土地 100 亩以上的；

4. 非法批准征用、占用土地，造成基本农田 5 亩以上，其他耕地 10 亩以上严重毁坏的；

5. 非法批准征用、占用土地造成直接经济损失 50 万元以上的。

（二）特大案件

1. 非法批准征用、占用基本农田 30 亩以上的；

2. 非法批准征用、占用基本农田以外的耕地 90 亩以上的；

3. 非法批准征用、占用其他土地 150 亩以上的；

4. 非法批准征用、占用土地，造成基本农田 10 亩以上，其他耕地 20 亩以上严重毁坏的；

5. 非法批准征用、占用土地造成直接经济损失 100 万元以上的。

如果政府或土地管理部门或其他国家机关工作人员非法批准征用、占用土地建坟或建设非法墓地、“公墓”等，情节严重的，可构成非法批准征用、占用土地罪。

● ● ● ● ● ●

本章结语：刑罚是对侵害殡葬社会关系的、民事责任或行政责任还不足以体现国家的否定评价以及制裁性的、具有严重社会危害性的行为的最为严厉的法律责任形式。我国《刑法》第 302 条规定了盗窃、侮辱尸体罪，还规定了非法经营罪，以及渎职罪；但对一些具有严重社会危害性的行为（如盗窃骨灰、损毁坟墓、遗弃尸体等）没有规定为犯罪，需要进一步完善。

后 记

在行政管理和司法实践中，虽然通过法学原理的分析和复杂的推论过程，可以对公民殡葬精神利益和社会公共利益进行法律调整和保护，但是我国是成文法国家，在法律没有明确规范的情况下，对殡葬进行法律调整和保护受到很大制约。

在殡葬的民法调整方面，2009 年 7 月 1 日施行的《中华人民共和国侵权责任法》第 22 条规定："侵害他人人身权益，造成他人严重精神损害的，被侵权人可以请求精神损害赔偿。"但这一条款没有关于公民对已逝亲人尸体、骨灰、坟墓是否具有人身权益、怎样保护的规定，也就是说仍然缺少关于尸体、骨灰、坟墓的明确法律规范作为公民处分死去亲人尸体、骨灰以及法院调判纠纷的准绳。因此造成当事人往往按照自己的意愿处置亲人尸体、骨灰而侵害其他近亲属的精神利益；发生纠纷后，当事人之间协商时因无具体法律规范往往无法达成一致；当纠纷诉至法院后，法院往往因无明确法律规范作为依据而无所适从，造成结案难、处理难、调解难。

在殡葬的行政法调整方面，目前仅仅在《治安管理法》中有关于对损害骨灰的行为的处罚的规定，在殡葬专门行政法规即 1997 年国务院颁发的《殡葬管理条例》中，只是对公民违反条例的某些行为赋予民政机关进行处罚的权力，但基本没有关于如何保护公民在亲人尸体、骨灰、坟墓上的权利的规定。现实生活中殡仪馆丢失骨灰、错发骨灰，公墓丢失骨灰、损坏骨灰、未经同意改造墓地、擅自移动骨灰、挖掘坟墓等对公民精神利益造成损害的问题时有发生。当面对公民保护尸体、骨灰、坟墓的诉求时，主管机关无法可依、无权可用。另一方面，从死亡申报、登记、尸检、解剖、鉴定、运输、防腐、器官利用、火化、骨灰保管、公墓许可、监管、违法殡葬的行政处理等殡葬的主要方面，缺少法律的规范，已有的规范性文件层级低、内容不完整，极大影响了行政机关对殡葬的管理和规范。当公民、法人违反殡葬法规的规定进行违法殡葬行为时，行政机关往往没有法律依据进行有效的行政管理和行政处罚，导致违法殡葬的行为得不到有效打击、遏制，乱埋滥葬、非法经营等问题在一些地方屡禁不止。

在殡葬的刑法调整方面，我国《刑法》第302条表述的是盗窃、侮辱尸体罪，但尸体的外延并未明确界定，导致司法实践五花八门，既影响对骨灰的保护，又损害法制的统一和威信。同时，对于利益骨灰进行敲诈的行为，只能适用敲诈勒索罪定罪处罚，不能体现此类行为的社会危害性的本质特征，惩罚的针对性不强，社会效果不好。对损毁坟墓的行为没有规定为犯罪，而中国人历来认为损毁坟墓是具有严重社会危害性的行为，应予入罪、严惩。

我国现行殡葬法制不能很好地对殡葬社会关系进行调整，亟待完善。民法对平等主体之间的殡葬关系可以进行调整，在此基础上，完善行政立法和刑事立法，对损害公民殡葬方面的合法权益、同时损害相关社会公共利益的行为进行行政责任和刑事责任的追究，以有力保护公民殡葬方面的合法权益和社会公共利益。

笔者建议在以下几个方面完善殡葬法制：

1.完善立法。鉴于殡葬法律调整对于我国公民精神利益和社会道德体系完善的重要性，构建我国完善的殡葬法律体系是非常必要的。我国是成文法国家，通过立法建立完善的殡葬法律体系是建设社会主义法治国家的重要内容，应尽快加强相关立法，回应殡葬社会关系的法律调整“有法可依”的迫切需要。

(1) 完善民事立法。明确公民对已逝亲人的尸体、骨灰、坟墓享有精神权益，明确死者近亲属对死者殡葬的权利、义务和责任及优先顺序，明确处置权纠纷的处理原则和程序等。

(2) 完善行政立法。明确行政机关在尸体、骨灰、坟墓保护方面的权力、责任和程序，包括死亡的报告、登记、出证制度，尸体的检验、鉴定制度，尸体的保存、运输、出入境制度，尸体的捐献、利用制度，尸体的火化、骨灰的安葬、公墓的设立监管制度，危害尸体、骨灰、坟墓的处罚制度，违反殡葬法规行为的处罚制度等方面法律的完善。

(3) 完善刑事立法。根据罪刑法定原则，国家立法机关应对《刑法》进行修改，明确侵害尸体、骨灰、坟墓的刑事责任：将盗窃侮辱尸体罪修改为盗窃侮辱尸体、骨灰罪；将非法利用尸体及其组成部分的行为，规定为非法利用尸体罪；将故意损毁坟墓的行为规定为犯罪；规定非法经营殡葬罪。

2. 完善司法解释。由于立法具有要求高、体系严、程序长等特点，关于骨灰保护的立法可能因种种主客观原因而不能在短期出台，但对骨灰保护的现实需要是紧迫的，这就要求最高人民法院尽快出台相关司法解释。

(1) 制定关于《侵权责任法》第22条的司法解释。解决尸体、骨灰民法保护的迫切需要。最高人民法院可以通过对《侵权责任法》第22条的解释，解决尸体、骨灰的性质、归属、安置等规范问题，为法院处理相关案件提供依据，最大限度实现相关问题上法制的统一；同时也为公民处理亲人尸体、骨灰和人民调解组织调解骨灰纠纷提供明确的行为规范和法律依据。

(2) 制定关于《刑法》第302条的司法解释。将骨灰纳入尸体的范围，为骨灰的刑法保护提供依据。

3. 制定《殡葬法》。2007年《殡葬管理条例》纳入国务院法规修订计划，但《殡葬管理条例》主要是对殡葬的行政法调整，殡葬的民法调整、刑法调整并不能因此而得以很好地完善。因此，应及早把《殡葬法》纳入全国人大的立法规划，加强理论研究，在完善现有民法、行政法、刑法对殡葬的调整制度的基础上，制定一部涵盖殡葬主要社会关系的具有中国特色的《殡葬法》。

总之，建立完善的殡葬法律体系，已经成为引导殡葬文化、建设和谐社会、完善社会公共服务体系、完善中国特色社会主义法律体系的紧迫任务，也是中国特色社会主义殡葬事业科学发展的必要保障，需要国家机关和理论界给予高度重视。

《殡葬法律实务研究》的成稿和出版，得到了李立国部长和民政部、中国殡葬协会、辽宁人民出版社有关领导的指导和鼓励，一并致以衷心的感谢。

作 者

2012年5月